普通高等院校文化产业管理系列教材

文化创意与策划
（第2版）

谢梅　王理 ◎ 编著

清华大学出版社
北京

内 容 简 介

本书以文化创意与策划的理论、操作和案例为主线，分为基础知识篇、操作实务篇、案例研究篇三大部分，从介绍创意与策划的基本知识入手，以各类文化产品的特点和创意规律为核心，着重阐述如何进行各类文化产品的创意与策划，并在重点分析世界各国的创意策划经典案例的基础上，培养读者关于创意与策划的先进理念与灵感，从而有效地提高学习者的创新能力。

本书可作为普通高等院校文化产业管理专业和其他相关专业的教材，也可作为政府文化管理部门、文化企事业单位从业人员的继续教育和培训用书。

本书封面贴有清华大学出版社防伪标签，无标签者不得销售。
版权所有，侵权必究。举报：010-62782989，beiqinquan@tup.tsinghua.edu.cn。

图书在版编目（CIP）数据

文化创意与策划 / 谢梅，王理编著．—2 版．—北京：清华大学出版社，2021.10（2024.7重印）
普通高等院校文化产业管理系列教材
ISBN 978-7-302-59318-8

Ⅰ．①文… Ⅱ．①谢… ②王… Ⅲ．①文化活动－策划－高等学校－教材 Ⅳ．①G114

中国版本图书馆 CIP 数据核字（2021）第 200937 号

责任编辑：杜春杰
封面设计：刘　超
版式设计：文森时代
责任校对：马军令
责任印制：杨　艳

出版发行：清华大学出版社
网　　址：https://www.tup.com.cn，https://www.wqxuetang.com
地　　址：北京清华大学学研大厦 A 座　　邮　编：100084
社 总 机：010-83470000　　邮　购：010-62786544
投稿与读者服务：010-62776969，c-service@tup.tsinghua.edu.cn
质量反馈：010-62772015，zhiliang@tup.tsinghua.edu.cn

印 装 者：大厂回族自治县彩虹印刷有限公司
经　　销：全国新华书店
开　　本：185mm×260mm　　印　张：19　　字　数：424 千字
版　　次：2015 年 11 月第 1 版　　2021 年 12 月第 2 版　　印　次：2024 年 7 月第 7 次印刷
定　　价：59.80 元

产品编号：086112-01

普通高等院校文化产业管理系列教材
丛书编委会

丛书主编：李向民

丛书副主编（按姓名拼音排序）：

陈少峰	范　周	傅才武	顾　江	姜　生	李凤亮
李　炎	祁述裕	单世联	魏鹏举	向　勇	尹　鸿

丛书编委（按姓名拼音排序）：

车文明	山西师范大学
陈　斌	厦门大学
陈　波	武汉大学
陈少峰	北京大学
戴伟辉	复旦大学
丁　方	中国人民大学
董泽平	台湾师范大学
范　周	中国传媒大学
傅才武	武汉大学
顾　江	南京大学
皇甫晓涛	北京交通大学
贾磊磊	中国艺术研究院
贾旭东	中国社会科学院
姜　生	四川大学
李凤亮	南方科技大学
李康化	上海交通大学
李向民	南京艺术学院
李　炎	云南大学
祁述裕	中共中央党校（国家行政学院）
单世联	上海交通大学
王　晨	南京艺术学院
魏鹏举	中央财经大学
吴承忠	对外经济贸易大学
向　勇	北京大学
尹　鸿	清华大学
张胜冰	中国海洋大学
张振鹏	深圳大学

总　序

党的十九大报告首次提出："中国特色社会主义进入新时代，我国社会主要矛盾已经转化为人民日益增长的美好生活需要和不平衡不充分的发展之间的矛盾。"社会需要的变化反映了财富概念的变迁，人民对"美"和"好"的向往变得前所未有的重要。

美好生活建立在生活美学的观念之上，这是社会生产力高度发达后呈现出来的一种全新的生存状态。文化将回归本质，将普照社会生活的每个角落。产业的文化化将是大势所趋。这是全新的精神经济时代，文化在经济生活中将拥有前所未有的重要地位。

在此前的几十年中，中国社会的进步更多体现在文化的产业化方面。从广州白天鹅宾馆的音乐茶座开始，"文化产业"这颗种子从20世纪70年代末破土而出，历经各种障碍，最终长成伟岸的大树和茂密的森林。我们都是亲历者和见证者。

也正因为此，很多人以为，文化产业是最近几十年的事，并且将文化产业的学术源头追溯到法兰克福学派。的确，法兰克福学派最早从学理上分析了cultural industries（文化工业、文化产业）这一概念。但这些研究是从哲学层面、从文化批判的角度进行的，并没有研究文化产业自身的产业特性。这与我们今天所要从事的研究并没有太大的关系。

其实，从更广阔的历史维度看，中国的文化产业化，或者是产业化的文化，拥有非常悠久的历史。从新石器时代的大规模玉器雕琢、交易，青铜器生产的全流程管理，到周代对艺术品市场的管理，再到汉唐的碑铭市场，宋代的瓦肆勾栏，元代的杂剧和青花瓷，明代的小说出版，清代的绘画市场和京剧戏园，直到民国的电影，等等，无一不是文化产业的生动例证。这一切，也为我们今天理解和分析文化产业提供了重要的历史依据和文化自信。

在很长一段时期内，我们对文化产业、文化经济的研究都是严重滞后的。1987年，钱学森在谈到精神经济理论时说过："这个大问题，我国经济学家也出不了多少力，他们也没有研究过。还望有志于此的同志继续努力！"这是老一辈学者对我们的殷殷嘱托！

进入21世纪以来，中国的文化产业研究者们从文学、艺术、经济、历史、伦理、社会学，以及哲学的角度，对文化产业问题进行了分析和解读，为推动国家的文化产业发展，推动相关学科建设发挥了重大作用。

但总体看，文化产业的理论研究落后于如火如荼的产业实践，相关研究也大多局限在政策研究和规划的层面。加上研究者不同的专业背景，文化产业研究难以形成最大公约数。也正因为此，文化产业作为学科的面目并不清晰。目前将文化产业管理作为二级学科归入工商管理的一级学科之下，只能说是权宜之计、无奈之举。

学科认知上的错位，反映了理论的贫瘠。缺乏理论的学科是肤浅的，更不用说在其上构建学术殿堂。正是学科定位上的不确定性和诸多专家五花八门的专业话语，给人一种文化产业管理是一个没有门槛的学科的错觉。但是，文化产业管理并不是一个不需要工具的学科。我们需要整合大家的理论贡献，并且凝聚共识，打造文化产业理论的中国学派。

从21世纪初国内开始有高校开设文化产业相关本科专业以来，发展到现在全国已经有上百所高校开设了文化产业管理专业，涵盖专科、本科、研究生等全部教育层次。此前，北京大学、上海交通大学等高校也先后组织出版了相应的文化产业系列教材，为推动专业建设和学科建设发挥了积极作用。同时，由于各高校开设的文化产业管理专业的学科归属千差万别，一定程度上存在着老师会什么就教什么，而不是根据专业需要，设置基础课、专业基础课和专业课。这既不利于文化产业管理专业的标准化和规范化，也不利于培养符合社会需要的合格的文化产业人才。当然，这也并不是一所学校、一位教师所能解决的。

应当看到，经过30余年的探索，尤其是近20年政策和实践的推动，以及20余年持续不断的人才培养，文化产业学科已经聚集了大量的从业者。教学科研队伍也因为专业多样性而显示出新文科和交叉学科的特点。我们对中国文化产业研究中所涉及的问题、提出的观点也是有价值的，对中国产业发展做出了重要的理论贡献。对此我们充满信心。

2017年，中国艺术学理论学会中国文化产业管理专业委员会成立，这是我国文化产业学科第一个全国性的学术组织，发起单位包括北京大学、清华大学、中国人民大学、复旦大学、上海交通大学、南京大学、武汉大学、厦门大学、四川大学、云南大学、中国传媒大学、中央财经大学、中国海洋大学、深圳大学、南京艺术学院等高校和中共中央党校（国家行政学院），聚集了国内研究文化产业最活跃、最有影响力的专家学者，代表了从事文化产业教学和科研的主流力量。中国文化产业管理专业委员会成立后，大家一方面致力于推动文化产业的学科建设和智库建设，一方面致力于推动文化产业管理的专业建设，希望能够联合起来，形成一些较为规范和成熟的本科专业教材。

在这样的动议下，中国文化产业管理专业委员会成立了由会长、副会长及常务理事组成的教材编纂委员会，负责教材的遴选和把关。教材建设拟分步实施，成熟一本出版一本。计划通过几年的努力，完成30本左右的规范教材，推荐给全国的文化产业管理专业的教师和同学们。

在教材的编写中，我们坚持马克思主义的立场、观点和方法，博采众家之长，反映课程思政的最新成果。随着全面建成小康社会第一个百年目标的实现，我国开启了全面建设社会主义现代化强国的新征程，高质量发展成为社会的最强音。文化经济和文化产业发展任重道远。我们将以习近平新时代中国特色社会主义思想为指南，以生动宏伟的文化产业实践为归依，努力编撰出反映文化产业学科特点和水平的系列教材。

党的二十大报告指出：“全面建设社会主义现代化国家，必须坚持中国特色社会主义文化发展道路，增强文化自信，围绕举旗帜、聚民心、育新人、兴文化、展形象建设社会主义文化强国"。文化产业任重道远，还望同行们共同努力！

李向民

2021年6月于南京

2023年7月修订

前　言

文化是人类在历史发展过程中的所有物质与精神的总和，从最浅显的衣食住行到最深层的观念、思想、制度和精神思想，从社会生活的自然显现到人类发展的历史遗存，可谓无所不包，意蕴丰富。一如法国当代著名思想家埃德加·莫兰指出，"文化既是附加现象的领域，又是社会的生成机制领域。文化一方面涉及社会生活最表面化的东西，另一方面又涉及社会生活最根本的东西"。文化既是一种空间存在，也是一种历史延展；文化是人类客观行为的呈现，更是人类思想的主观建构。而创意与策划是人类在对客观世界的关照中所产生出来的意识、观念以及行为结果。创意与策划归属于文化，是人类文化活动的精神活动，它以人类全部的物质与精神生活为载体，以人类全部的生活与生产成果为核心和源泉；但同时它又是一种超常的人类思维活动，是以创新为指向的发现、构思、设计以及创造的高级思维活动，是一种审美的建构，具有文化再生性的特质。

由此可见，文化的创意与策划体现了不同寻常的意蕴。一方面，文化作为人类物质与精神的综合式表现，是人类对客观存在物的主观认识和创造，是人类思想、意识、想象力与创造力等智慧的体现，创意与策划伴随文化而生成与变化，并永恒地推动着文化的传承与发展；另一方面，伴随文化一路走来的创意与策划尽管存在高下优劣之分，但就其所发挥的作用而言，它们是对文化本身的深思与提炼，是推动人类文化从简单走向复杂，从最表层进入最深层的动力之源，是人类文化不断创新的核心力量。

本书是面向文化产业和新闻传播等相关专业在校学生的教材，也适合从事文化创意与策划等相关工作的实践人士阅读。本书从创意与策划基本知识的介绍开始，以各类文化产品的特点和创意规律为研究对象，着重阐述如何进行各类文化产品的创意与策划，并在重点分析世界各国的创意及策划经典案例的基础上，培养创意与策划的先进理念与灵感，从而有效地提高学习者的创新能力。本书第一版于2015年11月出版，受到了广大读者的欢迎和认可。受清华大学出版社的邀请，本书于2020年开始进行改版修订。

本书由笔者总体构思设计，参考借鉴了大量中西方经济学、管理学、社会学和传播学等相关基础理论和研究成果。在初稿撰写的前期过程中，我的硕士研究生王雪皎和贾千慧协助我完成了大量的资料查阅、搜集和初稿前期的整理工作；王理博士完成了部分章节的写作并协助我完成了全书的统稿工作；本版修订中，硕士研究生孙启分、王琛、刘宇恒协助查找了部分外文资料，在此一并表示诚挚地感谢。

本书的完成,要感谢上海交通大学的胡惠林教授,感谢他的信任与支持;感谢杜春杰编辑,谢谢她的耐心和负责使得此书能及时和读者见面。本书尽管按照文化创意的知识体系设计了学习者的思路框架,但对于内涵丰富的创意策划产业来讲,我们的表达还是十分捉襟见肘,言不尽意!由于水平有限,很多问题的论述还存在不少疏漏,期望读者朋友能不吝批评指正,为我们今后研究的进一步深化提供宝贵建议。谢谢大家!

谢 梅

2021 年 3 月

目 录

上篇 基础知识篇

第一章 文化的基本概念与特征 ... 2
- 学习目标 ... 2
- 导言 ... 2
- 第一节 文化的含义与特点 ... 2
  - 一、文化的含义 ... 2
  - 二、文化的特点 ... 6
- 第二节 文化的类型与形态 ... 12
  - 一、文化类型 ... 12
  - 二、文化形态 ... 16
- 第三节 文化与创意策划的融合 ... 22
  - 一、文化创意：文化内容资源的升华与赋能 ... 22
  - 二、文化策划：文化内容资源的编识与创新 ... 23
  - 三、文化与创意策划的关系 ... 23
- 本章小结 ... 24
- 思考题 ... 24

第二章 创意的基本概念与原则 ... 25
- 学习目标 ... 25
- 导言 ... 25
- 第一节 创意的含义、类型与特点 ... 25
  - 一、创意的含义 ... 25
  - 二、创意的类型 ... 28
  - 三、创意的特点 ... 29
- 第二节 创意的原则与方法 ... 30
  - 一、创意的原则 ... 30
  - 二、创意的先决条件 ... 31
  - 三、创意的思维方法 ... 32

第三节 创意的程序与步骤 ... 34
　　一、创意四环节 ... 35
　　二、其他创意的程序与步骤 ... 37
本章小结 ... 42
思考题 ... 42

第三章 策划的基本概念与方法 ... 43
学习目标 ... 43
导言 ... 43
第一节 策划的含义与特点 ... 43
　　一、策划的含义 ... 43
　　二、策划的特点 ... 50
第二节 策划的原则与方法 ... 51
　　一、策划的原则 ... 51
　　二、策划的方法 ... 52
第三节 策划的程序与步骤 ... 55
　　一、组织准备阶段 ... 55
　　二、战略规划阶段 ... 56
　　三、行动实施阶段 ... 58
　　四、评估反馈阶段 ... 58
本章小结 ... 59
思考题 ... 59

第四章 文化产品的创意与策划 ... 60
学习目标 ... 60
导言 ... 60
第一节 文化产品的含义、类型与特点 ... 60
　　一、文化产品的含义 ... 60
　　二、文化产品的类型 ... 62
　　三、文化产品的特点 ... 63
第二节 文化产品创意策划的原则与方法 ... 66
　　一、文化产品创意策划的原则 ... 66
　　二、文化产品创意策划的方法 ... 67
第三节 文化产品创意策划的程序与步骤 ... 69
　　一、挖掘产品文化内涵 ... 69
　　二、调研文化消费市场 ... 70
　　三、明确文化产品定位 ... 70

  四、创意与构想设定 ... 71
  五、制订策划方案 ... 71
  六、实施策划步骤 ... 72
  七、评估产品效果 ... 73
 本章小结 ... 73
 思考题 ... 73

第五章 文化创意产业 ... 74
 学习目标 ... 74
 导言 ... 74
 第一节 文化创意产业的含义与特点 ... 74
  一、文化创意产业的含义 ... 74
  二、文化创意产业的特点 ... 76
 第二节 文化创意产业的结构与组织形态 ... 78
  一、文化创意产业结构 ... 78
  二、文化创意产业组织形态 ... 82
  三、文化创意产业链 ... 83
 第三节 文化创意产业的运行机制与发展模式 ... 85
  一、文化创意产业的运行机制 ... 85
  二、文化创意产业的发展模式 ... 88
  三、文化创意产业的资本市场 ... 93
 本章小结 ... 95
 思考题 ... 96

中篇 操作实务篇

第六章 影视文化产品的创意与策划 ... 98
 学习目标 ... 98
 导言 ... 98
 第一节 影视文化产品的类型与特征 ... 99
  一、影视文化产品的类型 ... 99
  二、影视文化产品的特征 ... 100
 第二节 影视文化产品创意策划的原则 ... 103
  一、创意原则 ... 103
  二、艺术原则 ... 104
  三、技术原则 ... 105

四、产业原则 107
第三节 影视产品创意策划的方法 108
　　一、电视剧的创意策划方法 108
　　二、电影的创意策划方法 111
　　三、网络剧的创意与策划 115
本章小结 118
思考题 118

第七章 广告文化产品的创意与策划 119
学习目标 119
导言 119
第一节 广告文化产品的类型与特征 120
　　一、广告文化产品的类型 120
　　二、广告文化产品的特征 123
第二节 广告文化产品创意策划的原则 124
　　一、真实性原则 124
　　二、创新性原则 125
　　三、品牌性原则 125
　　四、情感性原则 125
　　五、关联性原则 126
第三节 广告文化产品进行创意设计的策略 126
　　一、明确广告诉求 126
　　二、融入创意元素 129
　　三、避免策划误区 130
本章小结 133
思考题 133

第八章 动漫文化产品的创意与策划 134
学习目标 134
导言 134
第一节 动漫文化产品的类型与特征 135
　　一、动漫文化产品的类型 135
　　二、动漫文化产品的特征 136
　　三、动漫文化产品的盈利模式 137
第二节 动漫文化产品的创意策划 138
　　一、强化开发意识 138
　　二、提高文化吸引力 139

三、充分了解市场需求 140
　本章小结 142
　思考题 142

第九章　网络文化产品的创意与策划 143
　学习目标 143
　导言 143
　第一节　网络文化产品的功能与特征 144
　　一、网络文化产品的功能 144
　　二、网络文化产品的特征 145
　第二节　不同类型的网络文化产品及其创意策划 146
　　一、网络音乐 146
　　二、网络演出 149
　　三、网络文学 151
　　四、网络新闻资讯 153
　本章小结 155
　思考题 156

第十章　游戏文化产品的创意与策划 157
　学习目标 157
　导言 157
　第一节　游戏文化产品的类型与特征 158
　　一、游戏文化产品的类型 158
　　二、游戏文化产品的特征 160
　　三、游戏文化产品的盈利模式 162
　第二节　游戏文化产品的创意策划 164
　　一、游戏产品的创意与策划 164
　　二、游戏产品的策划步骤 165
　　三、游戏产品的策划运营 166
　本章小结 168
　思考题 168

第十一章　旅游文化产品的创意与策划 169
　学习目标 169
　导言 169
　第一节　旅游文化产品的特点与类型 169
　　一、旅游文化产品的特点 170

二、旅游文化产品的类型……172
第二节　旅游文化产品创意策划的原则……173
　　一、旅游文化产品的创意策划原则……173
　　二、旅游文化纪念品的创意策划原则……174
第三节　旅游文化产品创意策划的方法……175
　　一、传统文化旅游产品的创意和策划……175
　　二、旅游文化纪念品的创意和策划……176
本章小结……178
思考题……178

第十二章　会展文化产品的创意与策划……179
学习目标……179
导言……179
第一节　会展文化产品的分类和特点……180
　　一、会展文化产品的分类……180
　　二、会展文化产品的特点……183
第二节　会展文化产品策划的原则……184
第三节　会展文化产品的创意与策划……186
　　一、会展文化产品的创意策划……186
　　二、会议的创意与策划……190
本章小结……192
思考题……192

第十三章　演艺文化产品的创意与策划……193
学习目标……193
导言……193
第一节　演艺文化产品的类型和特点……194
　　一、演艺文化产品的类型……194
　　二、演艺文化产品的特点……196
第二节　演艺文化产品的创作生态……197
　　一、演艺文化产品创作生态的组成……198
　　二、演艺文化产品创作面临的困境……201
第三节　演艺文化产品的创意与策划……202
　　一、演艺文化产品创意策划的原则……202
　　二、演艺文化产品创意策划的方法与步骤……203
本章小结……205
思考题……206

下篇　案例研究篇

第十四章　美国的创意策划案例 ... 208
学习目标 ... 208
导言 ... 208
第一节　美国：以知识产权为核心的版权产业 ... 208
一、版权与版权产业 ... 208
二、版权产业的类型与特征 ... 210
三、版权产业与文化创意策划的关系 ... 211
四、美国的版权产业 ... 212
第二节　案例与分析 ... 213
案例　哈利·波特："魔法"创造传奇 ... 213
一、案例简介 ... 214
二、创意与策划 ... 215
第三节　经验与启示 ... 218
一、经验 ... 218
二、启示 ... 220
本章小结 ... 221
思考题 ... 222

第十五章　英国的创意策划案例 ... 223
学习目标 ... 223
导言 ... 223
第一节　英国："一臂之距"管理下的创意产业 ... 223
一、创意产业的理论基础与概念界定 ... 223
二、创意产业的产生背景与发展因素 ... 225
三、创意产业的特点与分类 ... 227
四、英国的创意产业 ... 230
第二节　案例与分析 ... 232
案例一　一只永葆青春的"猫" ... 232
一、案例简介 ... 233
二、创意与策划 ... 233
案例二　转角遇见博物馆之莎翁故居 ... 236
一、案例简介 ... 236
二、创意与策划 ... 237

第三节　经验与启示	238
一、经验	238
二、启示	240
本章小结	242
思考题	242

第十六章　日本的创意策划案例 243

学习目标	243
导言	243
第一节　日本：以动漫影视业为核心的内容产业	243
一、内容与内容产业	243
二、内容产业的类型与特点	244
三、日本的内容产业	246
第二节　案例与分析	249
案例一　"面包超人"的超凡价值	249
一、案例简介	250
二、创意与策划	251
案例二　真相永远只有一个	253
一、案例简介	253
二、创意与策划	254
案例三　暖心治愈的动漫之父	255
一、案例简介	255
二、创意与策划	256
第三节　经验与启示	257
一、经验	257
二、启示	258
本章小结	259
思考题	260

第十七章　韩国的创意策划案例 261

学习目标	261
导言	261
第一节　韩国：以"韩流"扩散为标志的文化产业振兴	261
一、产业发展背景	261
二、产业发展现状	262
第二节　案例与分析	263
案例一　最赚钱的"花美男"	263

一、案例简介 ... 264
　　二、创意与策划 ... 264
　案例二　捧回奥斯卡小金人的"寄生虫" ... 266
　　一、案例简介 ... 266
　　二、创意与策划 ... 267
　案例三　请回答1988 ... 269
　　一、案例简介 ... 269
　　二、创意与策划 ... 269
第三节　经验与启示 ... 270
　　一、经验 ... 270
　　二、启示 ... 272
本章小结 ... 273
思考题 ... 273

第十八章　澳大利亚的创意策划案例 ... 274

学习目标 ... 274
导言 ... 274
第一节　澳大利亚：以"昆士兰模式"为代表的文化创意产业 ... 274
　　一、澳大利亚的文化创意政策 ... 274
　　二、澳大利亚文化创意产业中的主体行业 ... 275
　　三、澳大利亚的文化创意产业园区 ... 276
第二节　案例与分析 ... 276
　案例　澳大利亚昆士兰科技大学创意产业园区 ... 276
　　一、案例简介 ... 276
　　二、创意与策划 ... 278
第三节　经验与启示 ... 279
　　一、经验 ... 279
　　二、启示 ... 281
本章小结 ... 282
思考题 ... 283

参考文献 ... 284

上篇 基础知识篇

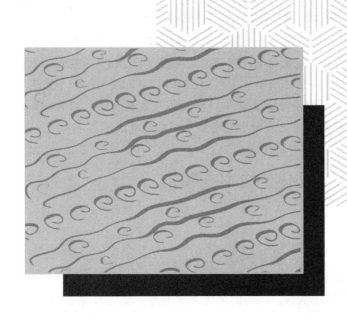

第一章

文化的基本概念与特征

 学习目标

通过对本章的学习,学生应了解或掌握如下内容:
1. 什么是文化;
2. 文化有哪些特点;
3. 文化的类型与形态;
4. 文化与创意及策划之间的关系。

 导言

文化是人类在长期的历史生活中创造和留存的产物,是一个国家或民族的历史地理、风土人情、传统习俗、行为方式、思考习惯、价值观念、文学艺术等万象的总概。它既包括有形的文字、书法、雕刻、建筑、城市等物质层面的符号性内容,又包括习俗、宗教、艺术、制度等精神层面的观念性内容。文化具有地理性、主观性、创造性、时空性、框架性等特点。文化的类型可根据不同的划分标准予以区别。在不同社会阶段的认知水平下,文化存在于不同的形态之中。在现代社会中,文化的传承及推广需要一定的创意和策划予以协助,同时,文化内涵的挖掘和利用也有助于创意和策划的展开。

第一节 文化的含义与特点

一、文化的含义

关于文化的阐述一直以来存在仁智之见。古今中外不少哲学家、社会学家、人类学家、历史学家和语言学家,都一直试图从各自学科的角度清晰地界定文化的含义。到目前

为止,有关"文化"的定义至少约有 300 种表述。

从原始意义上看,古代中西方的"文化观"是截然不同的。

(一)中国人对"文化"的理解

中国的传统文化经典《周易·贲卦·彖传》中有:"刚柔交错,天文也;文明以止,人文也。观乎天文,以察时变;观乎人文,以化成天下。"其意是说,天生男女,男刚女柔,刚柔交错,这是天文,即自然;人类据此而结成一对对夫妇,又从夫妇而化成家庭,而国家,而天下,这是人文。天文与人文相对,天文是指天道自然的规律,人文是指人与人之间纵横交织的社会关系、人伦规范和风土民情等。意指治国者必察于天道自然的运行规律,明耕作渔猎之时序,且把握现实社会中的人伦秩序,明君臣、父子、夫妇、兄弟、朋友等等级关系,以使人们的行为合乎文明规范,由此推及,以化成天下。宋代程颐对此的解释是:"天文,天之理也;人文,人之道也。天文,谓日月星辰之错列,寒暑阴阳之代变,观其运行,以察四时之速改也。人文,人理之伦序,观人文以教化天下,天下成其礼俗,乃圣人用贲之道也。"①由此可见,当时中国人理解的"文化",是指通过了解自然与人类社会的各种现象而对天下民众实施教育感化的一种方法。

"文"与"化"两字合用在汉朝正式出现。西汉刘向的《说苑·指武》中说:"圣人之治天下也,先文德而后武力。凡武之兴,为不服也,文化不改,然后加诛。夫下愚不移,纯德之所不能化,而后武力加焉。"②意谓圣人治理国家是先利用文化和道德使众人服从,不通,然后才运用武力压服。由此不难看出,文化是相对于军事的一种治国方法。这也是我国古代文献中"文化"一词最早的出处。

在此之后,人们大抵就在文治教化、文德昌明的意义上开始了"文化"一词的使用,如六朝齐人王元长在其著名的《三月三日曲水诗序》中歌颂"大齐"的丰功伟绩时就有"设神理以景俗,敷文化以柔远,泽普氾而无私,法含弘而不杀"③的句子。西晋诗人束皙的《补亡诗》六首的最后一首《由仪》,讲为政的原则,就是以"文化内辑,武功外悠"④作为全诗的结束。古人对"文化"规定意义的使用从汉唐一直持续到清代。明末清初的大学者顾炎武在《日知录》中表述的"自身而至于家国天下,制之为度数,发之为音容,莫非文也",基本上就是代表了人自身的行为表现和国家的各种制度都是"文化"的含义。

由此可见,中国古代多是在"文治教化"的意义层面使用"文化"一词,其中的精神内涵远大于物质内涵。

中国现代意义上的"文化"概念是在清末民初时出现的。像许多其他新名词一样,

---

① 程颐. 周易程氏传[M]. //李光地. 周易折中. 成都:巴蜀书社,1998:558.
② 刘向. 说苑校正[M]. 北京:中华书局,1987:380.
③ 王融. 全齐文(第十三卷)全上古三代秦汉三国六朝文(第三册)[M]. 北京:中华书局,1987:2860.
④ 束皙. 补亡诗六首:先秦汉魏晋南北朝诗[M]. 北京:中华书局,1983:641.

"文化"是经过日文进而翻译成汉语的。梁启超是近现代以来最早使用"文化"一词的学者之一。他在1901年发表的《义和团有功于中国说》一文中，曾两次使用"文化"一词：

当往昔文化未开之代，争城争地，草菅人命，流血成河，曾无停晷，此所谓春秋无义战者，审其时势，度其人心，亦不深怪。今也轮船、铁路、电线之道通，而地球之面积日形缩小，渺沧海于一粟，视异邦若比邻，风教之盛，文化之隆，开亘古未有之新景，诚人群进化之时期。正宜讲和平之人道，顾万国之公法，博爱仁义，以达世界文明之目的，使天下率土，弹丸莫非公国，匹夫莫非公民，国民皆公，共享世界公权，不言自明矣。孰意计不出此，而竟至令人可惊、可惑、可憎、可恶者，所谓文明固如是耶？①

（二）西方人对"文化"的理解

英语中的"culture"一词最早出现在1690年安托万·菲雷蒂埃的《通用词典》中，其意为"人类为使土地肥沃，种植树木和栽培植物所采取的耕耘和改良措施"。这类活动与物质的自然界紧密关联，是一个全然的物质过程②。此时西方人观念中的"文化"是指一种生产活动和生产行为，也被用来隐喻人类的某种生存能力。

后来西方"文化"的含义逐渐从物质活动转向精神层面。古罗马的西塞罗（公元前106—前43年）最早使用了"cultura animi"（灵魂的培植）的说法。17世纪，英国的培根使用了"the culture and manurance of minds"（心灵的培育与垃圾）的说法。18世纪以后，西方人对"文化"的认识就从物质层面扩展到精神层面，并进一步延伸到社会生活的各个层面。

世界近代思想文化史上影响巨大的意大利哲学家维柯（1668—1744年）在其《新科学》中指出，人类创造的世界是一个文化的世界，这个世界与自然界有本质的不同。他认为，国家、政体、社会、机制、宗教、习俗、规范、艺术等都属于人的创造。他还认为，人类有共同的文化起源，但不同的民族有不同的文化。③

法国思想家伏尔泰（1694—1778年）在其《论民族道德和精神》中认为，人在把握自然环境中的创造精神构成了文明的根基，人的习俗远大于自然的领域，它延伸到道德、风情和所有的习惯中，这些非自然的领域形成了文化的主体。

德国哲学家康德（1724—1804年）在《判断力批判》中给"文化"下的定义是"一个理性的实体为达到最高目的而进行的能力创造"，这种"创造"是指人从受自然能力统治的"原始状态"向人统治自然能力的状态的逐步发展和转变的过程以及结果。因此，在康德的论证中，"文化"不仅是个人的道德完善和精神发展，也是一个民族生活方式的最高阶段。

德国哲学家和浪漫主义先驱赫尔德（1744—1803年）在其《论语言的起源》中认为，

---

① 梁启超. 清议报全编：第16册. 转引自：刘象愚. 从比较文学到比较文化[M]. 上海：复旦大学出版社，2011：25.
② EAGLETON T. The Idea of Culture[M]. Oxford:Blackwell Publishers, 2000:1.
③ 维柯. 新科学[M]. 朱光潜，译. 北京：商务印书馆，1989：16.

人首先是文化的创造，而不是生物学意义上的存在。人与动物的本质不同在于人有语言能力和思维能力，这种能力使人能够清醒自觉地反思自我，并获得抉择的自由。

19世纪初，英国批评家马修·阿诺德（1822—1888年）在《文化与无政府状态》中指出："文化可以恰当地描述为并非起源于好奇心，而是起源于对完美的热爱；它是一种对完美的探索。它不仅或者不主要由追求纯粹知识的科学激情所驱动，而是要由追求善的道德和社会激情所驱动。"它包含了"美"和"理智"（beauty and intelligence）两个特征。①

1871年，英国著名人类学家爱德华·泰勒（1832—1917年）在其《原始文化》一书中给出了"文化"迄今为止最为经典的表述：文化，或文明，就其广泛的民族学意义来说，乃是包括全部的知识、信仰、艺术、道德、法律、风俗以及作为社会成员的人所掌握和接受的任何其他的才能和习惯的复杂整体。②这个表述界定并强调了"文化"无所不包和"复杂的整体"（complex whole）特质。

1952年，美国文化学家克罗伯和克拉克洪发表《文化·概念和定义的批评考察》，对西方1871—1951年关于文化的160多种定义做了清理与评析，并在此基础上给文化下了一个综合性的定义，即"文化由外显的和内隐的行为模式构成；这种行为模式通过象征符号而获致和传递；文化代表了人类群体的显著成就，包括他们在人造器物中的体现；文化的核心部分是传统的（即历史的获得和选择的）观念，尤其是它们所带来的价值；文化体系一方面可以看作是活动的产物，另一方面则是进一步活动的决定因素"。文化的这一综合定义基本为现代东西方的学术界所认可，并有着广泛的影响。

按照美国人类学家克利福德·格尔茨（1926—2006年）的归纳，美国文化学家克罗伯和克拉克洪对文化的定义有12条内涵特征：①一个民族生活方式的总和；②个人从群体那里活动获得的社会遗产；③一种思维、情感和信仰的方式；④一种对行为的抽象；⑤就人类学家而言，是一种关于一群人实际行为方式的理论；⑥一种汇集了学识的宝库；⑦一组对反复出现的问题的标准化认识取向；⑧习得的行为；⑨一种对行为进行规范性调控的机制；⑩一套调整与外界环境及他人关系的技术；⑪一种历史的积淀物；⑫一种行为的地图、筛网或矩阵。③由此可见，克罗伯的定义将人类的一切行为表征和观念体系都归入"文化"的基本内容之中。

综上所述，文化是人类在长期的历史生活中创造和留存的产物，是一个国家或民族的历史地理、风土人情、传统习俗、行为方式、思考习惯、价值观念、文学艺术等万象的总概。它既包括有形的汉字、书法、雕刻、建筑、城市等物质层面的符号性内容，更包括习俗、宗教、艺术、制度等精神层面的观念性内容。

---

① AMOLD M. Culture and Anarchy[M]. Cambridge: Cambridge University Press, 1993: 58-80.
  阿诺德. 文化与无政府状态[M]. 韩敏中, 译. 北京: 生活·读书·新知三联书店, 2002: 6-32.
② 泰勒. 原始文化[M]. 连树声, 译. 上海: 上海文艺出版社, 1992: 1.
③ 格尔茨. 文化的解释[M]. 韩莉, 译. 南京: 译林出版社, 1999: 5.

二、文化的特点

文化是由人类创造并传承的。人在生存发展的过程中不断地与自然交换能量与信息，并将自己的主观与客观逐步地紧密融合，形成了特有的生产与生活、行为与思想，创造出了独特的人类习惯、风俗以及语言、文字和宗教、艺术。文化的本质特征是"人化"，人是文化的主体。因此，文化具有以下特点。

（一）地理性

自古以来，人类活动的展开离不开一定的地理环境。越是在遥远的古代，人类越是依赖周围的环境，仰仗大自然的赐予来维持生存。

西方的地理环境决定论认为，人类社会的发展受到地理环境的绝对影响。也就是说，地理环境决定人们的性格、生理状态和心理特征乃至精神气质，进一步由不同性格、不同生理状态和不同心理特征的人决定了不同的国家体制和社会发展的速度。

最早提出"地理环境决定论"的是公元前4世纪的亚里士多德（Aristoteles）。他认为地理位置、气候、土壤等自然环境是物质世界发展的第一动力。回顾历史我们可以发现，亚里士多德的观点并非空穴来风，早在古希腊时代的希波克拉底（Hippocrates）就提出过人类特性产生于气候，气候和季节变换可以影响人类的肉体和心灵的观点。柏拉图（Platon）则认为人类精神生活与海洋密切相关，他认为地理位置、气候、土壤等会影响个别民族特征与社会性质。亚里士多德则第一次将地理环境与政治制度联系起来，他认为希腊半岛处于炎热与寒冷气候之间，因此希腊人具有优良的品性，并由此组织起良好的政府。16世纪初期，法国历史学家、社会学家琼·博丁（Jean Bodin）在《论共和国》中认为民族差异起因于所处自然条件的不同，不同类型的人需要不同形式的政府。地理环境决定着民族性格、国家形式和社会进步。他认为，北方寒冷，使人们的体格强壮而缺少才智；南方炎热，使人们有才智而缺少精力。因此，统治国家的决定因素也应当有所不同：北方民族依靠权力，南方民族依靠宗教，中部民族依靠正义与公平。他同时探索了行星对于地球上居民的影响，认为住在地球南部的人受到土星的影响，过着宗教修心的生活；住在地球北部的人受到火星的影响，变得好战，善于运用机械装置；住在地球中部的人则受到木星的影响，能够在法律的统治下过文明的生活。

18世纪，法国启蒙思想家孟德斯鸠（Montesquieu）在《论法的精神》一书中，将亚里士多德的论证扩展到不同气候的特殊性对各民族生理、心理、气质、宗教信仰、政治制度的决定性作用等多个方面。他将人与自然的关系归为：①自然条件与人的生理特征的关系；②自然条件与人的心理特征的关系；③自然条件与法律和国家政体的关系。他认为"如果从自然特质来说，小国宜于共和政体，中等国宜于君主治理，大帝国宜于由专制君主治理的话，要维持原有政体的原则，就应该维持原有的疆域，疆域的缩小或扩张都会变更国家的精神"，①并据此提出应根据气候修改法律，以便使它适合气候所造成的人们的性格。黑格尔则将地理环境看作是精神的舞台，是历史的"主要的而且必要的基础"②，不同的环境会有不同的历史进程。他认为地理、气候条件影响人的生理，人的生理差异导致人的不同精神和气质，从而产生不同的历史进程。

19世纪德国地理学家F.拉采尔在其代表作《人类地理学》中认为，人和动植物一样都是地理环境的产物，地理因素，特别是气候和空间位置，是人们的体质和心理差异、意识和文化不同的直接原因，并决定着各个国家的社会组织、经济发展和历史命运，因而人的活动、发展和抱负受到地理环境的严格限制。他运用达尔文生物学理论研究认为，地理环境从多方面控制着人类，对人类生理机能、心理状态、社会组织和经济发展状况产生影响，并决定着人类的迁移和分布。他的学生，美国地理学家E.C.森普尔把拉采尔的观点介绍到美国，夸大和突出了环境的决定作用，被认为是"近代地理学中用决定论观点阐述地球作为人类之家之一主题的集大成者"。③其后，美国地理学家E.亨廷顿于1903—1906年在印度北部、中国塔里木盆地等地考察后发表的《亚洲的脉动》(*The Pulse of Asia*)一书，认为13世纪蒙古人大规模向外扩张是由于居住地气候变干和牧场条件日益变坏所致。1915年，E.亨廷顿又出版了《文化与气候》(*Civilization and Cimate*)，"创立了人类文化只能在具有刺激性气候的地区才能发展的假说，并认为热带气候单调，居民生活将永远陷入贫困"④。

19世纪中叶，英国历史学家H.T.巴克尔在其著作《英国文明的历史》中认为，气候是影响国家或民族文化发展的重要外部因素，并认为印度的贫穷落后是气候的自然法则所决定的。

（二）主观性

文化是人类独有的智慧成果，是人类主观对外界客观的认识与互动的结果。文化是人的主观认识和投射，是包括兴趣、审美、思想和价值观念在内的主观意识的物质表达。意识存在于人们的头脑中，表达出来就是口头语言，记录下来就成了文字。意识不能直接创造出物质，或引起客观事物的变化，但在人类的变迁发展中意识与外在客观物质交合后形成许多实体的介质，比如文字、图画、雕塑、道路、建筑以及各种各样的表现文本。人类主观意识的外在物质表象既是人类创造行为的结果（结晶），又是人类走向文明的重要手段和文明构成的重要内容。

在马克思主义哲学中，主观能动性是人类特有的能力与活动，它包括互相联系的三个方面：第一，人类认识世界的能力；第二，人类改造世界的能力以及在此基础上的相关

---

① 孟德斯鸠. 论法的精神（上册）[M]. 张雁深，译. 北京：商务印书馆，1961：126.
② 黑格尔. 历史哲学 [M]. 王造时，译. 上海：上海书店出版社，2001：82.
③ 杨吾扬. 地理学思想简史[M]. 北京：高等教育出版社，1989：158.
④ 詹姆斯，马丁. 地理学思想史[M]. 李旭旦，译. 北京：商务印书馆，1982：346.

活动；第三，人类在实践行为中所具有的精神状态，即通常所说的决心、意志、干劲等。思考、行动以及意志构成人类由自身走向自然的过程，更是从主观向客观推进的必然步骤。人类要在社会发展中获得生存，就必须充分发挥其主观能动性的原因有三点：第一，客观存在是外在的，事物不会自动满足人的需要，人类只有充分发挥主观能动性，通过获得、改造或者创造，才能吸收和利用外在的物质世界，创造自己的需求；第二，外在世界的本质与规律需要人类发挥主观能动性，去观察思考、分析把握，这样才能透过现象获得本质与规律，从而获得持续发展的动力；第三，人类认识和改造外在世界的行为是长期的、复杂的，这需要坚强的意志和持续不断的行动力，需要饱满和充满活力的精神状态。

由于历史条件的不同以及不同群体所处环境的差异，人类的主观能动性存在巨大的差异。在人类出现之初，饥饿调动了人类寻食的积极性，捕猎逼迫出了人类快速奔跑的能力，而群居的生活和生存的需求则诱导出了人类的语言。外界压力是激发主观能动性的最有效的动力，从早期的文字、图形、图腾以及原始歌舞当中我们可以看到主观能动性的文化生成形态。而进入信息社会以后，以计算机、微电子和通信技术为主要的生产手段，图像信息技术、物联网技术的普及，从根本上改变了人们的生活方式、行为方式、价值观念和思维方式，创造出电影、电视、动漫以及电子商务等全新的文化样态，塑造出人类与自然界互动的全新模式。显而易见，作为人类物质与精神表征的一切社会遗存和现存，都是人类主观能动性的伟大成果。

同样，人类主观能动性的差异也表现在中西方文化的差异中。在中国思想史上，严复（1854—1921 年）是中国学者中最早从总体上对中西文化进行比较的思想家之一。他对中外文化的比较有一段这样的论述：

> 则如中国最重三纲，而西人首明平等；中国亲亲，而西人尚贤；中国以孝治天下，而西人以公治天下；中国尊主，而西人隆民；中国贵一道而同风，而西人喜党居而州处；中国多忌讳，而西人众讥评。其于财用也，中国重节流，而西人重开源；中国追淳朴，而西人求欢虞。其接物也，中国美谦屈，而西人务发抒；中国尚节文，而西人乐简易。其于为学也，中国夸多识，而西人尊新知；其于祸灾也，中国委天数，而西人恃人力。[①]

中西方截然不同的气候与地理环境，造成人对自然界认识以及人的主观能动性发挥的差异。欧洲文明发源地基本以半岛和岛屿为主，陆地与海湾犬牙交错，欧洲各地到海洋的距离都不远，海洋化的生存环境使得人与自然形成了相互对立的关系，征服与平等是获得生存的唯一法则；而中国文化衍生于肥沃的黄河及长江流域，土地资源丰富、气候稳定、物产丰富，所以人与自然和谐、稳定便是中国文化的核心。中西文化巨大差异的根本就来源于人类对外界事物的认识和互动的主观性差异。

（三）创造性

创造性是指个体产生新奇独特的、有社会价值的产品的能力或特性，是由人的意识、

---

① 严复. 论世变之亟[M]. //严复集（第一册）. 北京：中华书局，1986：3.

创造性思维过程和创造性活动建构的观念工程。创造性有两种表现形式：一是发明，二是发现。发明是制造新事物，例如瓦特发明蒸汽机。发现是找出本来就存在但尚未被人了解的事物和规律，如门捷列夫发现元素周期律、马克思发现剩余价值规律等。瓦特发明的蒸汽机将人类带入工业社会以后，人类的智慧就幻化成各种先进的科学与技术，从工业化饲养、塑料、制氨法、疫苗、光纤到反射波勘探、集装箱、供应链管理以及运筹学与规划等，一个个创造性的思想和一个个新的发明，型塑出丰富多彩的生活画卷。光纤的出现推动和保证了互联网的产生；塑料的出现让人类明显地降低了对木材的依赖，随着塑料的广泛应用，各种新型的生活及生产工具被制造出来，装点着家庭、建筑乃至城市。

显而易见，所有的人类社会生活都是人的创造性思维的结晶和集中体现。文化具有创造性的特征，是人的一系列连续的、复杂的、高水平的心理活动以及表现，其行为表现有三个特征：①独特性。对事物具有不寻常的独特见解，是一种从平常中发现异常的高智力行为。②通变性。人的思维能随机应变，举一反三，因此能产生超常的构想，提出新观念。③多样性。人类能同时调动触觉、嗅觉、味觉、视觉和听觉等及时、全面地与外界碰撞并交换信息，能够在较短的时间内进行判断和决定，表达出较多的观念。创造力与一般能力的区别就在于它的新颖性和独创性。

从历史发展进程来看，文化就是人类的创造与发明的集合，是人类持续不断的创新与创造。人类为了适应不同时间、不同环境、不同群体和不同事物，时时刻刻保持着敏锐独特的观察力、高度集中的注意力、高效持久的记忆力和灵活自如的操作力，还包括掌握和运用创造原理、技巧和方法的能力，创造出各类形态、各类性质、各类方法和不同内容的表现物。文化产品在人类不断进化的创造力中越来越丰富多彩。从原始人类简单的图形、符号、语言到信息时代的色彩、服装、建筑和影像，文化在人类智慧和创造力的推动下走向繁盛。

（四）超时空性

老子的弟子文子在《文子·自然》中曰："往古来今谓之宙，四方上下谓之宇。"商鞅的老师尸佼在《尸子》中云："上下四方曰宇，往古来今曰宙。"在中国人的认识观中，"宇宙"就是无限的空间和无限的时间，因而中国文化可以理解为时空文化；而西方的"宇宙（universe）"一词，只代表空间存在的万事万物，因此可以把西方文化理解为空间文化。

文化时空是指文化地域的时间和空间相统一的特征。它由变化中的时间与空间综合构成，包括纵向和横向两个维度。纵向性是指历史性的时间领域，横向性是指地域性的空间领域，二者共同构成动态的文化体系。具体来讲，一是指文化都具有明显的历史传统特性。不同民族、国家或地区的文化之所以明显不同，是因为它与本民族、本国或本地区的历史发展密不可分，或者说它是这些民族、国家或地区的人们在长期的自身历史发展过程中所经历过和积淀起的自觉意识。作为一种传统的精神意识，文化形成之后又反过来深深地影响、推动和规范这一民族、国家或地区的未来发展过程。二是指文化具有区域性特征。文化或者属于一个民族，或者属于一个国家，或者属于一个地区。不同民族、国家和地区的文化也是不相同的，而不同的文化代表着不同的民族、国家或地区，它们之间存在和表现出明显的区域差异性。比如，东方文化与西方文化不同，伊斯兰文化与基督教文化不同，中国文化和美国文化、日本文化不同等，这都是文化区域性特征的体现。因此，文化往往就在整合中形成了。一个民族、国家或地区之所以能成为该民族、国家或地区，就是因为它们的人民有着自己赖以相处和生存的共同的文化。共同的习俗观念和生活行为把独立的个人和家庭联结在一起，组成一个共同的民族、国家或地区社会。

从另一个角度来看，人类与其他生物的不同之处在于人类具有抽象的理性思维能力，借助抽象思维，人类可以在收集整理大量感性材料的基础上进行事物本质、全体内部联系和事物自身规律的认识。在感性认识的基础上，把所获得的感性材料，经过分析，去粗取精、去伪存真、由此及彼、由表及里，从而形成关于某种事物现象的高级认识，从概念、判断到推理、决断。人类的理性，不仅能够让人类更好地生活在其所依托的自然世界中，还能够让其生活在他自己所创造的精神世界中。换句话说，人类的理性超越了他所生存的客观和主观世界。

由此可见，文化兼具感性与理性的特点，既是人类社会的实践行为与生活样态，也是人类的思想、意识、观念和制度，当它们以各种方式被表达和记载下来时，会随着记载工具的时空变化而变化，因此具有超时空性特点。各种具体的文化形态，其含义与载体因技术与理性的不断增强而跨越传统与现代，并且呈现出趋同一致的倾向。

文化既是一种感性的社会行为表现，也是一种理性思维的结果，它具有跨时空的普遍性，这种跨时空的普遍性可以构成不同形态的文化之间的比较研究、相互交流、相互沟通、相互融合的思想基础。

（五）框架性

文化是一种认知以及建立在认知基础上的行为结果，是人类对客观的主观解释与思考。生活在社会中的人们倾向于按照自己的认知框架去感悟和体验现实，并根据这种感悟和体验采取行动，建构现实。文化哲学把文化结构区分为物质文化、制度文化、精神文化。物质文化实际是指人在物质生产活动中所创造的带有主观性特征的全部物质产品，以及创造这些物品的手段、工艺、方法等。制度文化是人们为反映和确定一定的社会关系，并对这些社会关系进行整合和调控而建立的一整套规范体系。精神文化也称为观念文化，是以心理、观念、理论形态存在的文化。它包括两部分：一是存在于人心中的文化心态、文化心理、文化观念、文化思想、文化信念等。二是已经理论化、对象化的思想理论体系，即客观化了的思想。所以，文化可以说是人类向自然和客观世界学习的结果，是主观对客观的规定和选择性利用，或者说文化是人类的一种约定俗成。

文化一旦形成就会产生巨大的规范作用。英国人类学家马林诺夫斯基在《文化论》（1922年）中认为，任何一种文化现象，不论是抽象的社会现象，如社会制度、思想意识、风俗习惯等，还是具体的物质现象，如手杖、工具、器皿等，都有满足人类实际生活需要的作用，即都有一定的功能。不同的文化功能构成不同的文化布局，文化的意义依它在"人类活动体系中所处的地位，所关联的思想，以及所有的价值而定"。帕森斯（1951年）的结构功能主义理论认为，文化是社会结构体系的工具，文化体系不仅决定人的价值观念，也构成人的行为准则。美国哲学家杜威在《文化与自由》（1939年）一书中说，"每一种文化都有它自己的样式，其组织的力量有它自己独特安排"，"不管人性的天然构成因素是些什么，一个时代、一个集团的文化在它们的安排中具有决定性的影响，它决定着任何团体、家庭、氏族、民族、教派、党派、阶级活动的样式"。

文化具有塑造个人人格，实现社会化的功能。人格是个体特有的特质模式及行为倾向的统一体，又称个性，是一个人在社会化过程中形成和发展的思想、情感及行为的特有统合模式，这种模式包括个体独具的、有别于他人的、稳定而统一的各种特质或特点的总体。人格作为一种内在的结构与组织，是人在社会化过程中个体遗传与环境交互作用下的产物。美国心理学家班杜拉的学习理论认为，人的行为，特别是人的复杂行为，主要是后天习得的。行为的习得既受遗传因素和生理因素的制约，又受后天经验环境的影响。班杜拉认为，行为习得有两种不同的过程：一种是通过直接经验获得行为反应模式的过程，即直接经验的学习；另一种是通过观察示范者的行为而习得行为的过程，即间接经验的学习。班杜拉学习理论揭示出社会因素，也就是文化因素在人格塑造中发挥着巨大的作用。

文化起着将目标、规范、意见和行为进行整合的作用。文化的整合是指单一或地域式的人类文化通过交流、沟通而产生的融合。在历史的发展进程中，不同地域中的人们常常通过经济贸易的方式进行相互沟通与交流。在实现资源交换的同时，为形成某种程度的共识，而采取比较一致的行为实现共同的目标。文化的整合功能是社会构建的基础。一个民族，由于共享一种文化，不论人们是否居住在一起，或者是否生活在同样的社会制度之中，都会有民族的认同感和在心理上、行为上的一致性特征。例如，中华民族的文化，维系着世界各地的亿万炎黄子孙的沟通与交流。

文化的整合作用主要体现在以下方面。

（1）价值观的整合。任何社会中的人们在价值观上都会有差异，但要实现共同的目标则需要确立一个为社会所普遍遵从和认可的共享价值观，以使其他的社会价值观不偏离共享价值观的轨道。经由统一的文化熏陶下的群体必然会在社会生活的基本方面形成大体一致的观念。

（2）规范的整合。文化本身是一种日常生活，是一种习俗和习惯，是各种规矩和制度。当人们在生产生活中逐渐形成各种各样的约定俗成后，规范就形成了。规范可以表现为习俗、制度，也可以是各种显在的物质形态。人类社会早期祭祀的各种图形、人物、仪式以及行为就是一种表达个人经验的协调和约定规范，包括宗教图形、雕塑、房舍等。

（3）结构的整合。结构主义理论认为，世界是由许多"状态"构成的总体，每一个"状态"都是一条由众多事物组成的锁链，它们处于确定的关系之中，这种关系就是"状态"的结构。任何事物都是一个复杂的统一整体，其中任何一个组成部分的性质都不可能孤立地被理解，只能把它放在一个整体的关系网络中，即把它与其他部分联系起来才能被理解。同样，社会是由众多互相分离而又互相联结的部分和单位组成的，是一个多元结构的系统，每一个部分和单位都具有自己的功能，但这种功能的发挥，必须和其他部分的功能联结才能实现，才能产生整合的作用和发挥整体的功能。一个复杂的多元社会，由于统一文化的作用，使社会结构成为一个协调的功能体系。

（4）教育与引导。马修·阿诺德（Matthew Arnold）认为文化是知识，是"世界上最好的思想和言论"，是知识以及把知识运用于"心灵和精神的内在修养"，因此"文化也是一种对美好事物的追求和对美好事物的创造"。阿诺德揭示了资本主义社会中文化对于社会民众的教育和引导的特殊作用，他在分析19世纪西方社会的变化时说教育会赋予工人群体以"文化"，用文化纠正粗鲁、低俗以及无政府行为；用教育使得人们变得有教养、不狭隘，使社会获得秩序和权威。美国社会学家默顿认为，社会的机会结构是一种文化安排，这种机会结构使一部分人通过合法的方式追求自己的目标，而使另一些人通过非法的方式追求自己的目标，这正是文化的正向整合和负向整合功能的表现，正向功能保持社会体系的均衡，负向功能则破坏社会体系的均衡。

第二节　文化的类型与形态

我们可以笼统地说，文化是一种社会现象，是人类在长期的历史行为中创造形成的产物，同时文化又是一种历史现象，是人类社会历史的积淀物。20世纪中叶，英语世界最重要的马克思主义文化批评家、文化研究的重要奠基人之一雷蒙·威廉斯（1921—1988年）认为，文化是"英语语言中最复杂的两三个词之一"。

一、文化类型

文化类型是对文化进行分类的术语，是人们在特定的地理环境和长期的历史生活中形成的文化形态特征。

《简明不列颠百科全书》将文化类型界定为："在文化分类中，一种以经过选择并互相起作用的各特征或各组特征为主要内容的结构。因为任何文化样式都有分类学上的意义，那些为分类而选择的形象就要以考虑中的特殊问题为依据……可以按照惯用的价值定向、整合原则或风俗习惯的复杂程度，作类型学的探索。考古学家为了建立时间和空间的序列，已经使用了根据各种典型的人工制品体系所划定的类型。使用这一概念还包括选择比较特征、选择比较点以及确定这些抽象概念以外的实用价值等许多问题。"

（一）不同历史文化观下的文化类型

在西方文化学历史上，德国哲学家、文学家斯宾格勒在《西方的没落》、英国著名历史学家汤因比在《历史研究》中,先后对文化类型进行过比较集中的理论研究。他们都是在世界文明史这一大背景中对文化别类定型,由此提出别类的基本单位和定型的基本标准两个较重要的问题。以别类定型为特点的文化类型理论,目的在于更好地进行文化比较[1]。而中国学者梁漱溟、钱穆和冯友兰对文化类型的分析比较也是基于特定的历史文化观而形成的。

1. 斯宾格勒的文化民族分类

斯宾格勒认为,文化是具有形态的有机体,通过具体的"民族,语言和时代,战争和观点,国家和神祇,艺术和工艺品,科学、法律、经济类型和世界观,伟大的人物和伟大的事件"等形式表现出来[2]。他把世界文明史"分割"为希腊(古典)、阿拉伯、西方、印度、中国、埃及、巴比伦、墨西哥8个部分,它们都是独立的、已经发展完成了的文明形类,而俄罗斯被作为尚未完成的一个部分来对待。

2. 汤因比的世界文明史分割

汤因比把世界文明史"分割"为26个部分,认为其中5种文明已停止发展(5种文明指波利尼西亚、爱斯基摩、游牧、斯巴达、奥斯曼文明),另外21种文明还正在发展过程中(21种文明指西方基督教、拜占庭东正教、俄罗斯东正教、古代希腊、古代伊朗、古代阿拉伯、古代叙利亚、印度、古代印度、中国、日本-朝鲜、古代中国、米诺斯、古代苏末、赫梯、古代巴比伦、古代埃及、安第斯、尤卡坦、古代墨西哥、玛雅文明)。汤因比的"分割",是建立在"文明"或"社会"别类的基本单位之上的。

3. 梁漱溟的文化类型学说

(1)文化三路向。

"五四"前后,梁漱溟在其成名作《东西文化及其哲学》中,提出了"文化三路向说",首次系统地比较了中国、印度和西方三种不同类型的文化,这是从"别类的基本单位"进行的划分。他以"意欲"(will)作为定型的基本标准阐述了其文化观,提出文化是一个民族生活的种种方面[3]。他认为,意欲的不同导致生活中解决问题的方法不同,而不同的解决方法导致了不同的文化路向。

西方文化以意欲向前要求为其根本精神。梁漱溟认为,西方文化是理智的,表现为以计算的态度对待自然和个人,即西方文化的生活态度讲究人对自然的征服、人对物质利益的追求,由此创造了近代西方的科学和民主。

---

[1] 杨海文. 文化类型与文化模式简论[J]. 中州学刊, 1996(2): 133-138.
[2] 斯宾格勒. 西方的没落[M]. 齐世东, 译. 北京: 商务印书馆, 1991: 14.
[3] "你且看文化是什么东西呢?不过是那一民族生活的样法罢了。生活又是什么呢?生活就是没尽头的意欲,此所谓'意欲'与叔本华所谓'意欲'略相近,和那不断的满足与不满足罢了。"(梁漱溟. 梁漱溟全集[M]. 济南: 山东人民出版社, 1989: 352.

中国文化以意欲调和持中为其根本精神。中国文化的生活态度是追求生活的乐趣、和谐、伦理道德的自我完善，其表现为人与自然的和谐统一，人际关系崇尚情感，社会生活的玄学化和艺术化，满足于已成的物质成就，所以近代中国文化发展相对滞后。中国人的思想是安分、知足、寡欲、摄生，不提倡物质享乐，但也没有印度的禁欲思想。

印度文化以意欲反身向后为其根本精神。印度文化的生活态度源于佛教的"人生是苦"，反对物质享受，主张"反身向后"，追求人的精神的超脱。印度文化表现为在面对自然、人际关系和精神生活时都是佛者的现量体认占统治地位。

梁漱溟认为，文化是随人类生活问题的转移而相应变化的，西方、中国、印度三种文化类型是由三种生活态度、三种生活路向演化出的三大文化派系。

（2）精神—社会—物质分类。从"文化不过是民族生活的种种方面"角度，梁漱溟先生认为，文化总结起来不过三个方面。

① 精神生活方面，如宗教、哲学、科学、艺术等，其中宗教、文艺是偏于情感的，哲学、科学是偏于理智的。

② 社会生活方面，即我们以及周围的人、家族、朋友、社会、国家、世界之间的关系和我们的生活方式都属于社会生活方面的文化，如社会组织、伦理习惯、政治制度及经济关系等。

③ 物质生活方面，如饮食、起居等种种享用，以及人类在自然界中各种求生存的方式。①

4. 钱穆的地理环境决定论

钱穆以地理环境为依据，从文化的起源对其进行类型划分。他认为，人类文化从源头来看，不外乎三种类型，即游牧文化、农耕文化、商业文化。游牧文化发源于高寒的草原地带，农耕文化发源于河流灌溉的平原，商业文化发源于滨海地带以及近海之岛屿。三种自然环境决定了三种生活方式，三种生活方式形成了三种文化类型。②这三种文化类型又可以分为两类，游牧、商业、文化为一类，以西方文化为代表；农耕文化为另一类，则以中国文化为代表。在钱穆看来，商业、游牧文化与农耕文化的不同主要表现在以下几方面。③

第一，内倾型和外倾型的不同。农耕文化起于内在的自足，无事外求，故常内倾；游牧、商业文化起于内在不足，则需向外寻求，故常外倾。"内倾型文化常看世界是内外协一，因其内自足，而误认为外亦自足；外倾型文化常看世界成为内外两敌对。因其向外依存，故必向外征服。"④

第二，"安、足、静、定"与"富、强、动、进"的不同。农耕文化是自给自足，而

---

① 梁漱溟. 东西文化及其哲学[M]. 北京：商务印书馆，1999：19.
② 钱穆. 中国文化史导论[M]. 北京：商务印书馆，1994：2.
③ 王晓黎. 钱穆与梁漱溟"文化三路向"说之比较[J]. 徐州师范大学学报：哲学社会科学版，2010，36（2）：78-82.
④ 钱穆. 文化学大义[M]. 台北：正中书局，1983：29.

游牧、商业文化需要向外推拓，要吸收外来营养以维持自己；农耕文化安稳、保守，足而不富、安而不强，而游牧、商业文化则多变动、进取，是富而不足、强而不安。

第三，和平性与侵略性的不同。游牧、商业文化由于内在不足，必须向外进取征服，遂产生了强烈的"战胜与克服欲"，文化特征常体现为侵略、征伐；而农耕文化重视"和合性"，农业生产依赖的气候、雨泽、土壤等皆非人力所能安排，因此其产生的是"天人相应""亦顺亦和"的观念，文化特征具有和平性。

5. 冯友兰的中西文化观

冯友兰是以"共相"（即社会性质）作为对文化类别定型的基本标准。他认为，生产方式决定了社会性质，进而决定了文化类型。例如，他认为所谓西洋文明是优越的，并不在于它是西洋的，而是因为它是某一类文化的；所谓中国文明在近百年内总是吃亏挨打，也不是因为它是中国的，而是因为它是某一类文化的。依据"共相"的定型标准，冯友兰将中西文化区别为：西洋文明在社会性质上是"生产社会化的文化"，而中国文明则是"生产家庭化的文化"。在此基础上，他进一步提出"类型转进说"，即通过产业经济的发展，使中国文明从生产家庭化转进到生产社会化，从古代形态转进到现代形态。

（二）文化类型学的争议

综上可见，就文化类型而言，中外学者在别类的基本单位问题上并无太大分歧，无论是文化民族还是地理环境，均可以某一同性质种群为依据进行划分。然而，在定型的基本标准上则有较大不同。

如，斯宾格勒认为对文化进行别类的基本单位既不是所谓的"种族"，也不是语言符号，而是作为基本象征符号的"文化民族"。换言之，他把文化民族作为别类的基本单位。在斯宾格勒看来，定型的基本标准存在于"文化民族"这一概念之中，因为文化民族本身就是一个灵魂的单位。

而汤因比对具体的别类分割却相当主观、随意。著名社会学家索罗金曾指出，汤因比把基督教文明分为西方基督教文明和东正教基督教文明，把斯巴达文明从古希腊文明中分离开来，把波利尼西亚、爱斯基摩等"次文明"作为独立的文明对待，把分散于世界各地的游牧民族统一为一个"文明"单位等，这都显示了他对别类的基本单位没有做到历史与逻辑的互相统一。在定型的基本标准问题上，汤因比也没有像斯宾格勒那样提出一个具有整合功能的概念（灵魂），只做了一些"倾向性"的说明。例如，他认为古代希腊文明的倾向是美学的，古代印度文明的倾向是宗教的，西方文明的倾向是机械技术的。这种"倾向性"论断显然无法作为定型的基本标准，而且他所做的"倾向性"说明还往往违背了历史的真实。例如对以机械技术为倾向的西方文明，其错误确如索罗金所指出："西方文明的这个所谓占有统治地位的特点，一直到了大约公元 13 世纪前却一点也没有表现出来过：从 6 世纪末到 13 世纪……其技术发明与科学的总成绩可以说是等于零；从 6 世纪到 13 世纪这一段漫长的时期里，这个机械文明却是彻头彻尾地以宗教见长的，甚至比古代印度或印度文明的许多时期都更富有宗教的特色。"①

而中国学者方面，在梁漱溟思想中有一个循环论证，他认为文化的根源是意欲的不同，而意欲的不同又产生于不同的文化，但他自己也未明确指出意欲究竟是指什么。从这里可以看出，"意欲"概念带有太多主观想象的成分，以此作为对文化类别定型的基本标准，必然缺乏一定的客观基础。因此，梁漱溟的文化分类更多地体现出其绝对整体主义的文化观，过于强调文化在解决社会危机中的作用，相当于把思想等同于现实，这样的"文化决定论"对文化类型学的贡献是很有限的。

与之相反，钱穆的地理环境决定论具有合理因素，因为文化的最初产生在很大程度上依赖于它所处的自然环境。文化本质上是"人化"，即人和文化是相伴而生的。人成为人在某种意义上是自然环境的逼迫，文化成为文化与自然环境密不可分，在文化分异的原始阶段，自然环境对文化的形成具有关键性的作用。一种文化是否优越，要看它能否与自然界长期共存。自然环境虽然不是文化产生的唯一原因，但至少是重要原因之一。离开自然环境，人无以为人，文化无以为文化，但是不能夸大自然环境的作用。文化的产生虽然离不开自然环境，但是不能完全归结为自然环境，人的产生是人与自然环境互动的结果，文化的产生也离不开人的创造性，尤其是文化形成以后，它对自然环境的主动性就日益显示出来，更多的文化现象则需要在实践基础上用人与自然环境互动的原理去解释。

冯友兰在以"共相"和"殊相"为定型的基本标准来考察文化的过程中，并没有对文化类型做出定义上的系统说明，但从其相关叙述中可以看出，他所指的文化之类实质为某种文化由于其构成要素或特质的不同，从而使其只能成为此种文化而非另一种文化，并与另一种文化具有明显区别。这样，某种文化类型就是撇开该文化个体中许多非本质的、偶然的、表层的东西，而紧紧抓住了属于该个体文化中本质的、必然的和深层次的文化的共相与一般。②冯友兰指出："讲个体文化是历史，讲文化之类是科学。"③即以"殊相"划分文化类型只是就事论事，只能见其个体差异；而以"共相"为判别标准才是以理论事，可透过表面个体差异以观其本质区别，这样才能真正实现个体文化间的比较与沟通。

二、文化形态

形态是事物呈现出来的形状、样态，是内容与形式的有机统一。"所谓形态，即事物基于自身内部的组织、结构和功能并直接显示出来的形状、样态，作为事物的直观和典型形象，形态也直接蕴含着事物内部诸要素间的相关性，通过形态的客观性、可认知性和可分析性，我们就可以理解事物的'内部'结构及其功能。可见，形态决不等于教科书意

---

① 索罗金. 汤因比的历史哲学[A]. //历史研究（下册）[M]. 上海：上海人民出版社，1966：473-474.
② 杨淑敏. 冯友兰文化类型说述评[D]. 保定：河北大学，2000.
③ 冯友兰. 贞元六书（上）[M]. 上海：华东师范大学出版社，1996：222.

上的'形式',其本身就是形式与内容的统一。"①

第一个明确地提出历史的或文化的"形态学"或"比较形态学"概念的是斯宾格勒。斯宾格勒的《西方的没落》一书的目标就是借助对西方文化没落的分析以发展一种哲学,即发展"世界历史中的比较形态方法"。斯宾格勒的文化形态学认为,世界上的任何一种文化就像田野间的一棵植株一样,都有一个从发生到成熟再到衰老的过程。或者说,任何一种文化都可以将其生存期划分为春、夏、秋、冬四个阶段。任何两种文化,不管相隔的时间多远,只要都处在生存中的同一个时期,比如春天时期,就有共同的特性。

可以说,文化形态学就是研究人类社会总体以及不同区域文化的不同形态并将它们相互比较的学问。那么,文化形态是基于文化类型进一步对文化进行更具象认知的结果呈现。不同的文化类型可以通过相同的文化形态予以展示,同一种文化类型也可以以不同的文化形态作为载体。以下将简要介绍几种典型的文化形态分类。

(一)马克思社会形态理论下的三大文化形态

马克思在《政治经济学批判》中指出:"人的依赖关系(起初完全是自然发生的),是最初的社会形态,在这种形态下,人的生产能力只是在狭窄的范围内和孤立的地点上发展着。以物的依赖性为基础的人的独立性,是第二大形态,在这种形态下,才形成普遍的社会物质变换、全面的关系、多方面的需求以及全面的能力的体系。建立在个人全面发展和他们共同的社会生产能力成为他们的社会财富这一基础上的自由个性,是第三个阶段。第二个阶段为第三个阶段创造条件。因此,家长制的,古代的(以及封建的)状态随着商业、奢侈、货币、交换价值的发展而没落下去,现代社会则随着这些东西一道发展起来。"②

马克思的三大社会形态理论,实际上就是文明时代的三大文化形态理论。第一大社会就是以自然经济为基础的农业社会,与这一社会相适应的文化是农业文化;第二大社会就是以商品经济为基础的工业社会,与这一社会相适应的文化是工业文化;第三大社会就是以"个人全面发展和他们共同的社会生产能力成为他们的社会财富"为基础的后工业社会,与这一社会相适应的文化是后工业文化。③

1. 农业文化

农业文化形态下,人口的大多数居住在农村,生产力水平很低,人们活动的范围狭小、封闭,人们以血缘或地缘等自然性纽带结成氏族、部落、公社等人群共同体。在这些群体内部,个人没有独立性,个人附属于群体,群体主宰着个人的命运。由于在经济关系中不独立,人们不得不依附于实际上的社会财富的占有者,因此全社会普遍缺乏独立人格,既缺乏具有独立人格的个人,又缺乏具有独立人格的组织。人与人之间的关系是不需

---

① 韩庆祥,邹诗鹏. 当代哲学的主题形态何以是人学?[J]. 马克思主义哲学研究,2001:24.
② 马克思. 政治经济学批判[M]//马克思,恩格斯. 马克思恩格斯全集:第四十六卷(上). 北京:人民出版社,1980:104.
③ 顾乃忠. 文化与文化形态学——东西方文化比较研究之一[J]. 江苏行政学院学报,2001(1):34-37.

要"通过某种第三者,即通过货币"(马克思语)的直接的统治和被统治关系。社会组织状况是家国同构、宗法一体,社会权力与国家权力没有分化,经济组织与政治组织合二而一。人们在价值取向上重精神、轻物质,重群体、轻个人,重道义、轻金钱,重情感、轻理智,重道德、轻法理,重人治、轻法治,等等。①

2. 工业文化

工业文化是在农业文化解体的基础上产生的。工业文化是以商品经济为基础、以工业生产方式为主导的人的独立性的社会文化形态。在这种文化形态下,人口由农村向城市集中,并且多数居住在城市,以标准化、专业化、规模化等为特点的工业生产方式成为社会的主要生产方式,以生产和消费相分离为特征的商品经济成为主要的产品交换方式。工业文化形态下,社会生产力已经相当发达,世界市场已经形成,人们的活动范围十分广阔,人们狭隘、保守、愚昧的意识已经消除,维系人们关系的血缘、地缘等自然纽带已被切断,束缚个人发展的各种原始群体已经瓦解,个人获得了独立性,独立人格普遍生成,国家权力和社会权力已经分化,政治组织和经济组织已经分开。在人与自然的关系上,由农业文化时期强调和谐、一致转而强调人对自然的抗争和征服。在社会价值观上,重物质、轻精神,重个人、轻群体,重金钱、轻道义,重理智、轻情感,重法理、轻道德,重法治、轻人治,等等。

3. 后工业文化

后工业文化是以产品经济为基础、以服务业生产方式为主导的"自由个性"的社会文化形态。在这种社会文化形态下,生产力已经高度发达,商品货币关系在很多领域已经趋于淡化甚至不复存在。服务业取代工业在社会中发挥日益重要的作用,物质财富已经不再是社会财富的代表,社会生产能力成为人们的社会财富,发展能力成为人们的目的本身。在个人同自然的关系和个人同社会的关系上,消除了对立性和外在性,人们在价值观上重新重视宗教、情感和整体的价值。独立的个人重新联合起来,个人获得了自由全面的发展,形成了真正的自由个性。

之所以将农业文化、工业文化和后工业文化称为文明时代的三大文化形态,是因为这三种文化形态是前后相继的,任何一个民族都不可能超越其中的任何一个阶段。当今世界上的任何一个民族,或者处于第一种形态之下,或者处于第二种形态之下,或者处于向第三种形态的过渡之中。

(二)雷蒙德·威廉斯的文化形态三分法

雷蒙德·威廉斯用常见的文化三分法,从不同角度对文化形态进行了分类。如从文化定义的本体角度将文化分为理想的、文献的和社会的;从文化社会-历史角度将文化

---

① 顾乃忠. 历史决定论与中国现代化[M]. 南京: 江苏人民出版社, 1997: 22-23.

分为亲历的、记录的和选择的。他还从权力与阶层的视角提出了几种文化分类法。其文化分类说明了文化的多样复杂性,"文化既是文本的、社会历史的、动态发展的,更是政治的"。①

1. 文化的本体分类②

在《漫长的革命》一书中,威廉斯从对文化进行定义的本体角度提出,文化的定义有三种一般的分类,分别是"理想的(ideal)"文化、"文献的(documentary)"文化和"社会的(social)"文化。

(1)理想文化。威廉斯认为,所谓理想文化,即人类追求自我完善的一种状态或过程,是对某些绝对或普遍价值的追求,与人类的普遍状况有着永久的联系。如优秀的思想和艺术经典等。

(2)文献文化。文献会将人类的思想和经验以各种方式详细记载,因此,"文献"意义上的文化就是思想性作品和想象性作品的实体。在这一定义下,文化是一种批评的活动,通过描述和评价思想和经验的性质、语言的各种细节以及活动的形式和惯例,来发现"史上已有的最好的思想和著述"。

(3)社会文化。从"社会的"角度看,这种意义上的文化是对一种特殊的生活方式的描述,包括艺术、知识、制度或日常行为中的某些意义和价值,用来说明一定社会历史时期的文化是独一无二的。例如,20世纪60年代"披头士"乐队的音乐不但成了流行音乐和流行文化的标志,同时也成了英国文化和历史的一个重要标签。

不过,威廉斯不赞成将三种分类方式割裂看待,他认为,要寻找各种意义和价值以及关于人类创造性活动的记录,不能只局限于艺术作品和思想性作品,各种制度和行为方式也应该纳入视野,对文化进行分析时必须将它们视为一个整体。

2. 文化的社会-历史分类

从社会-历史的角度,威廉斯提出需要区分文化的三个层次:亲历的文化(lived culture)、记录的文化(recorded culture)和选择性传统的文化(the culture of the selective tradition)。③

第一个层次是亲历的文化,是某个时代和地方的活生生的文化,是实际行为中的文化,这种文化只有生活在那个时代和地方的人才能完全理解。亲历的文化具有一定的时效性和地域性,当超越一定的时空范围,曾经亲历的文化就会部分消失,部分以文献的形式(记录的文化)或者其他文化的形式保留下来,而且这些存活下来的部分文化通常又必定通过历史的不断选择和阐释后,或被淘汰,或保留下来成为传统文化,代代相传,形成

---

① 李兆前. 论雷蒙德·威廉斯的文化分类[J]. 河南科技大学学报:社会科学版,2013,31(3):38-42.
② 威廉斯. 漫长的革命[M]. 倪伟,译. 上海:上海人民出版社,2013:50.
③ 同②58.

人类文化传统的一部分。

第二个层次是被记录下来的文化,是对过去各种亲历文化的提炼和书面记载。它包罗从艺术到日常琐事在内的一切,是某一时期的文化。然而,从历史踏入下一个时期起,记录文化就从单纯的历史记录中获得了新生。随着历史的不断发展变化,记录的文化也将经历被选择和再选择、被阐释和重新阐释的动态过程。时代不同,群体不同,人们对存活下来的同一文献文化就会采取不同的态度,赋予其不同的意义。

第三个层次是选择性传统的文化,它把活生生的文化和某一时期的文化联结在一起。随着历史的发展,在对文化的反对、认知和接受过程中,没有被历史淘汰的部分,其内涵意义将不断增加抽象为某种意义。这些以传统生活习俗、传统制度等方式存活下来的文化形式和记录文化共同形成了动态的文化传统,即选择性传统的文化。威廉斯认为,文化传统具有高度的选择性,起于一定的历史时期,并被注入选择性过程。

3. 文化的政治学分类

威廉斯根据文化霸权的概念,即文化权力在社会各阶层的不平等分布关系,提出了另外两种文化三分法。他认为,从文化过程及其社会性定义进行三方面的区分,可分为文化传统(traditions)、文化制度(institutions)和文化形态(formations);①从文化过程的动态因素上看,可分为主流的(dominant)、残余的(residual)和新兴的(emergent)文化。②

(三)霍尔的公开的文化与隐蔽的文化

跨文化交际学的创始人霍尔(E.hall)曾在《无声的语言》中提到,从心理学和人类学等领域借鉴而来的文化理论认为:"文化存在于两个层次中:公开的文化和隐蔽的文化。前者可见并能描述,后者不可见,甚至连受过专门训练的观察者都难以察知。"③霍尔在同一本书里还指出:"文化所隐藏之物大大甚于其所揭示之物。奇特的是,它能隐藏的东西最难为其自身的参与者所识破。"④这种分类方式涵盖面大,避免了文化分类上互相重叠的现象,能用简单通俗的话语揭示事物的本质,最容易被人们所理解。⑤

公开的文化又叫显性文化,其界定标准是指一切可以用肉眼看得见、一目了然的东西。如服装、食物、道路、交通工具、建筑物、城市、村庄等显露于外的物质文化都属公开文化。

隐蔽的文化又叫隐性文化,主要指软文化,即精神文化,包括隐藏得很深的软文化及隐蔽在物质文化中埋藏得相对较浅的软文化两种。隐性文化中的主要隐藏物是观念(包

---

① WILLIAMS R. Marxism and Literature[M]. Oxford and New York: Oxford University Press, 1977: 115.
② 同①121.
③ 霍尔. 无声的语言[M]. 刘建荣,译. 上海:上海人民出版社, 1991: 65.
④ 同③32.
⑤ 顾嘉祖. 从文化结构看跨文化交际研究的重点与难点[J]. 外语与外语教学, 2002(1): 45-48.

括传统观念与当今观念），而观念的核心是价值观念，任何别的观念都是随价值观念的变化而变化的。换句话说，价值观念可以主宰或影响人权观、劳动观、婚姻观、发展观、平等观、宗教观、法制观、道德观、个体与群体观等。价值观念才是文化的深层内核，是民族文化的精神本质，决定着文化的特征和风范。

（四）其他形态划分

1. 主流文化与亚文化

在跨文化交际中，文化形态较为传统的一种分类方式是将其分为主流文化（Dominant Culture）和亚文化（Subculture）。主流文化是指一个社会、一个时代受到倡导的、起着主要影响的文化。每个时期都有当时的主流文化，如儒家思想是我国封建社会时期的主流文化，自春秋战国由孔孟将其创立发展，儒学在我国历朝历代都有重要地位，尤其自汉武帝实行"罢黜百家，独尊儒术"的政策，直到清末，其都受到封建帝王的推崇；而在西方国家，自中世纪以来一直以基督教文化为主流。

亚文化又叫次文化或副文化，是指与主流文化相对应的非主流的、局部的文化现象。亚文化属于某一区域或某个集体所特有的观念和生活方式，一种亚文化不仅包含与主文化相通的价值与观念，也有属于自己的独特的价值与观念，其行为模式也区别于主流文化。如某些民族、地区、经济或社会群体的文化就属于此类文化。例如，中国有56个民族，就会有55个民族的亚文化。以年龄划分，青少年文化、老年文化都可以看作亚文化。又如，美国由于经济发达、社会包容，汇集了全世界的各种民族，包括亚裔、非裔、拉丁裔等，这些群体的文化都是区别于美国主流文化的亚文化。

2. 科学文化与人文文化

根据所处理对象关系的不同，文化又存在科学文化（Science Culture）与人文文化（Humanities Culture）两种形态。科学文化处理的是人与自然的关系，是人类适应、认识、改造和保护自然的知识和技术体系。人文文化处理的是人与社会、人与人，以及人与自身的关系，是调节社会关系、完善人格和愉悦精神的知识和艺术体系。一般来讲，科学文化包括以自然科学和工艺技术等为载体承载的文化，而人文文化则包括哲学、社会科学以及文学、音乐、美术等艺术形态。

3. 精英文化与大众文化

根据产生和流行的群体差别，文化又可分为精英文化（Elite culture）和大众文化（Mass culture）两种形态。精英文化被认为是"高级"的文化形态和制度，是社会精英群体所独有的，主要由知识分子阶层生产、传播与分享。这类文化大多层次较高、专业性强，因此流行范围相对较小。大众文化是随着现代工业社会而产生，与市场经济发展相适应，并流行于社会大众中的文化。这类文化大多层次较低、通俗浅显，商业性和娱乐性较强，流行范围相对更广。精英文化与大众文化可以相互转化，如在社会精英群体中创造产生的文化产品被大众接受认可并流行，则转化为大众文化；反之亦然。

4. 器物文化、制度文化、行为文化与价值文化

根据文化载体之于人类由外而内、由浅而深的关系，可以将文化分为器物文化、制度文化、行为文化与价值文化。文化的本质是思想，思想对象化在器物中便成为器物文化，如衣、食、住、行等人类基本所需的工具或过程，和其他改造自然的存在物所构成的现实生产力及其生产成果。对象化在制度中就体现为制度文化，即人与人、人与社会交往中形成的规范制度，如政治、法律等；对象化在人们的行为中便体现为行为文化，即人类活动的行为体现和约定俗成的习惯定势等，如道德、伦理、风俗等；对象化在人们的认知理念中升华为价值观念就体现为价值文化，包括个人及群体的认知、信仰、精神状态和价值观念取向的集合，即人们常说的"价值观"。器物、制度、行为、价值等只是文化的载体，它们本身并非文化，而存在其中的思想内容才是文化。

第三节　文化与创意策划的融合

在具体的文化活动中，文化是内容和核心，创意是亮点和支柱，策划是方法和手段，三者有机结合才能更好地实现文化内容的经济价值和社会价值。如果一个文化产品没有新颖的创意，那么再好的计划谋略也难以赢得市场；同样，如果文化产品没有专业的策划方案设计和制作，那么再独特的创意也难以发挥作用。[1]因此，文化内涵有助于创意策划的开展，而文化本身的传承推广也需要一定的创意策划予以协助。只有将文化内涵与科学的创意思维方法、策划手段相结合，才能创造富有精神内核的文化产业群，打造更多富有特色的文化产品和文化服务，最终形成文化产业链模式和规模化效应，实现经济效益和社会效益的双丰收。

一、文化创意：文化内容资源的升华与赋能

文化创意是指在创意过程中，包括生产资源、生产条件和生产环境等环节均包含文化元素，将这些资源整合，运用多学科、借助多载体创新再造文化理念和文化产品。其中，文化是内容，创意是支柱。简而言之，文化创意即对文化的再创造的思维过程。文化创意主要依赖个人的智慧才华，通过思维创造、技术创新等实现人对物质世界的改造和精神世界的完善，其最终目标在于从更高程度上满足人类的物质体验和精神追求。

---

[1] 张鲁君. 文化创意与策划[M]. 福州：福建人民出版社，2014：10.

由于一切文化要素均具有创造、再创造的能力，因此所有文化资源均可进行创意设计。而任何一种创意设计活动，都要在一定的文化背景下进行。无论是来自传统文化或历史遗产，或是高科技元素、数字媒体技术，基于人和人的生产生活的一切存在方式和表现形态都可以作为文化创意的素材。将这些素材通过创意活动进行创造或再创造，赋予其内容和实体形式，形成文化作品，最终实现文化创意的最终价值。如文学作品与数字影视技术组合再创造，成为电影；动漫人物和故事与游乐设施相结合，成为主题游乐园区。

二、文化策划：文化内容资源的编织与创新

文化策划是指策划者在对策划对象进行充分调查研究分析的基础上，通过新颖的创意、先进的技术、专业的视角，运用相关的文化背景资料，科学、合理、有效地推动文化活动的进程。[1]可以说，文化策划实质上就是策划如何整合文化资源，或者将非文化资源纳入同一文化模式，使之与其他文化资源交织融合，变成某种文化特有的目标的特征。[2]如任何文化创意项目的运营均需要整合文化资源，需要以一套完整的策划方案以规定实施路线、整合范围，并控制风险。

文化策划涵盖的领域非常广泛，既专指针对文化活动、文化项目的策划，如报刊策划、影视策划、文艺活动策划等，也泛指一切带有文化性的策划。文化性策划更多的是指在不属于文化领域的活动中，如一般性的生产活动、商业活动等，对其进行文化挖掘、文化提炼或文化包装，如品牌文化包装、打造创意农业、营销文化地产等。

文化策划在操作过程中具有明显的目的性和功利性，获得经济效益和社会效益的双赢是其最终目标。

三、文化与创意策划的关系

文化与创意策划有着天然的紧密联系。从某种意义上说，创意策划与文化是同时产生的。

1. 文化有助于创意策划的实施

首先，文化为创意策划提供素材。由于文化具有地理性、主观性，即创意策划的核心内容，因此文化的多样性与可诠释性为创意策划提供了想象空间。其次，文化为创意策划提升品质。文化具有创造性，可以使创意策划的内容更丰满，更具有传世价值。最后，文化保障创意策划的原创性。文化的独特性保障了创意策划的原创元素，使其有可能成为独一无二的经典之作。

---

[1] 张鲁君. 文化创意与策划[M]. 福州：福建人民出版社，2014：9.
[2] 吴廷玉. 文化创意策划学[M]. 大连：大连理工大学出版社，2010：63.

2. 文化需要创意策划予以保护和传承

（1）创意策划可以转化文化价值。[1]文化产业意义下的创意策划势必要实现经济价值的最大化，其创造的价值越多，意义越大。所以，文化离不开创意策划，只有独特的创意加上成功的策划才能实现文化的经济价值最大化，产生最大的经济效益和社会效益。

（2）创意策划可以更好地开发文化资源。利用文化进行创意策划可以更好地整合文化资源，采取文化手段针对某一项目或某一活动进行系统的文化整合与筹划，使该项目或活动顺利地实现预期的目标和效果。

（3）创意策划有助于实现文化整合。文化整合源于西方文化学，指一种文化变为整体的或完全的过程，也指某一文化作为整体的或完全的情况。[2]经过创意策划，可更好地将潜藏的、分散的、互不相干的文化资源进行系统整理、协调组合，以便达到最优化的整体效果。

本章小结

中西方古代的"文化观"截然不同，中国古代多是在"文治教化"的意义层面使用"文化"一词，其中的精神内涵远大于物质内涵。早期西方观念中的"文化"是指一种生产活动和生产行为，也被用来隐喻人类的某种才干和能力。18世纪以后，西方人对"文化"的认识从物质层面扩展到精神层面，并进一步延伸到社会生活的各个层面。

文化类型是对文化进行分类的术语，是人们在特定的地理环境和长期的历史生活中形成的文化形态特征。文化形态，是基于文化类型进一步对文化进行更具象认知的结果呈现。不同的文化类型可以通过相同的文化形态予以展示，同一种文化类型也可以由不同的文化形态作为载体。

文化和创意策划有着天然的紧密联系。从某种意义上说，创意策划与文化是同时产生的。文化创意是对文化再创造的思维过程，而文化策划是整合文化资源推进文化活动的行为过程。

 思考题

1. 文化的特点有哪些？请举例说明。
2. 文化形态有哪些划分标准？怎样理解不同标准之间的差异？
3. 文化与创意策划之间存在怎样的关系？

---

[1] 张鲁君．文化创意与策划[M]．福州：福建人民出版社，2014：9．
[2] 覃广光，冯利，陈朴．文化学词典[M]．北京：中央民族学院出版社，1988：157．

第二章

创意的基本概念与原则

学习目标

通过对本章的学习,学生应了解或掌握如下内容:
1. 什么是创意;
2. 创意有哪些特点;
3. 创意的原则与方法;
4. 创意的程序和步骤。

导言

创意是人的一种创造性的、突破传统的思维活动,它具有为某些事物带来巨大经济价值的潜力,它源于社会生活又促进社会发展。由于具有关联性、赋予性、衍生性、多元性等特点,创意成为一项区别于创新、创造及策划的实践活动,以原创、再创与集成整合等形式进行展现。尽管无法通过确切的法则对创意方法予以限定,但创意这个从无到有的过程仍是有规律可循的,并且在一定的原则指导下,我们是可以更好地掌握创意的程序和步骤的。

第一节 创意的含义、类型与特点

一、创意的含义

(一)什么是创意

创意的英文是 creative,创意活动的英文是 creativity,中文也可译作"创造"。在古

希腊，创造关乎人的精神与思维，是人类独有的能力。①柏拉图曾说："创作的意义是极为广泛的。无论什么东西从无到有中间所经过的手续都是创作。所以，一切技艺的创造都是创作，一切手艺人都是创作家。"②

世界创意产业之父、英国经济学家约翰·霍金斯曾说："如果我仅仅是一种数据，我也许会为生活在信息社会而感到自豪。但作为有思想、有情感、有创造力的人——至少在状态不错的时候——我们需要更好的东西。我们需要信息，但是我们更需要活跃的思想、智慧和对这个信息的不断的挑战。我们需要创新、质疑和好辩精神，我们常常执着并偶尔也会碰壁——一句话，创意。"③约翰·霍金斯对"创意"的阐释是："创意可以被简单地定义为'有新点子'。"

有四个标准来衡量一个新创意：它必须是个人的、独创的、有意义的和有用的。他认为"个人性、独创性和有意义"是创意的三个基本条件，第一个条件是个人的在场，创意需要个人观察某些表面或深层的东西，并在头脑中让它们成形；第二个条件是独创性，创意可能是全新的，也可能是对已存在的东西的再造，前者是"无中生有"，而后者则是"赋予既有事物某种特色"；第三个条件是有意义，即必须有某样东西以一种有意义的方式展现我们的创意，哪怕只是个人的琐碎的意义，否则我们就不足以判断这一东西是否有创意。④

美国广告大师詹姆斯·韦伯·扬在20世纪60年代提出"旧元素，新组合"这个理念，指出创意不是发明创造，创造是无中生有，而创意是将一些司空见惯的元素以常人意想不到的方式展现给消费者，从而令消费者与品牌之间建立某种关系，一条创意其实就是常规要素的一个新组合。他认为，创意的生产过程和福特轿车的生产过程颇为相像。创意的生产也是在一条流水线上进行；在这一生产过程中，思维适用一套可以被学习与掌握的操作技巧，它的有效应用与其他任何工具的有效应用一样，只不过是一件技巧训练的事情。创意必须符合具体条件或者实际要求才可发挥作用。为了让大多数创意能够符合具体条件或者实际要求，需要十分耐心地琢磨它，否则许多很好的创意就会夭折。

爱因斯坦谈到他自己的思维过程时曾写道："写下来的词句或说出来的语言在我的思维机制里似乎不起任何作用。那些似乎可用来作为思维元素的心理实体，是一些能够'随意地'使之再现并且结合起来的符号和多少有点清晰的印象……在创造性思维同语词或其他可以与别人交往的符号的逻辑构造之间有任何联系之前，这种结合的活动似乎就是创造性思维的基本特征。"⑤

中国学者陈放在《创意学》中指出："创意起源于人类的创造力、技能和才华，创意

---

① 张鲁君. 文化创意与策划[M]. 福州：福建人民出版社，2014：4.
② 柏拉图. 柏拉图文艺对话集 [M]. 朱光潜，译. 北京：人民文学出版社，1963：263.
③ 哈特利. 创意产业读本[M]. 曹书乐，包建女，李慧，译. 北京：清华大学出版社，2007：序言.
④ 霍金斯. 创意经济：如何点石成金[M]. 洪庆福，孙薇薇，刘茂玲，译. 上海：上海三联书店，2006：17-20.
⑤ 爱因斯坦. 爱因斯坦文集（第一卷）[M]. 许良英，范岱年，译. 北京：商务印书馆，1976：416.

来源于社会又指导着社会发展。人类是在创意、创新中诞生的，也要在创意、创新中发展。"①

《现代汉语词典》给"创意"赋予了两层含义：一是有创造性的想法、构思等，二是提出创造性想法、构思等。

概而言之，创意就是具有新颖性和创造性的想法，而且能够通过创意创造出更大的效益，包括物质的和精神的效益。创意是人的一种创造性的、突破传统的、神奇的思维活动，它将带来巨大的经济价值，它源于社会生活又促进社会发展。

（二）创意与创新、创造、策划的辨析②

1. 创意不同于创新

创新的英文是 innovation，解释为 the introduction of something new，是指某种新事物的引进和采用，也表示对旧事物的改革和革新。创新更多地表现在通过全新发明或对知识、技能、观念等的引入，创造新的理念、产品、服务或组织、制度等新事物。创意是指人的创新思维能力的具体体现，是对现实存在事物的理解、认知和由此衍生的新的抽象思维和行为潜能。创意是比宽泛意义上的创新更深一层的思想创新或理念创新，它是一切创新活动得以展开的前提和基础，一切有形或无形的创新过程及其结果最终都可溯源到某一创意。

2. 创意不同于创造

创造的英文为 creation，表示 producing new and original ideas and things，即产生新颖独创的想法或事物。创意则是通过创造诞生新的思想点或意义点，它注重意象的关联和重组，强调创新思维和瞬间的灵感凸现，可以说，创造是对创意的物化过程以及创意的最终结果。

3. 创意不同于策划

策划是人们围绕某一特定问题而进行的构思、规划、设计、论证、比较等一系列的行为过程，它更注重严谨、敏锐的思维触角，强调逻辑思维和整体感觉。创意与策划紧密相关，一切策划活动都是由许许多多的新颖创意组成，人们依据某些客观规律和原则，对创意采用相应的手段和科学的方法组织起来以完成某一目标。缺乏好的创意，策划活动将难以实现预想的实施效果；离开策划提供的科学严谨的事实和构架，创意也就无法体现自身的价值。

虽然创意、创新、创造这三个概念的共性都指向首创性，不过三者所指的首创性的内

---

① 陈放，武力. 创意学[M]. 北京：金城出版社，2007：1.
② 严三九，王虎. 文化产业创意与策划[M]. 上海：复旦大学出版社，2008：3.

涵或侧重点略有不同，创意的侧重点落在意上，即个体或团队的某种新颖独创的意念，这种意念与灵感、直觉等有密切关系，作为一种创意，肯定是具有创新性的，但不一定是可造的；创新的侧重点落在新上，也就是说，既可以是一种精神意念性的创新，也可以是一种物质性的创新；创造的侧重点则落实在造上，即将意转化为实践应用的过程或新成果的造就，特别是指物化成果的造就。[1]

二、创意的类型

从创意的产生过程和表现形式来看，我们可将创意分为原创型创意、再创型创意和集成型创意三种类型。

1. 原创型创意

原创是指独立完成的创作，不依赖于既有存在进行的完善、提升、改编或模仿、变异。原创是源自作者灵感而产生的全新的存在、新生的原型、新兴的传统。原创型创意则是指创意从构思到产生、从内容到形式均为创意者独家原创，以独有内容体现创意者特有的风格或内涵。在文化创意产业中，原创型创意大多在文艺演出业、广播电视业、电影业、出版业和报业等产业中出现，如原创音乐歌舞、原创影视剧本、独家报道等。它们都属于内容创意的范畴，丰富的文化资源是其生生不息的源头活水。

要产生原创型创意，以独具特色的作品吸引受众，首先需要深厚的文化资源积淀，唯有拥有更海量、更广泛的积累才能从每个资源中把握住机会。其次需要设计新颖的表现形式，全新的事物可激发中脑区域强烈的活动力，使人们感受到作品的互动和感应。

2. 再创型创意

再创即为在一定基础上对现有作品或项目进行加工再创造。再创型创意则是基于一定的创意原型，通过"脱胎换骨"，使之成为具有全新创意价值的创意产品。如将传统文化故事改编拍摄为影视节目，或在某些既有软件的基础上开发、提升新功能等。

再创型创意强调的是对创意原型的创新、完善和丰富，需要创意者对各类资源的价值具有高度的敏锐性和精湛的化用能力。[2]如韩国一方面不断地宣称某些文化资源的原产地属于它，另一方面又不断地对其他国家和民族的文化资源进行再创意。

3. 集成型创意

集成，其英文为 integration，意为融合、综合、整合、一体。有学者认为，集成就是把复杂事物的各个方面综合起来，形成集成效应。[3]也有学者提出，集成的本意就是把独

---

[1] 吴廷玉. 文化创意策划学[M]. 大连：大连理工大学出版社，2010：57.
[2] 同[1]59.
[3] 戴汝为，王珏. 智能系统的综合集成[M]. 杭州：浙江科技出版社，1995：2.

立的若干部分加在一起或者结合在一起成为一个整体。① 还有学者指出，集成是一种创造性的糅合过程，即在各要素的结合过程中，注入了创造性的思维在里面。② 集成的主要特征就在于若干要素的集合。

所谓集成型创意，是指创意的集大成者，是各类创意元素的集合、整合、融合。集成型创意，并非对资源的简单拼凑与组装，而是一种拓展型的价值再造，通过集成手段形成新的集成体，实现"价值增量"。

三、创意的特点

（一）关联性

创意就是在看起来不相关的事物之间寻找具有全新意义的内在联系与独特阐释，并使之切题、可信、新颖和易于理解。创意都是有明确目的的，它必须与创意目的、主体、对象密切相关，因此，找到几者间的关联性，是形成创意的重要前提，也是创意的必要环节。正如著名广告人詹姆斯·韦伯·扬所认为的，在每种产品与某些消费者之间都有其各自相关联的特性，这种相关联的特性就可能产生创意。

有一个著名的广告创意案例正好体现了创意的关联性特点。莎碧娜航空公司有一条由北美直达比利时首都布鲁塞尔的航线，尽管之前已投放了很多关于该航线食物精美、服务上乘的广告，但其营运仍长期不见起色。经过多方调研，发现问题的症结并非在航空公司本身，而是在当时比利时还未被公认为旅游胜地。那么，如何才能吸引到欧洲游玩的北美旅客乘坐该航线到比利时？通过《米其林旅游指南》，广告创意者发现，比利时有五个特别值得一游的"三星级城市"，而当时已被国际认可的著名旅游胜地——荷兰的阿姆斯特丹也是一个"三星级城市"。于是一个震撼人心的创意产生了："在美丽的比利时境内，有五个阿姆斯特丹。"③

（二）赋予性

创意过程中最首要、最本质的特征即是赋予事物前所未有、闻所未闻的全新意义，它揭示出思维的破旧立新的过程。因此，赋予新意义、创造新价值是事物得以发展的动力，是人类赖以生存和发展的主要手段。正如诗人歌德所言："现在最有独创性的作家，原来并非因为他们创造出了什么新东西，而仅仅是因为他们能够说出一些好像过去还从来没有人说过的东西。"④

---

① 龚建桥，朱睿. 科技企业集成管理研究论纲[J]. 科技管理，1996（3）：54-58.
② 李宝山，刘志伟. 集成管理——高科技时代的管理创新[M]. 北京：中国人民大学出版社，1998：34.
③ 覃彦玲. 广告学[M]. 成都：西南财经大学出版社，2009：31.
④ 歌德. 歌德的格言和感想集[M]. 程代熙，张惠民，译. 北京：中国社会科学出版社，1985：76.

（三）衍生性

创意的衍生性即指创意是有生命力的，可衍生、延展，好的创意可以引发系列效应。以广告为例，单独的一则广告很难形成持久的力量，而现代广告相当注意同一主题下的系列化以累积印象，如此一来，商业广告则可降低费用，且效果倍增。因此，一个好的创意应当可以从不同的角度、层面反复阐述，以便于拓展。

（四）多元性

创意的多元性又称思维的多维度，是指主体处于一种开放性的思维状态，善于从事物的多侧面、多环节、多因素、多层次来进行思考，善于从不同角度考虑问题，因而它具有一种发散机制和多辐射机制。多元性并不要求我们完全按照事物的逻辑结构来思考问题，它更强调思维过程的跳跃性和敏锐性。[①]创意的多元性不仅可以体现在主题的确定、语言的妙用、表现的设计等方面，还可以体现在战略战术的制定、媒体的选择搭配、广告的推出方式等每一个与创意活动有关的细节和要素等方面。

第二节　创意的原则与方法

一、创意的原则

创意既是文化产品生产的起点，也是文化产品竞争制胜的关键。创意是自给自足的，个人无须外界的资源就能成为有创意的人。创意也是普遍性的才赋，每个人都具有某种程度的创意。尽管一项好的创意不应当受任何条条框框的束缚，而需要尽量做到别出心裁甚至天马行空，但就具体产品或事项而言，为使其达到某种效果从而进行的创意仍需遵循一定的基本原则。

（一）着眼诉求的内核

任何创意都是有目的的，如追求直接利益，提升附加值，满足不同层次消费者的不同需求等。创意最终都是为实现某种目的、表现某项主题服务，因此创意永远都需要有一个明确的目标并始终围绕其展开思维活动。着眼于诉求的内核，是进行一项创意时首先要遵循的原则。

（二）永远有多个想法

创意需要天马行空的想象力，如果从构思的第一步就围绕一个想法全神贯注，无疑

[①] 严三九，王虎．文化产业创意与策划[M]．上海：复旦大学出版社，2008：9．

会限制创意者的想象力，缩小创意可选择的空间。而一个创意一旦诞生，与其相关的想法便会源源不断地冒出。但是，创意只是创造产品或项目的第一步，它只是思维过程，现实条件会对其可行性带来很多限制，因此也需要多个创意作为备案。

（三）不必拒绝"非原创"

任何精彩的创意理念都是基于一些现成的元素或事实而产生，不可能凭空出现。如同本章第一节中介绍，创意可分为原创型、再创型和集成型，虽然"原创"能为一项创意增色不少，但优秀的创意并不完全局限于原创。在创意过程中，尽管有时创意已有雏形，但如何不断完善该想法尤为重要。这个过程可长可短，取决于原始创意的成熟度以及灵感的闪现频率。在此阶段，广泛借鉴各种成功的创意案例、吸纳现成的创意元素则有助于全新创意灵感的迸发。而随时记录这些"非原创"创意元素则可保证不漏掉任何一个关键想法。因此，以海纳百川的态度吸收"非原创"的创意元素，随时记录、整合、激活创意灵感，也是确保创意顺利诞生的原则之一。

（四）保证流程完整

创意的形成是有一定流程的，为了确保创意质量，需要保证其流程完整。如创作过程中途出现了推翻之前想法的情况，也应当从头重新来过、重走一遍，以免遗漏掉创意目的中的某些核心诉求。切不可因为制作周期或经费限制而省略掉某些关键环节。

（五）开放接纳团队协作

尽管一项创意的起点是灵感或想法在头脑中的闪现，这是非常私人化和个性化的行为，也是创意者个体作为创意核心力量的价值体现。但从灵感迸发到最终形成作品落地的整个过程，完整创意的诞生更多情况是团队协作的成果。即便是由团队中某一个体提出的关键想法，但创意的完善成形往往需要借助整体的力量。在创意灵感出现后，集思广益、博采众长，借助团队成员头脑风暴则可能产生 1+1>2 的效果。然而，优秀的创意者大多极具个性，思维活跃、情绪多变，这就需要团队具有更加包容、和谐的团队氛围和松散的管理制度，使这些优秀的创意个体充分发挥其长处。

二、创意的先决条件

在掌握创意原则后，进行创意的先决条件还要求创意者对创意诉求再度进行深入分析，挖掘其潜藏的文化背景，着眼于现实的需求和资源。

（一）对创意诉求的文化背景的深刻把握

创意所面对的每一个目标受众都是在一定的文化背景中成长和生活，这种背景文化将在语言形式、思维方式和价值观念等方面对人的潜在性格造成影响，进而影响其生活方式、消费习惯、审美体验和价值判断等行为。一个好的创意如同一件精美的艺术品,必须根植于文化的土壤,用最鲜活、最贴切的民族语言,透过人类共同的心理层面,植入深藏于心的民族意识和群体记忆,从而达到一种让人无须言传即心领神会的效果。

作为观念形态的文化创意主导着文化的走向,引领社会道德风尚、人们健康的生活方式和道德行为方式,作为社会现象形态的文化创意发挥着"润物细无声"的伦理陶冶功能;作为实践形态的文化创意则以一定的文化产品提供给消费者[①]。因此,只有准确把握创意诉求的文化背景,才能确保创意契合目标对象的主流意识形态。

(二)对创意诉求的现实需求和对已有资源的梳理

从需求出发和从资源出发,是创意先决条件中两个完全相反的思考角度,对其提前进行梳理分析,可更为精准地确定创意诉求的内核。从需求层面上说,主动迎合需求和引导需求(被需求)是两种创意思路,也可以理解为顺势和造势两个切入点。前者的重点在于受众或客户已存在的现实需求,后者则需要根据已有资源引导受众或客户产生新的需求。现代营销学之父菲利普·科特勒曾说过:"优秀的企业满足需求,杰出的企业创造市场。"

从需求出发进行创意,首先需要调查目标受众的潜在需要,以便确定该需求未被满足的原因,进而确定初步的创意方案,并在不断的拓展、修订、评价中调整出最佳方案,进行创意的切入。而从资源出发进行创意,是从已有的产品或资源出发,通过变换它(或它们)的某些基元要素而构思出新产品的方法。

三、创意的思维方法

创意成功与失败的决定因素主要包括两个方面:一是创意者本身的知识经验积累和其他客观物质条件、信息环境条件等,如财力、物力、社会发展阶段等;二是创意者所运用的创意思维方法。下面给出一个创意公式:

$$创意(C) = 条件(c) + 方法(m)$$

c 值恒定时,若要 C 最大化,则应强调 m 值。即在同样的既定条件下,一项创意是否成功,其方法尤为重要。掌握好的创意思维方法,对迎接好创意的到来大有益处。

(一)破除思维定势

在长期的思维实践中,人们往往会形成自己惯用的、格式化的思考模式,当面临外界事物或现实问题时,能不假思索地将其纳入特定思维框架,按照既有的思维路径进行问题的思考和处理,这就是思维定势。破除思维定势是解放创造力、形成优秀创意的一

---

① 陈爱华. 文化创意意识形态功能的伦理审思[J]. 学习与探索, 2014 (4): 14-17.

大法宝。

思维定势主要体现在权威定势、从众定势、"知识-经验"定势等方面。在创意中需要推陈出新时，人们往往很难突破在成长过程中形成的"教育权威"和知识学习中形成的"专业权威"的束缚，而历史上很多创新都是从打倒权威开始的。从众定势的根源则在于人们"少数服从多数""个人服从集体"的传统群居生活准则，长期的从众行为使人很难维持独立思考的能力，更无法产生令人惊喜的创意。而"知识-经验"定势出于人们对具有严密逻辑的知识的崇拜和"一叶障目"般的极具有限性的个体经验的固执，形成了固定的思维模式，使得想象力削弱，创新能力下降。要弱化这些思维定势，或从根本上阻止其形成，人们应该经常进行创新思维训练，增强自信，独立思考，以便灵活地运用已有的知识和经验，让它们与自己的智慧同步增长。

（二）逆向思维法

逆向思维法是指为实现某一创新或解决某一因常规思路难以解决的问题，而采取反向思维寻求解决问题的方法。

正向思维与反向思维是相对而言的。一般认为，正向思维是指沿着人们的习惯性思考路线去思考，而反向思维则是指背逆人们的习惯路线去思考。正反向思维起源于事物的方向性，客观世界中存在着互为逆向的事物，由于事物的正反向，才产生思维的正反向，两者是密切相关的。人们解决问题时，习惯于按照熟悉的常规思维路径去思考，即采用正向思维，有时能找到解决问题的方法，收到令人满意的效果。然而，实践中也有很多事例，对某些问题利用正向思维不易找到正确答案，一旦运用反向思维，常常会取得意想不到的功效，这说明反向思维是摆脱常规思维羁绊的一种具有创造性的思维方式。

逆向思维法可以通过后天锻炼，从而提高逆向思维能力。该方法不是一种培训或自我培训的技法，而仅仅是一种思维方法或发明方法。实践证明，逆向思维是一种重要的思考能力。逆向思维法主要有以下几种。

1. 反转法

这种方法是指从已知事物的相反方向进行思考，产生发现构思的途径。"事物的相反方向"常常从事物的功能、结构、因果关系三个方面做反向思维。例如，1901年伦敦举行了一次"吹尘器"表演，它以强有力的气流将灰尘吹起，然后收入容器中。而一位设计师却反过来思考，将吹尘改为吸尘，岂不更好？现在的吸尘器就是根据这个设想研制出来的。

2. 转换法

这是指在研究问题时，由于解决这一问题的手段受阻，而转换成另一种手段，或转换思考角度，以使问题顺利解决的思维方法。如耳熟能详的故事"司马光砸缸"，在缸大、水深、人小而直接入缸救人几乎不可能的情况下，司马光急中生智，不直接拉人出水，而是拿起石头砸破水缸让水流出，使落水的孩子得救。

3. 缺点法

这是利用事物的缺点，将缺点变为可利用的东西，化被动为主动、化不利为有利的一种思维发明方法。这种方法并不以克服事物的缺点为目的，相反，它是将缺点化弊为利，找到解决方法。例如，金属腐蚀是一种坏事，但人们利用金属腐蚀原理进行金属粉末的生产或电镀等其他用途，无疑就是缺点逆向思维法的一种应用。

（三）灵感诱导法

灵感是一种突如其来的创造性思维的成果，其产生往往要靠外部诱因的出现，即当外部的诱因与个人头脑中隐藏的某个知识信息点相结合时，就会产生灵感，而这种灵感往往会带来好的策划点子，从而设计出好的策划方案。因此，策划人员要善于使用灵感诱导法，发现引起灵感的各种外部诱因，进行自我激发，产生新颖的策划灵感。

诱导法起源于推销人员在推销洽谈时，为了引起顾客的兴趣，激发顾客的购买欲望，从谈论顾客的需要与欲望出发，巧妙地把顾客的需要与欲望同推销产品紧密地结合起来，诱导顾客明确自己对推销产品的需求，最终说服其购买的方法。这种方法在推销谈判中最能引起顾客的兴趣，有利于营造一种融洽的气氛，以达到说服顾客的目的。

（四）思维导图法

思维导图法又称"心智图法"，是一种刺激思维及帮助整合思想与信息的思考方法，也是一种观念图像化的思考策略。此方法主要采用图志式的概念，以线条、图形、符号、颜色、文字、数字等各样方式，将想法和信息快速地以各种方式摘要下来，成为一幅心智图（Mind Map），使得各种点子、想法以及它们之间的关联性以图像视觉的景象呈现，将一些核心概念、事物与另一些概念、事物形象地组织起来，输入我们头脑内的记忆树图。它允许我们对复杂的概念、信息、数据进行组织加工，以更形象、易懂的形式展现在我们面前。从结构上看，思维导图法具备开放性及系统性的特点，使用者能自由地激发扩散性思维，发挥联想力，又能使其有层次地将各类想法组织起来，以刺激大脑做出各方面的反应，从而得以发挥全脑思考的多元化功能。

第三节　创意的程序与步骤

严格来讲，创意讲求突破与创新，很难沿用固有模板或程序步骤。但历来所有优秀的创意从无到有的过程却不无规律可循。19 世纪末 20 世纪初，德国心理学家赫尔姆霍茨（Helmholtz）和法国数学家庞加莱（Poincaré）第一次把创意过程划分为不同阶段。此后，约瑟夫·沃拉斯（Joseph Wallas）、约瑟夫·罗斯曼（Joseph Rossman）、亚历克斯·奥斯本（Alex Osborn）等分别对创意程序进行了不同阶段的划分。创意不可复制，但"如何创意"的思维过程却有很多观点可供探讨。这是一种动态思维的运行过程，更是一种借鉴智慧的启迪过程，尤其是一些知名创意人所总结的经验，颇值得后来者参考。

一、创意四环节

从大量创意诞生的前人经验来看，在一些情况下，我们可以通过不同阶段清晰地回溯一个想法的起源和发展变化过程。而在另一些情况下，某些创意则很难区分是在哪个阶段突然闪现并成形的。但从事物由无到有逐步形成的普遍规律来看，我们仍可将创意的诞生置于四个主要环节中考查，即准备阶段、构思阶段、形成阶段及评价反馈后对创意的完善阶段，每一个阶段皆可借鉴广告界相关创意理论予以确定思考和行为的重点。

（一）准备创意——大卫·奥格威的"神灯"理论

在创意的准备阶段，需要尽可能地掌握各种资料，以便明确创意目标与诉求，更快地进入高效的创意思维状态，这是一切创意开始的基础。

著名广告人大卫·奥格威（David Ogilvy）基于"广告是科学而非艺术"这一观点提出了"神灯"创意哲学理论，比喻能满足一切欲求之物。他主张，创意必须本着实事求是的科学精神，必须来自科学的调查研究，而不是个人的主见和想当然；创意过程必须遵守一定的法则，而不是漫无约束。他曾为奥美公司制定了一系列被称为"戒律"的法则，要求员工必须严格遵守，提出了如"广告的内容比表现广告的方法更重要"的 11 条法则，即"神灯"理论。这 11 条法则如下。

（1）广告的内容比表现广告的方法更重要（What you say is more important than how you say it）。

（2）用最优秀的理念获取成功（Unless your campaign is built around a great idea, it will flop）。

（3）给出产品的真实信息（Give the facts）。

（4）让人们对产品有兴趣（You cannot bore people into buying）。

（5）态度热情，不卑不亢（Be well-mannered, but don't clown）。

（6）创意要跟上时代（Make your advertising contemporary）。

（7）广告创意更依赖于个人创作，委员会往往只懂批评不懂创作（Committees can criticize advertisements, but they cannot write them）。

（8）再好的创意也需要快速更新迭代（If you are lucky enough to write a good

advertisement, repeat it until it stop pulling）。

（9）己所不欲，勿施于人（Never write an advertisement which you wouldn't want your own family to read）。

（10）注重形象与品牌（The image and the brand）。

（11）拒绝山寨（Don't be a copy-cat）[①]。

大卫·奥格威的问题意识和科学精神使其得以准确地捕捉适于解决问题的思路，通过调查研究和资料收集，并大胆借鉴前人的智慧成果和经验总结，可以准确了解最新的市场需求，为下一步构思创意提供依据。这也是所有创意者在准备阶段需要思考和关注的问题，即你的创意诉求是什么？

（二）构思创意——"尤里卡效应"

经过了之前的资料深耕，进入具体的创意构思阶段后则需要放松紧张的心理状态，让潜意识为迎接创意的到来做好准备。而在这一阶段，灵感成为人们关注的重点。

可以说，灵感与创造性思维休戚相关。古希腊科学家阿基米德在实现科学灵感时忘情呼喊的"Eureka"（意为"我知道了""我发现了"）[②]被后世称为"尤里卡效应"（Eureka Effect），成为创意灵感闪现的标志。这种情形常常指创意者在百思不得其解时需要彻底放松紧绷的思维、神经，消除一切无意识的障碍，让潜意识恢复自由，促进多样化因素的相互渗透、合作，这便是孕育灵感和激发顿悟的过程。

在人类历史上，许多重大的科学发现和杰出的文艺创作，往往都来源于灵感。这种在不知不觉中突然发生的特殊的思维形式，唯物主义认为它是长期思考的问题受到某些事物的启发，忽然得到解决的心理过程。它是人们在创造性的思维活动中因偶然机遇而疑窦顿开，思路贯通，获得意外创造成果的一种心理现象。因此，灵感可谓创意的发动机，是创造性思维的源泉。

（三）形成创意——李奥·贝纳的"戏剧性"理论

美国广告创意界的代表人物李奥·贝纳（Leo Burnett）认为，任何商品都存在"与生俱来的戏剧性"，他强调："我们的基本观念之一是，每一件商品中的所谓'与生俱来的戏剧性'，我们最重要的任务就是把它发掘出来加以利用。"所谓戏剧性，是指创意目标本身存在的、通过一定加工能给人们带来强烈冲击的本质特征。同时，创意的灵感闪现也常具有戏剧化色彩，如上文提到的"尤里卡效应"。在这一阶段，人们关注的重点就应当是如何挖掘事物本质、找出价值点，与灵感相结合形成创意的原形。

显然，创意的产生离不开对目标物的充分认识和了解，只有在做好充分准备工作的

---

① OGILVY D. Confessions of an Advertising Man[M]. London: Southbank Publishing, 2004: 121-132.
② 作者注：叙拉古国王请阿基米德检验皇冠含金量，但前提是不可损坏。阿基米德冥思苦想许久却不得要领，正当他暂时停止思索躺进灌满热水的浴缸时，看到水不断往外溢，同时感到身体被轻轻托起。他突然顿悟，可以用测定固体在水中排水量的方法来确定皇冠体积，进而推算比重。于是，他兴奋地大喊："尤里卡！尤里卡！"浮力定律由此而来。

情况下，前一阶段突然闪现的灵感才会进一步成熟为成形的创意。正如李奥·贝纳所强调的，形成创意阶段，创意者必须将自己沉浸在大量的产品知识中，以便挖掘出产品的"戏剧性"。

（四）完善创意——威廉·伯恩巴克的"ROI"理论

在创意基本成形后，往往需要检验其合理性，尤其需要根据实际应用情况和价值最大化原则等对其进行准确评估和完善。广告大师威廉·伯恩巴克（William Bernbach）根据自身创作积累总结而成的"ROI"创意指南主张，一个好的创意应当具备三个基本特征，即相关性（Relevance）、原创性（Originality）、震撼性（Impact）。他认为，创意要与目标有直接关联才有意义，而缺乏原创性的创意是欠缺吸引力和生命力的，只有具有视觉冲击力、震撼性的创意才会给受众留下深刻印象。"ROI"理论可以作为完善和评价一项创意的重要指标，对创意成果及其价值进行论证和鉴定。

二、其他创意的程序与步骤

（一）霍金斯的创意程序[①]

霍金斯认为，创造力是生活的一项基本要素，因此创意既可以只和个人的成就相关，也可以生产产品，前者是人类的共同特性，见于所有社会和文化；后者则在工业化的西方社会较普遍。他将创意过程分为五个层面，涵盖梦想及释梦、直觉的悸动和冷眼静思等，他称其为"骑士"（RIDER）分析法。

1. 回顾（R：Review）

回顾是为了确保在创作过程中心中有数，包括回顾思想和事物。要做到这一点，就需要创意者时刻关注奇特的思想或新鲜的事物，并同自我经验建构起前后关联，随时具有问题意识：这些是什么？为什么会这样？这样的回顾过程是对创意原材料（即经济学家所称的"生产要素"）的知觉评估，其中也包括对思维的特质（往往被经济学家忽略）的评估。只有在对过往经验认识并进行充分回顾的基础上，才会更好地整合创意素材并采用恰当的思维程序从事全新的创作。

2. 孵化（I：Incubation）

孵化就是让思想自行整理和筛选，是一种无意识的思维活动。这种过程可能持续数小时或几个月，是休眠和静止时期。创意者需要认识到何时有必要进行孵化，并且能提供足够的资源，如金钱、时间等。

[①] 根据以下资料整理：张鲁君. 文化创意与策划[M]. 福州：福建人民出版社，2014：23.
霍金斯. 创意经济：如何点石成金[M]. 洪庆福，孙薇薇，刘茂玲，译. 上海：上海三联书店，2006：26-27.

3. 梦想（D：Dreams）

"梦想是无意识的神游，是对神话、符号、魔法和故事的探索和品味。无论是在晚上的梦境还是白日梦里，我们都能摆脱人性的束缚。"[①]弗朗西斯·培根将梦境比喻为"漂流"，即为思维赋予自由的特质，允许思维坦然而开放地面对外界的影响和位置力量。这种处于梦境般的环境中的思维如同幻想，可为创意带来无限灵感。英国现代小说家、剧作家威廉·萨莫斯特·毛姆（W. Somerest Maugham）也曾说过："幻想是创意想象的基础。"

4. 兴奋（E：Excitement）

好的创意作品将会给人带来兴奋感，而兴奋也是创意过程中有益的精神状态。这种出于直觉的悸动往往会激发创意者无限的创作激情，使其灵感不断，作品亮点频闪。值得注意的是，停留在兴奋阶段而未进入下一步深思会容易导致思之不深、算之不足等不经意行为。

5. 现实检测（R：Reality checks）

创意最终需要落地实现，因此进行现实检测非常必要，以确保梦想和直觉不至于太离谱。我们需要分析和衡量创意得以实施的现实环境和各项条件，回顾最初提出的问题和调查所得出的答案。对于检测时机的选取以及检测方式方法、严格程度等细则的确定，则须慎之又慎。

（二）詹姆斯·韦伯·扬的"过程论"

詹姆斯·韦伯·扬是全世界公认的广告大师，1974年他被授予美国广告人的最高荣誉——"美国广告杰出人物"称号。他在《产生创意的方法》（*A Technique For Producing Ideas*）一书中提出了产生创意的方法和步骤，对此后的广告界影响深远。

韦伯·扬的创意"过程论"把创意过程分为五个阶段，即收集原始资料；用心智仔细检查资料；深思熟虑，让许多重要的事物在有意识的心智之外去做综合的工作；实际产生创意；发展、评估创意，使之能够实际应用。

1. 收集资料

此阶段并不需要任何思考，只需要尽量多地收集相关资料，有什么资料就收集什么资料，做好前期工作。这些资料包括特定资料和一般资料。所谓特定资料，就是指与创意目的直接相关的资料，如诉求对象、目标产品等，需要创意者有针对性、阶段性地集中获取。而一般资料则涉及日常生活中各学科、各领域的所有资讯、创意者自身对生活中的点滴感悟或思考，是创意者在整个职业生涯当中都需要不断吸取的养料，是长期累积的过程。

[①] 霍金斯. 创意经济：如何点石成金[M]. 洪庆福, 孙薇薇, 刘茂玲, 译. 上海：上海三联书店，2006：26-27.

2. 分析资料

此阶段需要对已有信息进行分析整理，重在思考，尽量找出各个资料之间的联系。韦伯·扬称分析资料为"信息的咀嚼"，他认为，广告创意完全是各种"旧"要素间的相互渗透、重新组合。这里"旧"要素即指已收集到的各种资料。"新的组合"则有两层含义：一是指这些要素的有机组合，形成对商品、消费的映象；二是这些映象经过广告人群体智慧的作用，形成新的意念，即产生创意。因此，广告创意始于对各要素分散、独立的考察，终于"新的组合"这个从分散的"点"走向聚合的"意"的过程。

其中，表现相关性的方法有联想、比喻、对比、衬托、暗示等。这一阶段所获得的创意无论如何荒诞不经或残缺不全，都要把它们记下来，这有助于推进创意。正如安迪·格林提到的："我想出的最好的创意都在废纸篓里。"再则，不要过早地发生厌倦，至少要追求内心火力的第二波，"当你感到绝望、心中一片混乱时，就意味着可以进入第三步了"。

3. 酝酿阶段

此阶段可谓创意的潜伏阶段，也是上一步信息咀嚼后的消化阶段。在对有关资料进行调查分析之后，创意者开始对已有映象进行创意的形象再创造。在这一阶段，创意者可能会由于上一阶段没有满意的结果而心灰意冷使创意陷入僵局，也可能继续提出很多新想法。此时需要完全放松、抛开问题，让潜意识工作，转而去听音乐、看电影、打球、读诗或看侦探小说，做任何可以激发想象力和调节情绪的事情，静待创意的降临。

4. 产生创意

灵光一现的顿悟通常会在本阶段的某一时刻突然闪现，它的特征是突发性。这一时期被韦伯·扬比作"寒冷清晨过后的曙光"，"它就像一棵高居山顶的橡树，每个人都可以看到，又很难摸得着"。"尤里卡效应"在这一阶段也较为典型，创意者在经历了前期的痛苦后往往茅塞顿开——踏破铁鞋无觅处，得来全不费工夫。

5. 定形实施

在创意形成后，需要对其进行发展评估，使之能够实际应用。这时候的创意仅仅是一道"曙光"，需要进一步推敲完善、反复修改，尤其是将之与前面提出的多种创意方案进行比较、提炼、深化、成形与完善，这是创意完成的最后阶段。如经过严格评估和多方判定，认为该创意符合目标需求，便可进入定形实施阶段，最终实现创意的完整流程。

（三）安迪·格林的"5I"创意程序[1]

英国资深公共关系从业者安迪·格林在总结前人关于创意程序的各种观点后，提出

---

[1] GREEN A．Creativity in public relations[M]．Kogan Page Publishers, 2009: 40-65.

了一种更为高效、全面和易记的模型，即"信息、熟虑、启发、整合、说明"的"5I"创意程序。

1. 信息（Information）

安迪·格林认为，信息作为创意过程的第一个阶段，重点在于为创意过程的发展提供一个清晰的焦点，其中主要有两个要素：一是提出要回答的正确问题，二是收集有助于解决手边任务的相关信息。

他认为，问题将决定解决方法，在正确的时间提出正确的问题是创意人员的一项重要技能。只有事先充分分解问题，才能更好地找到解决问题的有效方法。而收集信息这一步则决定了接下来创意活动的成败。"你的砖越多，创造新的和不同事物的潜力就越大。"①

2. 熟虑（Incubation）

庞加莱将熟虑界定为：经过时间，促成问题的解决。熟虑的本质是促使潜意识帮助解决问题，它不仅在意识深处起作用，在普通情况下也依然如此。一些看起来如同"心不在焉"的行为和状态往往正是创意者无时无刻不在思考。

为了让熟虑的过程慢慢消化并在潜意识中起作用，创意者在进入熟虑之前需要对各种信息进行充分了解。虽然我们很难明确潜意识的运作机制，但是通过认识信息输入和想法输出的过程，则能控制和掌握熟虑的阶段，也能使更多的创意人员在熟虑过程中获得更大的收益。

3. 启发（Illumination）

很多人都经历过"灵光一闪"的状况，事实上，这些想法是信息收集和熟虑的后一阶段的快速反应。创意是一种思维，而思维是转瞬即逝的，且难以预测。时刻准备记录下启发的想法，常常会加深其在头脑中的印象，这将有助于将来产生渐进的创造力，而这个过程扩展了更进一步启发的范围。正如皮克斯创始人之一、动画界传奇 John Lasseter 所言："当你有一个故事，一个点子或是一个笑话，你把它们记录下来，它们对你的影响力是会随着时光的推移而不断减弱的。很简单，当你第二次听到同一个笑话时，你或许还会真诚的欢笑，但是到了第三次，第四次，你或许只能偶尔笑笑了，当你听这个笑话听到第一百次的时候，不管这个笑话本身有多好笑，你会讨厌它。"②因此，John Lasseter 要求皮克斯的创作者们将创作过程中的第一次欢笑记录下来。他认为，也许有时这是一件麻烦的事情，但它无疑是重要的。很多情况下，好的点子流失就是因为人们忘了他们第一次听到

---

① 格林. 公关创造力[M]. 王树国，张春铭，叶红，译. 北京：北京大学出版社，2008：34.
② Collected from www.animationmagazine.net (Feb 2009 school guide): http://ccsanimation.files.wordpress.com/2011/08/lasseter-principles.pdf.

这个好点子时的反应。

在这一阶段,其实是潜意识在搜寻灵感和启发,处于一种"阿尔法状态"(Alpha state),即在你刚入睡或者刚醒来的时候,达到无意识思维创意的途径。

4. 整合(Integration)

作品的创意质量,并不在于它们表现的想法,而在于其工艺、结构、洞察力和广泛的共鸣所表现的质量,在于它们用独特的媒介来表达。莎士比亚的作品之所以被人赞美并不仅因其新颖故事的创作灵感,还因他能把精湛的技巧体现在诗作中,把剧作家的技法和洞察力融合到关于永恒主题的人类思想和环境中。创意是在创作者的工作媒介中产生的,即创意过程的整合阶段。

因此,创意成果总是不断增加新元素或不断修正,甚至重新开始的。这个过程并不仅是校验创意,而且是利用创意过程逐步推进的本质,进而创造一个可能全新的创意作品。如艺术家修改绘画作品,或是作家重新编写素材。

5. 说明(Illustration)

安迪·格林认为,在创造一个杰出想法时,创意过程的说明阶段比前面任何阶段都重要。他举例道,曾经有人要重金卖一个能使一种新型洗发水销量增加一倍的点子,而且这个点子只有一个词,就是在洗发水瓶的使用说明末尾加一个词:重复。他认为,在创意过程中,售卖(selling)和展示想法(presentation)是非常关键的一步。而要做好这一步,使效果最大化,需要确认和考虑以下关键元素。

(1)宣布想法的合法来源(legitimizing source of the idea)。
(2)把握时机(timing)。
(3)诠释这个想法(translating the idea)。
(4)保持品牌价值(keeping within brand values)。
(5)在相关的背景下展示(presenting within the context of a relationship)。

延伸阅读

激发创意灵感的几条法则

194种创意线索

本章小结

创意就是具有新颖性和创造性的想法。任何活动或产品均能够通过创意创造出更大的效益，包括物质的和精神的效益。

创意既是文化产品生产的起点，也是文化产品竞争制胜的关键。创意的先决条件包括对创意诉求的文化背景的深刻把握，以及对现实需求及已有资源的梳理。

创意公式为：创意（C）=条件（c）+方法（m）。c 值恒定时，若要 C 最大化，则应强调 m 值。即在同样的既定条件下，一项创意是否成功，其方法尤为重要。

创意的诞生可归纳为四个主要步骤：准备阶段、构思阶段、形成阶段及评价反馈阶段。

 思考题

1. 创意与需求之间是怎样的关系？请举例说明。
2. 创意的思维方法有哪些？
3. 如何理解创意程序？不同的创意程序中有哪些共同之处？

第三章

策划的基本概念与方法

通过对本章的学习,学生应了解或掌握如下内容:
1. 策划的含义;
2. 策划的特点;
3. 策划的原则和方法;
4. 策划的程序和步骤。

策划是一种程序,本质上是一种运用脑力的理性行为。基本上所有的策划都是关于未来的事物,也就是说,策划是针对未来要发生的事情做当前的决策。策划由目标、主体、对象等多个要素组成,根据策划范围、行业对象、需求特征等可以划分为不同类型。一项优秀的策划往往具有目标性、程序性、创新性、变通性等特征,并且遵循一定的原则,有可以参照规范的程序和步骤。

第一节 策划的含义与特点

一、策划的含义

(一) 什么是策划

策划思想在我国古代渊源已久。"策"在古代指编好的记录文字的竹简,后来成为一种考试形式,称为"策问""对策"。"划"同"画",是指出谋划策的意思。《礼记·中庸》中"凡事豫则立，不豫则废。言前定则不跲，事前定则不困；行前定则不疚，道前定则不穷"说的就是策划的重要作用。《孙子·虚实》中"故策之而知得失之计"里的"策"就是"谋划、策划"的意思。"策划"一词最早出现在《后汉书》。《后汉书·隗嚣列传》中有"是以功名终申，策画复得"之句，其中"画"与"划"相通互代，"策画"即"策划"，意思是计划、打算。

而现代意义上的"策划"则指策略规划、预先计划安排等。①现代策划业首先在国外兴起。早在1904年，美国著名公共关系学家艾维·莱德贝特·李就和他的同事开办了宣传顾问事务所，专门从事公关策划工作。国际上著名的战略咨询公司麦肯锡创立于1923年，现在已经在世界各地设立了85家办事机构，拥有来自世界89个国家的7000名专业策划咨询人员，为包括美国国家和地方政府以及世界上最大的100家企业在内的许多大客户出谋划策。但是，无论是艾维·莱德贝特·李的事务所，还是麦肯锡咨询公司，都没有把自己的工作称为策划。据考证，"策划"这个概念最早出现在著名公共关系学者爱德华·伯纳斯于1955年出版的《策划同意》一书。

对于"策划"一词，不少研究都会引用《哈佛企业管理》丛书中这样的论述："策划是一种程序，在本质上是一种运用脑力的理性行为。基本上所有的策划都是关于未来的事物，也就是说策划是针对未来要发生的事情做当前的决策。换言之，策划是找出事物因果关系，衡量未来可采取之途径，以为目前决策之依据，亦即策划是预先决定做什么，何时做，如何做，谁来做……策划的步骤是以假定的目标为起点，然后定出策略、政策，以及详细的内部作业计划，以求目标之达成，最后还包括成效的评估及回馈，而返回到起点，开始了策划的第二次循环。策划是一种连续不断的循环，因为一个组织的内在及外在环境不可能是静止不变的。"②③

国内外研究者对策划的概念也各有看法。据美国学者苏珊在《现代策划学》一书中的介绍，现在国外学者对策划的理解和认识主要有以下几种：策划即事前设计、策划即管理行为、策划即选择决定、策划即思维程序、策划即运作提案、策划即决策程序等。④如，日本策划家和田创认为，策划是通过实践活动获取更佳效果的智慧，它是一种智慧创造行为。

陈放在《策划学》中认为，策划是指如何在全面谋略上指导操作者去圆满地实现对策、计策或计谋，从而达到成事的目的。陈放在《文化策划学》中这样阐述"策划"：策划是以人类的实践活动为条件，以人类的智能创造为动力，随着人类的实践活动与智能水平的发展而发展起来的，策划的水平直接体现了社会的发展水平。生产力的进步推动社会的发展，社会的发展同时必然要求策划业随之发展，而策划的发展又依托于人类智

---

① 吴廷玉. 文化创意策划学[M]. 大连：大连理工大学出版社，2010：44.
② 李东. 广播节目创优论[M]. 北京：中国广播电视出版社，2003：145.
③ 杨荣刚. 现代广告策划[M]. 北京：机械工业出版社，1989：3.
④ 苏珊. 现代策划学[M]. 北京：中共中央党校出版社，2002：2-5.

力水平的提高；社会越发达，人类的智能创造越丰富，策划的水平也就越高。[①]

吴粲认为，策划就是对某件事、某种项目、某种活动有何计划、打算，用什么计谋，采取何种谋策、划策，然后综合实施运行，使之达到较好的效果[②]……策划即对市场信息进行管理、运作、技巧处理或操纵的过程；对市场进行计划、酝酿、决策并运用谋略的过程，称为市场策划。[③]

（二）策划的基本要素

策划的基本元素一般包括策划的主体——策划人或决策者；策划的客体——策划过程中的客观环境和主要竞争者；策划的资源和条件——策划人或决策者的优势和条件；策划的思维方法——策划人的创新方法和手段；策划的对象和目标——策划的具体对象和想要达到的目的；策划方案——策划的具体实施步骤安排等。

也有学者将策划的基本要素概括为"5W—2H—1E"。5W 即：What——策划的基本内容；Who——策划的组织者、策划者、策划的目标对象；Where——策划实施地点；When——在何时实施；Why——策划的目的。2H 分别为：How——方法、步骤、实施形式；How much——资源状况、预算。1E 则是指 Effect——效果预测。[④]

目前，国内研究者对策划要素构成主要有如下三种观点：① "三要素论"，即策划者、策划对象和策划方案；② "四要素论"，即策划目标、策划者、策划对象和策划方案；③ "五要素论"，即策划者、策划依据、策划方法、策划对象、策划效果测定和评估。

综合来看，谁来策划（主体）、策划什么（客体）、怎样策划（方法）、策划依据什么（目的）、策划效果如何（受众），这五者可完整地概括一项策划的所有内容（见图 3-1）。以下将具体分析这五个基本元素的构成。

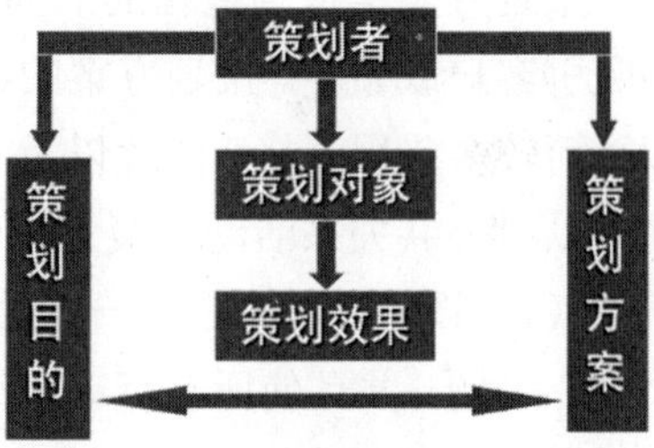

图 3-1 策划"五要素"逻辑关系图

1. 策划者

策划者是成功策划的核心。策划者是策划活动的创意者和组织者，其对整个策划活动的成败起着决定性作用。策划者以整个社会作为活动的舞台，其所需具备的基本素质和基本技能是多方面的。如果一名策划者不具备全面的素质和能力，将很难胜任策划工作。一般而言，一名优秀的策划者必须具备三个条件：第一，高尚的品德。品德是一定社会道德原则和道德规范在个人思想和行为中的体现，策划者是代表一个组织与公众打交

---

① 陈放，谢宏. 文化策划学[M]. 北京：时事出版社，2000：16.
② 吴粲. 策划学[M]. 北京：中国人民大学出版社，2005：3.
③ 吴粲. 策划学 [M]. 第六版. 北京：中国人民大学出版社，2012：21.
④ 易圣华. 新闻公关策划实战[M]. 北京：机械工业出版社，2009：107.

道的，因此，高尚的品德就显得特别重要。作为一名合格的策划人员，应遵守诚实、守信、正直、廉洁、守法的行为准则。第二，策划者只有具备宽广的知识面和深厚的人文积淀才能在复杂多变的社会当中运筹帷幄、应对自如。宽广的知识面要求策划者掌握广博的知识，这样才能在策划过程中视野开阔、游刃有余。与此同时，策划者还必须具有较高的人文素养，这样做出的策划才能含义隽永、意味深远。第三，策划者应具备基本的专业技能，包括组织能力、交际能力、口语能力、写作能力和创新能力。

2. 策划对象

策划对象是成功策划的重要保证。一项具体的活动不可能面对所有的公众，应该有所选择，这就与策划目标紧密相关。每个组织都有自己特定范围的公众，但不是每一次活动都针对组织的所有公众。一个组织在不同时期内会面临不同的公众，因此，进行策划首先应对组织此时期所面临的公众加以区分和明确，这样才能使策划出来的活动有的放矢地进行。另外，公众的类型也很多，必须根据不同公众的特点开展不同的策划活动，只有明确具体的受众后才能有针对性地设计活动，从而有效地实现活动目标。混淆公众的类型会产生很多不利的后果，如力量和资金不加区分地分散在过多的公众中，不加区分地发表信息而忽略其对不同人群的适用性，最终使策划目标难以实现。

3. 策划方案

策划方案是策划过程的书面体现，也是策划最终的表现形式。一个好的策划方案能够吸引客户或领导。策划方案的灵魂是创意。策划方案的内容应该尽可能简洁，减少文字叙述而较多采用表格、图片以及音频、视频等媒体的形式，使得方案看起来更加直观、生动。以"公共关系活动"策划为例，一个完整的策划方案应包括以下部分。

（1）设计活动主题。一次公关活动往往是由多个项目组成的，所有项目必须突出一个中心主题，并且使所有行动围绕这一主题，形成整体合力，避免各个行动中心不一、作用分散以至互相抵触。

（2）设计具体活动项目。公关项目一般指单个的具体形式的活动。设计具体活动项目是策划中最本质、最灵活也最富技巧的关键行动。它主要确定五个问题：开展什么形式的活动？有多少项目？如何开展？项目之间如何衔接？如何使活动有新意、有特色、与众不同？

（3）选择行动时机。任何活动都是在一定时空范围内展开的，时空里的诸多因素都会对活动产生积极或消极的影响。公关策划必须考虑时机，以求充分利用一切有利因素，实现最佳效果。时机利用得好，便事半功倍；反之，则会导致失败。选择时机要避开不利时机，捕捉有利时机。

（4）确定大众传媒。公关宣传离不开大众传媒，选择大众传媒应当考虑公关目标、受众特点、传播内容、媒介特点、自身经济条件等因素，合理利用大众传媒以扩大影响。

4. 策划目的

策划目的是策划需要到达的终点。方向不明,策划便无法进行,只有确定了具体目标,才能开始策划达到目标的途径、方式、手段等。在具体的工作中,策划目的又呈现出多样性特征,并分成不同的类别。

(1)传播信息型。多数活动或产品的策划目标是把希望公众知道或公众想知道的信息传递给公众,一旦公众知晓,目标即实现。它是目标体系中最基本的层次,主要是将组织发展的新动态、新成果、新举措告知公众。

(2)联络感情型。相对于传播信息型来说,这是更深层次的目标,旨在与公众建立感情,联络感情,发展感情。社会组织与公众建立起感情层面的交往,会更容易取得公众的谅解、合作与支持。

(3)改变态度型。这也是一项重要的策划目标,通过举办一定的活动,把公众对组织或产品的无知、冷漠、偏见乃至敌意,转变为了解、关注、认可、同情、理解、支持等,切实营造有利于组织发展的良好环境。

(4)引起行为型。此类策划旨在让公众接受、产生组织所期望的行为,以配合组织的工作。这是具体策划活动的最高层次,前几个目标最终也是为引起公众做出有利于组织发展的行为做铺垫。

5. 策划效果

策划效果是检验一项策划活动是否成功的最后一环,也是最重要的部分。一般而言,策划的终极效果在短期内较难被评估,这里所讲的评估是指在该项活动结束后,在短期内对策划方案的创意、文案的评估与测量。这种评测一般有两种方法:一种是定性的方法,即通过非量化的结果进行评价,如调查公众对产品或活动的主观感受;另一种是定量的方法,即通过量化的结果进行估算,如在活动完成后统计公众对组织或产品的了解度、好评度等。

(三)策划的不同类型

策划涉及各行各业,其涵盖的范围非常广泛,根据策划的范围、对象、业务、频度、需求等不同的划分标准,可将策划分为不同类型。

1. "世界商务策划师联合会"对企业策划的分类[①]

"世界商务策划师联合会"(WBSA)按照企业经济运行的基本规律和策划内容对企业的功能,将策划分为五大领域。

(1)战略策划。即关于企业长远发展的策划,包括市场机会的把握、根本目的的确

---

① 吴廷玉. 文化创意策划学[M]. 大连:大连理工大学出版社,2010:53.

定、竞争手段的选择、行动步骤的设计等一系列运筹方案。

（2）生态策划。即关于特定时间、环境下组织生存状态的策划，包括与各个合作伙伴之间、各种业务之间、内部各个部门之间、投入与产出之间、目标与目标之间等主要关系的总和。生态策划以促使组织与当前环境协调存在为目的，是实现企业战略的保证。

（3）融资策划。即在延缓代价的条件下企业获取或借助资源的策划，包括资源发现、识别、开发、利用、处理等环节。融资一般分为三个层面展开，即以资本为代表的资金、以品牌为代表的无形资产、以产品为代表的有形资产。融资策划是企业战略中规模扩张的基本保证，也是组织生态价值外在实现的主要方面。不能融入资源的生态是不良生态。没有良好的资源融入，企业生态也难以优化。

（4）管理策划。即关于非人力资源与人力资源相配合的策划，包括机构设置、岗位设置、岗位标准、业务流程、保障机制等。管理策划既是实现战略策划的重要手段，也是调整企业生态的重要途径，也是将各类资源消化和转化为企业价值的过程。

（5）营销策划。即关于产品、形象等组织价值在市场上实现的策划，包括产品定位、价格定位、渠道定位、市场定位、促销手段等。营销策划是战略策划的主要手段，是企业与外部环境链接的界面，是企业融资的目的，是管理策划的最终检验。因此，策划者主要关注于此。

综上所述，战略策划的着眼点是企业的宏观发展，生态策划围绕企业的现状展开，融资策划帮助企业"吃进营养"，管理策划协助企业消化资源，营销策划为企业输出提供由"营养"转化的动力。

2. 对应社会结构的分类

将策划内容对应于社会结构，可以划分为经济基础领域的经济策划和属于上层建筑领域的政治策划、宗教策划、文化策划等。

（1）经济策划。凡是针对物质生产和贸易流通等经济活动所进行的策划都是经济策划，这是最普遍的策划。

（2）政治策划。政治是经济的集中表现，因此多数政治策划表现为指向经济的政治策划。在这种情况下，政治策划与经济策划就交融在一起。纯粹的政治策划一般是指关系到国家、民族或阶级、集团生存发展的政局策划，此外在社会生活的各个领域也经常有一些带有政治色彩的策划活动，我们将其统称为政治策划。

（3）宗教策划。宗教策划是指针对宗教领域的宗教活动而进行的策划。宗教策划的内涵复杂，有的带有政治色彩，有的纯属文化活动。

（4）文化策划。广义的文化策划是指突出和强调活动中的文化因素的策划，如企业文化策划、校园文化策划等。狭义的文化策划专指为举办各种文化活动、文艺演出活动而进行的策划。

3. 对应于行业的分类

（1）企业策划。企业策划是指工商企业界为提高自身知名度、美誉度进而达到推进各种商品销售、拓展市场份额而进行的策划。这也是最普遍的策划。

（2）事业策划。事业策划是指事业单位为塑造自身形象，推进实施各项工作所进行的策划。比如，大学为获得良好生源而进行的招生策划，红十字会为鼓励人们自觉献血而进行的宣传策划等。

（3）行政策划。行政策划是指政府机关为塑造自身形象，推进实施各项工作而进行的策划。比如，政府进行的各种竞选策划，公检法机关为树立国家公务员形象所进行的策划等。

4. 其他分类

（1）按策划的范围划分。
① 全程策划。解决相关企业或行业总体发展的系统策划。
② 领域策划。解决企业或行业某个领域的策划。
③ 专项或专题策划。解决企业或行业某个环节或某个专题的策划。

（2）按策划的对象划分。
① 战略策划。解决企业或行业"做什么"的策划。
② 战术策划。解决企业或行业"怎么做"的策划。
③ 实施策划。解决企业或行业"如何做好"的策划。

（3）按策划的业务划分。
① 调查类业务策划。解决市场现状调查、主题调查、可能性调查等策划。
② 分析、判断类业务策划。解决现状分析、问题分析、假设分析等策划。
③ 实施类业务策划。解决实施计划、方案组合等策划。

（4）按策划的频度划分。
① 周期性策划。如每一年度必须进行的年度销售策划。
② 重复性策划。如面对政府、公众、社会的公关策划。
③ 一次性策划。如某起事件的新闻发布会策划。

（5）按策划的需求划分。
① 委托性策划。上级安排或其他文化组织委托的策划。
② 自主性策划。也可称为"先期策划"，是策划人预见性的可以交易的策划。

（6）按策划的性质划分。
① 处方型策划。解决已发生问题的策划。
② 开发型策划。开发面向未来的策划，类似于"自主型策划"。
③ 预防型策划。防止未来问题发生的策划。
④ 改善型策划。针对现状，寻求改善、提高的策划。

二、策划的特点

（一）目标性

任何策划都需要实现一定的目的，如广告策划中广告客户对社会效益与经济效益相统一的诉求。策划工作有着明确而又具体的目标性，目标是指策划所指向的对象和要解决的问题。例如，在进行公共关系策划时，着手研究组织应该树立什么样的形象，要考虑在公共关系工作中应重点解决什么问题及其解决的先后次序。确定目标作为策划活动全过程的首要环节，是策划的前提。在确定目标时，应尽可能地把主观愿望与客观因素有机地结合起来，测准目标的约束条件。策划所确立的目标，可分为总目标和个别目标。总目标是指任何相关活动都希望达到的最终目标。但在现实中，一项具体的工作不可能面面俱到，往往只能主攻一两个个别目标。因此，要把总目标和个别目标统一起来考虑。

（二）程序性

策划是一种程序，它是管理活动、决策活动和计划活动之前的一种制度化的程序。同时，策划也是一种科学程序，为了达到预期的策划目标，策划必须对未来行为的每一个步骤、每一个行动细节做好安排和设定，对活动的方向、方法、度和量等做出统一的规定和要求。只有这样，才能保证在未来的行动中不致出现仓促应付、随心所欲、偏离目标、各自为政、主次不分、张弛失控等弊病，从而确保相关活动科学有序地开展。

（三）创新性

创新是策划的生命力，好的策划应当具有创新性，而不是简单地临摹或照本宣科。每一个组织，都有其自身的行业特征、资源个性和环境差异，更有其不同的目标预期。因此，策划必须是一种创造性的工作，策划活动的全过程是策划者、主体目标、对象、策划方案相互作用的行为过程，也是应用创造学、思维学理论和开发创造力的过程。同时，策划还是一种运用创造智谋的理性行为，是依据策划者的创造性素质，遵循策划的基本原则，通过辩证的思维，开拓一种"人无我有，人有我优""不求唯一，但求第一"的境界。要将创造性思维方法贯彻到策划活动的始终，策划者不仅应当在策划全过程中从整体上使用创造性思维方法，对具体行动的每一个步骤、每一个细小环节的设计，也都应采用创造性思维方法。

（四）变通性

《孙子兵法》曰："兵无常势，水无常形，能因敌变化而取胜者，谓之神。"此处"神"即战略战术上的灵活性、变通性。成功的策划应当是根据活动的实际情况的变化而变化，而不是永恒不变的策划。由于策划活动是一项复杂的综合性活动，它的成功与否受诸多外界条件的影响。这就要求策划人员时时关注条件变化与实现目标的利害关系，以便随着环境的变化和方案的实施而进行适时适度的调整，包括范围的调整、程序的调整、手段的调整和目标的调整，使策略保持一定的弹性和灵活性，从而卓有成效地实现动态策划。

在瞬息万变的社会环境中，时间和速度是策划的重要因素。作战要讲究时机，策划也有一个时机问题，机不可失，时不再来，必须快速抓准。只有时机成熟，策划才能奏效，策划得过早或过晚，都会失利。这就要求策划者反应灵敏，因时而策，对不同的标的对象，因时而异，果断行策，随机策划。

第二节　策划的原则与方法

一、策划的原则

（一）客观性原则[1]

任何一个策划，作为一种想法，开始只留在头脑中，也许只是一种设想或文字的组合，也许都只是未经实践检验的天方夜谭。这一异想天开的主意在现实中可能会顺利实现，也可能遇到不可克服的困难而宣告失败。因此，策划必须从实际出发，建立在对事实把握的基础上，建立在客观现实的条件基础上，而不能凭空捏造。尽管策划的创意有时带有很大的想象性和偶然性，但它们必须秉持实事求是的态度，将客观现实作为依托，并且通过一定的努力可以达到。

（二）可行性原则

可行性原则是指策划运用的方案在资源、技术、方法等方面是否具有可操作性，是否可达到并符合策划目标和效果。因此，可行性原则要求策划行为时时刻刻考虑方案的科学性、现实性，避免出现不必要的差错。

具体来看，如何保证策划的可行性？首先，策划的创意要被现代或传统的文化意识、国家的法律法规、社会的道德规范、受众的接受程度和消费能力等因素所允许。其次，策划不能过于超前，那些过于领先决策者、执行者的认知、过于领先文化市场、超越道德底线的策划方案，都存在不被接受或难以接受的问题。策划必须与现实生活的客观实际相结合，必须因人而异，顺应潮流。

（三）整体性原则

策划需要有整体性和系统性，如组织系统中的不同部门策划，都是完成组织目标不

---

[1] 严三九，王虎. 文化产业创意与策划[M]. 上海：复旦大学出版社，2008：20.

可分割的一部分；策划过程中的每一个环节，都需要服务于策划的整体终极目标等。从策划的时间角度来看，有远期和近期之分，眼前的最优不一定就是整体的最优，眼前的利益可能会损害长期的利益，所以策划项目时应进行全面的系统分析。因此，策划的整体性原则要求策划活动的各个环节、各个要素要在总体目标的约束下相互协调、相互依存、相互促进，各种策略系统组合、科学安排、合理运用，成为一个严密的系统。只有这样，才能防止各子策略之间的矛盾和冲突，克服项目运作中的随意性和盲目性，从而取得较好的经济效益和社会效益。

在整体性原则的指导下，策划对新加入的组织系统的资源进行系统整合时，必须遵循整合后系统的收益大于整合前两个系统各自效益之和，即达到"1+1>2"的效果。同时，在引入其他组织合作时，不仅要在物质上、精神上、文化上取长补短，还要在优势互补中做到共创双赢。

（四）权变性原则

所谓权变，就是要求策划在动态变化的复杂环境中，及时准确地把握发展变化的目标、信息，预测事物可能发展变化的方向、轨迹，并以此为依据来调整策划目标和修改策划方案。首先，需要增强动态意识和随机应变的观念，要有一定的风险意识和预防措施。如对于政策变化、社会变动等不可控因素，应随时注意事件演变，及时采取措施，将风险发生时的损失和危害降到最低限度。其次，需要时刻掌握策划对象的变化信息，保证信息资料真实、及时、可靠，把握策划的主动权。最后，当客观情况发生变化影响到策划目标的实现时，应当及时地对策划目标或手段进行调整、修正。

二、策划的方法

策划活动是一项随机性和灵活性很强的创造性工作。古人云："文无定法"，策划亦无定法。但总结前人的经验并对成功策划案进行分析，可发现策划过程中运用以下几种方法，将有助于策划更好地展开。

（一）专家意见法

专家意见法，又称德尔菲法（Delphi Method），在20世纪40年代由O. 赫尔姆和N. 达尔克首创，经过T. J. 戈尔登和兰德公司的进一步发展而成。德尔菲是古希腊名城，因阿波罗神殿而驰名，由于阿波罗有着高超的预测未来的能力，故德尔菲也成了预测、策划的代名词。

专家意见法通常采用信函、电话或网络等背对背的通信方式征询专家小组成员的预测意见，经过几轮征询，直至专家小组的预测意见趋于集中，最后做出符合市场未来发展趋势的预测结论。其传统上一般采用主观赋权的方法，即事先确定综合评价指标体系中各项指标的权重,有关专家根据主观经验评判打分,然后计算排序,是一种定性评价方法,在此过程中,采用匿名发表意见的方式,即团队成员之间不得互相讨论,不发生横向联系,只能与调查人员发生关系,要反复地填写问卷,以集结问卷填写人的共识及搜集各方意见,用来构造团队沟通流程,应对复杂任务难题的管理技术。具体实施步骤如图3-2所示。

(1)确定调查目的,拟定调查提纲,准备向专家提供的有关背景材料,包括预测目的、期限、调查表填写方法及其他要求等说明。

(2)选择一批熟悉本问题的专家组成专家组,一般为20人左右,包括理论和实践等各方面的专家。

(3)向所有专家提出所要预测的问题及有关要求,并附上相关背景资料,然后由专家做出书面答复。各位专家根据他们所收到的材料,提出自己的预测意见。

(4)将各位专家的第一次判断意见汇总,列成图表进行对比,再分发给各位专家,让专家比较自己同他人的不同意见,修改自己的意见和判断,如此往复。收集意见和信息反馈一般要经过三四轮,待意见比较集中后,对专家的意见进行综合处理得出结论。

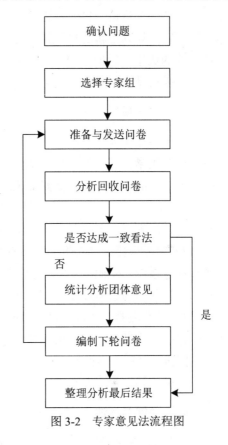

图 3-2 专家意见法流程图

(二)头脑风暴法

头脑风暴法出自"头脑风暴"(brain-storming)一词,又称智力激励法。头脑风暴最早是精神病理学上的用语,是对精神病患者的精神错乱状态而言的,由美国创造学家A. F. 奥斯本于1939年首次提出,1953年正式发表成为一种创造性思维的方法,如今转而为无限制的自由联想和讨论,其目的在于产生新观念或激发创新设想。

在群体决策中,由于群体成员心理相互作用影响,易屈于权威或大多数人意见,形成所谓的"群体思维",因而群体思维削弱了群体的批判精神和创造力,损害了决策的质量。为了保证群体决策的创造性,提高决策质量,管理学发展了一系列改善群体决策的方法,头脑风暴法就是较为典型的一种方法。

实践经验表明,头脑风暴法可以排除折中方案,对所讨论问题通过客观、连续的分析,找到一组切实可行的方案,因而头脑风暴法在军事决策和民用决策中得到了较广泛的应用。例如，在美国国防部制定长远科技规划中，曾邀请50名专家采取头脑风暴法开了两周会议。参加者的任务是对事先提出的长远规划提出异议，并通过讨论，得到一个使原规划文件变为协调一致的报告。经讨论后，原规划文件中只有25%～30%的意见得到保留，讨论后的规划更新后则更具有可行性。[①]由此可见头脑风暴法的价值。当然，头脑风暴法实施的成本（时间、费用等）是很高的，并且头脑风暴法要求参与者具有较好的素质，这些因素是否满足会直接影响头脑风暴法实施的效果。

（三）"三境界"法

此处借鉴国学大师王国维（1877—1927年）在代表作《人间词话》中提出的"古今之成大事业大学问者，必经过三种境界"，将策划的方法分解为三个关键步骤。王国维列举的三段绝美的宋词，恰好极其形象地描述了策划求索"解决方案"的全过程。

（1）第一境界："昨夜西风凋碧树，独上高楼，望尽天涯路。"这是指对目标、对象和环境的高视点、多角度、全方位的观察、收集、整理和分析。

（2）第二境界："衣带渐宽终不悔，为伊消得人憔悴。"这是指根据经验、标准、规律等参照系统，对前阶段经过分解列举的各个关联要点进行筛选、判断，是不断地去伪存真、去粗取精的艰辛过程。

（3）第三境界："蓦然回首，那人却在灯火阑珊处。"这是指经过不断的探索、比较、验证的思维过程，终于顿悟开朗形成完整策划的过程。

王国维的"三境界说"被广泛地运用在很多领域，不论是学习、研究，还是进行创意设计或完成策划方案，人类思维的行进过程都是相似的。

（四）关键事件法

关键事件法是客观评价体系中最简单的一种形式，由美国学者弗拉赖根和贝勒斯在1954年提出。借鉴关键事件法，可对策划方案是否有效及其执行者的绩效进行更准确的评估。

关键事件法通过对工作中最好或最差的事件进行分析，对造成这一事件的工作行为进行认定从而做出工作绩效评估。其操作重点有三方面：第一，观察；第二，书面记录执行者所做的工作；第三，有关工作成败的关键性事实。其主要原则是认定行为者与职务有关的行为，并选择其中最重要、最关键的部分评定其结果。对每一事件的描述包括导致事件发生的原因和背景、执行者特别有效或多余的行为、关键行为的后果、执行者自己能否把握或控制上述后果。在大量搜集这些关键信息后，对资料做出分类，并归纳总结出该策划环节的主要特征和执行者的工作表现等情况。

这种方法的优点是针对性比较强，对评估优秀和劣等表现十分有效，缺点是对关键事件的把握和分析可能存在某些偏差。

[①] 陈一君，周丽永，尹文专，等. 市场研究[M]. 成都：西南交通大学出版社，2015：247.

第三节 策划的程序与步骤[①]

策划是集智慧谋略与科学程序于一身的活动，一个完整的策划周期应当由数个不同阶段组成，不同阶段的工作对象、内容和目标等均有所不同。掌握策划的程序和步骤，有助于明确策划各阶段的中心工作，突出重点，抓住关键，保证策划活动的有序进行。一般来讲，一个完整的策划流程包括组织准备、战略规划、行动实施、评估反馈四个主要步骤，根据策划类型的不同，其中又可分为若干具体程序。

一、组织准备阶段

（一）成立策划组织

这是策划开始前的首要工作，需要明确策划的组织架构，如策划小组的成员构成和大致工作任务分工、时间进程安排等。以影视广告策划为例，其成员应主要包括客户专员、市场调查人员、策划创意人员、文案撰写人员、设计制作人员、摄影摄像人员、媒体公关人员等人员。

（二）明确策划目标

明确策划目标即明确此次策划活动将要达到的直接目的和最终目的。要明确策划目标，首先需要发现和分析策划对象亟须解决的问题。当然，策划的实现会受到现实条件、策划人员能力以及资金实力等许多因素的限制，因此策划人必须有效地确定对象和问题，对不可策划或难以解决物质条件的问题要坚决回避。在找到问题后，要形成明确的策划主题，即抓住策划重点，并将其细化为具体问题。如麦肯锡公司在进行咨询时，通常会将每一个问题细化、分解到极限。细分问题有利于更好地发现问题的真正症结，也有利于选择解决问题的切入点。

（三）调查基本信息

周密的调查研究是成功策划的基础，它为制定策划后期的战略决策提供科学依据，如社会政治、经济、文化等环境因素的特点及发展趋势。对于一个企业或组织来说，进行一次调查需要花费相当大的人力、物力和财力，因此，每一次调查都应尽可能地获取更多的信息。

以企业产品或活动策划为例，一般来说，一次成功的策划，前期调查至少应包含 5 个

[①] 严三九，王虎. 文化产业创意与策划[M]. 上海：复旦大学出版社，2008：25.

方面的信息：第一，公众心理，即公众的偏好、认知、态度、情绪等基本的心理倾向；第二，主要竞争对手的信息，即主要竞争对手的产品信息、销售信息、广告信息和已有的其他信息；第三，政策法规，即咨询公司或组织的法律顾问咨询或查阅相关的文献资料，以确保即将进行的策划在政策法规许可的范围之内；第四，公司或组织内部的状况分析，主要明确公司或组织内部的资源状况和制度建设是否可以满足将要进行的策划活动；第五，活动场所调查，即在策划之前要对可能选择的活动场所进行熟悉，检查其中是否适合开展公众活动、是否存在安全隐患。

调查基本信息也应当根据策划需要而遵循一定的步骤，如明确调查目标、确定调查范围和对象、确定调查方式、制订调查方案、实施调查方案和整理调查数据、分析调查结果等。

二、战略规划阶段

战略规划阶段是整个策划的核心和主体，需要基于前期分析研究的成果做出决定性、战略性的选择，并形成可执行的具体计划。

（一）策略的选择制定

策略是为实现战略目标综合运用各种可能的方式和手段，有效组合成系统化的活动整体，如产品、价格、销售渠道、促销活动、广告、企业公共关系、营销要素的组合策划等内容。该阶段工作成功与否，将直接影响到整个策划方案的质量和可行性，影响到本轮策划工作的成败。同时，本阶段的工作又具有较大的难度，需要策划人员付出更大的智慧和努力。因此，科学的、严谨的工作态度是开展本阶段工作的基本指导原则。在此阶段应做好以下几项具体工作。

（1）对信息的吸收与开发。即对上一阶段所得到的信息进行充分的研究和吸收，为下一步制订具体实施细节准备数据环境。同时，还要对已有信息进行二次开发，即深入探讨已有数据之间的相互联系，把零散的、单个的数据组成一个有机系列，用相互联系的数据群来满足制订方案的需求。

（2）策划方案的构思。该阶段是充分利用已有的信息、知识和经验，积极发挥策划者的创造性，大范围地构思各种可行方案的过程。构思时应保证方案齐全、各具特色，针对一个问题至少要有两个以上的策划方案，每个方案都要尽可能地考虑到多方面的情况。同时，还必须保证每个方案都有自己的特色，即方案的独立性。策划方案的独立性要求策划者要有不同的策划思维和策划手段，这是策划多案备选、能够成功的重要保证。

（3）方案的可行性论证。即利用经验判断法、类比评判法、专家论证法和方案试行法等对诸多方案进行可行性论证，根据文化创意策划的可行性原则、价值性原则、系统性原则、导向性原则等，选取最终方案。

（二）形成策划方案

策划方案是对策划创意与策划行动的书面表达，而策划文案是将已通过可行性论证的策划方案用简练、具体的文字形式表达出来，写成规范的、可进行具体操作实施的策划方案书。

一份优秀的策划方案需要有创新的观点、论点，完整清晰、具有说服力的论证过程，以及严谨翔实的分工和执行过程。具体到文字表达上，则需要做到：文字简明扼要、逻辑合理清晰、主题鲜明，同时还可以辅以必要的视觉化说明，如图表、实物照片、设计模型等。

具体来看，一份完整的策划方案应当包含以下几个部分。

1. 封面

策划方案的封面应力求一目了然，写明策划项目的名称、策划主体（策划人或机构）、日期、编号等信息。

2. 序言/前言/内容提要

应在正文之前简要说明本次策划的目的、价值、必要性和可行性，主要的策划方法和步骤等，文字简练、清晰明了。

3. 目录

通过目录让客户或受众对策划的整体结构有所把握，对帮助其更清晰地了解策划逻辑和思路大有裨益。

4. 正文内容

这一部分是策划方案的核心，也是最重要的部分，必须对策划全过程进行细致而有条理的叙述。主要内容大致包括：背景分析、策划目标自身优劣势分析、具体执行方案、资源需求、宣传计划等。根据策划类型的不同，正文部分也应有不同的内容架构和侧重点。

5. 时间进度表

对策划活动的全部过程做出时间规划，标明时间节点及工作要求、方式、注意事项等，既便于操作管理，也便于检查和反馈。

6. 任务分工表

这一部分注明人员构成及分别担任什么职务，负责什么具体工作内容，确保分工合理、职责分明，有助于后期策划的实际执行。

7. 经费预算

策划是一项复杂的系统工作，对策划的实施所需要的人力、物力和财力要进行周密的预算，力求做到计划性强、开支项目明确，以最小的支出获得最大的收益。

8. 前景预测及效果评估

在策划方案结束前，还需要对本次策划实施后预期达到的效果，以及可能造成的影响及其评估方式做出说明，尤其是要重点说明可能产生的经济效益或社会效益。

三、行动实施阶段

此阶段的核心就是如何将策划任务落实到具体的运作中。实施策划方案应制定相应的实施细则，要求有明确的组织保证、人员保证、财务保证和措施保证，还要有明确的实施程序和规则，以保证目标实现过程的顺利进行。

（1）要有监督保证。为了有效地实施策划方案，从上到下各环节的责、权、利必须明确，为此要制定监督保证措施，使各环节不出差错或出了差错也能及时改进。

（2）要有防范措施。在策划方案的实施过程中，存在许多不确定因素，无论制订方案考虑得多么周到，无论在选择方案时做过何种论证和修订，都可能会发生主观愿望和客观现实的矛盾，有时甚至不得不停止执行原方案。所以，必须要有防范意识和防范措施，同时必须要有备用方案。

（3）要有评估措施。策划人员应及时对各项措施的执行效果进行评估。由于策划中的主客观不一致，策划方案在实施过程中出现偏差是难免的，因而需要对执行情况及时进行评估，以便对方案进行必要的调整或修正。

（4）要有反馈修正。就策划过程来说，当策划方案实施并得到结果时，策划即告结束。但对策划者来说，这并不意味着策划结束。策划结果出来后，一方面，策划者要对策划结果和经过进行分析和检讨，总结经验和教训，为下一次策划提供借鉴；另一方面，策划者应做出一份策划总结报告书，及时提交上级或委托方，其中，最重要的是必须报告预测与结果的差异。

通常情况下，策划的预测与结果产生差异的原因主要包括确定性原因、推断性原因、不确定性原因三种。对于确定性原因如可去除，在下次策划中要避免；对于推断性原因如有可能发生，在下次策划中要去除；而对于不确定性原因则应多下功夫进行分析，尽量修正。

四、评估反馈阶段

策划效果是检验一项策划是否成功的最后一环，也是最重要的部分。但是，往往会由于主客观的差距,策划方案在实施过程中偶尔会出现偏差,因而需要对执行效果及时进行评价,以便迅速形成反馈,对方案进行必要的调整或修正,为后续工作提供借鉴和指导。例如,某项文化产业策划的目标是要通过科学的策划过程全面提高文化企业的业绩,那么其效果评价可以结合定性和定量的研究方法展开。

(1)前后对比法。即通过实施文化产业策划方案前后的传播效果和经营业绩的对比来确认策划方案的效果。

(2)单因素变动法。即通过对影响文化产业业绩的诸多策划因素进行单因素的对比实验分析,来测定文化产业策划方案的实施效果。

因此,策划方案的实施并不是一次性任务,而是一个连续的甚至是循环往复的过程。文化企业在执行策划方案时,必须根据策划前后在企业资源、竞争对手、消费者以及宏观环境等方面的整体变化,建立及时有效的反馈机制,灵活变通地运用市场策略,全面贯彻"随机制宜"的作战思想,这也是通常所说的"市场弹性"。

本章小结

策划是找出事物因果关系,衡量未来可采取之途径,以为目前决策之依据,亦即策划是预先决定做什么,何时做,如何做,谁来做。

策划必须遵守客观性、可行性、系统性、随机性、导向性、价值性等原则。

策划的方法包括专家意见法、头脑风暴法、"三境界"法、关键事件法等。

策划的步骤是以假定的目标为起点,然后制订出策略、政策,以及详细的内部作业计划,以求目标之达成,最后还包括成效的评估及回馈,而返回到起点,开始策划的第二次循环。策划是一种连续不断的循环,因为一个组织的内在及外在环境不可能是静止不变的。

思考题

1. 如何理解策划的现代含义?
2. 策划的发展趋势是什么?
3. 撰写策划方案有哪些注意事项?
4. 怎样评估一项策划活动的优劣?

第四章

文化产品的创意与策划

 学习目标

通过对本章的学习,学生应了解或掌握如下内容:
1. 文化产品的含义;
2. 文化产品的类型;
3. 文化产品的特点;
4. 对文化产品进行创意策划的原则与方法;
5. 对文化产品进行创意策划的程序与步骤。

 导言

文化产品又叫文化商品,是指通过人们的劳动(包括脑力劳动和体力劳动)创造出来,用以满足人们精神文化需要的产品。理解文化产品的含义,关键在于理解它与一般物质产品的关系,以及其具有的多重属性、创意性、共享性、价值独特性等特征。对文化产品进行创意策划需要注意将个性化与普适性相结合,将现实性与延续性相结合,将思想性与实用性相结合,以及将市场化与公益化相结合。从具体程序和步骤上看,文化产品的创意策划既遵循一般产品策划的规律,又具有自身的独特性。

第一节 文化产品的含义、类型与特点

一、文化产品的含义

文化产品又叫文化商品,是指通过人们的劳动(包括脑力劳动和体力劳动,如肌肉的

消耗）创造出来，用以满足人们精神文化需要的产品。[①]理解文化产品的含义，关键在于弄清楚它与一般物质产品的关系。

（一）文化内核

与物质产品用使用价值满足人们衣食住行的需求有所不同，文化产品虽然在形式上也能被消费，但它却直接作用于人的精神，主要是促进和提高人的思想境界，改善人的精神状态，培育人的道德情操，着眼于全面提高人的素质。[②]人和动物的区别，不仅在于人能够生产出文化产品，还在于人具有文化需要，人能够进行精神文化消费。当然，有的人购买文化产品主要是为了价值增值，但这并不否认文化产品最后还是为了满足人的文化需求这个目的，如果它没有满足人的文化需求的功能，它也就不会增值。

（二）商品属性

文化产品和其他物质产品一样，都具有一般商品的属性。而商品首先是用来满足人们的需求的。马克思在《资本论》中指出："商品首先是一个外界的对象，一个靠自己的属性来满足人的某种需要的物。这种需要的性质如何，例如是由胃产生还是由幻想产生，是与问题无关的。"[③]由幻想产生的需要就是精神的需要，满足这种需要的"物"就是文化产品。因此，从这个意义上来说，一本《圣经》和牛奶相交换，《圣经》和牛奶没有区别，它们都是商品。

（三）形态多样

文化产品的范围与一般物质产品不同。文化产品分为两大类：一类是指看得见、摸得着、以物质形态呈现出来的文化产品，它一般有一个和生产者、消费者不同的独立形式，能够在生产和消费之间的一个间隔期内保持下来，如书报刊、影像带、美术品、文物、邮品等。另一类是看不见、摸不着的文化产品，这类文化产品也可以叫作产品化的文化服务。这类文化产品的特点是产品和生产行为不能分开。马克思曾举例说，一切演奏艺术家、演说家、表演家、教师、医生、牧师等都是这样。

由此，文化产品的概念可分为广义和狭义两种。狭义的文化产品是指文化艺术工作者通过有目的的艺术劳动创造出来的产品，能够满足人们精神和心理的需要；而广义的文化产品不仅仅指文化产品实体本身，它还指通过市场交换能够满足消费者某种精神需求和利益的有形物体与非物质性的无形服务的总和。[④]

（四）内涵和外延不断变化

文化产品的内涵和外延是随着历史的发展而不断变化的。就狭义的文化产品而言，

[①] 李贺林，曹振刚. 社会主义文化市场概论[M]. 北京：北京出版社，1998：89.
[②] 欧阳友权. 文化产业通论[M]. 长沙：湖南人民出版社，2006：79.
[③] 马克思. 资本论（第一卷）[M]. 北京：人民出版社，1972：47.
[④] 方明光. 文化市场营销学[M]. 上海：上海交通大学出版社，1996：127.

历史上最初出现的是商品化了的书画,东晋画家顾恺之画了一幅维摩诘画像而赚了不少钱。书法也由此成了产品,历史上就有王羲之"书换成白鹅"的故事。在五代时,后梁画家厉归真曾经卖画沽酒;唐朝时,画家颜平原"卖画求米"。到了近代,报刊、音像制品、电子出版物等相继出现,历史上的文物以及纪念邮票、特种邮票、首日封等邮品,直至作家的手稿也成了买卖的对象,成了文化商品。

就更广义的文化产品而言,历史也在日益扩大它的外延。当初,歌舞弹唱是商品,一些女子靠卖艺为生。司马迁在《史记·货殖列传》里就记载了中山一带的这一文化经济现象。自汉代之后,表演艺术如舞蹈、杂技、武术、幻术有了很大发展。在宋代,演出剧种日益增多,有杂剧、杂技、说书、傀儡戏、鼓子词、剑舞、舞旋等。到了近代,昆曲、京剧和各种地方剧也都商业化了。电影、电视的出现,成了文化产品家族的新成员。随着现代科技的发展,动漫、网络游戏也成了文化服务的重要内容,并已商业化、产业化。随着人们生活方式的改变,文化旅游成为新的消费热点,旅游服务也加入了文化产业的洪流。

二、文化产品的类型

对文化产品的定义不同,其分类就不相同,而且视角不同,分类也不相同。因此,关于文化产品分类的研究就有很多。文化产品分类的主要目的,是要依据分析的要求,使我们能够理解文化产品构成要素的关系,进而推导出这一对象集合体本身的关系。文化产品的分类,划定了分析理论的框架、范围和限度,同时也彰显了其所隐含的理论目的。[①]

关于文化产品的分类主要有如下几个视角。

(1)从相关程度出发划分,联合国教科文组织(UNESCO)于2005年对文化产品的种类进行了划分,并将核心文化产品和相关文化产品用文化内容的概念区分开来。其中,核心文化产品主要包括文化遗产、书籍、记录媒体、视听媒介等,相关文化产品主要包括设备、建筑图纸贸易和贸易广告材料等。二者的区别在于,核心文化产品更多地产自一些传统文化产业,具有有形的组成部分,并且具有文化的内容;而相关文化产品更多地与创意产业相关,往往指服务以及支撑创意、生产、配送"核心文化产品"的活动、设备和支持要素,诸如软件、广告、建筑和企业智力服务等,都属此类。

(2)从产权关系层面上看,不同的文化产品可以归属为个体(私人)产品、共有产品与公共产品三种主要类型。

(3)从是否具有排他性角度划分,可以将文化产品分为私人性文化产品、纯公共性文化产品和准公共性文化产品。私人性文化产品是指消费上具有强排他性和强竞争性,即具有弱的非排他性和弱的非竞争性的文化产品。纯公共性文化产品是指在消费上具有

---

① 李本乾,牛盼强.文化产品国际竞争力研究综述[EB/OL].人民网,http://media.people.com.cn/GB/22114/52789/240814/17409666.html.

很强的非排他性和非竞争性的文化产品，比较典型的如公共广播、公共电视。准公共性文化产品是指在消费上不完全具有非排他性和非竞争性的文化产品，大多数文化产品属于该类。

（4）从产业角度进行分类，在文化产业领域内，文化产品可以分为生产性文化产品和服务性文化产品，也可以分为文化商品和文化服务两大类。

（5）从文化产品的法律角度划分，文化产品可以分为作品与产品两类，而产品又可再分为有物质载体的文化产品和无物质载体的文化产品；也可以将文化与服务总分为四大类，即新闻出版类、广播影视类、文化艺术类、综合类。

（6）从物理角度进行分类，文化产品有物质性和非物质性两类，既可以分为有形产品与无形产品，也可以分为文化硬件和文化软件等。

以上分类方式中，很多学者更倾向于文化商品和文化服务的划分方法。如胡惠林认为，从一般的经济学定义出发，所谓文化商品是可供交换的文化产品，是以某种实物形式来提供和满足人们的文化消费需求；而文化服务则是以提供活劳动的形式满足人们的文化消费需求的活动。根据这一定义，还可将文化商品划分为广义文化商品和狭义文化商品。其中广义的文化商品泛指一切用于文化的生产与传播的文化产品，包括钢琴、钢笔等在内的工具性文化商品；所谓狭义的文化商品，就是通常人们所指的具有意识形态与精神文化内容属性的那一部分文化商品。[①]

三、文化产品的特点

（一）多重属性

文化产品的多重属性，指的是其商品属性和精神属性、经营属性和公益属性。文化产品具有商品属性，是指它同物质商品一样，是为交换而生产的劳动产品，是价值和使用价值的统一。然而从价值形态看，文化产品同其他精神产品一样，无法计算社会必要劳动时间，即使同一门类的不同艺术家，创作一部作品的必要劳动时间也难以精确比较。从使用价值形态看，一般商品的使用价值，在满足不同消费者的需求时，应当起同样的作用，因而所有消费者对它才有同一的衡量标准，商品之间也才能进行平等的竞争；而文化产品的使用价值的实现则与消费者的主观因素密切相关。这就是说，文化产品有其特殊的精神属性。当一部文学作品成为出版物时，不论是以平装本还是以精装本的形式出现，根本价值都是一样的，并不因精装而使作品的价值得以提高，也不因平装而使它的价值降低。精神内容低劣的文化产品，无论物质上如何包装，也改变不了它低劣的配置。以物质产品形式出现的文化产品，如印刷品、音像制品、工艺品等，具有精神与物质的双重因素。精

[①] 胡惠林．文化经济学[M]．北京：清华大学出版社，2014：193．

神因素始终占据主导地位，物质的外壳是使精神内涵得以呈现和传播的实体形式。

文化产品的精神内容还具有社会意识形态的性质。由于消费者的立场、观念以及文化素质的不同，对其使用价值的衡量和态度会很不相同。如同样是读一部《红楼梦》，有人读出其中揭示了社会发展的规律和封建社会兴衰的历史，有人从中学习谈情说爱的技巧。文化产品的意识形态大多是对社会生活的反映，尤其对于那些抒发内心情感的作品，作者的情感来自于现实生活的感受。如，贝多芬的《第五交响曲》所表现的情感，是作者长期同黑暗社会进行不屈斗争的产物，它反映了当时新兴资产阶级反抗封建统治的意志。

文化产品的多重属性，决定了其在创作和生产过程中必须追求经济效益与社会效益的统一。文化产品的商品属性，使它要面对市场，就不能不讲求经济效益，但是，作为社会主义的文化生产和经营，又必须重视精神产品价值的导向，应当在创造最佳的经济效益的同时创造良好的社会效益。

在我国现阶段，文化产品的社会效益和经济效益时常会有相背离的一面，这主要表现在社会效益的好坏与经济效益的大小并不成正比，有时甚至呈逆反的状况。一些审美价值高而社会效益好的作品发行量小，其经济效益低甚至赔钱。而一些审美价值极低，有的甚至是宣扬暴力、淫秽的精神鸦片，却发行量大且能赚大钱。在这种情况下，其生产者的收益与社会效益是相背离的，生产者的收益越大，则对社会的危害越大。它要求文化产品的生产者应该在注重经济效益的同时，还要注重其社会效益，注重精神文化产品的文化品位和思想内涵，为社会提供积极健康的文化产品和文化服务，自觉抵制有毒有害的文化产品。

（二）创意性

文化产品虽然同普通的物质产品一样，最终都要以商品的形式进入流通领域，但是它们之间的差别也是明显的：物质产品的生产是社会化、现代化的大生产，它的产品必须规格化、标准化，追求功能化和实用性；而文化产品的生产大多凝聚着作家、艺术家的创新思维活动，它的市场消费价值主要取决于创意效果，取决于产品的技术研发能力，文化产品的创意往往会决定其产品的市场命运和文化企业的生存与发展，因而文化产业也常被称为"创意产业""创意经济"。特别是艺术价值含量高的文化产品，如电影、艺术表演、文学作品等，以及技术含量高的产品如网络游戏、应用软件等，它们的创意性效果不仅决定其内容，而且决定其价值，决定其市场效果。

例如，电影作为一门综合艺术形式，需要许多文艺工作者的合作，但他们不像工人在流水线上作业。电影的创作不但凝结着创作者的全部生活体验、知识积累和艺术功力，还渗透着创作者的人格力量，并受创作时的生活状况、身体状况、心理态势和具体生活环境的制约，体现出极大的创造性和独创性。张艺谋在执导电影20年后，又转而对舞台艺术进行创新探索，根据他的同名电影《大红灯笼高高挂》创作了同名芭蕾舞剧。与电影不同的是，张艺谋创造性地把许多令人瞩目的中国元素运用到了芭蕾舞剧当中：从京剧中借鉴了水袖，将动作用芭蕾舞来演绎，人们还在芭蕾舞剧中看到了灯笼、旗袍、麻将、窗棂、照壁，听到了唢呐、锣鼓、二胡、笙和响板，这种艺术表达上的糅合和创新赋予了作品浓郁的民族色彩。

（三）价值独特性

1. 文化产品在计算价值的标准方面具有特殊性

一般作为商品进入市场交换的产品，其价值量是由生产它的社会必要劳动时间决定的。但是，有些文化产品的劳动量差异极大，往往难以计算必要劳动时间。如，曹雪芹作《红楼梦》，"批阅十载，增删五次"，直到去世也没有完稿；达·芬奇绘制《最后的晚餐》花了六年工夫。当然，也存在不少"一挥而就"的传世之作，如舒伯特的《摇篮曲》就是即兴完成的，但是创作背后所需要的艺术和生活体验上的准备确是难以估量的。一般来说，艺术精品比一般的文化产品更难以实现等价交换。文学、艺术和学术产品的市场价值，通常主要是以物质载体的价值来确定的。一部小说的出版，书的定价主要是根据它所需要的物质资料（纸张、印刷、装帧方式和印数等）和与此相关的劳动量来计算的，这实际上是把它作为物质产品来对待了。当然，付给作者的稿酬也会计算在成本之内，但这并不是决定市场价值的主要因素。因此，文化产品本身的价值，也可以说是使用价值，往往不能体现在市场价值上。两种价值有时甚至成反比，即艺术、思想和学术价值很高而面临曲高和寡的书籍，因而销售量少，市场价值低。所以，市场行为一般奉行的等价交换原则，在文化产品中是不能一概而论的，应当按照具体情况区别对待。

2. 文化产品的价值普遍具有延伸性的特点

一个文化产品的传播和消费过程完成后，其使用价值往往不会随之消失，而是会出现精神价值的存留或延伸。比如，观众看了一部电影后，一次消费过程完成了，但影片中精彩的情节、人物、故事、画面乃至某些台词，可能会长期留存在观众脑海中，甚至会对其产生深远的影响。此外，文化产品的价值延伸性还表现为，许多文化产品的消费都可以是多次性的。一部优秀的电视剧不会因为播放了一次而不能再次使用，有些剧目甚至会因为重播而再次引发观众的收视热，这与物质产品的消费是完全不同的。另外，文化产品的价值延伸性不仅作用在产品上，还出现在产品的循环过程中。如一部小说随着社会的高度评价而提高了其文化价值，同时也提升了其作者的知名度，很自然也会提高该作者其他作品的社会关注度。反过来说，读者通过阅读作品，既能提高自己的文化品位，又会激发新的艺术文化需求，这是一个生生不息的循环链。

3. 文化产品的价值延伸能够形成文化资源增值

其表现大体可分成两个层次：其一，文化产品的消费能提高所利用的文化资源的文化内涵。旅游景点的开发就属于这一类，张家界、黄山等并不因为接纳了大量的游客而损耗了其旅游资源，恰恰相反，正是这些游客的到来，才使得它们名扬中外，并且不断丰富其中的文化内涵。其二，一种文化产品可以成为其他产品的资源，增加社会的文化资源总量，人类文化成果的不断积累和增长正是这样一个循环往复的过程。

比如，民间故事和传说可以被加工成长篇小说，而该长篇小说可以成为影视产品的资源，这些影视产品又可能成为广告产品的创意源泉。民间关于唐僧取经的故事被吴承恩加工成小说《西游记》，而小说《西游记》又促成了许多其他文化产品的诞生，如动画片《大闹天宫》《哪吒闹海》和电视剧《西游记》等。这些对《西游记》的不断改编也成了网络小说《大话西游》的创意源泉，而《大话西游》里那些"无厘头"的台词又刺激了许多广告语灵感的产生……可见，文化产品的价值随着消费和传播过程的传递不但增加了自身的价值，而且也增加了整个社会文化资源的价值和总量。[①]

第二节 文化产品创意策划的原则与方法

一、文化产品创意策划的原则

（一）个性化与普适化结合

个性和特色是文化产品的生命。我国著名国画大师齐白石先生说过："学我者生，似我者死。"也就是说，任何事物只有在吸收他人长处的基础上进行再创造，形成自己的个性和特色，创意出自己的风格，才能在竞争激烈的市场中占有一席之地。中国画坛上留下的传世佳品，大多具有自己的个性和特色，郑板桥的竹、齐白石的虾、徐悲鸿的马、黄胄的驴、李苦禅的鹰之所以有口皆碑，皆因有个性、有特色、能辨识。因此，文化产品创意的第一步，必须体现出自己的独特风格和个性。个性化是文化产品市场的"通行证"，它是由不同消费者的不同社会地位、年龄、性别、爱好所决定的，是满足不同个性消费者的心理需求的需要。

文化产品作为商品，若要在市场中占有一席之地，得到更多公众的认可和接受，则需要在个性化突出的基础上，使产品尽可能地具有普适性。此处的普适性并非指千篇一律或是毫无特色，而是使产品在不同的受众群中皆能发现其价值所在。如风靡全球的迪士尼乐园，既有其以童话、卡通为主题的个性化特色，又能广泛吸引不同年龄、身份、性别的受众，不同喜好的群体皆可在这个主题公园中自得其乐。

（二）现实性与延续性结合

任何策划都是对未来的策划，美国学者马修·E.迪莫克曾指出，策划就是使将来的

[①] 欧阳友权. 文化产业通论[M]. 长沙：湖南人民出版社，2006：53.

问题与预期的结果联系在一起，为有效地掌握将来的问题而展望未来，寻找合理对策。[①]美国《哈佛企业管理通书》认为，策划是一种程序，在本质上是一种运用脑力的理性行为。基本上所有的策划都是关于未来事物的。也就是说，策划是针对未来要发生的事情做当前的决策。换言之，策划是找出事物的因果关系，衡量未来可采取的措施，以此作为当前决策的依据。

因此，文化产品的创意策划必须要有对未来的考虑，将现实性与产品未来发展的延续性相结合。缺乏前瞻性的策划是没有生命力的，但考虑产品的延续性并非好高骛远，更不是虚幻的空中楼阁，而是要建立在现实的基础之上，即延续性一定要与现实性相结合，立足现实，面向未来，诉诸对象。

（三）思想性与实用性结合

文化产品的创意策划还需要以思想性和实用性相结合为原则。创意策划原本就是思维与现实的碰撞，是智慧在现实中的体现。而要将智慧在现实中更好地体现出来，即将思想与手段统一，便需要将思想性与实用性相结合。

文化产品创意策划的思想性是指通过策划、设想与构思，将深厚的文化底蕴和丰富的思想内涵融入产品中，这就要求策划者对人文、地理、历史等领域进行大量的体验、阅读和思考，积淀各类文化创意元素。同时，要实现文化产品的传播和销售，还应当注重其实用性，在其保有思想价值的同时赋予其实用价值。比如，可带给人某种精神体验或感官刺激的文化产品，如电影电视节目；具备装饰价值、观赏价值或收藏价值的文化产品，如绘画或雕塑等艺术品等。

（四）市场化与公益化结合

市场化是文化产品创意策划不可避免的价值取向，其目的是通过创意策划使文化产品进入市场流通获利，从而为策划方或委托人带来经济上的收益。委托方之所以出资进行文化策划，目的往往不只是以传播文化为目的，更重要的是借文化搭台，让经济唱戏，即通过文化策划赢得更大的经济效益。

但与此同时，策划不仅要有益于商业的市场目的，还要有益于社会的和谐、进步和文明。因为任何文化活动和产品都不只是一种商业形式，作为社会活动的一部分，文化活动需要纳入社会规范，注重社会影响和社会效益。

二、文化产品创意策划的方法

（一）整合共赢

文化创意策划的核心在于对文化资源的整合利用，具体到产品，还将涉及对组织机

[①] 苏珊. 现代策划学[M]. 北京：中共中央党校出版社，2002：2.

构的整合、对成本与效益的协调等。而在实际策划中，人们往往顾此失彼。以报纸为例，如一份发行量较大的报纸需要就如何进一步扩大发行量和提高经济效益进行策划，从一般思维出发，可以有两种策划思路：一是降低广告价格，扩大广告版面，借此吸引更多广告客户，实现经济效益的大幅提高；二是扩大精品内容版面，压缩广告空间，提高广告价格，以此吸引读者，提高发行量，从而实现经济效益的大幅提升。然而，这两种策划方案均存在风险，加深了广告客户和读者之间的矛盾。

根据整合共赢策略，凡是遇到多重关系的复杂情况时，必须综合考虑各方面的平衡协同，尽量创造多赢、共赢的局面。因此上述案例可考虑：一是通过提高办报质量扩大发行量，自然会引来广告客户；二是扩大广告版面，大幅度降低报纸价格，使报纸近于白送，发行量自然会提高。

（二）重点突出

所谓重点突出，就是选择若干值得重点关注的要点，在上面做足文章，使之起到示范、推广的作用。在突出重点后，往往可以借机带动相关产品的销售。

如多年前，日本东京滨松町的"TOMSON"咖啡屋推出了一种5000日元一杯的高级咖啡。这一广告刚一发布，使当时东京的许多豪客大吃一惊。因为在当时的东京，一杯普通的咖啡只有100日元左右，而5000日元一杯的咖啡贵得让人吃惊。但是正因为昂贵，才引起了人们的特别注意。在惊讶之余，一些人抱着好奇的心情蜂拥而至，想看看这种昂贵的咖啡到底为什么这么值钱。高价咖啡能给人一定的刺激，如果想维持营业，则要让人觉得高得合理。当人们走进"TOMSON"咖啡屋时，发现在这里得到了真正的享受。每杯咖啡都是由名师当场精制而成，味道可口而特殊。咖啡室里富丽堂皇犹如宫殿，穿着古代皇宫服装的女招待亲切可爱，把顾客当成帝王般殷勤侍候着。当顾客用完咖啡后，店员就将价值4000日元的豪华、名贵而高级的法国杯子包好送给顾客。顾客对这种上乘服务难以忘怀，回头客倍增，这也使得这家咖啡屋知名度大大提高。当然，这家咖啡屋同时也出售100日元左右一杯的咖啡、果汁、汽水等，这些才是真正赚钱的饮料。但通过5000日元的咖啡，提高了咖啡屋的知名度，用高价带动廉价商品的销售，这一引爆策略十分有效，使得后续利润极其可观。

（三）步步为营

策划的步步为营策略是指在策划运行中，在一定时期内要连续运用各种手段，不断变换方式、角度对目标受众施加影响，累积印象以量变实现质变。在受众注意力有限的情况下，一则信息若要有效地引起关注，则需要一定的冲击力和新鲜度。而根据记忆曲线原理，人们对信息的记忆有一个巩固加深的过程，这就需要不断地给予刺激，才能形成深刻的印象。但是如果连续不断地刺激，又容易引起受众接受疲劳进而导致大脑屏蔽——视而不见，听而不闻。

因此，在采取步步为营策略时，首先需要对首发信息严格把关，以足够的新鲜度和刺激性引起受众关注；其次选取适当的时机反复刺激受众使其加深印象，并在原始信息的基础上加入一定变化以保持新鲜度，直到产品在受众印象中稳固扎根，然后实现步步为营、各个击破。

（四）灵活机动

大卫·奥格威在其"神灯"理论中提到，创意策划需要紧跟时代、灵活变通，再好的创意也需要随着社会变迁而快速更新迭代，以灵活机动的方法与策略在市场上取胜。

同样的创意策划观点早在我国的《孙子兵法》中亦有体现。这部古代军事著作中有大量军事谋略思想值得现代策划借鉴，如其曾言："兵以利动"，"通于九变之利者，知用兵矣"。①如果以现代策划的环境来看，即意为面对纷纭变化的市场，必须以变应变，在变中取利。在战场上要"通于便利"，坚持"兵以利动"的原则，在市场上也需要"通于便利"，恪守"商以利动"的产品策划营销策略。

第三节　文化产品创意策划的程序与步骤

文化产业运作是一项较为复杂的综合性、系统性的工作，无论是文化产业链条中的哪一个环节出现了问题，都会直接影响到文化产业目标的实现。因此，在文化产业运作中，文化产品的创意策划必须进行事前的详细规划，合理安排程序，明确实施步骤。在策划中，一方面要从全局考虑整体利益，另一方面还要考虑各子系统的有机组合，使各子系统的活动与总体目标达到最有效的协调，以适应文化市场竞争变化的需要。

一般来说，文化产品创意策划的过程大体包括设定目标、收集信息、设计方案、组织实施、效果评估和调整反馈等。这是一个逻辑的、业务的综合过程，某一过程出现差错都会影响到其他部分的效果，最终将影响到策划活动的顺利实施。而策划的程序也即策划的步骤，它们是动态的组合体，各自并不是相互独立的：各步骤顺序展开的同时又是对前一步骤的反馈。在实际策划过程中，既不能随意跳过任何步骤，又要注意每一步骤的反馈作用。需要注意的是，策划的每一步骤本身也是一个策划的过程，它们是过程中的过程。这说明策划是一个复杂的动态系统，而非简单的、程式化的流水作业。

具体到文化产品的创意策划，从发掘产品的文化内涵到明确其市场定位，再到后续策划实施，更是一个综合复杂的过程。

一、挖掘产品文化内涵

文化内涵是文化产品的精髓，也是整个文化创意策划的核心。抓住目标产品的文

---

① 语出自：《孙子兵法·九变》。

内涵，是保证产品生命力得以延续的关键。对于文化产品而言，往往没有一定的实物资源依托，其关键的内涵只是一个思维概念或是某种理念，如何将文化内涵外化到易于被受众理解和接受的产品，对创意者的创作思路和方法要求甚高。

以非物质文化遗产类文化产品为例，其核心往往是世代传承、经过历史检验而存留下来的以人为核心的技艺、经验、精神等活态的不依赖于物质形态而存在的品质，是满足人的自然需求、社会需求和精神需求的活态文化。文化内涵在内容上要符合非遗产文化，只有抓住其以"民族"为特征的根本归属、以"文化"为核心的内容性质和以"遗产"为主旨的历史渊源，才能根据其文化内涵进行个性化的创意策划设计，进而选取适当的产品载体予以表现，如实物、平面、多媒体、造景、大型多媒体秀、互动体验等。又如遗产遗迹类的文化产品，其核心则是历史遗留下来的静态遗迹。挖掘其文化内涵的要点在于如何展示其文化的核心，给人以静态的品位和思索。如着力展现其文化的深厚性与历史的连续性，并伴以或战争或浪漫的古代故事、诗词，来增添文化的灵性，这些皆有助于该产品创意策划的成功。

二、调研文化消费市场

文化产品的策划离不开客观条件的限制，如背景资源、产品需求、市场容量等。文化产品策划的对象以终端消费者为主，研究消费者的需求以及购买行为特点是产品策划的关键，而想要认识消费者的需求和购买行为特点，就需要进行充分的市场调研。

（1）对市场环境的分析，如资源条件、组织机构条件、法律限制范围等各种环境约束。预先对文化产品策划的市场环境进行细致分析，找出各种可能的约束条件，是拟订实际可行的策划方案的前提条件。

（2）对市场消费容量的调查，如该类型产品在行业市场的总体销售（或服务）特征、行业市场的变化发展趋势；同类型产品的开发情况、行业占比、覆盖率、公众关注度、知名度；在现有市场条件下还有多大的市场价值尚待开发、继续挖掘的潜力有多大等。

（3）文化消费市场调研的重中之重是受众调查，如目标受众的群体特征、地区分布、文化心态等。针对商业性质的文化产品，还应侧重调研消费者的购买动机、消费能力、消费态度、服务要求、消费习惯、消费喜好等，如消费者购买本产品时考虑了哪些因素，其中最重要的影响因素是什么，消费者对产品的需求量有多大，消费频率受哪些条件影响，产品价格在什么水平最具竞争力等。

三、明确文化产品定位

19世纪70年代，美国广告从业者艾尔·里斯和杰克·特劳特在美国《广告时代》和《产业营销》上发表了一系列文章，首次提出"定位"的概念，他们把定位看成是对现有产品的创造性实践。他们在其著作《定位》中指出，定位要从一个产品开始，那产品可能是一种商品、一项服务、一个机构甚至是一个人，或许就是你自己。但是，定位不是你对产品要做的事，而是你对预期客户要做的事。换句话说，你要在预期客户头脑里给产品进行定位。

文化产品策划是目的性很强的活动，任何产品的策划均需要针对解决受众某一问题或达成某种特定效果。而明确文化产品的定位是准确设定该产品甚至该产业长远发展目标的基础，是整个文化产品创意策划能否实际解决某问题、取得某效果的必要前提。同时，只有在清晰的产品定位下，才能有效监管策划方案的实施，以及科学评估策划方案实施后的实际效果。

可以说，明确文化产品定位、前期挖掘产品内涵和调研文化消费市场三者应当是同时进行、相互影响的。因为在实际的文化产品策划中，有些情况下策划目标非常明确，如一些预先给定的策划任务，而有些情况所面对的问题和目标就不那么明显，需要策划者自行挖掘、归纳。在这种情况下，就需要进行充分的文化内涵挖掘及详尽的事前调查。

四、创意与构想设定

能否准确地发现问题、设定目标，决定文化产品创意策划方向的准确性。在完成了前三个步骤的准备工作后，如前文中关于创意和策划步骤所述，接下来应当进入真正的创意阶段。这是文化产品策划的核心部分，最能体现策划者的创造能力和专业水准。

在这一阶段，策划者需要发挥自己的卓越创造力，将前期累积的零星信息进行有效组合，即把在头脑中存储的感受、知识、经验等，加上关于本产品的新信息，以及外部刺激带来的联想、暗示、反思等进行组合，通过个人灵感闪现或策划小组的头脑风暴、专家意见法等方式，对所有信息加工、变形、取舍而产生创意点，进而形成初步的策划构想。经过时间的沉淀和反复完善，策划构想将进一步清晰、成形，并最终发展成为完整的创意策划总体框架。

五、制订策划方案

制订策划方案也是文化产品创意策划中非常重要的环节，只有形成科学全面的策划方案，才能保证策划目标的有效达成。文化产品的策划方案与普通的策划方案并无过多不同，都是围绕如何实现策划目标而展开，是策划者头脑中或策划小组零散的想法具体化为可操作的行动指南。这是创意策划得以落地实施的保证，是一种质的飞跃，它使得整个策划过程有了现实意义。

广义的文化产品既包括有形的实体物品，也包括精神产品或服务提供等无形产品，但它们都需要以某种载体的形式传递给受众，如文化商品、创意活动、文化项目等。不同的产品类型在制订策划方案时需有不同的内容结构和策划重点，但都包含策划背景说明、具体执行内容、人员组成及分工、项目时间进度、经费预算安排、资源保障措施、目标预测效果等几个部分。策划方案的具体计划安排得越详尽、预算得越精准,其现实可行性就越强,从而就越具有说服力。

在具体方案写作中,同样需要注意主题鲜明、表达精练、逻辑合理,同时辅以必要的视觉化手段,如图表、照片、设计模型等。另外,还要考虑策划书的内外有别。由于文化产品在策划过程中需要不同程度地与政府、企业、社会组织、法律机构等不同单位产生联系,因此,在论证立项阶段与实际执行阶段应当把握好核心内容呈现的"度"。一般来讲,立项策划与具体的执行策划需要分开叙述,前者的重点在于既要让策划委托方对产品或项目产生兴趣、感觉确信可行,又要做到不至于泄露机密;而后者则侧重于具体执行的安排,越详尽越好。

策划方案形成后,还应当对其进行可行性评估论证,以确保其可以顺利实施。

六、实施策划步骤

文化产品的策划并非为了策划而策划。日本策划专家江川郎认为,杰出的策划可以用公式表达为:

$$杰出的创意 \times 实现的可能性 = 最大的期待效果$$

由此可见,文化产品的策划仅有杰出的创意还远远不够,策划的效果最终需要由实施来保证,而一项策划在确定方案并立项后便进入实施阶段。严格按照策划方案执行,是策划取得既定效果的重要保证。但在实际操作中,往往会出现不可控因素,导致原方案的执行难以步步精确。因此,除了在前期制订方案时尽可能多地做备案,在实施策划步骤时,还需要根据情况进行灵活调整。

根据管理学中进行质量管理的"PDCA"循环模式来看,一项需要确保质量的项目执行需要由计划(Plan)、执行(Do)、检查(Check)、修正(Adjust)[①]四个步骤按顺序形成闭环并不断循环,是一个循序渐进对项目质量不断完善的科学程序。"PDCA 循环"又叫休哈特循环、戴明循环。美国工程师、现代质量管理的奠基者沃特·阿曼德·休哈特(Walter A. Shewhtar)于 1939 年在其代表作《质量控制中的统计方法》中首次提出了循环雏形[②],后来被美国质量管理专家爱德华兹·戴明(W. Edwards Deming)博士于 1950 年再度挖掘并加以广泛宣传和运用于持续改善产品质量的过程。[③]文化产品策划方案的实施要确保高质量地完成,也应当遵循该模式,在每一项具体步骤的实施中有计划地完成,并不断检查执行情况,若出现问题则及时修正处理,循环往复直至执行效果最大化地满足策划预期。

[①] 作者注:此处"A"也可作为"Act"理解,意为行动或处理。
[②] 张桂聚. 我国政府公共服务质量管理体系的缺失与完善研究[D]. 华中师范大学,2011:4.
[③] 苏文杰. 国外质量管理实践和理论的发展研究[J]. 北华航天工业学院学报,2006(6):25-29.

七、评估产品效果

在策划实施结束后，无论是某些文化商品得以投产，还是文化传播服务得以开展，无论是创意活动举办完成，还是某些文化项目开始运行，都需要对其是否达到策划的预期效果予以评估。而正是由于对象的复杂性，评估的设定也应当多方面、多层次地进行。评估指标的选取须考虑策划者、生产部门、消费者群体、政府、文化环境甚至机遇等因素。

从评估内容来看，大致包括预期目标、计划完成度、社会效益、经济效益、心理效益等方面；评估方法可采用定性与定量的研究手段相结合，具体有成本收益分析法、价值分析法、自我评定法、专家评定法、受众调查法、组合评价法等。

当评估发现实施结果不佳或偏离预期目标时，则应随时根据反馈信息做出调整。根据实际情况，有的策划可能需要立即修正、重新实施，有的则仅需吸取经验，在下次类似项目中调整策划方案，以避免出现类似情况。

只有对文化产品的效果进行科学评估并形成良好的反馈机制，策划流程才可谓完整。

本章小结

文化产品又叫作文化商品，是以某种实物形式来提供和满足人们的文化消费需求；而文化服务则是以提供活劳动的形式满足人们的文化消费需求的活动。

广义的文化商品，泛指一切用于文化的生产与传播的文化产品，包括钢琴、钢笔等在内的工具性文化商品；狭义的文化商品，就是通常人们所指的具有意识形态与精神文化内容属性的文化产品。

文化产品既有文化内核，又有商品属性，其形态多样，且内涵和外延不断变化。

文化产品的创意策划，从发掘产品的文化内涵到明确其市场定位，再到后续策划实施，是一个综合复杂的过程。

思考题

1. 文化产品的基本特征是什么？
2. 文化产品有哪些类型？
3. 文化产品创意策划的基本步骤是什么？
4. 关注身边的文化产品，根据兴趣选取其中一例，撰写一份文化产品创意策划书。

第五章

文化创意产业

 学习目标

通过对本章的学习,学生应了解或掌握如下内容:
1. 什么是文化创意产业;
2. 文化创意产业的特点;
3. 文化创意产业的产业结构;
4. 文化创意产业的产业机制;
5. 文化创意产业的运行与发展。

 导言

作为一个新兴产业,文化创意产业在20世纪90年代被正式提出,21世纪初已在全世界范围内繁荣发展,短短10多年便成为许多地区经济发展和社会进步的新引擎。从历史延伸的角度来看,文化创意产业可以追溯到文化产业,进而拓展到文化工业、文化产品,这一发展脉络揭示了时代和历史发展的必然性,也让人们对文化创意产业有了更全面的认识和理解。文化创意产业有其独特的产业形态和运行机制,在全球化的今天,它已在各国经济中占据越来越重要的地位,成了新兴的经济增长点。

第一节 文化创意产业的含义与特点

一、文化创意产业的含义

(一)产业的概念

产业是国民经济中基于共同标准划分的部分的总和,是具有相同性质企业或组织群

体的集合。《辞海》将"产业"定义为：产业是指由利益相互联系的、具有不同分工的、由各个相关行业所组成的业态总称，尽管它们的经营方式、经营形态、企业模式和流通环节有所不同，但是，它们的经营对象和经营范围是围绕着共同产品而展开的，并且可以在组成的业态里的各个行业内部完成各自的循环。在英文中，产业（Industry）既可以指工业，又可以泛指国民经济中的各个具体的产业部门，如农业、工业、服务业，或者更具体的行业部门，如建筑业、交通运输业、食品业、印刷业等。《麻省理工学院现代经济学词典》（1983年）对产业的定义为：在完全竞争市场的分析框架内，产业是指生产同质产品的、相互竞争的一大群厂商。[1]

产业是一个历史范畴，是伴随生产力和社会分工的深化而产生和不断扩展的。从社会分工的角度来说，产业是一般分工和特殊分工的表现形式和结果，特殊分工是在一般分工基础上发生的。在社会生产力发展的不同阶段，由于社会分工的主导形式转换和不断地向深层发展，形成了许多层次的产业范畴。产业作为一个经济单位，并不是孤立存在的。产业和产业之间存在着极其复杂的直接和间接的经济联系，形成自变与应变之间的函数运动，使全部产业成为一个有机的系统。一个产业的存在，会成为其他产业出现和发展的条件，一个产业内部结构的变化会直接或间接地引起其他产业的变化。

（二）文化产业、创意产业、文化创意产业的概念

文化产业（Cultural Industry）一词，最早是由德国法兰克福学派的西奥多·阿多诺（Theodor Wiesengrund Adorno）及马克斯·霍克海默（M. Max Horkheimer）在1947年出版的《启蒙的辩证法》一书中提出的，用以批判资本主义社会下大众文化的商品化及标准化。他们在探讨当时的资本主义社会文化状况时，通过批判和否定的方式提到了文化产业，当时所讲的文化产业，指的就是资本主义国家的文化，尤其是当时美国的文化。虽然他们对文化产业的定义是带有批判色彩的，但是这一概念的提出引起了其他各国学者对这一理论的关注。在这之后，世界各国逐步开始了对文化产业的研究。

创意产业（Creative Industry）的概念最早出现在英国政府于1998年出台的《英国创意产业路径文件》中，该文件明确提出，"所谓创意产业，就是指那些从个人的创造力、技能和天分中获取发展动力的企业，以及那些通过对知识产权的开发可创造潜在财富和就业机会的活动"。这一定义影响较为深远，被丹麦、瑞典以及新西兰等国家采用。被称为"创意产业之父"的英国著名经济学家约翰·霍金斯在《创意经济》一书中专门论述了创意产业和创意之间的联系和区别，并且提出了如何将创意转化为创意产业。霍金斯主张，知识产权有四大类，即版权、专利、商标和设计，每一种形式都有庞大的工业与之相应，加在一起就构成了创意产业和创意经济。

文化创意产业（Cultural and Creative Industry）兴起于创意产业，是创意产业的核心部分；文化创意产业也不同于文化产业，是文化产业的重要分支产业。文化创意产业强调

---

[1] 侯风云. "产业"概念界定与自然垄断产业多元化基础[J]. 福建论坛（人文社会科学版），2009（4）：106-110.

创意，重视创新，重视个人和团队的创造力以及知识的作用，强调文化对经济社会的支撑和推动功能。文化创意产业在各国的定义不同，被称为文化产业、创意知识产业、内容产业、版权产业等。世界大力推动文化创意产业的国家有美国、英国、韩国、日本、芬兰、法国、德国、中国、意大利、澳大利亚、新西兰、丹麦、瑞典、荷兰、比利时和瑞士等。针对文化与创意而制定产业发展政策，最早是在1997年由英国推动的创意产业，同一时期，遭遇亚洲金融风暴的韩国开始发展"文化内容产业"，其他还有澳大利亚、新西兰、欧洲诸国等。而中国近几年在文化艺术市场方面也蓬勃发展，加大公共展演场地（如国家大剧院、798艺术区）等建设，除在既有制造业的优势下寻找出路外，也开始重视文化创意产业的发展。

文化创意产业是一种在经济全球化背景下产生的以创造力为核心的新兴产业，强调主体文化或文化因素依靠个人（团队）通过技术、创意和产业化的方式开发、营销知识产权的行业。文化创意产业主要包括广播影视、动漫、音像、传媒、视觉艺术、表演艺术、工艺与设计、雕塑、环境艺术、广告装潢、服装设计、软件和计算机服务等方面的创意行业。

二、文化创意产业的特点

作为新兴产业，文化创意产业具有知识密集性、人才需求层次高、附加值高、高风险性、关联性强和融合度高等典型特征。

（一）知识密集性

文化创意产品是以文化、创意理念为内涵，人的知识、智慧和灵感在特定行业的物化表现，它不同于传统制造业等依靠机器、厂房、资源和劳动力的劳动密集型产业，而是依靠文化创意资源、知识资源、创意群体的高文化、高技术、高知识、高管理的智慧型产业。文化创意产品不同于传统产业生产的物质产品，它可以是有形的商品，也可以是无形的服务。由于文化创意产业的发展与信息技术、传播技术和自动化技术等应用密切相关，因此呈现出高知识性、智能化的特征。

（二）人才需求层次高

区别于传统产业以自然资源和物质生产活动为基础，文化创意产业的兴起和发展所依赖的核心资源为创意人才，即文化水平高、科技素养高、管理能力强、创意水平高的高端人才。[①]可以说，创意人才决定文化创意产业的发展空间。创意的产生并非知识的简单叠加或智能的机械化运用，而是需要运用人类智慧将其综合以产生"1+1>2"的效果。创意人才主要是知识型工作者，他们具有丰富的知识储备与灵动的思维能力，其培养过程

---

① 李军. 文化创意产业投融资创新[M]. 北京：中国传媒大学出版社，2014：16.

完全不同于传统产业中的技术型人才。

（三）附加值高

文化创意产业的高附加值主要体现在传统产业的文化附加值与文化产业的创意附加值两方面。文化创意产业是一个文化、科技、信息高度融合的产业，它与传统产业的最大区别在于创意，通过文化创意为传统产品或服务提供一般实用价值之外的附加值，提升传统产品的商业机制。文化创意产业通过文化、科技与知识提升产品的附加值，它的辐射力与渗透力推动传统产业的改变，为传统产业注入文化理念与创意思维，给传统产品注入文化创意内涵，并逐渐成为传统产业转型升级的重要手段。在文化产业的概念出现之前，其产业内涵作为文化事业的一部分而存在；在文化产业的概念出现以后，其经济属性受到重视，产业化发展是必然趋势。然而，除了进行产业化发展，文化产业的发展瓶颈让众多文化企业认识到其更需要通过创意增加活力，由此文化创意产业出现了。文化与创意相结合的理念被普遍认同，文化产业的创意附加值有所提升。

文化创意产业的高附加值还体现在其对资源的节约和环境的保护方面。不同于传统产业，文化创意产业所提供的产品或服务的核心资源为文化、创意、知识，传统产业在生产过程中要消耗大量的物质资源、能源，而文化创意产品最重要的投入要素是无形的文化和创意，无论前期的创作生产，还是后期的推广营销，都不会大量耗费自然资源，对环境的影响也很小。[①]

（四）高风险性

文化创意产业是高风险行业，主要在于文化创意产品的市场需求是不断变化，难以确定的。相对于实体产业来说，文化需求在人的生存中仅能排到第二位，文化创意产业的产品不是生活必需品，因而需求弹性大。文化创意产品包含精神、文化、娱乐等诸多元素，主要是满足人类的精神需求，而文化差异、时尚潮流、宣传策略、社会环境等不确定因素对受众的选择会产生很大的影响。

同时，文化产品属于体验性产品，只有在消费后才能判断产品的好坏，而消费者的满意度也相对主观，其成功与否，很少能够根据过去的经济发展形势做出判断，这使得文化生产的供给和需求之间存在较为普遍的信息不对称的现象。如某些经过严密的前期市场调研，然后投入巨资拍摄、制作、宣传的影片，进入院线后仍成为不受市场欢迎的影片。因此，从文化产业需求方来看，它表现出一定的随机性和选择性，很难确定消费者如何评价新推出的文化产品，不确定性因素很大。

另外，文化创意生产机制和产品利润回流方式的特殊性，以及创意载体化产品的非保值性，使得文化创意产品缺乏风险分摊机制，从而导致文化创意产业的高风险性。

---

① 李军. 文化创意产业投融资创新[M]. 北京：中国传媒大学出版社，2014：17.

（五）关联性强，融合度高

产业关联度是指产业与产业之间通过产品供需关系而形成的互相关联、互为存在前提条件的内在联系。产业经济学研究表明，随着经济的发展，原来相互间泾渭分明的产业界限开始模糊，由此派生出很多新的产业形态，产业融合现象日趋增多，尤其是源于数字技术的出现而导致的信息行业之间的相互交叉。如 20 世纪 70 年代的通信技术革新和信息处理技术的革新推动了通信、邮政、广播、报刊等传媒间的相互融合；20 世纪 90 年代以来，通信技术的进一步革新和个人电脑的普及导致互联网的广泛应用，这进一步推进了出版、电视、音乐、广告、教育等产业的融合。产业融合对于经济增长和社会发展起着越来越重要的作用，不同的产业融合模式会产生不同的经济绩效和增长曲线。

文化创意产业中文化资源与其他生产要素紧密结合，是一种文化、科技与经济相互渗透、相互交融、互为条件、优化发展的经济模式。我国经济学家厉无畏曾从产业经济学角度提出文化创意产业是一种"无边界产业"，它不仅包容以物质资本、经济资本为运营方式的传统产业，还拓展了以智力资本、文化资本、社会资本为运营方式的新产业内容。

文化创意产业的产业融合主要表现在以下几方面：首先，在产品的供需方面，文化创意产业的产品可以成为其他产业的生产要素，同时，其他产业的产品也会被其作为生产要素来使用。其次，在产业的技术供给方面，文化创意产业的生产需要其他产业为其提供技术水平层次相当的生产手段，同时，它的发展也推动了其他相互关联的产业的技术进步，从而使整个产业的技术水平不断向更高层次推进发展。文化创意产业可以拉动多个相关行业的发展，有利于产业的延伸，不断拓展、延长市场链条，形成多元化、多层次的盈利模式。

第二节 文化创意产业的结构与组织形态

一、文化创意产业结构

（一）文化创意产业结构划分

产业结构的概念始于 20 世纪 40 年代。产业结构又叫国民经济的部门结构，是指在社会再生产过程中，各产业的构成及各产业之间的联系和比例关系。形象地来看，即是从"质"和"量"两个角度来考察：一是从"质"的角度动态地揭示产业间技术经济联系与联系方式不断发展变化的趋势，揭示经济发展过程的国民经济各产业部门中，起主导或支柱地位的产业部门的不断替代的规律及其相应的"结构"效益，从而形成狭义的产业结构理论；二是从"量"的角度静态地研究和分析一定时期内产业间联系与联系方式的技术经济数量比例关系,即产业间"投入"与"产出"的量的比例关系,从而形成产业关联理论。[①]各产业部门的构成及相互之间的联系、比例关系不尽相同,对经济增长的贡献大小也不同。所谓文化创意产业结构,是指文化创意产业在国民经济宏观产业结构中的比例关系以及文化创意产业内部各产业、行业之间的比例关系。

对于产业结构的划分,在概括人类生产行为发展演变的理论研究中存在多种研究思路。目前,国际普遍流行的是英国著名经济学家阿·费希尔(A.G.B.Fisher)在其1935年出版的《安全与进步的冲突》一书中提出的三次产业论,即根据社会生产活动历史发展的顺序和对劳动对象进行加工的顺序,将国民经济部门划分为三次产业:产品直接取自自然界的部门称为第一产业,初级产品进行再加工的部门称为第二产业,为生产和消费提供各种服务的部门称为第三产业。

1985年,我国国家统计局明确地把我国产业划分为三大产业,即把农业(包括林业、牧业、渔业)定为第一产业,把工业(包括采掘业、制造业、自来水、电力、蒸汽、煤气)和建筑业定为第二产业,把第一、第二产业以外的各行业定为第三产业。这是我国政府关于经济结构改革的一项重大决策与举措。

此后,国家统计局又于2003年在《国民经济行业分类》的基础之上制订了新的《三次产业划分规定》,并于2012年再次修订。随着电子、信息技术的迅猛发展,信息技术渗透到了社会和经济的各个领域。近些年,从国际到国内又把信息产业称为第四产业。信息产业的发展不仅加快了市场经济全球一体化的发展步伐,同时还打破了原有的一些产业和行业的格局,产业和行业需要不断地加速调整和重新划分以适应新的形势。新能源、新材料、节能环保、生物、高端装备制造等新兴产业不断涌现。

从产业结构层次来看,文化创意产业主要归属于第三产业范畴,但其可以服务于其他产业,带动产业结构优化,或形成融合的新兴产业形态,进而促进整个国民经济的发展。

(二)文化创意产业结构类型

从世界范围看,文化创意产业从组织结构上基本可以划分为三类:一是生产与销售以相对独立的物态形式呈现的文化产品的行业(如生产与销售图书、报刊、影视、音像制品等行业),二是以劳务形式出现的文化服务行业(如戏剧舞蹈演出、体育、娱乐、策划、经纪业等),三是向其他商品和行业提供文化附加值的行业(如装潢、装饰、形象设计、信息咨询、文化旅游等)。

对文化产业结构类型最早做出清晰界定的是联合国教科文组织,其定义是:文化产业就是按照工业化的生产标准,经过生产、复制、流通和传播等主要环节的一系列活动,强调其知识产权的属性。联合国教科文组织从文化产品的工业标准化生产、流通、分配和

---

① 苏东水. 产业经济学[M]. 北京:高等教育出版社,2000:223-224.

消费的角度对文化产业进行了科学界定,据此将其分为 8 个领域:文化和自然遗产、表演和庆祝活动、视觉艺术和手工艺、书籍和报刊、音像和交互媒体、设计和创意服务、旅游业、体育和娱乐。①

而各国对此的具体划分却不尽相同,如表 5-1 所示。

表 5-1 不同国家文化创意产业的内容结构

国　　家	名　称	内　容　结　构
美国	版权产业	核心版权产业(书籍、报刊、音乐音像、广播电视和计算机软件等);部分版权产业(服装、珠宝、家具、玩具和游戏等);边缘支撑产业(为发行版权产品的一般批发与零售、一般运输产业、电话与互联网产业);交叉版权产业(如电视机、收录机、计算机等)
加拿大	文化创意产业	信息文化产业与艺术(出版业、电影和录音业、广播、互联网出版和广播、电讯业、互联网服务提供、其他信息服务等);娱乐和消遣(表演艺术、体育比赛和相关的行业、古迹遗产机构、游乐、赌博和娱乐业等)
英国	创意产业	广告;建筑;艺术及古董市场;工艺;设计;流行设计与时尚;电影与录像带;休闲软件游戏;音乐;表演艺术;出版;软件与电脑服务业;电视与广播等
澳大利亚	创意产业	音乐与表演艺术;电影、电视与广播;广告与营销;软件开发与互动内容;写作;出版与平面媒体;建筑、设计与视觉艺术等
日本	内容产业	电影;音乐;游戏;电视节目;小说;动画;漫画;数据库;商业软件等
韩国	文化内容产业	广播电视;报纸;杂志;互联网;广告;音像;演艺;卡通形象;漫画;动画;游戏;电影;出版;工艺;旅游等

我国没有对文化创意产业做官方界定,但从国家统计局对文化及相关产业统计范围的规定来看,官方统计的文化及相关产业,是指为社会公众提供文化产品和与文化相关产品的生产活动的集合。

根据该统计标准,文化及相关产业行业范围包括《国民经济行业分类》(GB/T 4754—2011)中的 120 个小类。按行业类别分,文化及相关产业分为文化制造业、文化批零业和文化服务业。按活动性质分,文化及相关产业分为两部分:一是"文化产品的生产",指以文化为核心内容,为直接满足人们的精神需要而进行的创作、制造、传播、展示等文化产品(包括货物和服务)的生产活动,如新闻出版服务、广播电视电影服务、文化艺术服务、文化信息传输服务、文化创意和设计服务、文化休闲娱乐服务、工艺美术品的生产等;二是"文化相关产品的生产",指为实现文化产品生产所必需的辅助生产活动、作为文化产品实物载体或制作(使用、传播、展示)工具的文化用品的生产活动(包括制造和销售)、为实现文化产品生产所需专用设备的生产活动(包括制造和销售)。②

---

① The 2009 UNESCO Framework for Cultural Statistics. http://www.uis.unesco.org/Culture/Pages/framework-cultural-statistics.aspx.
② 参见中华人民共和国国家统计局官方网站:http://www.stats.gov.cn/tjsj/zxfb/201501/t20150123_673036.html.

（三）文化创意产业结构规模

文化创意产业是发达国家经济转型过程中的重要产物，由于附加值高、发展可持续，越来越为各国所重视，增长速度远高于整体国民经济增速，已成为世界经济增长的新动力，引领全球未来经济的发展方向。发展文化创意产业已成为当今世界经济发展的新潮流和众多国家的战略性选择。

从我国来看，2000年中共十五届五中全会通过的《中共中央关于制定国民经济和社会发展第十个五年计划的建议》中，第一次明确地提出文化产业的概念，从而将文化产业逐步从理论层面上升为国家发展规划的重要概念。2009年，国务院发布《文化产业振兴规划》，标志着我国的文化产业由原来的传统行业的定位转向了支柱产业的定位，文化产业成了我国加快经济增长方式转变、构建新的经济增长点的重要组成部分。2010年，中共十七届五中全会更是明确提出"推动文化产业成为国民经济支柱性产业"的建议，再一次把文化产业提升到社会发展和国民经济的战略地位。2011年10月，中共十七届六中全会通过的《中共中央关于深化文化体制改革　推动社会主义文化大发展大繁荣若干重大问题的决定》提出，要加快发展文化产业，推动文化产业成为国民经济支柱性产业。2018年十三届全国人大一次会议上，《文化产业促进法》被正式列入立法规划，其草案送审稿于2019年公布并向社会公开征求意见，该法有望于2020年正式出台。在从法律规范上对文化产业给予最高层面的保护、扶持和促进后，我国文化产业将得到更大规模、高质量的发展。

据国家统计局数据显示，[①]近年来，我国文化产业经济规模总量明显增加。2018年我国文化产业实现增加值38 737亿元，比2004年增长10.3倍；2005—2018年文化产业增加值年均增长18.9%，高于同期GDP现价年均增速6.9个百分点。文化产业增加值占GDP比重由2004年的2.15%、2012年的3.36%提高到2018年的4.30%，在国民经济中的占比逐年提高。从对经济增长的贡献看，2004—2012年，文化产业对GDP增量的年平均贡献率为3.9%，2013—2018年进一步提高到5.5%。

文化消费方面，随着我国经济持续快速发展，城乡居民的文化消费需求数量不断增加，质量不断提高。2018年，全国居民用于文化娱乐的人均消费支出为827元，比2013年增长43.4%，2014—2018年年均增长7.5%，文化娱乐支出占全部消费支出的比重为4.2%。分城乡看，2018年城镇居民人均文化娱乐消费支出1271元，比2013年增长34.3%，年均增长6.1%；农村居民人均文化娱乐消费支出280元，比2013年增长60.0%，年均增长9.9%。

---

① 参见中华人民共和国国家统计局官方网站：文化事业繁荣兴盛　文化产业快速发展——新中国成立70周年经济社会发展成就系列报告之八，2019-07-25，http://www.stats.gov.cn/tjsj/zxfb/201907/t20190724_1681393.html。

由此看出，文化产业已经成为我国调整优化产业结构、推动新旧动能转换的一支重要力量。然而，同 GDP 总量与中国相对接近的文化创意产业发展大国如美国、日本相比，我国文化消费占 GDP 比例仍较低，还存在很大的消费缺口。我国文化产业仍然处于起步阶段，无论是规模总量还是质量效益，无论是对内满足人民需求还是对外扩大文化影响力，都还有很长的路要走。[1]

二、文化创意产业组织形态

产业组织是人类生产发展到一定阶段的经济产物。不同生产组织的性质和形式反映了相对应的经济发展水平和发展模式。文化创意产业是由不同形态的生产组织构成的，不同层面的生产组织又可能形成其自身的内部生态。因此，文化创意产业组织形态是指从事文化创意产业行业的单位的组织形式或发展的业态。

"业态"一词源于日本，是辅助研究零售业发展的概念之一，原指零售点向确定的顾客提供确定的商品和服务的形态，是零售活动的具体形式，即指零售店卖给谁、卖什么和如何卖的具体形式。日本作家安土敏在《日本超级市场探源》一书中提出："业态是定义为营业的形态"，它是形态和效能的统一，形态及状态，它是达成效能的手段。[2]任何一种产业都有其特定的业态，并随着生产力的进步而不断发展变化。如制造业，其生产组织由最初的个体家庭式手工业，到简单协作的手工工场，再发展成为精细分工的劳动密集型工厂，最后依靠科技进步的推动发展，成为以机器大工业为基础的现代企业和以高科技为支撑的产业园区。文化创意产业的特殊性决定了其生产组织形式与传统产业和普遍意义的现代化大工业生产组织有着很大区别。文化创意产业的生产组织形式较为多样化，多种业态均可并存。

（一）以个体为单位的组织形态

以个体为单位的组织形态包括工艺品设计制作者、作家（自由撰稿人）、画家、雕塑家、独立艺人等，他们通常不属于固定的经济实体，是一种分散的、没有分工的个体劳动。在这种组织形式中，生产者的创意构想处于核心地位，它贯穿于整个生产过程，创意过程也就是生产过程。从产业角度来看，这种组织形式通常只单纯地进行产品生产，不与流通和销售环节相联系。但随着文化创意产业的发展，各种新的社会化生产方式正在不断地将个体生产吸纳整个产业链之中，形成新的生产形式的组成部分。如某些城市的画廊或油画村，画家的创作就被纳入整个生产、销售流程中，按照市场需要进行创作。在这个过程中，创作者独立的艺术品格可能被削弱，而创作者也成了生产流程中的一名技师。

---

[1] 参见全国人大网：国务院关于文化产业发展工作情况的报告，2019-06-26，http://www.npc.gov.cn/npc/c30834/201906/d6205ca4de0b49c6994b7427880b143b.shtml.
[2] 安土敏. 日本超级市场探源[M]. 日本株式会社 KASUMI 海外事业部，译. 北京：中国人民大学出版社，1992：169.

（二）以简单协作为基础的组织形态

以简单协作为基础的组织形态主要是指影视产品、演艺节目、设计策划等，这些创作生产由小规模的集体通过一定的分工与协作来完成。这种组织形式的生产有明确的利益追求和市场目标，并受市场机制和利益机制的制约与诱导。但在残酷的市场环境中，创意仍然是生产的核心竞争力，一部平庸、雷同的作品是不可能获取市场效益的。在这种组织形式中，创意来自创作团队中每一个个体的聪明才智，只是其中的作用大小不同。一般来说，主创人员发挥更大的作用，但最终的产品质量和效果还是取决于整个团队集体的努力和创作。

（三）以规模化集体合作为基础的组织形态

这种业态主要包括从事新闻出版、系列化大型影视产品和演艺节目、网络游戏、动漫、规模化设计生产工艺品的大型集团公司。在这类组织形式中，不仅有明确的市场目标，而且有更为细化的分工和长期的计划。除了生产的组织者具有创意能力和生产组织能力外，还要有大批具有不同专业知识和技能的人才共同参与合作。这类集团的产品可能并非都面向市场，而完全是当作事业在经营。其中一些项目或许不会直接盈利，但在树立组织品牌中却发挥着重要作用，最终对组织其他产品将产生积极影响。而这类组织形态的机构往往自身就涵盖完整的文化创意产业链，不仅有一批高端创意人才从事产品研发，还有固定的执行成员负责将创意落地，而且有一个团队专门进行产品的宣传包装；不仅有一整套的市场调查、分析手段为产品开发服务，还有大规模的生产基地从事实施执行，甚至有系统而完善的流通网络和渠道。

当今社会，文化创意产业既有个人发展的空间与机遇，也有企业集群化、规模化发展的环境。多样化的发展业态使得文化创意产业更具活力，也更具潜力。

三、文化创意产业链

产业链是产业经济学中的一个概念，其理论来源最早可以追溯到西方古典经济学家亚当·斯密提出的分工思想。马克思和恩格斯在亚当·斯密的基础上对分工思想进行了进一步研究；赫希曼于1958年在《经济发展战略》一书中从产业前后向联系的角度论述了产业链的概念；迈克尔·波特于1985年在《竞争优势》一书中首次提出价值链的概念。综合来看，产业链是指各个产业部门之间基于一定的技术经济关联，并依据特定的逻辑关系和时空布局关系客观形成的链条式关联关系形态。

文化创意产业价值链的发展是价值不断创新和增值的过程，包括创意的生成、文化产品的设计和生产、供应链管理、消费者服务等。从文化产品及服务的生产到最终经济效益以及社会效益的实现，这是一个环环相扣的链条。

其中，文化创意产品的市场价值不仅体现在生产企业将该产品推向市场，从消费者那里得到的市场交易价值（直接价值或效益），还体现在产品的溢出价值（间接价值或效益）。文化创意产品更多作为一种承载精神或理念的产品，其被消费的模式与物质产品及传统服务业产品被消费的模式有很大差异：物质产品被消费时消费者同时占有该产品的所有权和使用权，消费过程同时也是物质消耗过程；精神产品被消费是消费者仅占有该产品的所有权，产品使用权可能要与他人分享，并且这种分享不会造成精神产品价值的损耗。

文化创意产品被消费后，其产品的主体价值不但不会被消耗，还可能在被消费的过程中不断被提升或扩展（产品线的长度、广度与深度），形成价值再开发，甚至产生新的文化创意产品。文化创意产品中最具价值的部分即创意，同时创意又可以用于各类产品，能够在不同的产品开发中占据核心位置，这样就给文化创意产业提供了巨大的增值空间，可以多次使用、重复获利。按照约翰·霍金斯的观点，创意经济的价值等于创意产品的价值与交易次数的乘积。如世界经典魔幻小说《哈利·波特》就被开发应用于多种产品的生产和销售中，衍生出巨大的经济链条。

当今社会，知识、科技、文化等无形的资源已取代原有的生产要素在经济发展中发挥重要的作用，文化创意产业虽是凝聚众多知识和创意的产业，有其特别之处，但其产品同样要面对消费者，接受市场的检验。文化创意产业的价值链与传统产业类似，其产业链上游、中游、下游分别对应创意研发阶段、生产制造阶段和营销传播阶段，以及之后的消费者终端售后阶段和进一步的产业链延伸阶段，如图5-1所示。

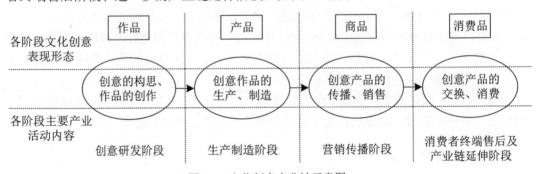

图 5-1　文化创意产业链示意图

1. 创意研发阶段

文化创意产业的上游为创意研发阶段，这是文化创意产品的源头。创意不是模仿，也不是复制，更不是抄袭。文化产品的设计理念、包装、研发等过程都需要创意在其中起着主导作用，因文化产品的特性，大量同质化、无新意的产品不会被市场接受，创意工作者需要一个闪光点来融入产品，使其具有独特性、吸引性和推广性。可以说，创意阶段对整个价值链起着至关重要的作用，即使之后的生产、推广都很系统化，劣质创意的引入也很难赢得市场。毫不夸张地说，创意阶段的吸引力基本上已经决定了该文化产品的市场价值空间。这部分的价值创造与增值关键在于文化内容提供者具有原创性的内容创新，如艺术家、设计师、策划者的灵感或艺术创造。

2. 生产制造阶段

任何优秀的创意只有与现实结合，与生产结合，才能产生价值。文化创意产业制造阶段的关键在于将传统艺术、优秀创意、文化符号与科技手段相结合，创造出独特的文化产品。现代高新技术的使用为文化产品的制造注入了全新的元素，使其更富有表现力和推广性，尤其是电影、电视等广播传媒行业。如 3D 技术的应用使电影产业攀上了一个高峰，为观众带来全新、切身的体验。从价值链条的整体分析，制造阶段对于现代科技设施和条件的依赖性较大，其产品价值在很大程度上取决于制造技术的价值。不过，文化产品可以通过不同的载体形式表现同一创意内容，通过不断改进和提高其文化服务的价值，实现产品的边际效用递增，进而满足消费者不同层次和不同喜好的文化需求。

3. 营销传播阶段

在文化创意产业链的下游，文化创意产品的价值增加必须通过市场才能实现，这其中就需要完善、先进的营销手段和传播、销售发行渠道。"好酒不怕巷子深"的年代已经过去，面对不确定的市场需求，文化产品也需要花费大量的资金和资源进行推广和营销，以扩大知名度，让更多的人了解和认识。

例如，好莱坞大片的宣传营销费用占到整部影片成本的 20%。此外，树立品牌是营销的一个重要手段，文化创意产品公司可以凭借品牌的优势进行各种营销活动，获取巨大的经济利益。在这一环节，主要的市场参与主体是营销策划、经纪人、媒体中介等，通过他们进行各种市场营销传播和发行销售，文化产品才能顺利地转化为商品或服务，最终在产业价值链中完成价值的转移和创造。

4. 消费者终端售后及产业链延伸阶段

在产业链的末端，是消费者的消费和售后阶段。从产业的角度来看，消费者的需求既是产业链的起点，也是终点，一切产品都需要服务于消费者的需求。消费者虽然处于文化创意产业链的终端，但对整个价值链条具有反馈和互动作用，直至影响价值链条顶端的产品内容创意。而衍生产品的开发是文化产业链的延伸，也是文化产业发展所应重视的环节。一个文化创意应该挖掘该创意的不同载体形式，以满足消费者不同的内容需求，实现价值最大化。

第三节　文化创意产业的运行机制与发展模式

一、文化创意产业的运行机制

"机制"一词最早源于希腊文，原指机器的构造和工作原理，也指有机体的构造、功能及其相互关系,现已广泛应用于各种自然现象和社会现象,指其内部组织和运行变化的规律。《现代汉语词典》对机制的解释为:"泛指一个工作系统的组织或部分之间的相互作用的过程和方式,如市场机制、竞争机制。"[①]运行机制,是指在人类社会有规律的运动中,影响这种运动的各因素的结构、功能及其相互关系,以及这些因素产生影响、发挥功能的作用过程和作用原理及其运行方式,是引导和制约决策并与人、财、物相关的各项活动的基本准则及相应制度,是决定行为的内外因素及相互关系的总称。

任何产业从萌芽、发展到衰退都有其自身内在的运行机制在起作用。文化创意产业也是如此,研究文化创意产业的发展,必然要研究其产业活动中的各项要素及其关系。文化创意产业的运行机制是指系统各个构成要素之间相互联系、相互作用、相互制约,以推动整个系统运转的形式和功能。文化创意产业的运行机制以组织系统为载体,以利益和竞争为推动力,通过市场价格、供求和竞争等手段实现优化资源配置,调整文化创意产业结构。同时,政府通过不同的政策手段实行产业的宏观管理与调控,以推动文化创意产业的健康、协调、持续运行。[②]

(一)组织系统

文化创意产业的组织系统可分为宏观、中观、微观三个层面。宏观组织系统包括国家层级或国际、区域文化组织联盟,如国家文化管理系统、联合国教科文组织等。宏观组织体系可对基于某个民族甚至全人类的文化资源进行统合管理和保护,如民族传统文化或非物质文化遗产等,并维护世界范围内的文化贸易秩序。国家作为文化创意产业的宏观组织机构,需要弘扬民族文化,维护国家文化安全;协调文化资源,开发、管理和保护各类文化遗产;规划文化创意产业的经济结构、发展模式、人才储备及产业在国民经济中的地位和国际交易准则;总体把握文化创意经济发展使命和国家社会经济建设的总体目标。

中观组织是指文化系统内较为松散的行业协会、产业联盟、中介公司、贸易组织、法律机构等,其主要功能是协调产业各要素,服务于产业的国际协调、法律支援、市场渠道疏通等,为产业的发展提供有效信息。

微观组织包括文化创意产业运行中产业链上相关企业或组织的集合,如创意及生产组织、传播及销售组织和服务组织。文化创意产品的创意和生产企业主要实施产品的创意、策划、撰写(或编辑、摄录等)等前期工作,以及具体的生产、印刷、复制拷贝等工作。由于文化创意产业的特点,创意可能来自跨行业、跨部门的多文化和多媒体之中,因此各组织部门之间交叉业务和横向组合,组织结构显示出网络式或矩阵式结构。传播及销售组织包括各类广告公司、文化传播公司和产品的终端销售组织等。服务组织则为文化创意产品的生产、销售等企业提供服务,以保证这些企业在市场中正常运行,也包括一些与文化创意产业相关的研究机构。

[①] 中国社会科学院语言研究所词典编辑室. 现代汉语词典(修订本)[M]. 北京:商务印书出版社,1996:582.
[②] 欧阳友权. 文化产业通论[M]. 长沙:湖南人民出版社,2007:76.

文化创意组织系统为保证产业有效运作，应当包括灵活的组织风格、弹性的组织结构、松散的组织形式，以及由文化人、创意者、高科技人才、商人组成的聚合群等要素。

（二）动力系统

各经济主体由自身的经济利益产生对经济目标的追求，将形成产业运行的经济动力，利益调节和约束机制是构建动力机制的核心。

在利益关系明确的前提下，市场发挥资源配置的基础作用，引导技术、资金、人才等要素流向利润率较高的文化创意产业。由于新技术决定文化创意产业的后劲，资金为产业扩大再生产提供血液，人才决定产业创新的动力，因而科技进步机制、投融资机制和人才吸纳机制等共同构成了文化创意产业运行机制的动力系统。

（三）市场机制

市场机制是市场机体内价格、供求、竞争等要素之间互为因果、互相制约的联系和作用。文化创意产业应当符合市场经济规律，受市场机制调节作用的影响。然而，文化商品不同于一般物质商品，文化市场也不同于一般市场，其生产资料具有无形性，产品也多是无形产品或服务，传统的价格经济运行规律并不适用，而适用于价值规律。同时，其供求关系也发生了变化，文化产品中核心文化内容的供给不消耗自然资源，需求也不因消费而降低或丧失功能，因此供求规律也发生了变化。在作为市场经济运行核心价值的竞争机制中，自然资源、原材料等有形资源的争夺让位于对文化资源、知识产权、文化创意人才的竞争。新的市场机制将重新整合市场要素，打破传统各要素间的平衡，创造文化创意产业新的经济秩序和市场法则。

同时，文化创意产品的交易机制也影响其市场机制的运行。文化创意中的智慧、技术、知识、信息等核心思维和思想是无形资源，只有公开才能体现其存在的意义，但公开的同时却伴随着发明创造者失去了对它的拥有权利。这不仅是发明创造者个人价值的丧失，而且打击了创作者的创造欲望和积极性，更重要的是带来了科技文化产品的贬值，假冒商品的充斥，国际贸易特别是技术、版权等无形贸易的损失，以及对人类创造和创新的严重挫伤，造成了文化科技无商业价值，无法推动社会经济发展的后果。进入文化创意时代，文化科学技术深刻地影响人类社会的生产和生活，世界文化科技与经济贸易不断融合，智慧与智力资源和财产通过产权形式得到保护，就成了文化创意产品服务交易中的交易核心。产权制度的确立和有效保护机制，将维护文化创意时代世界的社会经济稳定和各国间贸易、文化交流交易的秩序，极大地推动文化创意时代全球经济的高速发展和一体化进程，促进了近现代文化科学技术的高度繁荣和创新，确立了近代西方国家成为经济发达国家的持久地位。

（四）政策机制

市场机制虽然能在资源配置中有效地发挥作用，但它也存在不足之处，如市场解决不了总量问题，不能有效地提供公共产品和服务以及自发消除垄断等，市场的这些缺陷必须通过国家的宏观调控来解决，其中政策机制是非常重要且高效的手段，主要指制定适应国家实际需要的文化创意产业政策，包括文化创意产业的结构政策、组织政策或金融税收政策、法律法规等。其中，结构政策是指有意识地对文化创意产业结构进行调整，以便通过这种调整而调节文化供给结构，促使文化供给结构更好地适应文化需求的变化。组织政策是指规范文化创意产业的组织行为，维护正常的文化市场秩序。

1990年以来，在世界主要国家陆续确立文化创意产业作为未来发展支柱性产业之后，各国政府出台了一系列政策，支持并鼓励发展文化创意产业。在基础设施建设上优先发展新一代无线移动宽带网、第三代移动通信、数字影视、网络和多媒体技术应用，对文化创意进行专项规划，设立财政拨款和巨额文化创意发展基金，通过税收和降低门槛等杠杆支持文化创意企业的创业和发展，鼓励文化创意人才，开设文化创意研究机构，在高等院校设立与文化创意产业相关的数字艺术、动漫游戏、影视传媒等专业，培养文化创意后备人才，扶持重点文化创意项目，帮助文化版权贸易，提供国际贸易中的政府国际的协调功能和法律支援。在保护文化创意者和文化创意成果以及文化历史传统方面，国际联盟和各国政府出台了一系列有关知识产权的法律法规以及保护传统文化和历史遗产的规定，使文化创意产业能够健康有序地发展。

（五）环境机制

文化创意产业依赖创意环境。创意人才不是农业时代的农民，也不是工业时代的劳动力，它是由一群文学家、历史学家、考古学家、艺术家、设计师、教育工作者、工艺师、建筑师、传媒工作者、数字网络工程师以及自由职业者等组成的"创意阶层"。城市通常给这些人创意灵感和创意空间。文化创意产业环境首先是人才聚集环境和创作环境，如伦敦划定文化创意者定居区，降低那里的税收和房价以吸引文化创意人才汇集此区。文化创意环境机制必须有效把握5个因素：第一，能够方便地获取国际信息和国际文化新元素；第二，能够方便地建构文化创意产业链的各主要环节；第三，开放自由的创作氛围和独立的创作空间；第四，对于文化创意的多样性、差异性的包容环境；第五，对于著作权、专利权、商标权以及发明创造者的尊重环境。

二、文化创意产业的发展模式

（一）文化创意产业的成长模式①

1. 政府引导型

政府引导型是指由政府积极推动文化创意产业发展的类型。在这一类型中，政府在

---

① 此部分借鉴：李军. 文化创意产业投融资创新[M]. 北京：中国传媒大学出版社，2014：11-15.

文化创意产业的产生和成长中发挥重要作用,对其进行多方面的支持和引导,代表国家有英国、日本、韩国、新加坡等,其中又以英国最为典型。

从英国的经验来看,英国创意产业的蓬勃发展与政府的极力推动关系密切,政府对创意产业的高度重视和提供相关的政策支持,为其创意产业的迅速发展铺平了道路。1997年,为了振兴经济,英国政府提出发展创意产业的策略,首相布莱尔上任后,亲自担任创意产业特别小组主席,积极推动文化创意产业的相关工作,把其作为振兴英国经济的重要内容,明确提出了文化创意产业的概念和产业分类,提出政府为支持文化创意产业而在从业人员的技能培训、企业财政扶持、知识产权保护、文化创意产品出口等方面应做出积极努力。相较而言,英国政府的创意产业政策,是目前国际上产业架构最完整的文化创意产业政策。

从产业发展实践效果来看,英国政府的良苦用心得到了丰厚回报,创意产业成为英国多年来发展最快的产业之一。从1997年开始的十多年来,英国经济总量增长了大约70%,而创意产业增速则达到94%,为英国提供了198万个工作岗位,雇用了全国4.3%的人口[1],使得创意产业成为"英国就业人口的第一大产业"和产值"仅次于金融服务业的第二大产业"。[2]

与大多数传统产业的成长模式不同,文化创意产业承载了较多经济利益之外的职能。对于大多数国家和地区来讲,文化创意产业作为一种新兴产业,十分需要政府从宏观的层面给予积极的引导,同时通过各种政策予以大力扶持,健全产业运作体系,规范市场秩序,帮助微观主体合理有效地配置资源,这是产业成长的内在需求,也是政府角色定位的常规领域。

2. 市场主导型

与政府主导型产业发展模式不同,在文化创意产业发展相对发达的经济体中,市场的力量得到更多的强调和重视。市场主导型产业发展模式是指市场在文化创意产业的生成中起着关键作用的模式。在这种类型的文化创意产业的发展过程中,市场是实施主体和主要推动者,产业相关方普遍遵循贸易自由和市场开放的理念,这其中以美国版权产业的发展最具代表性。

第二次世界大战后美国迅速崛起并一举成为世界头号强国,这无疑与其对市场的极力推崇有着密切的关系。当前,美国的市场经济已高度发达,交易平台和相关的制度也较完善,资金、人才、信息等关键要素自由流动,为文化创意产业提供了良好的环境。资金雄厚的企业选择投资文化创意产业,以市场为主导,会迅速带动区域经济的发展,从中获取高额的商业利润和良好的品牌效益。迪士尼以及好莱坞影视企业的市场运作都极为典型和成功,美国电影产量仅占全球的6%,而市场占有率却高达80%。

---

[1] 赵友宝. 创意产业:发达国家发展政策的国际比较及其启示[J]. 科学学与科学技术管理,2007(2):57-62.
[2] 张文洁. 英国创意产业的发展及启示[J]. 云南社会科学,2005(2):85-87.

需要特别提出的是，政府与市场的关系一直是经济学界争论的焦点问题之一，也是各经济体在长期实践中很难把握的困局问题。即便是在美国，凯恩斯主义的积极干预思想也从来没有消失过，其文化创意产业的高度繁荣也并非纯粹的市场自发行为，不能忽视其战后二十多年黄金增长期的积淀；而英国的政府引导型发展模式突出的是"引导"二字，市场仍然是其产业成长的主体。因此，文化创意产业在发展中对政府和市场的双重依赖是无法避免的，而政府的行为空间或许更多地取决于其长期的行为习惯和市场的完备程度。

3. 传统文化保护型

文化作为一种产业的发展历史并不长，但文化本身是与人类社会的进步相伴而存在的，甚至可以说，人类发展史就是一部人类文化发展史。对于人类自身来说，如何保护地区的多元文明与历史文明遗产，已经超越了国别或民族的单一行为，成为全世界和人类历史文明的共同重大议题。文化创意产业发展中的传统文化保护型模式，是依据本地区的传统文化、建筑、工艺与人文资源等进行传统艺术或遗产文明的保护性移植、复制与传承发展起来的。

在这一模式中，地区原有的文化艺术、传统、人文建筑、自然景观等文化符号在其中起到关键性作用，法国就是这一类型的典型国家。众所周知，法国是世界上著名的旅游国家，具有悠久的历史及深厚的文化底蕴。卢浮宫、埃菲尔铁塔、巴黎圣母院、凯旋门等诸多历史遗址吸引无数的游客奔向这个富有浪漫气息的国度，可以说，文化休闲旅游业是法国文化创意产业中最为成熟的行业之一，其价值链就是以丰富的文化资源为依托，带动吃、住、行、游、购等一系列相关产业庞大的经济收益链条。

中华民族有着五千多年的文明史，在这片近千万平方千米的国土上所拥有的文化遗产难以计数。改革开放以来，漓江、敦煌、平遥等文化地域每年都吸引大量的国内外游客，依托这些传统文化遗迹，在保护的基础上积极发展创意经济新形态，不仅对保护中华传统文明这种不可复制的人文资源有着重要作用，也是我国产业结构调整优化的重要突破口。

4. 创意阶层集聚型

通过"创意阶层集聚"这种方式成长起来的文化创意产业是原生态的经济形态，创意工作者在其中起着主导作用。创意工作者出于创作或资金的考虑，往往选择废弃的厂房、仓库等地区作为创作地点。他们多以个人画廊、工作室为主，进行艺术创作、作品展示、技艺交流、作品售卖。这种富有激情和自由的氛围吸引了艺术商人的青睐和特色酒吧、餐厅、画廊、书店的落脚入驻。随着时间的推移，特色的文化氛围和生机勃勃的艺术家街区逐步形成，并对周边经济发展起着积极的推动作用。

创意阶层集聚型的主要代表是闻名于世的美国纽约的 SOHO 区。SOHO 并不是一个独立的社区，而是与西村、格林威治村以及小意大利合在一起成为曼哈顿岛的第二区。今天的 SOHO 是个商业区，有近 600 家各具特色的百货服装店、饰品店。以 SOHO 中心区的百老汇大道为例，特色店有 50 余家，经营范围包括珠宝、服饰、化妆品、家居用品、文具及百货等；各式餐馆逾 100 家，囊括了世界各地的风味美食和高级主题餐厅。世界最知名品牌如 PRADA（普拉达）、CHANEL（香奈儿）、LOUIS VUITTON（路易威登）早已登陆这块黄金商业区。

与欧美发达国家相比，中国的文化创意产业发展历程相对较短，甚至可以说是刚刚起步，能够追赶世界潮流的艺术家数量还比较有限，而能够吸引引领时代的创意人群更是凤毛麟角。但这并不意味着创意阶层集聚型的发展模式在中国没有用武之地，北京 798 艺术区、上海苏州河艺术仓库区、昆明创库等国内知名的艺术集聚区都是中国的艺术家在本土尝试这一模式的先声，相信勇于探索就会有所成就。

5. 社区合作型

在区域文化创意产业发展中，无论是政府、市场、社会团体还是艺术家阶层单方面的力量都是有限的，将多种主体凝聚在一起共同推动产业发展的模式称为社区合作型模式。具体来讲，社区合作型是指在公共发展的区域政策指导下，调动财政、税收、金融、补贴、科研、规划等政府力量的同时，充分发挥市场、社会、企业等各方力量，制订出可持续发展与提升区域竞争力的计划，并通过改善基础设施，促进交通，吸引各国各地创意阶层共同参与，形成复合型的区域创新商业模式。

这种发展形态以 20 世纪 90 年代以来东柏林旧城区的成功改造最具代表性。柏林政府在重新规划东柏林旧区时，充分调动民众的积极性，鼓励民众参与到城市的发展规划中。政府不断引导民间各种力量共同完成城市更新，让工会、中介组织、工业团体、金融机构、艺术群体协商解决各种发展中的问题，联合起来共同建设了这座新的城市。这样做的目的在于让更多的社会力量主动地参与进来，通过自我组织、自我改造、自我聚居，自行制定出本地区的发展战略与区位形象。这一模式成为旧城改造、新城建设与创意社区发展的成功路径。

（二）文化创意产业的聚集发展

1. 文化创意产业聚集

二十世纪五六十年代以来，随着经济全球化的发展和国际产业资本的转移，产业集群现象在许多国家大量出现，日益成为影响区域产业竞争力的重要因素。

学界普遍认为，迈克尔·波特（Michael E. Porter）对产业集群的研究具有开创性意义，其对产业集群的定义也比较有代表性。1990 年，波特在《国家竞争优势》中正式提出产业集群（Industrial Clusters）的概念：产业集群是在某特定领域中，一群在地理上靠近、有相互关联性的企业和相关机构，由于彼此具有共性和互补性而联系在一起。他认为，这种产业的集群具有特殊的优势，最为重要的是，企业间可以共享信息和技术，降低交易成本。产业集群可以使一个个孤立的企业从大规模的经济活动中受益,同时刺激相关产业的发展,从而为产业集权的壮大创造一个有力的环境。即产业集群内的各企业和相关机构相互激荡,形成一系列的产业优势:在产业内,企业之间可以互惠互利;在产业外,企业可以结盟,共同为客户提供更具竞争力的产品和服务。

2. 文化创意产业聚集发展的背景

一般来讲,产业的聚集多是偶发因素与人为因素共同作用的结果。偶发因素多是由地区的自然资源及后来形成的要素条件造成的,而人为因素则多指由政府的政策行为造成的。文化创意产业的聚集除偶发因素外,更重要、使其可以快速成型、持续发展的背景当数人为因素,主要包括以下三方面。

(1)城市建设。文化产业的聚集与城市建设、城市定位、城市发展战略有关。一方面,文化创意产业集群环境具有地区性或产业合作集群的个性特征,以及地理性聚集现象,与城市建设的整体布局紧密相关;另一方面,城市功能是创意产业发展的重要平台,城市功能为文化创意产业的发展提供包括研发设施、风险投资、知识产权保护及转让和吸引创意人才等的社会环境和生活环境。因此,在城市规划中,根据城市资源、定位和其发展需要,往往需要考虑文化创意产业园区的布局。

(2)产业发展。随着科技进步与经济快速发展,全球各产业均面临换代升级,从各个国家到各个城市均需积极调整产业结构。城市的文化创意产业聚集效应给创新的产生、转化、生产、扩散和商业化提供载体和发展空间。而大力发展文化创意产业,也是带动其他相关产业升级,或是实现区域产业转移的重要途径。

(3)文化战略。文化发展是一个长期的命题,文化园区建设属于文化战略的一部分,文化产业园区建设则有利于促进城市文化的发展。因此从文化战略的角度看,合理规划文化创意产业园区是其中的重要环节。

在城市建设、产业发展及文化战略三者共同作用的动力背景下,文化创意产业聚集区作为物质载体,将文化创意产业资源、文化创意企业聚集到一起,发挥产业聚集的效益。目前,全球范围内已经形成了若干成规模的文化创意产业集群,如洛杉矶影视娱乐产业集群、纽约设计媒体娱乐产业集群、伦敦设计媒体娱乐产业集群、巴黎时尚休闲产业集群、东京动漫媒体印刷产业集群、米兰时尚会展产业集群、法兰克福会展出版产业集群、首尔动漫游戏产业集群、孟买影视娱乐产业集群、斯坦福-硅谷软件网络和视频内容产业集群、柏林-居特斯洛设计和媒体产业集群等。

3. 文化创意产业聚集区属性

文化创意产业的聚集体现了产业聚集发展的共同规律,是一种优势在文化与产业交叉的前沿领域形成的经济活动组合。文化创意产业聚集区的形成实质需要基于社会经济总量达到一定规模、文化科技发展水平达到一定程度,属于现代产业的聚集。作为 21 世纪的新兴产业，当代文化产业的内涵和形态，已经与19世纪末20世纪初法兰克福学派所面对的情况大不相同。在经济全球化浪潮和以信息、智能与网络为代表的科技进步推动下，文化创意产业的聚集呈现出三合一的发展新形态。

（1）文化创意产业是一种现代产业和商业模式，其核心是以人的知识、智慧、创意等作为主要要素，组合其他元素，满足市场的需求，获得利益的最大化。

（2）文化创意产业是人文内涵的创造过程和传承方式，其核心是文化普适价值的多样化表达，以推动人类文化权利的普遍实现水平。所以联合国教科文组织在界定文化产业时，一再强调文化产业的一个重要方面是其在促进和维护文化的多样性、保证文化在人类民主化进程中所起的核心作用。

（3）文化创意产业是一种知识和智慧的共享网络，在全球化和数字化技术平台上，让所有的参与者在贡献文化成果的过程中形成知识共享和智慧增值的网络。

三、文化创意产业的资本市场

资本市场（Capital Market），又称长期金融市场、长期资金市场，是指期限在一年以上的各种资金借贷和证券交易的场所。本质上，资本就是财富，通常形式是金钱或者实物财产。资本市场上主要有两类主体，即寻求资本方和提供资本方。中国具有典型代表意义的资本市场包括国债市场、股票市场、企业中长期债券市场和中长期放款市场。

在经济全球化的今天，文化创意产业在各国经济中占有越来越重要的地位，并已成为新的经济增长点。从产业结构的角度看，文化创意产业正在成为国民经济的支柱性产业；从产品消费的角度看，文化创意产品已成为国民追捧的消费热点；从技术的角度看，文化创意产业越来越与高新技术前沿接轨；从资本的角度看，文化创意产业的投资持续升温，已成为投资回报最好的行业之一。

资金对于任何一个产业的发展都起着至关重要的作用，对于文化创意产业来说更是如此。资本市场为文化创意产业的发展提供资金支持的同时，文化创意产业也为资本市场提供了新的投资渠道和发展机遇。然而，由于文化创意产业特殊的文化意识形态属性，资本的准入问题使之较一般资本市场更为复杂；同时，文化创意产业的中长期投资与短期效益回报间存在着一定的不平衡性，这使得其融资现状不容乐观。如何借助资本市场为文化创意产业进行融资服务，是世界各国一直激烈探讨和努力探索的问题。目前，我国文化创意产业资本市场的融资渠道主要有以下几种。

（一）银行信贷

通过银行进行融资是最传统也是最普遍的方式，银行也能通过资金放贷获取贷款利息从而实现收益。但是银行放出任何一笔贷款，在赚取利息之前首先考虑到的是本金回收风险。一般来说，文化创意企业要通过银行顺利实现融资应具备两个条件：一是文化创意企业应拥有可供抵押的资产,这种资产可以是有形资产也可以是无形资产;二是银行出于还贷风险的考虑,一般会对处于成熟期、经营模式稳定、经营绩效较好的文化创意企业,优先给予信贷支持。

(二)社会投资

借助民间资本已成为中国文化创意企业融资的最主要渠道。大量高科技文化企业在创业的初始阶段由于缺乏原始资本积累、无贷款资信可供查询,且产业本身存在高风险性,因此很难从银行、证券等传统渠道获得融资。但同时,企业的人力资源、知识产权、品牌价值等无形资产的经济价值在资本市场是可获得认可的,对于这类资产来说,最有效的投融资方式是社会风险投资。社会风险投资的实质就是在知识创新群体的创业阶段协助其将具有潜力的人力资源转化为具有市场价值的人力资本,通过承担此过程中的经营风险,以相对低价分享人力资本的高成长性和高增值性。然而,资本的本性是追求利润,风险投资更是要求在高风险下获得与之相匹配的高收益。因此,文化创意产业要获得风险投资的青睐,就必须保证风险投资的高收益,这就需要文化创意企业既要具备一定经济规模的潜力,又要保持较高的增长率。

(三)债券融资

债券融资是指债务人依照法律手续发行,承诺按约定的利率和日期支付利息,并在特定日期偿还本金的书面债务凭证。债券融资与股票融资一样,同属于直接融资,需要资金的部门直接到市场上融资,借贷双方存在直接的对应关系;而信贷融资则属于间接融资,借贷活动必须通过银行等金融中介机构进行,由银行向社会吸收存款,再贷放给需要资金的部门。由于债券不用资产抵押、成本相对较低,因此通过债券市场解决资金难题,已成为我国不少文化企业的首要选择,特别是对于那些有一定资产规模和信用等级的企业来说,更是如此。

2011年,江苏凤凰集团通过上市募资近45亿元。但很少有人注意,早从2009年开始,凤凰集团每年就有计划地发行企业债券,在上市前就已募集资金40亿元。由于企业运行稳健,发行人和投资人都得到了较好的回报。凤凰集团债券发行的主承销商北京银行按照交易商协会的规定不断地对凤凰集团的管理提出规范要求,凤凰集团也逐步规范自己的公司治理和报表等。正是这种规范的管理,使凤凰集团能够快速成功上市。①

(四)股权融资

1. 海外上市

随着中国文化市场的不断放开,嗅觉灵敏的国际金融巨头蜂拥而至,外资成为企业海外上市的推手。与中国的创业板相比,境外市场的政策相对宽松,企业不一定只有在盈

---

① 张玉玲. 文化企业债券融资:不挤银行的"独木桥"[N]. 光明日报,2014-09-04.

利的情况下才允许上市。企业上市后可能会具备一定的未来引力，以飞快的速度盈利甚至翻番。而在中国主板或创业板上市，企业需要经历相对漫长的审批过程。对于需要高速成长的企业而言，它们大多会选择海外上市。

2. 境内上市

文化部早在2011年就下发了《关于推进文化企业境内上市有关工作的通知》（文产函〔2011〕440号），并联合证监会、沪深证券交易所建立了文化企业上市辅导培育机制，定期举办文化企业上市辅导培训，建设文化企业上市资源储备库，形成了"储备一批、培育一批、申报一批、发行一批"的梯次格局，有序搭建了资本市场的"文化板块"。[①]随着文化创意产业政策环境和经营环境的不断改善，商业银行对文化创意企业融资开始给予越来越多的关注。文化企业境内上市的热情也逐渐高涨，除场内市场的主板（含中小板）、创业板外，场外市场的全国中小企业股份转让系统（俗称新三板）、区域性股权交易市场等降低了众多中小企业进入资本市场的门槛。

其实创业板上市的门槛并不低，甚至接近于中小板。但创业板对文化创意企业来说是一个很好的机会，由于文化类企业的自身特点，其在A股上市的可能性较小，银行贷款需要抵押，文化类企业固定资产少，从银行贷款也有一定难度。创业板主要吸纳具有新兴经济增长点的企业，文化创意企业恰好符合这一标准。而新三板作为服务于创业、创新、成长型中小微企业的全国性证券交易场所，挂牌条件比较宽松，只要企业经营满两年，主营业务明确，治理结构健全，运作规范即可申请，对企业盈利水平没有硬性要求，其门槛显然比主板和创业板低很多，这无疑为文化企业提供了新的融资渠道。

本章小结

产业是国民经济中基于共同标准划分的部分的总和，是具有相同性质企业或组织群体的集合。产业是一个历史范畴，是伴随生产力和社会分工的深化而产生和不断扩展的。文化创意产业兴起于创意产业，是创意产业的核心部分，同时文化创意产业也不同于文化产业，是文化产业的重要分支产业。

从产业结构层次看，文化创意产业主要归属于第三产业范畴，但其可以服务于其他产业，带动产业结构优化，或形成融合的新兴产业形态，进而促进整个经济的发展。

文化创意产业价值链的发展是价值不断创新和增值的过程，包括创意的生成、文化产品的设计和生产、供应链管理、消费者服务等。从文化产品及服务的生产到最终经济效益以及社会效益的实现，这是一个环环相扣的链条。

文化创意产业的运行机制以组织系统为载体，以利益和竞争为推动力，通过市场价

---

① 李婧. 解惑文化企业上市难[N]. 中国文化报，2015-04-21.

格、供求和竞争等手段实现优化资源配置，调整文化创意产业结构。同时，政府通过不同的政策手段实行产业的宏观管理与调控，以推动文化创意产业的健康、协调、持续运行。

1. 文化产业、创意产业、文化创意产业的概念分别源自哪里？它们之间有什么区别？
2. 文化创意产业有哪些分类方式？
3. 文化创意产业链包括哪些环节？
4. 如何理解文化创意产业与国民经济发展之间的关系？

中篇

操作实务篇

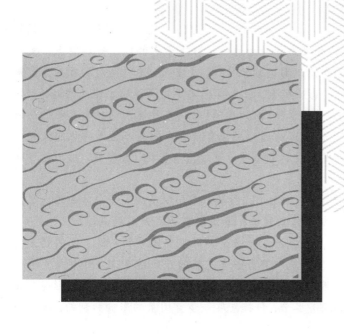

第六章

影视文化产品的创意与策划

 学习目标

通过对本章的学习,学生应了解或掌握如下内容:
1. 影视文化产品的定义和类型;
2. 影视文化产品的特征;
3. 影视文化产品进行创意与策划的意义;
4. 影视文化产品创意策划的原则;
5. 几种主要类型的影视文化产品创意策划的方法。

 导言

影视产业属于视听行业,主要包括电影和电视两个类别,一场包含制作、放映及销售等环节。影视产业在文化产业中具有较为独特的地位,取决于它的以下一些特点:文化性,影视产品首先是文化产品,它与意识形态紧紧挂钩,"守正创新"是对影视产业最基本的要求;经济性,它受市场波动的影响较大,且本身也需要较高投入才能正常运转;知识性,这一行业对入行者的知识程度要求和门槛相对较高;差异性,相对于其他行业来说,影视产业内容所产生的文化价值更容易因为文化背景的不同而产生差异化的效果;科技性,随着科学技术的发展,影视产业越来越多地呈现出智能化、数字化、虚拟化等新的技术主导型特征。

影视产业所涵盖的层面极为丰富,包括组织、结构、布局以及政策多个方面的内容。其中,影视产业结构的核心内涵是提供信息服务,资源配置方式是市场调控。

同其他任何一种产业相同的是,影视产业是一个具有完整体系的系统,不同的是其规模化和社会性更加突出。影视文化系统内部自身有完整的产业链支撑,外部与多个行业相互交融互通,错综复杂的交集带来了多重的可能性和可开发性。与此同时,影视产业系统还受到社会氛围、政治环境、经济水平、科技发展等多重因素的影响和制约,每一个

因素的变动都会带来影视产业整体发展方向的转变。这些都要求影视产业系统在内部和外部同时实现良好的运行，内外部默契配合，才能推进影视产业沿着健康和可持续的轨道稳定发展。

第一节　影视文化产品的类型与特征

一、影视文化产品的类型

作为人类科技水平发展和人文素养升华的重要成果，影视文化是大众文化的重要类别。电影和电视通过媒介建构生活和艺术，将其融为一体，对内在的文化意义进行编码和解码后呈献给观众。虽然电影和电视具有不同的技术表现和媒介属性，但是二者拥有共通的技术特征，例如二者都是运用静态图像和动态影音的方式将影像与音频记录在设备装置上，再通过放映的形式将影音还原，来表现一定的宣传意图，或说明特定的主题内容。

影视文化是一种综合度极高的大众文化类别，它可以包含美术、摄影、戏剧、音乐、舞蹈等多种表现形式和艺术元素，也可以包含静态和动态画面、不同表现力的声音以及丰富新颖的镜头组合拼接方式，它的叙事方式可以千差万别，所反映的生活内容和思想层面也各有不同。正因如此，影视文化产业在新媒介急速发展、媒介环境发生巨大变革的环境中，仍然具有广泛全面的文化受众和生产传播优势，是我国长时期内构建主流文化价值观、传播大众文化的核心产业。而随着电子技术的不断更新，影视文化产业也在适时调整和革新，得到了更加广泛的推广与普及，通过为大众提供多层次、多角度的休闲娱乐内容，显著地丰富了大众的精神文化生活。

从产品的表现形式来看，国内现有的影视文化产品主要包括电影故事片、电影纪录片、电视剧、音乐电视、电视纪录片、电视综艺晚会等。

从产品的推广和营销方式来看，影视文化产品则有两大类。一类是以商业盈利为主要目的，在拍摄期间和上映前都十分注重产品的宣传和造势，力求大规模地、快速地收回投资成本，获得较高的经济利润。这类型的影视文化产品在当今全球的影视文化产业中很常见，如国外好莱坞的大片系列；国内则有如冯小刚早年的贺岁系列影片，近年来徐峥的"囧"系列影片等。这一类型的产品具有一个显著特点：快速文化的消费性，即制片方的制作和宣传目的都在于快速回本，对于产品品牌效应和传播效果都会更多地关注短期回应。

而另一类则以品牌传播和主题渗透为目的，商业利益并不是其首要追求。这类型的影视文化产品通常在拍摄、发行和上映等环节都声势较小，但是由于产品质量较高，所获得的传播效果通常较好，产品本身的品牌更能够深入人心。在国外影视产品中，出其不意斩获奥斯卡奖项的精彩剧情片通常都是此类的典型代表；在国内影视产品中，《士兵突击》《亮剑》《潜伏》《山海情》等剧目都是颇具口碑的作品代表。

二、影视文化产品的特征

（一）结构突破性

结构指的是影视文化产品中容易出现的模式化的叙事结构。具体来说，同一类别的影视文化产品会在主题策划和选定、故事情节的设置和安排、表现手法的层次设定、整体故事风格的把握、角色人物设定和人物冲突、拍摄技巧的运用等方面具有一些共性的特征。之所以会出现这种情况，一般都是源于特定的影视文化产品在市场上大获成功后，同类型的影视文化产品创作就会在追求票房和收视率等目的的驱动下，套用成功的模式化叙事结构所致，即在整体框架不发生改变的情况下，对局部的细节进行调整后，开发出新的模式化产品。

模式化的叙事结构最突出地体现在影视文化产品的策划和创作环节。按照现有影视文化产业的市场来看，当前的影视文化产品大致分为爱情片、科幻片、惊悚片、灾难片、战争片、剧情片等几大主要类型。虽然每一种产品的故事环境各不相同，但是每个类型的框架和模式却相差无几，一般都是在故事的整体架构中设置难以解决的矛盾和冲突，决定矛盾冲突的走向，并在此基础上填充人物和故事的详细内容。

在此模式出现明显的市场饱和前，这一模式就会不断地在观众面前出现和重复，直到观众产生一定程度的视觉疲劳。这种模式化叙事结构的优势在于让观众在其他作品的留存印象和市场基础上，能够较迅速地接受新的产品，类似的故事结构能够提高观众对新作品的认可度。这种模式化的叙事结构在遭遇审美疲劳后，局部的突破创新就会出现，即在整体框架和风格不变的情况下，在产品开发和创作的细节方面予以创新，以迎合观众对新鲜口味的需求。

（二）视觉修辞性

视觉修辞理论是法国的罗兰·巴特和杰克斯·都兰德二人开创的视觉传播修辞研究理论。简言之，所谓"视觉修辞"即为了使传播效果最大化，而对传播中运用的各种视觉成分进行巧妙选择与配置的技巧和方法。[1]对于影视文化产品中视觉修辞理论的应用，其他学者也有自己的见地。如王一川在《视觉凸现性美学》中指出，在影视文化中，视觉画面及其所带来的愉悦的感官体验往往存在于对事物的呈现和情绪表达欲望之中，其自成一派，体现出独立的审美美学观念。在这种以视觉元素为核心的美学概念中，视觉的冲

---

[1] 冯丙奇. 视觉修辞理论的开创——巴特与都兰德广告视觉修辞研究初探[J]. 北京理工大学学报：社会科学版，2003（12）：5-6.

击、享受和快感是第一位的，对事物的呈现、故事的讲述以及情绪的表达都只是修饰性的存在。这一观点直接地道出了影视文化产品的一个显著特征：视觉形象和视觉效果是产品的核心竞争力之一。

王一川的观点是对视觉修辞理论的补充和延伸，其更强调了视觉修辞在现代影视文化产品中的倚重点，即大众消费文化越来越重视影视文化的视觉形象，越发看重观众从中获得的视觉感受以及随之而来的其他感官体验。

电影文化中对视觉修辞的推崇尤为突出。电影本身就是一种视觉艺术，在讲故事、诉情感的过程中，视觉形象塑造的作用是毋庸置疑的。根据电影的诉求和核心内容来看，电影产品可以分为语言主导型和视觉主导型两大类。纵观电影史的发展，语言主导型的电影产品虽然分量重，但从市场占有率来看，视觉主导型的电影已成为主流。视觉主导型的电影体现出了一些特点，如电影的景观和画面成为电影表达的主线和逻辑，视觉画面成为支配电影表达的主要因素，语言构架出的故事情节反而成了次要的考量。

在国外的电影创作中，视觉冲击和视觉画面"突出重围"的时间比国内早很多，尤其是好莱坞系列的电影一向都以恢宏巨制的大场面为主要宣传点。国内电影在近些年也开始出现了对国外"视觉盛宴"的模仿狂潮。在我国第五代导演中，张艺谋、陈凯歌等知名导演都是注重视觉冲击的代表，其作品《英雄》《满城尽带黄金甲》《十面埋伏》《无极》等都在场面、景观、动作等方面将视觉冲击做到了极致，给观众带来了"大片"应有的画面感。同时，国内电影还出现了一些追求视觉奇幻感受的风潮，如《刺陵》《画皮》《画壁》等影片在制作和宣传上都以奇幻为主打。《建国大业》则是近几年视觉冲击的一个"另类"典型代表，它给观众带来的视觉冲击是毋庸置疑的，但它并非通过宏观的场面和风格来体现，而是用密集的明星效应造成炮弹式的轰炸效果。

不可否认的是，视觉修辞性的影视文化产品过于注重画面的渲染，不同画面的跳转连成在一定程度上会弱化故事本身的情节性，作品故事讲述的连贯性、情绪表达的饱满度都受到了影响，尤其是过于注重视觉冲击的影视文化产品，除了带给观众较为强烈的感官体验以外，甚至不能在观众心中留下印象。近几年来，越来越多的观众表示很多片子都是看完之后也没有明白影片想要表达的思想。过分注重表层的感官体验，还容易使观众迷失于视觉享受的浅层体验中，降低了故事文本解读的思想性和深度，使影片沦为片段、画面的松散组合。顾此失彼、丧失讲故事的能力成为当今影视文化作品的一个通病。

视觉修辞文化改变了大众对影视文化乃至整体大众消费文化的认知。但是大众对视觉修辞文化的反馈也在视觉修辞文化的发展和膨胀过程中发生了变化。以宁浩为代表，其《疯狂的石头》作品系列开启了小成本电影揽收高票房的行业现象。这在一定程度上说明，观众开始关注剧情，对视觉文化的追求不再盲目。而影视文化作品的生产者也应该借此反思作品的思想内涵和文化素养，仅仅靠视觉符号来支撑的影视文化产业是难以健康发展的。

（三）生活延伸性

人们常说，艺术源于生活而高于生活。这里强调的源于生活指的是影视文化产品对日常生活本身的倚重。在哲学概念中，日常生活较为抽象，而实际上日常生活的内容很实体、复杂和多元。影视文化缘起于日常生活的方方面面，日常生活中事物本身的存在对影视文化的产生具有支配地位。影视文化从日常生活中汲取灵感和素材，重视对日常生活的再现，注重人类情感的表达，并最终回归到生活中去产生一定的社会意义。影视文化在对生活素材进行加工时，通常会注重强调日常和真实这两点。例如，小说《林海雪原》中的主人公杨子荣是典型的英雄形象，没有一点瑕疵，美好得只存在于小说世界里。而在电视剧中，人物形象发生了变化，从"高大全"的完美角色"蜕变"为我们日常生活中的普通人，性格乖张、小毛病不断，这样的人就像是我们身边的人，就像是我们自己。褪去"主角光环"，影视剧的改编让这样的人物更贴近生活，更加能够引起观众的认同和共鸣，也能够更好地起到宣传人物正面形象和社会意义的作用。

除了注重加强与日常生活真实性的联系以外，影视文化产品还会注重强调日常生活的精神力量。日常生活不仅仅是具体的、真实的柴米油盐和喜怒哀乐，更是人们生存和实现自我价值的源泉与基础。在电影《当幸福来敲门》中，主角是一位濒临破产的业务员，他与年幼的儿子相依为命、流离失所。他在琐碎、艰难而又温馨的日常生活中努力奋发，最后取得了成功。在这个过程中，他不仅通过日常生活学会了如何当一个好爸爸，更寻得了人生的意义——如何当一个好人。

影视文化产品对日常生活的倚重，也强调了日常生活的娱乐性在影视文化中的重要地位。在影视文化中，日常生活的娱乐性不再是日常生活的附属品，其不仅仅是为人们舒缓精神压力的一种方式，而且也是人们日常生活中的一种基本需求，是与其他日常生活建设相平行的。

日常生活中的娱乐性通常不涉及社会意义、社会价值、道德伦理、精神世界等层面，而是较为简单的生理与心理层面的放松、舒适和满足。影视剧中对娱乐的刻画也正是通过让人放松的喜剧效果和快乐体验来实现的。周星驰的无厘头喜剧、冯小刚的冯氏幽默，还有新兴网络剧《万万没想到》的冷式吐槽，都是将日常生活的娱乐性发挥到极致的影视文化作品，它们都把原本形象各异的人物塑造为笑料百出的恶搞对象，无论是经典幽默的台词、滑稽搞怪的人物造型，还是喜感迭出的故事情节，都能够令观众捧腹大笑。

影视文化提升了日常生活的文化性，它作为一种正日渐增长的平民文化，带动了人们对日常生活的重视，市民气息的日渐浓重极大地鼓舞了大多数生活在平凡世界的普通人，为人们带来肯定、安慰和欢乐的体验。但是不可否认的是，影视文化对日常生活中平凡点滴和细微琐碎的过度关注，以及对平民娱乐的过度追捧，难免造成对精英文化的抹杀。人们可能会迷失于市民的低级趣味中，蒙蔽在平凡即是伟大的单一目标中，沉醉于浅层的感官体验，而不去追求高雅情趣以及更高的理想价值和人生意义，进而陷入"娱乐至死"的困境。

影视文化生活是常见的大众文化形式，它不仅以数量丰硕的实体存在于我们的日常生活中，更以其强大的精神力量占据社会的文化空间和人们的思想世界，并且发挥着愈加显著的精神统治作用。影视文化的特性能否稳定在健康的轨道上，决定了我们的传统价值观和思想意识是否会受到影响和冲击。因此，如何发挥优势，规避劣势，让影视文化的特点更加鲜明、更加友好，需要影视文化产业从业者的共同努力去探索和实践。

第二节　影视文化产品创意策划的原则

影视文化产业不是一个独立的个体，而是横跨电影业、广播电视业、网络产业、旅游文化产业等多个行业的产业，同时它与很多产业的关联度极高。从影视文化产业的地位来看，可以称其为文化创意产业型产业；从产业活跃度和复杂程度来说，它可谓是文化创意产业的"带头人"。

影视文化创意产业至少包含了创意、艺术、技术和产业四大要素。从表现形式来看，影视文本满足的是人类的审美需求、艺术需求和娱乐需求，它包含了更多的个人思想、个性创意以及审美情操等要素，是一种需要用极具创意的叙事方式来呈现的艺术作品。从技术手段来看，影视文化产品不是传统的工业文化产品，也不是日常消费的工艺文化商品，技术对影视文化产业的重要性不言而喻，技术的革新和应用很大程度上决定了影视文化产品的质量，也为其带来了更大的创意空间。从产业性质来看，影视文化源于西方国家，诞生之初便具有浓重的商业色彩，如今影视产业已然是市场经济中的重要组成部分。影视文化产品作为影视文化创意产业的直接成果，其创意和策划的过程也必须以这四大要素作为其原则和方向，通过四大要素原则确保影视文化产品守正创新，做到以人民为中心，与时代同步伐，真正用影视语言讲好中国故事。

一、创意原则

创意是任何一个文化创意产业的核心问题，也是进行影视文化产品创作时首先需要遵循的原则。创意在影视文化产业中的应用是一个复杂、多变的议题。

1. 创意具有多变性

创意本身缘起于人的意识、想法和创造力。多数的创意是在电光火石间产生的，或者是在极具个人特色的经验中产生的非理性的想法或理念，它的产生本身就是一个不可控的过程。创意能否得到认可和应用，同时还受到特定的社会、经济和政治环境的影响，在不同的历史阶段创意产生的作用也完全不同。因此，创意从产生到应用会经历非常微妙的过程，其中某一环节发生改变，创意的效果都会随之改变。影视产品的创意时常来源于生活，却并不止步于生活，在进行创意策划时需要跳出各种思维束缚，利用创意的多变性来适应不同的创作背景。

2. 创意具有独创性

创意的产生极具个人色彩，它是综合创意提出者的个人经历、思想境界、人文素养、自然天赋等多重因素而产生的，因此，每一个创意都具有与众不同的独创性。在文化产业这一概念最初出现时，多指以复制为核心特点的文化工业，在那个年代，社会分工日益细化、劳动协作逐渐紧密，创意的独特性、个性化多被该时期社会学家们所忽视。不过，当时影片或电视剧与其他影片及电视剧进行区分的还是剧本创作者和导演的个人才华，这一观点至少得到了肯定。随着影视文化产业的产业化进程加速，创意的独特性、个体性逐渐受到了重视，而且人们对于影视创意的创作和生产的认识，也从个人拓展到了集体。这是一个多体互动的体系，也是流畅的流程式作业。作品制作时导演、剧本创作者、制片人甚至主演等都会参与合作创意，而且在作品的流通和播映的过程中，受众也会对作品进行反馈和再创造。不同的力量、不同的反馈、不同的互动交织融合，形成了各种层面和形式的新创意。

3. 创意的接受性

创意在付诸实践前，只是一个想法、念头，其不具有实体，而是一个虚拟的作用力。创意和理念能否得到有效的传达和应用，不仅关乎个人和集体的创造天赋、创造水平、创造力，更涉及其对技术的高需求。影视文化的视觉形象和语言表达本身就对技术具有较高的依赖性，影视技术的革新和发展能够有效地提高创意在受众人群中的接受度。因此，影视文化产品的创意策划需要与相应的技术环节紧密联系。

4. 创意的环境性

通常来说，一个好的、具有真正革新力量的创新理念或想法，需要一个宽松、自由的社会环境来实现，只有整体的社会环境尊重和保护个人的创造力，鼓励人们创新，才能让创意成为可能。以欧美国家为例，知识产权在发达国家受到了严格保护，相关的法律法规数量多、内容详尽，并且公民具有保护和尊重知识产权的公共意识。尽管近年来我国知识产权的重视程度正逐步提高，但仍需多方共同努力。好的政策环境和版权意识可以显著地促进创意的产生和实施，而对知识产权的轻视则会给创意市场带来严重伤害。

二、艺术原则

人类已经在悠久的社会进程中创造和生产了多种多样的艺术形态，如诗歌、散文、音乐、舞蹈、建筑等，随着生产力的增长和社会的进步，近现代社会中，影视艺术在其中逐渐崭露头角，成为一支重要的新兴艺术力量。因此，在文化创意产业环境下，影视艺术创作需要考虑两个层面。

1. 影视艺术的内在品质

首先，任何影视艺术创作都要通过人的思维进行想象、创作、延伸，需要调动人的情绪、感官进行表达，但并不是所有的影视艺术创作都能够尽随己愿，因为创作过程包括创作的经验、能力、水平和手段，更受到创作者本身对艺术认识的影响。创意者的艺术信仰、艺术理念和艺术素养决定影视艺术作品的产能高低和品质好坏。其次，影视艺术创作的内在品质还会受到文化艺术发展环境和时代的影响。例如，抽象主义和写实主义对于艺术的理解就不一样，因而二者的创作手法也不同。前者强调通过抽象化的手段超越现实，极其强调艺术性，而后者则极其强调艺术与现实的关联性。不同时期，不同的创作方式和理解方式，决定了影视艺术作品内在品质的不同层次。最后，影视艺术创作的内在品质不仅是由最初的生产者——影视艺术家来决定，更是由受众来判定的。受众对作品的解码、品读以及再创造，是决定影视艺术作品内在品质的重要环节。

2. 影视艺术的外在影响

影视文化产品不单是艺术作品，更是一种广泛流传的消费品和娱乐品。它是艺术所独具的艺术特性与生活所具有的娱乐性、商业性的结合。由于它的受众人群广泛，所以其塑造、影响和教化作用是绝对不能被忽视的。像任何一种事物的发展一样，影视艺术产品所产生的外在影响是把双刃剑，正面力量很是积极向上，而负面影响也极具破坏性。

我们可以回忆起个人成长过程中曾经接收到的积极的影视文化节目，其中塑造的国家、民族、个人形象都会是记忆中的经典，也会产生历久弥新的效果。而不良的影视文化作品则会将艺术中的消极面膨胀式夸张处理，并产生同样夸张的消极效果。事实上，对于影视艺术中可以产生的外在影响，无论是正面的还是反面的，也无论我们持赞许还是批判的态度，重要的是，影视文化产业的自我保护机制应该建立起来，包括如何提高艺术生产力和作品内在品质，如何建构合理科学的政策体系，如何进行有效的监管和执行等。这一机制的目的在于促进影视文化作品创意的繁荣，抵制消极、低俗作品对文化市场和人们心理世界的冲击。

波茨曼在《娱乐至死》中早已指出，我们迈入了一个娱乐化的时代，娱乐已经成为电影、电视的超意识形态，人们沉浸在视听快感中而渐渐地舍弃了思想。这一后果早已与艺术本身的初衷背道而驰，影视文化作品的创意要想巧妙地融合艺术的精髓，就需要时刻考虑作品的艺术品质和艺术影响两大方面内容。

三、技术原则

影视文化创意产业是伴随技术的革新而发展起来的。从无声到有声、从黑白到彩色、

文化创意与策划（第2版）

从胶片到数字、从无线到有线、从模拟到数字等，人们的试听习惯随着技术的变革而发生着显著的变化。随着试听习惯成为一种日常，人们的思维方式和生活方式也随之产生了飞跃。但是以技术为中心的话题一向都争议不休，技术支持论者大谈发展，技术悲观论者则认为技术带来的负面影响才是问题所在。事实上，技术不仅仅对影视文化产品起着支撑作用，它们之间也存在着复杂的互动关系。尤其是近年来通信技术飞速发展，全球通信网络的快速便捷使得影视产品移动、跨界、互联成为现实，挑战着人们无限的想象力与创造力。因此，在对影视文化产品进行创作时，应遵从技术适用原则，从技术层面注意以下几个方面的问题。

1. 文化多样性受损的问题

影视文化对技术的倚重程度较高，尤其是在数字技术时代，技术条件是否成熟决定了能否产出吸引观众眼球的、高水准的影视文化作品。如今影视剧目的题材越来越多样化，如科幻、奇幻、武侠等常见题材的产量越来越高，这些题材要求技术作为必须支撑来实现基础的画面呈现，而其他题材的作品中，越来越多的镜头也需要用虚拟影像填充来获取更好的收视效果。这样一来，整个行业的入门门槛和行业内的普遍制作成本都大大提高。尤其是揽收丰硕票房的好莱坞大片系列，本身的技术投资上千万甚至上亿美元已不足为奇。长期发展下去，难以负担高技术成本的公司将会逐渐被市场所淘汰，全球范围内影视文化的主动权将掌握在少数大公司手里，形成新的"技术文化垄断"，文化的多样性势必会受到极大的影响。

2. 新技术是否影响艺术品质的问题

正如技术悲观论者所说，随着技术在影视文化产业中的支配力量越来越强，技术就会同时成为一种模式化的工具和一种衡量影视标准的工具。在如此环境下，创作者本身创意的独特性就会逐渐失去价值，进而削弱了创造力和个体个性的作用。虽然当前技术的发展还没有最终导致如此严重的后果，但长此以往，影视文化中的艺术标准势必会向着技术的方向靠拢，影视文化艺术的美感和品质则会越来越雷同和僵化。人们适应并且习惯了虚拟技术带来的标准化的大场面和奇幻风格，无论对于人类的自身发展还是影视文化产业的发展都会带来不可估量的影响。这就需要影视文化产品的创意策划者具备超前的新媒体、新技术思维模式，去发掘、感知、激发新的艺术灵感，以更开阔的视野、更包容的心态和更为充足的知识储备去把握新技术迅猛发展带来的全新文化艺术需求。

3. 技术政策助力是否强劲的问题

影视文化产业从出现到发展，始终都离不开广播电视条令法规和电信行业政策的配合与推动。尤其是在欧美国家，影视文化的政策环境一直都较为宽松，因此西方国家的影视技术的革新周期较短、发展迅速。在当前数字革命的新影视时代，出台更有利于数字技术发展的政策就成为影视文化产品进行创新的一个重要基础条件。英国广播公司（BBC）

接受了政府委托的数字技术应用的任务,致力于实现英国整体影视行业的数字转化工程。与此同时,英国政府还多次对广播电视与电信两大行业进行整合和重组,形成了多元一体化的影视文化创意产业。在中国,影视政策向来持稳,但是近年来政策环境也在逐渐松动,相关部门进一步适应技术市场环境的要求,出台更多的影视产业技术法规将指日可待。

四、产业原则

文化是可以被创造和生产出来的,这一概念在历史上出现甚早,也逐步得到了历史学家和人文学家的认可,但是文化从人文领域走向经济领域还是经过了较为漫长的岁月。雷蒙德·威廉斯曾经指出文化生产概念的发展经历了三个阶段——资助时代、市场专业主义时代和公司专业主义时代。在资助时代,文化的主要表现形式是诗作、绘画和音乐等,然而这些作品的创作者中平民所占比例较大,他们创意的产生和艺术能力的培养主要依存于贵族阶级对他们及其作品的资助,这是一个兴趣化、私有化的过程。虽然在这个过程中,作品的产生就已经以经济为基础,但实质上并不算商业化的操作。到了市场专业主义时代,文化作品逐渐流入真正的市场,进而出现了专门进行文化创意经济利益转化的中介机构。

进入公司专业主义时代以后,文化创意的实现、生产和发行呈现出了更高程度的专业性和组织性。影视文化产业正是生于此时,长于此时的,因此从一开始,影视文化本身就具有专业化和组织化的产业属性,这一特点在自由资本主义国家尤其显著。从20世纪80年代开始,此种类型的影视文化公司开始在全球内迅速发展壮大,其巨大的文化影响力和产业脉络开始迅速蔓延和铺伸。庞大、复杂的全球经济是影视文化产业发展的基础,也是强有力的推手。因此,影视文化作品的创意和策划必须从产业角度对专业化的组织结构、产业政策法规等因素进行综合考量。

1. 创意的能动与被动矛盾

创意在人类社会的发展历史上,无论是在哪个时间环境和地域环境下,都要求创意的实施者拥有较高的主观能动性,能够独立自主地进行创意的培养和创作。只有创意本身是来源于主动、自主的创作,才能达到内容的丰富、创新和完整。在能动性的驱动下,拥有较少人数和较大自主权的项目小组越来越多地出现在影视文化创意产业高度发达的西方国家。导演、编剧等主创人员通常能够在较为自由、宽松的环境下进行创意生产。脱离了大团队的控制,这些创意团队的核心成员往往能够创造出更有生命力的作品。因此,现代影视产业中,先进和优秀的项目小组呈现出了规模变小的趋势,以实现小组或团队内部人员对想法的把控,充分发挥每一个成员的能动性。虽然在数字技术飞速发展的专业影视文化时代,创意团队能动性的增强已经成为势不可当的趋势,但与此同时,创意也受到了一些消极、被动力量的影响。现今影视文化生产团队中,人数多、规模大的创意团队在行业中仍然处于十分强势的地位。

这是复杂的专业主义时代影视文化专业化创意团队的发展趋势，而且随着诸如数字技术、互联网等诉诸个性化的技术的发展和应用，这种趋势会更加强化。也正是基于此，版权保护和对创意团队的报酬问题成为一个非常值得关注的问题，小规模化的创意团队与大的影视文化公司之间常常冲突、斗争和妥协，影视文化公司往往会从利润最大化的角度出发来盘剥创意人员，特别是对有一定知名度但名气又不大的创意者（常常被喻为"蓄水池"）更是如此，因此版权法的完善与著作权意识的强化就显得尤为重要。

2. 流通展示问题

虽然创意团队趋于小规模化，不过发行、流通和展示的规模却变得越来越大，电影院线、电影电视频道、主题公园等播出展示平台、推广团队等都在不断地拓展、延伸，这符合文化产业的范围经济和规模经济的特点。

3. 集团化与全球化问题

集团化问题与流通展示问题紧密相关，它发端于美国。20世纪中期，影视巨头好莱坞在充分细分化的基础上完成了影视产业的垂直整合，实现了创意、制作与流通的纵向一体化，而到20世纪六七十年代开启了跨行业的水平和垂直整合，石油、矿业、金融、电信等行业开始有计划地并购影视制作室、电视台等，推行产业融合和协作，也就是集团化，出现了像GE、时代华纳等"巨无霸"式的公司。这一方面对于资源整合、流通推广、技术革新大有裨益；但另一方面却对丰富多元的创意、影视文化的艺术性造成一定的潜在威胁。与集团化问题相伴的是全球化问题，美国以其活跃的创意团队、高度专业化水平和雄厚的资本力量，以及政策上的支持和国内休闲市场的成熟，将其影视文化推向全世界，而且迅速居于世界影视产品市场的主导地位。这对各国影视文化的创意与产业的发展无疑具有极大的影响，也是目前欧洲、亚洲等地的国家所关注的问题之一。

4. 政策安排问题

步入公司专业主义时代，影视文化的发展与政策安排、制度设计的关系更为密切，这关系到创意环境、技术革新、艺术水准、产业发展、社会公平等问题。

第三节　影视产品创意策划的方法

一、电视剧的创意策划方法

（一）电视剧创意策划的内容

电视剧的创意策划大致包括如下内容。

（1）剧本方案。剧本设计是电视剧创意策划的核心内容。剧本是一种文学形式，是戏剧艺术创作的文本基础，编导与演员根据剧本进行演出。剧本主要由台词和舞台指示组成。对话、独白、旁白都采用代言体，在戏曲、歌剧中则常用唱词来表现。剧本中的舞台指示是以剧作者的口气来描述的叙述性的文字说明，包括对剧情发生的时间、地点的交代，对剧中人物的形象特征、形体动作及内心活动的描述，对场景、气氛的说明，以及对布景、灯光、音响效果等方面的要求。

（2）融资方案。融资通常是指货币资金的持有者和需求者之间直接或间接地进行资金融通的活动。电视剧策划中的融资就需要电视剧制作者估算出所需成本，然后寻找资金来源和方式等。

（3）制作方案。制作方案中需要针对电视剧建立一个高效的创作组织，还要设置相应的执行和管理机构。

（4）营销方案。营销方案中需要包含的内容有用什么样的方式进行宣传、价格是多少、宣传渠道，以及附加产品的开发使用等。

（5）播放方案。电视剧的媒体播放权是策划方案中的重要部分，尤其在当前媒体渠道多元化背景下，如何最优化播出渠道、最大化流量收益，需要贯穿整个电视剧的创意策划过程。传统电视剧一般会在电视台播出，播放方案包括安排首播权、二轮播出等。网络视频播放平台兴起后，部分电视剧不再将电视台视作唯一播放渠道，而是将播放权有偿许可给新媒体平台。从播放范围来看，除国内媒体渠道播放外，近年来，国产电视剧"出海"情况也越来越普遍。一旦播放方案中涉及海外市场播放，就需要在电视剧的创意策划阶段注重本土化生产与国际表达的对接，以适应不同地区海外观众的差异化需求。

以上提到的方案都不是相互独立的，而是彼此之间相互关联，甚至有时需要一起进行的。比如，制订融资方案的时候需要了解整部电视剧的制作成本价格，也需要大概了解其他方案中每个环节的成本费用。

（二）创意方案整体的一般性规律

在进行方案设计时，需要对电视剧本身的主题内容和类型有精准把握，还应该通过各种方式和方法来了解究竟采用什么样的方式可以提高方案的可行性和影响力。

1. 前期策划

设计电视剧总体的方案需要经过三个步骤：第一步，做好市场情况的调查研究；第二步，制订初步的策划方案；第三步，将市场的调查结果反馈到策划方案中，然后对最初的策划方案进行完善，以期设计出一个最佳的方案。

收视率是指在某个时段收看某个电视节目的目标观众人数占总目标人群的比重，以百分比表示。通过收视率，我们可以看出一部电视剧是否受广大观众的喜爱和关注，从而可以判断该电视剧是否成功。

国内的电视剧一般是先确定一个故事情节，然后进行市场调研，看这个故事在当今社会中是否会具有一定的吸引力，从而确定是否可行，最后再围绕这个故事情节来创作剧本。

2. 确定剧本

将电视剧作品的整体设计以文字符号的形式展现出来就形成了剧本。剧本主要包括三项内容：第一，要确定电视剧的题材；第二，对这个题材进行分析了解；第三，确定剧本想要表达的中心思想，期间还要考虑其故事的地点、人物、情节以及整体的运行方式等。

经过市场检验，比较好的方法是根据当前的市场情况来决定剧本的内容，然后根据剧本主旨、情节特点以及导演本身的倾向来决定由谁来表演。

3. 制订拍摄计划

要针对拍摄工作制订出一个切实可行的有序计划。其中，比较复杂的是拍摄前期工作的安排，主要包括对剧本进行适当的挑选和更改，以及建立一个专门的剧组。在剧组成立之后，每个部门要做好一些准备工作，制订接下来的拍摄计划。

拍摄的准备工作主要就是对剧本进行研究，分解出无数个拍摄场景。所制订的拍摄计划中一般包含对整个拍摄工作的一个计划，某一个时间段的拍摄计划，以及周、日等更加详细的拍摄计划。

在制订拍摄计划的时候要注意保证拍摄在有限的时间内完成，以降低拍摄过程中的费用支出，同时还要随机应变，灵活应对拍摄过程中可能出现的各类突发状况。

剧组中一般包含以下几组。

（1）导演组。指艺术创作的组织者和领导者，一般包括导演、执行导演、副导演、场记等。

（2）制片组。指影视剧制片生产制作人，一般包括制片主任、现场制片和生活制片等。

（3）剧务组。指影视剧摄制过程中的日常事务负责人，其主要工作任务是在制作主任的直接领导下做好衣、食、住、行等方面的工作，一般包括剧务主任、剧务、剧务助理等。

（4）摄影组。负责拍摄工作，一般包括摄影师、副摄影师和摄影助理等。

（5）美工组。负责演员等的化妆和服装打扮等，一般包括总美术师和副美术师等。

（6）录音组。负责录音和声音加工制作，一般包括录音师和录音员。

（三）电视剧创意策划的一般步骤

要做好一项电视剧策划就要掌握和充分利用有关的方式方法和技巧。在制订电视剧策划的时候，一般要经过以下三个流程。

（1）做好调查研究工作。对一部电视剧进行策划时，必须首先对其有全面的了解和掌握。策划开始前，策划者应该了解电视剧本身的内容，其次还要了解这种题材的电视剧在当前社会是否容易被接受，并根据剧本和市场情况做好接下来的策划工作。

（2）创意策划。在进行电视剧策划时，策划者应该本着获得更高收视率的目标结合调查来的所有信息，制订一系列可行的计划。为了提高电视剧的吸引力，策划者必须制订新颖的策划，具体可以表现在题材是否新颖，内容和故事是否新鲜等。

（3）对效果进行评估。效果评估就是策划达到既定目标的程度，通过评估可以发现策划方案中的不足和缺点，然后对其做进一步修改，以形成一个更加优秀的策划方案。

二、电影的创意策划方法

电影作为一种表演艺术、视觉艺术和听觉艺术，其利用胶卷、录像带或数字媒体对影像和声音进行捕捉，再加上后期的编辑制作而成。电影从出现到现在，一直都兼具艺术和商业的双重特征。一个好的电影策划，首先可以为整个电影工作做出方向性的指导，确保生产出更好的作品，进而可以为生产商带来巨大的收益。为此，电影策划的制作首先要做好相关的调研工作，然后制订电影制作拍摄的计划安排，最后做好作品的宣传和播放工作。从整体来看，电影策划是一系列活动环节的集合体，所有的流程通过一个整体的计划形成一个庞大的系统。

（一）电影作品创意策划的内容

一部电影的制作过程包含很多部分，例如演员对剧本进行表演展示，导演规划视频的拍摄，以及服装、背景音乐等的设计，还包括一些后期制作、增加特效等。所有的工作都围绕一个目标而进行：吸引更多的关注，取得更多的收益。电影策划是从电影作品出发，并以此作为依据制订出符合某一特定电影产品的策划案。策划是指策划者为了达到某种目标，依据某个计划和决定而设计出的一系列工作活动流程。一部电影的成功在于其故事情节和表达方式以及宣传工作等的成功，而这些成功的背后，凝聚了策划者的智慧和辛劳。

1. 选择影片题材

要想使制作出来的影片得到更多观众的认可，首先要确定一个好的题材。只有观众感兴趣的题材才有可能获得更大的收益。当今的电影市场，观影早已呈现多元化的诉求，娱乐性、思考性、情感性等均是观众所追求的。

2019年春节档，一部堪称"现象级"的国产电影——《流浪地球》，引发了全民观影热潮，上映两周票房累计超过40亿元人民币。这部被称作"硬科幻电影"的作品不仅在国内连创票房新高，在国外上映时也频频爆满，国外观众和影评纷纷点赞，认为这是"中国第一部大制作的科幻电影"。科幻电影曾是被好莱坞垄断的题材，制作科幻题材电影不仅需要巨大的资金投入，还需要科学素养的支持，反映的是电影工业乃至国家的综合实力。可以说，这部电影的成功离不开"科幻"这个特定题材，电影"将中国独特的思想和价值观念融入对人类未来的畅想与探讨,拓展了人类憧憬美好未来的视野"①。

此外,爱国主义军事系列电影《战狼》、青春题材电影《中国合伙人》、重大革命历史题材电影《建国大业》等,均有较为突出的题材特色,并受到观众肯定,无论在票房还是口碑上都大获成功。

2. 确定艺术基调

电影是一种艺术品,因此每一部电影作品都会有它的艺术基调和艺术风格。艺术基调是指艺术家在艺术实践中形成的相对稳定的艺术风貌、特色、作风、格调和气派。有时电影的艺术风格是导演、剧作家等附加在故事情节以及结构上的一部分,是电影独立特色的一个体现。随着时间的推移,人们的欣赏水平和接受能力也在逐渐改变,只有把握好观众的心理动向,才能赢得更大的市场。很多电影都是用影像来再现生活的,同时融合很多的情感因素。如张艺谋导演的电影《一个都不能少》,故事主题是关于贫困山区文盲的问题,在当时获得了极大的轰动,影片曾获第56届威尼斯国际电影节最高奖——金狮奖、意大利《电影》杂志最佳影片奖、中国电影华表奖优秀故事片奖和最佳导演奖、第19届中国电影金鸡奖最佳导演奖、第22届大众电影百花奖最佳故事片奖、1999年度欧洲电影评奖最佳外语片提名、1999年最佳国际电影奖及最佳表演奖(魏敏芝)等。张艺谋曾经说:"《一个都不能少》是一部从内容到形式都很平实、传统、司空见惯甚至非常老套的电影,这恰巧是我们的一个目的:在司空见惯中拍出一份真切和力量来。我们拍电影的人,在今天电影市场的需求下,当然要把电影拍得好看。所以,我们的另一个目的就是:电影除了好看以外,还能告诉大家什么,让大家想什么,关心什么,爱什么……因为我坚信,观众的口味并不如我们所设想的那样单一和肤浅。"此外,也有一些电影是以给人视觉刺激和体验为主,以大量的高科技元素融入为主要基调,例如《阿凡达》《星际穿越》等。

在设计策划案时,策划者可以从公众关注的小事件着手。而一部电影艺术风格的确定则要依据社会情况而定。有时候当某一种风格的电影在市场上获得很好的效益时,策划者也可以继续延续此风格而制作出更多的产品。如改编自美国漫威同名漫画的《X战警》系列电影,自2000年起至2001年已在全球范围内陆续拍摄上映13部,且持续大受市场欢迎。

3. 选定叙事方式

随着电影事业的不断发展,越来越多的影视作品走入了人们的生活,从另一个角度讲,人们可以选择观看的电影数量也开始增多。电影中所使用的技巧以及创新形式,已经不再是人们选择电影的唯一标准,越来越多的人开始更加看重电影中传递的思想、哲理以及创新的故事情节。因此,电影的叙事方式对电影的成功与否起着关键性作用,通过回

---

① 人民日报钟声. 《流浪地球》折射源自现实的未来感[N]. 人民日报,2019-02-14.

顾一些优秀电影的叙事方式，可以发现它们有两个共同特点：一是电影本身的故事情节非常精彩，扣人心弦；二是从多种角度展现和表达电影情节，以增加电影的独特性。同时，由电影产生的一些附加产品对电影本身也会带来一定的影响力提升。

每部电影都由故事构成，整部电影都是围绕这个故事情节展开的。因此，将故事更好地展示出来，就成了电影策划者考虑的重点。电影的主要叙事方式包括三种：一是注重情感渲染的戏剧化、情节化，如张艺谋导演的《红高粱》、李少红导演的《血色清晨》以及好莱坞著名影片《魂断蓝桥》等；二是注重给观众一种视觉和听觉上的刺激，此类代表作品有迈克尔·贝导演的《变形金刚》、加文·胡德执导的电影《金刚狼》以及王晶执导的《未来警察》等；三是以搞笑娱乐为主的叙事方式，典型代表有周星驰早期主演的很多电影，如《赌圣》《武状元苏乞儿》《唐伯虎点秋香》等作品。

4. 运用技术手段

技术手段的突破为电影创意策划带来了更多可能，许多以前仅能靠想象完成的场景或剧情，如今可以通过高科技手段呈现在观众眼前。尤其是3D技术的普遍应用，给观众带来更真实的观影体验。从《指环王》三部曲（2001—2003）运用了包括动作捕捉、人工智能群组动画、运动控制系统在内的诸多技术为观众打造了"真实的中土异世界"，到美国漫威系列科幻片《复仇者联盟3：无限战争》（2018）和《复仇者联盟4：终局之战》（2019）借助了机器学习算法来推进人物角色面部表情捕捉过程等，随着技术的不断发展及应用，虚拟现实、运动捕捉、生物传感、体感交互、全息影像等新技术也使得影片的叙事方式、情节组织以及观影体验过程中的很多传统概念被颠覆。

以交互式电影为例，这种影片形式让人们在观影时有了自主选择权。不同于传统影片的蒙太奇手法，以及导演对影片故事情节的绝对掌控权，观众可以通过人机交互以角色身份介入影片环境，通过简单的操作与故事情节展开互动，进而推动剧情发展。如由网飞公司（Netflix）于2018年年末推出的互动电影《黑镜：潘达斯奈基》（Black Mirror: Bandersnatch，第71届艾美奖最佳电视电影），借助交互技术将游戏概念融入电影。在影片中，导演设计了70多个剧情分支选项与10个故事结局，赋予了观众参与选择的权利，造就影片中主人公心理活动与生理行为发生改变，最终形成不同的走向与结局，依托交互技术表现手段，充分调动观众在观影过程中的情感、想象、联想等心理因素，对影片故事进行更深入的审视、体味与理解，形成新的感知关系与美学模式[①]。这种互动方式可以让观众产生极强的代入感，同时与剧中人物角色的命运产生情感联系，甚至可以真实地感受到选择的过程中所需要背负的道德与情感压力。多个故事结局的设定也可以满足观众经历各种可能的戏剧性时刻，使观影体验更为人性化、更具临场感和沉浸感[②]。2019年

---

① 谭培健. 消费升级背景下交互式电影研究——基于案例比较[J]. 电影文学，2019（09）：35-37.
② 贺琳雅. 交互式电影的发展趋势与创新——以《黑镜:潘达斯奈基》为例[J]. 视听，2019（03）：9-10.

1月,实景拍摄、真人出演的国产互动影片《隐形守护者》也对此进行了尝试。尽管这种创新在现阶段存在较多争议,难以成为影片制作的主流,但仍然是影视产品结合技术变革实现创意突破所值得探索的方向。

(二)电影的营销策划

营销策划是指在对企业内部环境予以准确的分析,并在有效运用经营资源的基础上,对一定时间内的企业营销活动的行为方针、目标、战略以及实施方案与具体措施进行设计和计划。营销策划的实质,是通过各种形式和媒介平台,实现和消费者的心理沟通,以达到销售的目的。在制定电影营销策划时,要以获得更多的收益为目标,以广大的潜在观众为对象,制订符合当前市场情况的电影策划。

电影制作完成后,并不是只追求简单的市场投放和播映。首先,制订相应的播放计划是首要任务,包括播放地点、时间、观看价格等很多方面。其次需要策划大量的推广活动,包括召开记者招待会,安排首映礼等宣传活动,尽可能地打开市场,以获得更多的收益,如假期和节日期间是电影上映的黄金时间。最典型者如贺岁片。贺岁片最早起源并流行于香港,大多以"恭喜发财""家有喜事""福禄寿喜"等象征吉祥如意的词来命名,基本为有圆满结局的喜剧。1995年,成龙主演的《红番区》是第一部以"贺岁片"名义引进中国内地的影片,当年的票房收入仅次于好莱坞大片《真实的谎言》。电影营销策略必须符合当前市场经济的发展状况以及人们的心理动态,以此为电影的宣传工作打下更坚实的基础。

电影策划要求策划者必须是一个全能型的人才。首先,电影策划者要懂电影方面的相关知识。其次,策划者要掌握策划最基本的原则。再次,要求策划者对市场信息有一定的发掘和预见能力。最后,策划者本身的思维能力要比较强。电影策划者应该对电影和市场有整体认识,应揣摩当前市场的发展前景和发展热点,及时抓住观众的心理特征,制订出全面的电影策划方案。如张艺谋执导的电影《金陵十三钗》从影片选角开始就进入营销计划,新一代的"谋女郎"也引起了公众的广泛关注,最终影片以6.1亿元人民币的票房成绩成为2011年华语电影票房冠军。

(三)电影的反馈策划

受众评价是检验影片成功与否的重要指标之一,观众对电影的意见才是最直接的。通过观众反馈,发现影片的优缺点,以便进行归纳总结,在日后的电影制作中可以取长补短,提供更优质的电影产品。以张艺谋的电影为例,2002年张艺谋执导的首部武侠巨制《英雄》开启了中国大陆电影的"大片"时代。在影片上映后,观众反映故事情节有些平淡,因此,张艺谋在接下来的电影中注重故事情节的悬念性,继而推出了《十面埋伏》。这部影片的情节相比《英雄》有了很大进步,不仅在票房上一路攀红,而且备受各大电影节的青睐。

（四）电影后续产品的开发计划

电影业的发展已经开始步入成熟期，形成了相对完整的产业链，也很注重同其他产业的互动。电影的票房收入只是整个产业收入的一部分，通过发展下游产业，可实现盈利的最大化。电影的收益不仅仅包括电影在播放过程中的票房收入，还包括根据影片衍生出来的产品价值，甚至有时后者的收益是电影产品收益的好几倍。因此，对于电影后续产品的策划也是不容忽视的。电影中出现的人物都有其各自的形象，有的公司通过购买这些形象的使用权来进一步开发产品。每一个电影人物都有一定的故事，从而在观众心目中生成了一种形象，借用这些带有故事的人物形象可以提高后续产品的宣传效力。其本质原因就在于，普通情况下生产出来的产品只是一种具有功能性的实物，而被艺术化了的产品则不仅仅具有实物本身的功能，还可以将产品精神化，以满足人们的精神需求。

有的电影策划者在编剧完成之前，就已经开始谋划如何根据此电影产品来开发游戏以及做品牌授权等工作。近年来，尤其是国外大多影片制作方都开始利用一些电影创意来设计游戏等下游产品，且获得了较大收益。经典飙车电影系列作品《速度与激情6》于2013年上映后其同名游戏也随之推出；2014年电影《哥斯拉》上映之际，华纳兄弟和传奇电影公司也推出了一个基于哥斯拉电影的页游《哥斯拉：攻击区》（Godzilla:Strike Zone）；2018年，洛杉矶手游工作室Jam City开发的手游《哈利波特：霍格沃茨之谜》，在预约阶段就有超过200万的玩家注册，上线后就登顶欧美68个国家或地区iOS游戏免费榜，截至2021年4月，这款游戏总营收超过了3亿美元。

除游戏外，其他电影衍生品往往也会带来较大收益，如2016年电影《魔兽》上映前，其衍生品在中国的销售额就已超过1亿元；2016年上映的《愤怒的小鸟》动画电影票房收入5.14亿美元，相关衍生品开发收入18亿美元，占电影总收入近78%。我国电影衍生品产业虽处于初级阶段，但随着国产电影票房的不断提升，国内影视公司纷纷开始发展电影衍生品业务。同时，观众对电影衍生品的购买意愿持续增长，为处在电影行业产业链中的衍生品市场催生了较大的发展空间。如2015年《大圣归来》系列电影衍生品众筹项目获得了极大的成功：14项众筹项目，原定众筹期为1个月，目标金额99.6万元，而实际上仅1天就筹集到了1181.6万元，达成率为1186%；2017年，电影《三生三世十里桃花》上映后仅上半年其衍生品销售额累计就超过3亿元；2019年《流浪地球》上映后续开发了100多个品类的产品，市场规模达到8亿元左右。

三、网络剧的创意与策划

网络剧是一项新兴的艺术种类，与传统电视剧的区别主要在于媒介。网络剧以互联网为主要传播渠道，播放准入门槛低，内容自由度强，观看时间较灵活。

2006年一部名为《一个馒头引发的血案》的视频突然在网络走红，可以说是网络微电影在国内的首次露脸；2010年一部名为《老男孩》的短片以1.13亿次的搜索量被评为"2010年中国十大文化产品"之一。2010年也被业界形象地称作是"网络剧元年"。网络剧最初是网友自发拍摄然后上传网络的简短视频，发展到现在已成为具有一定规模的产业。

自网络剧在国内兴起之后，优酷、爱奇艺、搜狐视频、腾讯视频等机构陆续推出了大量网络剧作品，早期如《幸福59厘米》（2011）、《在线爱》（2011）、《杜拉拉升职记》（2012）等。其中在国内引起较大反响的还有万合天宜工作室出品的一系列网络作品，如《万万没想到》（2013）《报告老板》（2013）等。这些剧集在网上吸引了无数网友围观，并将白客等一些新锐的专业配音演员带到了幕前，通过一集集搞笑腹黑的故事情节，推动了网络剧的盛大繁荣。

近年来，网络剧热度不减，部分作品的剧作质量已不弱于传统的上星电视剧，在观众中引起强烈反响，如《白夜追凶》（2017）、《庆余年》（2019）、《隐秘的角落》（2020）等作品在视频平台上线时，均收获了巨大的网络播放量并一度成为网络热门话题。网络剧已不再是粗制滥造的代名词，其产业规模也越来越大，据统计，2020年我国全年上线网络剧230部，比2019年的202部增长14%。

和传统电视剧相比，网络剧具有更大的发展前景和独特优势。网络剧的播放时间相对不固定，一般是以预告的方式介绍下一次的播出时间。在播放的间歇期，网民可以就剧目内容或制作等提出各自的意见和看法，以帮助制作方改进完善后续剧集或节目，甚至有的网络剧的题材和故事就是由网民提供改编而成。可以说，网络剧的出现也给了公众更多展示才华的机会。网络剧的策划中主要需考虑以下几方面。

1. 选题定位

每一部网络剧都需要首先确定选题方向，不能盲目投入拍摄。一般网络剧大多会选择利用周围的生活题材。有的网络剧中的场景地点很单一且固定，如在家或办公室，在这种情况下，选题内容可发挥的空间，即故事情节就要围绕这些背景展开。

以国内万合天宜公司制作的《万万没想到》系列网络剧为例，其选题定位遵循两个原则：一是无厘头，二是结合当下流行热点。无厘头所迎合的冷吐槽和腹黑笑点一直都是年轻人追捧的热潮，而对当下流行热点的再现和嘲讽同样能引发网友的共鸣。

另一部反响热烈的网络剧《屌丝男士》，主要定位为融合当前热门话题的喜剧。剧集的内容主要是贯穿各种"屌丝"男士短小精悍的笑料，模仿《憨豆先生》的笑点模式，每个笑话都有一个特定场景，表现了各种类型的男人在生活中的尴尬，并以夸张和自嘲的方式进行表达。

2. 影片形式

网络剧的影片形式决定其投入成本及整体制作计划，目前主要有以下几种形式。

（1）连续网络剧。剧情是围绕同一个故事展开的，每一集所呈现的故事都是互相衔接的，整体关联性较强。

（2）系列网络剧。系列网络剧和连续剧刚好相反，每一集所讲述的都是独立的故事，每集故事之间没有必然的联系，因此，观众从任意一集开始观看都不会影响对剧情的理解。

（3）系列单元网络剧。介于连续网络剧和系列网络剧之间，系列单元网络剧中每一个故事分几集讲完，每一个故事之间也没有必然联系。

（4）专题系列微电影。每一集由几个不同的故事组成，这些故事都是由同一批演员出演。

3. 播放途径

视频网站是网络剧播放的主要渠道，如优酷、爱奇艺、腾讯视频等均有网站自制剧或网友自制作品可供观看。与电视剧的分销模式不同，网络剧往往通过独播以实现差异化竞争，如优酷的《万万没想到》系列、搜狐视频的《屌丝男士》系列等。

以往传统电视剧的热剧、大剧往往选择"先台后网"或"网台联动"的播放模式，随着互联网视听平台逐渐成熟与主流化，网络剧"反哺"卫视也越来越普遍，不少卫视成了网络剧的二轮播出平台。如2018年由爱奇艺首播的网络剧《延禧攻略》，在互联网引发追剧热潮后转战浙江卫视播出，同样成为卫视平台同时段节目的收视榜首。

自2020年起，中国电视剧三大奖项——中国电视剧飞天奖、上海电视节白玉兰奖、中国电视金鹰奖先后将网络剧纳入参评范围。可以说，网络剧和传统电视剧的界限越来越模糊，尤其是从观众角度来看。因此，选择适合自身受众定位的播放平台，在网络剧策划中尤为重要。

4. 盈利模式

网络剧的制作成本主要包括故事、剧本的开发费用，编剧、导演、演员及剧组其他成员的劳务费用，场地、设备、后期等费用。早期的网络剧相比传统电视剧而言成本投入较低，但若要保证作品质量及其可持续性，仍需要积极探索科学合理的盈利模式。在国外，网络剧和普通电视剧在制作标准上大体一致，只是播放平台不同，如《纸牌屋》等作品由于题材优秀、制作精良，吸引了大量观众的付费点播。

目前，网络剧的盈利模式包括广告植入、广告分成、版权出售、付费点播等。就国内来看，在剧情中进行广告植入是目前网络剧最稳定的盈利模式，而实际上盈利大多则依靠与互联网平台的贴片广告分成或版权一口价售卖，欧美国家广受欢迎的付费点播在国内暂未普遍化。不过，腾讯出品的悬疑侦探剧《暗黑者》就意图尝试拍摄两个结局，一个不付费的正常结局和一个需要缴纳少量费用方能观赏的特别结局，既增添观剧趣味，也是盈利试验。

本章小结

　　影视文化是一种综合度极高的大众文化类别。从产品的表现形式来看，国内现有的影视文化产品主要包括电影故事片、电影纪录片、电视剧、音乐电视、电视纪录片、电视综艺晚会等。

　　影视文化产品具有结构突破性、视觉修辞性、生活延伸性等基本特征。

　　影视文化创意产业至少包含了创意、艺术、技术和产业四大要素。影视文化产品作为影视文化创意产业的直接成果，其创意和策划的过程也必须遵循创意原则、艺术原则、技术原则与产业原则。

　　电视剧、电影和网络剧的创意策划方法不尽相同，但均要经历选题定位策划、内容制作策划、营销推广策划和后续评估反馈、延伸品开发等策划过程。

 思考题

1. 如何正确地把握视觉文化产品视觉修辞性的特点？
2. 如何看待影视文化产品策划中的创意剽窃问题？
3. 新兴网络剧与传统影视文化产品的创意策划有哪些不同之处？

第七章

广告文化产品的创意与策划

 学习目标

通过对本章的学习,学生应了解或掌握如下内容:
1. 广告文化产品的定义和类型;
2. 广告文化产品的特征;
3. 广告文化产品创意策划的原则;
4. 广告文化产品创意策划的策略。

 导言

广告产业丰富多彩,从其传播方式来看,广告可以通过报纸、电视、网络、户外等一些形式进行传播;从其产生环节来看,广告包括从事广告调查的产业、进行广告创意设计的产业、生产出有形广告的产业等。广告调研的主要内容包括市场信息、媒介信息和效果测定等,如盖洛普公司即是为市场提供此类服务的企业。

广告创意是指广告设计者对广告创作对象所进行的创造性的思维活动,是通过想象、组合和创造,对广告主题、内容和表现形式所进行的观念性和新颖性文化构思,创造新的意念或系统,使广告对象的潜在现实属性升华为社会公众所能感受到的具象。承担此类业务的公司或组织群体共同构成了广告创意设计业,而将这些设计生产制作为有形产品的公司则构成了广告制造业。

广告媒体是用于向公众发布广告的传播载体,是指传播商品或劳务信息所运用的物质与技术手段。传统的四大广告媒体是电视、电台、报纸、杂志。广告媒体业就是设计用哪一种传播方式进行传播,并进行购买或者安排日期等。

一般来说,广告策划的流程为:第一步,进行广告调研;第二步,进行创意设计和广告制作;第三步,广告媒体业选择展现广告的方式等。

第一节　广告文化产品的类型与特征

一、广告文化产品的类型

产品是指能够提供给市场,被人们使用和消费,并能满足人们某种需求的任何事物,包括有形的物品、无形的服务、组织、观念或它们的组合。产品一般由三个因素构成:实体商品、文化创意和服务。广告文化产品即广告设计师依据广告主的需要而生产设计出的各种广告实体商品、创意广告文化、广告服务成果。

根据广告诉求方式、广告媒介的使用、广告目的等不同的需要和标准,可以将广告文化产品划分为不同的类型。

（一）按照广告的说服方式进行分类

广告说服方式是指广告作品陈述信息的表现形式。广告制作者运用各种方法吸引消费者,以形成或改变消费者的某种态度,告知其满足自身需要的途径,促使其出现广告主所期望的购买行为。据此,可以将广告分为感性化的说服方式、理性化的说服方式以及情感化的说服方式。

（1）感性化的说服方式。其特点是"以境动人",通过营造理想化、实体化意境画面,刺激公众的感官系统,引导公众进入某种特定境界。感性化诉求方式的表述语言以刺激性和鼓动性为主,以影响公众的联想心理和梦幻心理,在青少年消费者中颇具影响力。

（2）理性化的说服方式。其总体特点是"以理服人"。这种诉求方式主要是作用于公众讲究实用的理性思维,其语言特色在于逻辑性和条理性,内容往往侧重于商品的功能、价值等,能够给公众营造具体、实在的消费体验,使公众直接从表述语言中发现商品带来的实际利益。这种诉求方式有利于宣传新式商品,对中老年消费群体更为有效。

（3）情感化的说服方式。主要对公众的情感生活施加影响,其特点是"以情感人",通过营造情意融融的气氛,刺激公众的情感心理,引导公众产生情感向往和满足感,从而对商品留下美好的印象。

（二）按照所使用的广告介质进行分类

广告的特点随着传播介质的不同有很大区别,其传播效果和受众群体也有所差异。根据广告介质可将其大致分为以下几类。

（1）印刷媒介广告。也叫作平面媒体广告,是指主要利用纸质印刷品进行广告传播的媒介,主要包括报纸、杂志、书籍、邮递广告等。

（2）电子媒介广告。是指运用电子技术、电子技术设备及其产品进行信息传播的媒介广告，其中的媒介包括广播、电视、电影、录音、录像和光碟等。大多数电子媒介属于大众传播媒介，其中广播、电视是最主要的电子广告方式。

（3）户外媒介广告。凡是能在露天或公共场合通过广告的表现形式同时向众多消费者进行诉求，能达到推销商品目的的物质都可称为户外广告媒介。户外广告可分为平面广告和立体广告两大类：平面广告有路牌广告、招贴广告、壁墙广告、海报、条幅等；立体广告包括霓虹灯、广告柱以及广告塔灯箱广告等。

（4）直邮（direct mail，DM）广告。是指向目标客户通过邮寄、直投等方式发布的广告。它有着很强的针对性，同时成本低廉，具有一定的灵活性。美国直邮及直销协会（DM/MA）对 DM 的定义是："对广告主所选定的对象，将印就的印刷品，用邮寄的方法传达广告主所要传达的信息的一种手段。"

（5）销售现场广告。又名售点广告，就是指通过在商品销售场所或者博览会上实际展出来进行产品宣传。例如，大型超市所陈列的一些商品以及车展等。

（6）数字互联媒介广告。随着互联网的发展，借助互联网为媒介进行传播已成为主流的广告方式，网络的大量普及也使数字互联媒介广告拥有了传播迅速、广泛的特征。

（三）按照广告对象进行分类

按照广告对象的不同，大致可以将广告分为产品广告、企业形象广告、品牌广告、观念广告等类别。

（1）产品广告。是指向消费者介绍产品的特征，直接推销产品，目的是打开销路，提高市场占有率。产品广告的目标在于推销产品，其核心是要采用各种方式介绍、宣传产品的特点和优点，使产品给人们留下深刻且美好的印象。它往往会利用各种劝说内容和形式，引导人们购买，如各种降价销售广告、抽奖广告等。

（2）企业形象广告。是指以广告主的名义，并由其支付一定费用，通过大众传播媒体的公众传递商品和购买者所能得到的利益的信息，以期达到促进企业商品销售目的的信息传播活动。其主要为间接推销产品或服务的企业形象广告，它的内容不会直接展示、介绍商品，而是通过塑造产品、商标或企业整体的形象，通过长久地巩固和发展这一形象，赢得消费者的喜爱和支持，不管企业的产品如何更新换代，借助形象广告始终能保证消费者在未来的日子里继续支持该企业。所以，形象广告不仅能为企业近期的销售铺路，也能为企业未来的销售做准备。

（3）品牌广告。是以塑造品牌为主要目的，力图使品牌具有并且维持良好形象和较高的知名度。任何一个广告都是对品牌的长程投资。从长远来看，广告必须力求维护一个好的品牌形象，而不惜牺牲追求短期效益的诉求重点。随着市场饱和度与产品细分程度的增强，同类产品的功能性差异减小，品牌之间的同质性增大，消费者选择品牌时往往不再诉诸理性而更多注重观感，因此，描绘品牌的形象比强调产品的具体功能特征要重要得多。

(4) 观念广告。是通过提倡或灌输某种观念和意见，试图引导或转变公众的看法，以期影响公众的态度和行为的一种公关广告。它可以宣传组织的宗旨、信念、文化或某项政策，也可以传播社会潮流的某个倾向或热点。它是以建立观念为目的的广告，不直接介绍产品，也不直接宣传企业信誉，旨在建立或改变一种消费观念的广告。观念广告有利于企业更长远的发展。

（四）按照广告所处的地域范围进行分类

由于广告面对的消费者群体有所差异，其投放的地域范围也存在一定差别。根据广告投放的地域范围的不同，可以将其划分为国际性广告、全国性广告和地区性广告等。

(1) 国际性广告。又名全球性广告，在这种广告类型的应用中，其广告受众是世界范围的，一般是以实现某种国际性营销为目的，主要是通过一些全球性的传播介质或者直接投放目标国家或地区来进行宣传。

(2) 全国性广告。覆盖区域包含整个国家，以全国人民为目标消费者群体。此类广告适用于普适性较强的产品。

(3) 地区性广告。其宣传范围在某一特定区域，以刺激该地区消费者对产品的需求，如在省、市等地区性媒体上投放的广告，或路牌、灯箱等广告。此类广告的传播范围小，多适合于为生产规模小、产品通用性差的企业进行广告宣传。再细致区分的话，还可以分为地方性广告和区域性广告，如在东北地区宣传制暖设备等。

（五）按照广告的接受群体进行分类

在商品的销售过程中，不同的群体所扮演的角色是不同的。要想使商品能够更好地得到宣传，就需要针对不同的宣传对象采用不同的策略和方式。据此，广告的形式又可以归为工业企业广告、经销商广告、消费者广告等类别。

(1) 工业企业广告。又名生产资料广告。这类广告主要是宣传一些生产原材料，其对象基本是一些生产厂商，经常是出现在一些特定专门的行业杂志媒体上。

(2) 经销商广告。其宣传主要是以一些经销商为传播对象。经销商，是指从企业进货的商人。他们购买商品一般不是自用，而是转手卖出，以赚取差价来盈利。经销商广告主要是为了吸引经销商以获得更大的订单。很多经销商广告都是在一些专门的杂志上进行宣传，也会提供一些样品进行宣传。

(3) 消费者广告。其宣传的目标是商品的终端消费者，既包括商品的最终使用者，也包括经销商。

简言之，虽然不同类型的广告目标是不一样的，但是它们都受制于广告主所想要达到的目标以及某一企业销售方式的需求。对于很多公司而言，广告都是不可缺少的一种宣传方式，反过来，广告主需求的不断变化也进一步对广告创意设计提出了进一步的要求。明确不同类型的广告特点，对于选择恰当的广告策略，使其最大限度地发挥作用是非常有益的。

二、广告文化产品的特征

现如今,广告已经成为商品生产者、经营者和消费者之间沟通信息的重要手段,也是企业占领市场、推销产品、提供劳务的重要形式,其主要目的是扩大经济效益。广告,即广而告之,是为了某种特定的需要,通过一定形式的媒体,公开而广泛地向公众传递信息的宣传手段。除了具备商业属性,广告还是一系列复杂的活动。以下从广告的文化性、艺术性、符号性等方面审视其所具备的特征。

(一)文化性

文化是指人类活动的模式以及给予这些模式重要性的符号化结构。广告与人类生活有着密切联系,属于文化的一种产物和活动,广告的制作也需要以文化元素为依据和资源。

广告并不仅仅是对某一产品进行直白的描述,优秀的广告需要对产品进行创新的阐释。在广告的调研、创意设计、制作生产等一系列过程中,其文化内涵和意义都在不断加深。"海尔兄弟""女儿红"等一些著名品牌都经过时间的洗礼,在历史的不断发展和进步中逐渐在人们脑海中烙下了深深的印迹,形成了某种代表符号,进而成为独具特色的文化现象。

(二)艺术性

广告被称为艺术,与 20 世纪后半叶印象美学与艺术的泛化有着密不可分的联系。历史地来看,西方自 17—18 世纪的启蒙运动以来,宗教和教会对艺术的控制体系逐步坍塌,这便为艺术从古典艺术(传统艺术)依附于宗教和教会的状态中分化出来,成为一个自在和自为的行业提供了条件。但后来的实践证明,这种自在和自为仅具有相对的意义——艺术虽然不再依附于宗教和教会,但来自外部的力量以及来自艺术界内部的不同的认识,都对其现代性的发展产生了多方面的影响与制约。[①]

广告与现代经济的发展相互促进,共同进步。在不知不觉中,随着商业传播对人类生活的不断深入,广告已经成为人类生活中不可缺少的一部分,同时也成为艺术文化的重要组成部分。很多广告在制作之初,是为了达到某种现实意义,而不是纯粹为了达到某种艺术效果,但是,随着历史的洗礼,很多广告作品已成为经典。现在我们常用一些唐诗宋词进行广告创意,虽然作者本人在创作的时候往往并没有此种意识。

在广告设计和制作中,也要强调广告本身的协调性和合理性,从而达到一种美和理的融合,通过这种融合,可以使受众在广告观看过程中有一种美的享受,同时对广告所宣传的商品有更加深刻的印象。

---

① 葛在波. 广告艺术论[J]. 新闻世界,2014(6):168-188.

（三）符号性

广告对产品理念的传播必须经过必要的信息编码，使传播的信息符号化，广告传播中出现的各种表达方式，如广告语、口号、标语、画面、声音等均属于其语言符号。可以说，广告就是借助一定符号进行的劝服方式，是标志产品个性的符号，是达到某种目的的手段。其实，符号并不包含明确的意义或观念，而只提供了某些线索，让我们能够借助解释去发现意义。当符号借助人们有意无意采用的文化惯例和规则得到破译，符号才会呈现出意义。[①]广告作为一种符号，其能指和所指并没有必然的联系，特定的形式在某些约定俗成的特定语境下代表特定的意义。例如，广告业中，很多词语在新的环境中得到了新的阐释，达到了某种新的表达效果，这种能指与所指的割裂，使得广告在一定程度上具有了符号意义。

广告符号的能指和所指的任意性使特定的广告传播意义，必须审慎地选择当时语境下的特定符号形式，否则可能造成无意义的广告误读，特别是品牌化的广告传播必须选择多种广告形式进行组合，这意味着符号以系统的方式表达整体的品牌价值。十分复杂的广告符号系统得以组合的关键在于品牌的核心价值，它规定了符号的取舍以及符号的组合方式，以求达到同一声音、同一效果，而不是相互矛盾。所以，符号是品牌的形式载体，符号系统是以整体的方式集中地使品牌形象更好地传播。正是能指和所指之间任意但又从属于社会惯例的对应关系，才使广告符号具有了无限丰富的内涵和形式，同时又喻示了无限创意的可能[②]。

第二节　广告文化产品创意策划的原则

根据营销对象、目标受众、品牌理念等广告要素的不同，广告产品的创意设计可谓千差万别，但广告本身作为一种传播方式，是需要遵守一定的原则的。

一、真实性原则

真实是广告作品的核心，也是广告存在的基石。这里的真实是指广告对产品信息的描述必须是真实有效的。这既是法律法规所明确规定的，也是广告的职业伦理要求的。如《中华人民共和国广告法》第三条规定："广告应当真实、合法，以健康的表现形式表达

[①] 卡瓦拉罗. 文化理论关键词[M]. 张卫东，张生，赵顺宏，译. 南京：江苏人民出版社，2006：17.
[②] 薛峰，詹秦川. 广告符号的特性解读[J]. 陕西科技大学学报，2008（26）：150-153.

广告内容,符合社会主义精神文明建设和弘扬中华民族优秀传统文化的要求。"第四条规定:"广告不得含有虚假或者引人误解的内容,不得欺骗、误导消费者。"第五条规定:"广告主、广告经营者、广告发布者从事广告活动,应该遵守法律、法规,诚实信用,公平竞争。"

广告的真实性的要求具体包括:第一,广告所宣传的内容必须和所要宣传的产品是相同的,要以实际情况作为基础,不能歪曲事实,更不能夸大事实;第二,广告必须具有真实的感性形象,在广告中运用现代技术进行加工创作是被允许的,但是所宣传的产品企业不能有虚假成分,必须达到高度的一致性;第三,广告所表达的情感必须是真实的,不能过分修饰,要以其真实的感情去打动观众,给观众留下深刻的印象,从而达到更好的宣传效果。

二、创新性原则

广告的创新性包括独特的内容创意以及新颖的展现方式。广告制作设计的创新性原则能帮助某一产品或者企业品牌在众多的同类产品中获得更多的关注,给观众留下更加深刻的印象,从而增强宣传效果。创新性原则主要是针对广告设计者而提出的要求。广告设计者需要用现有的思维模式提出有别于常规或常人思路的见解和方案,改进或创造新的事物、方法、元素、路径、环境等,从而设计出具有创新性的广告。需要注意的是,设计者在创新的同时也不能脱离关联性原则。

三、品牌性原则

现在很多企业和品牌都很重视对自己形象的打造,很多时候我们对于某一个行业的产品评价来源于对这一形象的认知,而这一认知往往决定着消费者的购买倾向性。任何一则广告对于企业来说都是一次展现其形象的机会,这也是一项影响力深远的长期宣传项目。这就要求广告设计者在每次设计制作广告时,都要考虑到对企业品牌形象的宣传,树立好的形象,这样才会使商品的宣传更加有效。

四、情感性原则

情感是人们在接触外界时所产生的一种心理感觉,多是一种主观思想。就广告购买行为而言,很多时候,正是这种主观思想会超越基于对产品实际应用价值的理性判断,成为人们购物时的行为决策依据。因此,在进行广告产品的创意策划时,往往需要针对目标客户"投其所好",通过引起消费者的情感共鸣,引发价值认同,使目标客户实现消费认同,从而达到广告营销的目的。

五、关联性原则

广告在设计的时候必须密切联系所要宣传的产品，充分考虑进行广告宣传的目标及广告想要达到的效果。概括来说，主要有五个方面：第一，广告所需要达到的宣传目的；第二，广告所要接受的观众具有什么样的特点；第三，做某个广告的时候可以从哪些方面获取利益；第四，广告所要宣传的商品或者品牌有什么独特的地方；第五，采用何种媒体渠道进行推广。

在制作广告的时候必须充分考虑所要宣传的产品、受众以及此产品行业内竞争对手的优缺点。只有明确了这些方面，才能在制作广告的时候更加有的放矢。知己知彼方能百战不殆，广告设计者在设计过程中更要学会研究消费者的心理需求，考虑如何运用消费者的这些特点来吸引其注意力，从而使观众更加信服广告。

第三节 广告文化产品进行创意设计的策略

一、明确广告诉求

诉求是制定某种道德、动机、认同，或是说服受众应该去做某件事的理由。广告通过媒介向目标受众诉说，以求达到所期望的反应。因此，广告的诉求不同，其设计方式、方法也会相应地有所不同。

（一）理性诉求策略

理性诉求指的是广告诉求定位于受众的理智动机，通过真实、准确、公正地传达企业、产品、服务的客观情况，使受众经过概念、判断、推理等思维过程，理智地做出决定。这种广告策略可以做正面表现，即在广告中告诉受众如果购买某种产品或接受某种服务会获得什么样的利益；也可以做反面表现，即在广告中告诉消费者不购买产品或不接受服务会对自身产生什么样的影响。采用理性诉求策略时需要注意以下几点。

1. 明确诉求关键点

广告讲究简洁明了，如果制作的广告篇幅和时间较长，既增加制作播出成本，又降低消费者的耐心，影响其信息接收的有效性。因此，理性诉求的首要环节就是要明确诉求的关键点，以便在简短的时间内突出表现广告的重点。

2. 注重论据的使用

注重论证材料的选用是理性诉求策略的重要体现。由人证或物证构成的令人信服的论据，往往胜过空洞的描述和说教。

在选用人作为论据时往往会选用两种人：第一种是在此产品的行业内知名度比较高的人，第二种是本产品的体验者。现在随着人类知识的逐渐增长，每个个体都有独立思考的能力，对每件事情也都有自己的见解，但是往往这些见解带有一定的主观性，所以在有些事情的抉择上，人们倾向于相信一些知名度比较高的人，因为他们具有一定的权威性，即所谓"名人效应"。

与利用人来进行宣传相比较，很多广告设计者倾向于使用物来作为论据。人的证言在很多情况下多多少少都会引起人们的怀疑，而直接用物来进行说明却更加直接明晰。在用物体作为论据的时候，可以直接采用实物展示的方法，展示实物形象、实验结果或数据统计图表等。当然，用物作为论据时更要遵循真实性原则。

3. 恰当使用恐惧诉求

心理学认为，宣传有时候需要运用"敲警钟"的方法唤起人们的危机意识和紧张心理，以促成他们的态度和行为向一定方向发生变化，这是一种常见的说服方法。它具有双重功效：一是它对事物利害关系的强调可最大限度地唤起人们的注意，促成人们对特定传播内容的接触；二是它所造成的紧迫感可以使人们迅速采取对应行动。例如，小布什在挑起对伊拉克的战争时强调恐怖组织，就是一种常见的恐惧诉求（纪录片《华氏911》）。恐惧诉求除了在政治宣传中有所应用，也出现在很多日常广告中，如一些牙膏广告中，向受众介绍牙龈肿痛、口臭会引发的不良后果等。

一方面，恐惧诉求基本上是通过刺激人们的恐惧心理来追求特定效果，会给对象带来一定的心理不适，如果把握不好分寸，容易招致自发的防卫性反应，对传播效果产生负面影响；另一方面，恐惧诉求可以帮助人们解决产生恐惧的问题，让消费者摆脱这些问题的困扰，并使消费者对该广告产生一种信赖和依托的心理。

(二) 感性诉求策略

情感广告，又叫作"情绪广告"或"感性广告"，是指诉诸消费者的情绪或情感反应，传达商品带给他们的附加值或情绪上的满足，使消费者形成积极的品牌态度的广告。

根据人类不同情感分类的情感广告在广告中融入亲情、爱情、友情等情感，不仅赋予商品生命力和人性化的特点，而且容易激起消费者怀旧或向往的情感共鸣，从而能诱发消费者对商品的购买动机。通过情感进行宣传比较快速，同时给受众的影响也比较深刻。仔细区分，感性诉求方法可以有以下几种方式。

1. 通过感性语言和形象刺激消费者的情感

这里所说的感性语言并非一定要用到某些高级词汇，而是根据受众的思想情感特点发出的令人动容的话语，从而使消费者产生强烈的共鸣。广告设计者要注意结合受众的心理特征，站在消费者的立场融入感情，激发其购买动机。这就要求广告制作者能有一定的心理学方面的知识，了解受众的情感兴奋点。

2. 提升产品的精神附加属性

物质是没有感情的，而人是有感情的，提升产品的精神附加属性可以赋情于物，带动消费者对产品的情感体验。因此，广告本身常能以其独特的功能，成为另一种附加价值。人类在使用某种产品的时候获得的不仅仅是产品本身的使用功能，还包括在体验完产品之后所获得的心理上的满足。人类的需要往往包括精神和物质两方面，很多广告都是利用了这一方法。如：

"步步高复读机，妈妈再也不用担心我的学习。"——步步高复读机广告

"大家好才是真的好。"——好迪洗发水广告

3. 发挥"晕光效应"

晕光效应又称晕轮效应或光环效应，其含义是指在社会生活中，对一个人某种品质或特点有了比较清晰的认知，留下了比较突出而深刻的印象，那么，这种深刻的印象就好像月亮周围形成的晕光一样，向外弥漫扩散，从而掩盖了这个人的其他品质和特点，这种心理现象称为"晕光效应"。晕光效应实质上就是个人主观推断的泛化、扩张和定型的结果。在广告策划中适当地运用该效应，可达到较好的传播目的。

晕光效应在社会认知中具有"一俊遮百丑"的作用，其中感情因素非常关键。在积极情感的影响下，一个人的优点可能变为晕光而被夸大，其缺点也就隐退到晕光背后被遮蔽，即所谓"一俊遮百丑"。在消极情感的影响下，则可能把缺点变为晕光被夸大。

在广告策划的感情诉求策略中，一旦消费者对产品有了初步的认知及好感，那么运用晕光效应在其后期宣传中即可达到事半功倍的效果。

（三）深层诉求策略

所谓深层诉求，多数情况下是指用"暗示"的方法来达成广告目的，即用含蓄、间接的方式，借助言语、手势、表情等手段对他人的心理和行为产生影响，使人不加考虑地接受某种意见或做某事，是人们日常生活中最常见的心理现象。例如，催眠就是典型的心理暗示所产生的效应。一般情况下，暗示者是主动的、自觉的，受暗示者是被动的。在这方面，暗示与劝说类似，但暗示主要是靠提示进行，而非靠逻辑推理和理论论证。

具体来说，深层次的暗示性广告的思维方式如下。

（1）不直接陈述。也就是说，广告制造者不用直接的广告来直白地讲述广告的内容，而是用暗示的方法使消费者在无意识的情况下受到影响。美国的饮料市场主要由可口可乐和百事可乐占据，其他产品很难脱颖而出，而七喜就做了这样一则暗示性的广告："汽水饮料有两种类型，一种是可乐，另一种是非可乐，而七喜饮料即属于后者。"乍一看，这则广告只是在进行一个简单描述，而仔细分析不难发现其暗示意义：首先七喜和可口可乐或百事可乐同属一种档次的饮料，不过它属于一种非可乐饮料。如此表述为七喜赢得了巨大的影响力。

（2）利用多数人的选择进行提示和说服。很多人都有一种趋同心理，认为"群众的眼睛是雪亮的"。因此，在广告中充分利用群体特征进行宣传，可以增加广告的可信度和说服力。

以上两种策略是可以相容的，都可以应用到同一个广告之中，对于不同产品的不同宣传时期可以选择适合的方法类型进行宣传，以期达到更好的宣传效果。它们互相之间不分伯仲，重点在于广告设计者要根据不同的实际情况对它们进行合理的应用。

二、融入创意元素

（一）对经典作品的解构

中国有很多经典的艺术作品，它们在艺术水平上都达到了一定的高度，并且拥有丰富的思想含义，之所以经典，就是因为它们都经过了历史的考验，具有令人震撼的情感力量，以其独有的艺术影响着人们。在广告创意策划中融入经典艺术作品的设计，将有助于增强广告作品的传播力。

然而，单纯地将经典的艺术作品放置到一个广告中，往往很难满足广告的需求，因此必须对其进行一定的设计和构思才能达到预期的效果。当某一个经典的作品被应用到某一个产品的宣传当中时，它就会成为这个产品形象的一部分，因此我们在选择经典艺术的时候要注意选择与产品特点相符合的作品，这样既可以扩大商品的影响力也可以提高品牌的文化内涵。比如，人们所熟知的经典名曲《高山流水》、著名画作《蒙娜丽莎》等都在很多广告作品中出现过。

还有一些经典的雕塑作品也成为广告创意取材的对象。以德国奥林匹克体育联合会鼓励人们多做运动的公益广告为例，其中之一取用了米开朗基罗的《大卫》雕像设计而成。在雕像的底座写着广告语："If you don't move, you get fat."大卫是广受人们尊敬的少年英雄，他曾经为了保卫祖国和人民浴血奋战，打倒了无数的侵略者。米开朗基罗没有沿用前人表现大卫战胜敌人后将敌人头颅踩在脚下的场景，而是选择了大卫迎接战斗时的状态。在这件作品中，大卫是一个肌肉发达、体格匀称的青年壮士形象，体现着外在的和内在的全部理想化的男性美。

将一些经典的艺术作品作为广告设计中的一个素材，进行传统宣传意义的解构，来形成一种新的含义，会给人一种耳目一新的感觉，令人印象深刻。

（二）对民族风俗元素的运用

民俗是人民传承文化中最贴切身心和生活的一种文化——劳动时有生产劳动的民俗，日常生活中有日常生活的民俗，传统节日中有传统节日的民俗，社会组织有社会组织的民俗，人生成长的各个阶段也需要民俗进行规范。例如，结婚，人们需要有结婚典礼或仪式来求得社会认同，在人的精神意识领域也有民俗。民俗现象虽然千差万别、种类繁多，但是它也并非无所不包。民俗，正如它的名字，它深植于集体；在时间上，人们一代代传承它；在空间上，它由一个地域向另一个地域扩布。例如，压岁钱的风俗年年如此，而且各地盛行就是例证。当然，民俗也不是铁板一块，它在传承的过程中也会出现各种不同的版本，如过年时北方风俗为吃饺子，而南方却为吃年糕。民俗学家把这种现象称为"民俗的变异"。虽然民俗常常因为时过境迁而不断改变，却自有分明的类型或模式，如南方的吊脚楼与北方的四合院就是两种不同类型的民居建筑。

民俗的根本属性是模式化、类型性，并由此派生出一系列其他属性。模式化的必定不是个别的，自然是一定范围内共同的，这就是民俗的集体性：民俗是群体共同创造或接受并共同遵循的。在广告创意设计中适当运用民族风俗元素，一定程度上可增强广告作品的集体认同感，提升广告作品的传播效果。在运用民俗元素进行广告创意策划时，需要对其进行改造和融合。中国的民俗元素形式多种多样，大部分都是经过历史的长时间考验流传下来的。广告的创新性不仅是采纳民俗元素，还应该对民俗元素进行创新性改造，使其具备现代性，符合现代人的审美观念。

三、避免策划误区

（一）广告策划易"孤立无援"

广告策划与产品本身的策划往往是由不同部门负责、分开进行的。对于整个企业来说，如果广告策划者和产品策划者没有进行良好的沟通交流，就很难设计出好的方案来促进产品的推广。因此，广告策划切忌"孤立无援"，从产品策划初始阶段就需要有广告策划意识，并确保企业内部沟通机制的顺畅，如产品研发部门、生产部门、市场部门等与广告部门需要保持密切联系并进行有效沟通。

（二）广告策划易"局部美丽"

在广告的实际策划操作中，很多人只注重广告策划某一个环节的"美丽"效果，而不考虑系统性。如有的公司虽然是有计划地对广告进行投放,但在播出一段时间后,市场反响不是很明显(其实是处于生长阶段),需要企业不断地投入更多的资本来支持,企业领导发现投入与产出不成正比,收效甚微,便开始动摇并责令停止广告计划运行。其实不然,万里长征只差一步,在最后的关键时刻选择放弃,将会造成之前的投入计划化为泡沫,产品市场的前景开发可想而知。

(三)广告策划易"上错花轿嫁错郎"

广告是依靠媒体存在的,而如今媒体种类繁多,各式各样的媒体形式也给企业的选择带来了困难,因为媒体形式各不相同,都存在利弊,因而需要企业针对自己产品的特点选择适合的媒体形式。例如,电视媒体播放时间虽然较短,但是覆盖面较广,几乎家家户户都有电视,而且有画面还能体现色彩,更能形象地展示产品;杂志虽然保持期较长,对于企业计划开展的具体活动能及时地传达给客户,但是有些信息的内容也具有一定的时效性,存在一定的局限性。因此需要企业根据宣传对象的特点选择适合的媒体,这样才能达到理想的效果。有些户外的广告牌信息量不大,仅能起到宣传品牌的作用。合适的媒体组合包括广告投放位置的选择、投放时间的安排、媒体信息的播放或刊发位置、播放时间等。

(四)广告策划易"拜错师"

当一个企业决定通过广告的形式进行产品宣传时,投放广告的消息一经传出,各广告公司便纷纷进行策划,并不断与该企业沟通欲承揽广告宣传业务。部分企业单从节约成本方面考虑,选择要价低的广告公司,但往往达不到理想效果。主要原因在于企业并没有真正地认识到广告投放的目的在于吸引消费者,扩大市场占有率。广告投放的重点在于吸引更多客户消费,以取得更多利润,而不是计较眼下的资金投入。因此,企业在选择广告公司时应该更加慎重,将产品与广告结合起来,这样才能达到双方的愉快合作。

在广告公司的选择上,更合理的做法是:第一,看广告公司之前的广告业务中,是否服务过拥有类似产品的企业;第二,看广告公司服务过的企业中,有没有实力较强的企业,主要提供过哪些方面的服务;第三,看广告公司员工的实力,专业技术是否过硬,广告产品的质量如何;第四,比较价格的合理性,是否存在高额收费现象。

(五)产品易"处处开花难结果"

产品定位是要确定产品的主要特性,考虑产品主要解决消费者哪方面的问题,主要产品市场在哪个方向。只有确定广告的宣传重点、突出产品的优势,才能吸引更多消费者的关注。但是多数公司无法准确定位,尤其是在"市场重点,消费者需要,产品优势"上出现错误定位或者盲目定位。广告要向消费者展示产品的亮点,有重点地突出产品特性,会给消费者带来什么样的利益，这就是我们所指的广告诉求。广告宣传点的选择是否合理，直接关系到消费者对产品的了解度，只有充分地了解产品的特性，使消费者产生对产品的认同，从而使消费者钟情于此款产品，才能积累长期顾客，这就是所谓的认可。唯有认可度提升了，才会激发消费者对产品购买的欲望。

（六）广告策划易"砸门面"

作为广告的门面，产品代言人的选择十分关键，如果不慎重选择，就会直接影响到产品的宣传效果。首先要确定产品的适宜消费人群，其次要充分调查产品代言人在消费人群中的影响程度。代言人确定以后，其形象便与企业的荣辱直接连为一体，利用代言人的号召力和影响力来扩大商品的知名度，为产品的宣传提供了捷径，增加了产品在消费者中的知名度。如果明星有负面报道，同样也会导致产品和企业失色。

有资料统计显示，柯震东出演电影《那些年，我们一起追的女孩》迅速走红后，密集代言19个品牌，其中世界500强企业品牌高达2/3。然而，2014年，柯震东吸毒被拘丑闻发生后，其代言产品的企业形象和市场也一定程度受到波及。据业内估算，柯震东吸毒为其代言的品牌所带来的直接、间接商业损失达数十亿元之多。因此，对品牌代言人的确定一定要做好前期的情报调研，不仅要了解明星的知名度，更要对代言人的品行进行充分了解，务必深思熟虑，努力降低由代言人带来的风险，充分考虑长远发展。

（七）广告策划易"旧汤换旧药"

创意被称为广告的灵魂。别具匠心的广告创意能迅速地吸引消费者的眼球，给消费者带来深刻印象，令人经久不忘。然而，目前市场中存在的普遍现象是，媒体一旦出现一条标新立异的广告，便有一群类似的广告蜂拥而至。很多企业选择模仿成功的广告为产品进行宣传，因为广告本身已经取得了较好的效果，操作起来更简单容易，但是从市场反应看，这种模仿只能使消费者产生视觉疲劳感，司空见惯的现象已经不能引起消费者的关注，从而失去了对产品的新鲜感。

近年来，到处播放着酒类的广告，而像轩尼诗酒的"对我而言，过去平淡无奇；而未来，却一直是彩色的"让人深感惬意，回味无穷。很多企业追求广告语通俗易懂、深入人心，往往使广告商陷入模式化，给人一种抄袭的感觉，总有似曾相识的感觉。看了这些广告往往使人陷入俗套模式，让人觉得平淡无奇，更使企业产品淹没在大众产品当中，毫无吸引力可言。

（八）广告策划易"华而不实"

广告宣传的宗旨就是真实展示产品，准确描述产品的特点，不能只为吸引顾客而过分虚增产品功效，必须让消费者实际体验到产品的功效。很多企业为拉拢客户虚增产品功效，这是对消费者的欺骗行为，不仅达不到理想效果反而使消费者对产品产生误解，流失更多的客户，更严重的会导致企业形象下降，失去应有的信誉，最终走向绝路。

消费者是一个不断发展壮大的群体，他们的盲目消费是短暂的，如果广告内容不真实，消费者就无法真正了解产品，甚至会失去对类似产品的信任，造成市场混乱，由此将会给企业带来极大危害。其不仅严重损坏了经销商和广告消费者的利益，更严重的是破坏了原有的市场机制。

本章小结

广告产品就是广告设计师依据广告主的需要而生产设计出的各种广告实体商品、创意广告文化、广告服务成果。

根据广告诉求方式、广告媒介的使用、广告目的等不同的需要和标准，可以将广告产品划分为不同的类别。例如，按照广告传播区域将广告分为国际性广告、全国性广告、区域性广告等；按照广告媒介的使用将广告分为印刷媒介广告、电子媒介广告、户外媒介广告、直邮广告、现场销售广告等。

广告文化产品具有文化性、艺术性和符号性等基本特征。

进行广告产品创意策划时，需要注重真实性、创新性、品牌性、情感性和关联性等原则，采取明确广告诉求、融入创意元素、避免策划误区等具体策略。

思考题

1．如何合理地平衡广告文化创意策划的真实性和艺术性？
2．进行创意策划时如何处理好广告投放人与创意策划团队之间的关系？
3．对当前广告文化产品市场上的"创意同质化"现象应怎样理解？
4．从创意和策划的角度来看，如何避免信息社会的"广告污染"？

第八章

动漫文化产品的创意与策划

 学习目标

通过对本章的学习，学生应了解或掌握如下内容：
1. 动漫文化产品的定义和类型；
2. 动漫文化产品的特征；
3. 动漫文化产品发展的趋势和意义；
4. 动漫文化产品创意策划。

 导言

"动漫"是动画和漫画合称的缩写，泛指所有的动画、漫画作品。动画和漫画是两种不同的艺术形式，都具有象征性和叙事性等特征。动画，是对许多帧静止的画面逐帧拍摄，之后连续播放形成活动的影像。漫画，是指通过虚构、夸饰、写实、比喻、象征、假借等不同手法描绘图画来述事的一种视觉艺术形式，是静态影像，没有声音，也没有帧移动，可以加上文字、对白、拟声词等辅助读者对图画的理解。随着现代传媒技术的发展，动画和漫画之间的联系日趋紧密，两者常被合为"动漫"。由于漫画本身的发展形成了现代故事漫画的表现形式，将影视艺术融入漫画之中，使得漫画与动画更容易结合。影视艺术独特的地方在于它能通过镜头的推拉摇移和片段剪辑的蒙太奇技巧来表达想法和感受。动漫也是目前年轻人最喜爱的多媒体影像形式之一。

动漫作为一种流行文化发源于日本，作为一种大众文化载体，其含义更加广泛，不仅包括静态的漫画杂志、书籍、卡片，还包括动态的漫画音像制品，如《蓝猫淘气三千问》。"动漫"一词并非源于日语，在日语中也没有"动漫"一词。而在汉语里，原先也没有"动漫"这个概念。自20世纪90年代开始，日本漫画在我国慢慢传播开来，1998年我国出现第一家动漫咨询杂志《动漫时代》（Anime Comic Time），从此"动漫"一词在我国成了动画与漫画的合称。目前，国内大多数人在提及"动漫"时多指日本动漫或日式动漫。

另外，英语 cartoon 的中文音译"卡通"，也是漫画与动画的合称，但有时特指美国式动画。

财政部、教育部等十部委于 2006 年出台的《关于推动我国动漫产业发展的若干意见》指出，动漫产业是以创意为核心，以动画、漫画为表现形式，包含动漫图书、报刊、电影、电视、音像制品、舞台剧和基于现代信息传播技术手段的动漫新品种等动漫直接产品的开发、生产、出版、播出、演出和销售，以及与动漫形象有关的服装、玩具、电子游戏等文化衍生产品的生产和经营的产业。世界上的很多发达国家都非常重视发展动漫产业，这一产业给国家经济和社会的发展带来了很大的益处。作为一项发展前景巨大的新兴产业，动漫业又被称为"新兴的朝阳产业"。

第一节　动漫文化产品的类型与特征

一、动漫文化产品的类型

依据不同的划分标准，动漫文化产品可分为以下几类。

1. 按照来源分类

（1）动漫直接产品。如动漫图书、报刊、电影、电视、音像制品、舞台剧和基于现代信息传播技术手段的动漫新品种等。

（2）动漫衍生产品。与动漫形象有关的服装、玩具、电子游戏等文化衍生产品。

2. 按照用途分类

（1）出版物。以动漫为依据所生产的图书、期刊等。

（2）音像制品。录有影视动画内容的录音带、录像带、唱片、激光唱盘和激光视盘等。

（3）玩具。以动漫为原型，所生产的玩具、图画、贴图等。

（4）文具。以动漫形象为依据所生产出的各种文具。

（5）服饰。图案或大致形状为动漫形象的一些服装、饰品。

（6）礼品。依据动漫形象的形状或者图画制作的礼物或者纪念品。

（7）IT 产品。表面印有动漫形象的数码产品。

（8）生活用品。依据动漫的形象生产出来的生活用品，包括水杯、桌椅、水盆等。

（9）食品。包装上印有动漫形象的食品或者形状是以动漫形象为基础的食品，如面包、果冻等。

（10）护肤品。包装上印有动漫形象的化妆品。

（11）体育用品。以动漫形象为基础生产的体育用品。

（12）主题公园。以一些动漫形象为主题营建的公园，如迪士尼乐园。

3. 按照传播媒介分类

（1）传统动漫。将动漫刊登在新闻报纸等媒体上，或者通过电视、电影院播放。

（2）网络动漫。是指运用互联网、移动互联网等播放的动漫作品。

4. 按照生产方式分类

（1）高度密集化生产。动漫产品是一种创意性文化产品，依据动漫形象生产出来的产品种类繁多，丰富多彩，并且可以给厂商和企业带来很大的收益。在产品的生产制作和宣传过程中，需要投入大量的人力、物力和财力，主要是以批量生产为主。

（2）个体化独立生产。以个人为主设计和制作的产品，这些产品具有独创性，生产规模比较小。

二、动漫文化产品的特征

1. 娱乐性

在现代社会中，人们的生活节奏逐渐加快，生活压力也越来越大。动漫产品本身的娱乐属性可缓解大众日益加重的各种压力，让受众在其中得到放松。其衍生产品的设计也往往充满创意，既可装饰点缀生活环境，也可为人们带来种种乐趣。

2. 地域性

地域化特色是基于特定的地理区域文化的创作理念，表现在不同区域、不同环境下的动漫产品反映着当时当地的文化内涵。以日本、美国联合创作的著名动漫形象"变形金刚"为例，其虽然成名于美国，却体现了它的本土地域——日本的文化特色。它不同于美国动漫形象的个人英雄主义情结，更强调的是通过集体的力量而赢得战争的胜利。可以说，变形金刚体现了日本隐忍、刚毅、团结的民族文化特征。

3. 情感性

动漫不仅仅是一种产品，随着动漫形象的深入人心，它逐渐被人们赋予了情感。无论动画设计技术如何变化，人类通过动漫表达真实情感的思想始终未变。一部动漫如果缺少思想情感，即使再好的技术也不会为受众带来很好的欣赏体验。而能够对人们产生深远影响的动漫产品往往都具有独特的风格和思想感情。

4. 日常性

如今，动漫已经深深融入人们的日常生活之中，成为大众文化体系的重要组成部分。广告海报、服装饰品、网络表情等生活中处处出现的各式各样的动漫图像，改变了以往单纯而写实的表达形式。动漫逐渐成为当今人们传达信息、交流情感的重要助手，展现了当代生活的新面孔、新内涵。

5. 艺术性

首先，动漫是基于单幅画作而生成的产物，作为一种美术作品，其审美价值主要体现在两方面：一是思维美学，即漫画通过夸张变形、诙谐幽默和荒诞不经等手段，表达事物的精神实质，传递深层的思想或哲学理念；二是视觉美学，以不同的绘画表现手段对动漫故事主题进行渲染和烘托。

其次，动漫还是集绘画、漫画、电影、数字媒体、摄影、音乐、文学等众多艺术门类于一体的艺术表现形式。

最后，动漫是一门幻想艺术，它可以把现实中不可能存在之物转化为画面予以更为直观的表现，扩展了人类的想象力和创造力。

三、动漫文化产品的盈利模式

从动漫强国日本与美国的产业盈利模式可以看出，动漫经营者应该立足于本国的国情、历史与文化，将动画、游戏、网站、主题乐园、周边产品与消费市场有效地联系在一起，形成"合作与共赢"的良性循环。

（一）广告植入模式

主要指由播放平台、动漫制作方和广告主共同投资、插播广告的方式来补偿制作成本。目前主要有两种方式：一种是巧妙植入动漫故事情节中的软广告，如2018年初在腾讯视频开播的国产动漫作品《斗罗大陆》，剧情中多次出现康师傅绿茶产品、腾讯视频标志等软广告；另一种是在动漫片头片尾直接贴片广告，这在优酷、爱奇艺、腾讯视频等各大视频播放平台均较为常见。

国外动漫广告植入较早的作品有20世纪60年代美国动画片《大力水手》（Popeye the Sailor），该片播出后，引发了其同名菠菜罐头热销，甚至一度刺激了美国的菠菜产业。20世纪80年代日本经典动画片《铁臂阿童木》和片中的卡西欧电子产品、卡西欧随片广告，也都是广告植入的典型案例。该片引入中国由中央电视台播出时，也捆绑播放了卡西欧电子表的广告。

而国内较早的动漫广告植入有《海尔兄弟》，这是由海尔集团创始人张瑞敏亲自进行创意策划，为宣传海尔电器品牌量身定制的科普系列动画片。这是一次将动漫作品与商业品牌无缝衔接的成功尝试，从某种程度上讲，该片甚至成为海尔集团一种特殊的广告形式。

从盈利角度看，广告植入模式对动漫制作方和广告投资方均风险较小，但周期较长，如果前期动漫不能获得高人气，就很难持续性地获得市场和投资者的青睐。

（二）授权品牌或转让部分作品版权

动漫制作方将已有一定知名度的品牌或卡通造型授权转让给下游企业，后者则可以通过影院动画、真人电影、游戏、改编电视剧等文化产品的再创作、再生产、再传播，或玩具、文具、服饰等衍生品的生产销售来获得更多市场回报。这种模式属于"副业补主业"的反哺模式,以动漫下游产业产品的销售"反哺"核心动漫品牌,从而形成发展的良性循环。

以杭州动漫企业中南卡通为例,该企业自 2003 年成立以来,逐步进行了全产业链的开发和布局,创建了以动画为核心的多元化平台体系。如在其主推的"天眼"动画形象有了品牌知名度和美誉度后,中南卡通积极探索了自行开发、贴牌生产、加盟经销、品牌授权等多种形式的产业合作和运营模式,先后开发了玩具、文具、儿童用品、服装、鞋帽、食品、饮料等产品领域,并构建了自己的销售渠道[①]。

此外,出售网络播映权也是转让版权的方式之一。如高人气动画作品《秦时明月之沧海横流》(《秦时明月6》)于 2020 年 10 月 8 日在优酷上线首日便成为优酷当日播放量冠军。作为中国第一部 3D 武侠系列动画剧,2011 年该系列中《秦时明月之万里长城》(《秦时明月4》)以 30 万元一集的价格向土豆网出售了其网络播映权,40 集片子使制作方玄机科技一举获得 1 200 万元收入[②]。

(三)会员费、下载收费和"打赏"模式

这是目前许多网络动漫公司采用的主要盈利模式。如网站的动漫频道主要通过积聚人气和吸引广告来获利。向 VIP 用户收取服务费和动漫作品的下载收费也是维持动漫网站正常运营和发展的重要方式。此外,漫画网站还可以通过"打赏"机制奖励创作者,即通过读者的直接现金奖励推出高人气漫画作者,并鼓励他们继续创作。"打赏"模式起始于起点中文网,是读者与作者之间的新型互动激励方式。在近几年的直播领域,"打赏"尤为流行,但这种商业模式在文学、音乐和漫画等网站都有着成功的范例。

第二节 动漫文化产品的创意策划

一、强化开发意识

1. 打造原创动漫品牌

打造原创动漫品牌是动漫产业良性发展的必要环节,然而,原创动漫从剧本创作到形象设计再到成品面世都是漫长的过程,即使是实力雄厚的美国动漫公司梦工厂,在制作《功夫熊猫》的过程中也花费了将近 7 年的时间。原创动漫品牌的打造需要足够的资金、充足的资源作为支撑,并非一蹴而就。

---

① 陆健,潘剑凯. 中南卡通探索动漫产业盈利模式[N]. 光明日报,2009-06-20.
② 张玉玲. 中国动漫谋划突破盈利困局[N]. 光明日报,2011-12-20.

2. 重视人才的培养

人才是指具有一定的专业知识或专门技能，进行创造性劳动并对社会做出贡献的人，是人力资源中能力和素质较高的劳动者。动漫产业中，不仅仅应该注重培养动漫产品原创人才和技术人才，还应该注重培养衍生产品开发和市场营销方面的人才。如动漫衍生产品是对动漫形象的第二次开发利用，需要在原始动漫形象基础上加以改造创新，这一系列的工作都需要设计者充分发挥他们的聪明才智来完成。

3. 重视衍生产品的开发

动漫产业市场分为两部分：一是动漫产品的播放市场，二是动漫衍生产品的销售市场。动漫衍生产品的开发和销售是对动漫产品品牌形象的延续和扩大，因此，重视衍生产品的开发，为其制订完整的制作销售方案非常重要。该策划方案需包括同行业发展情况调查、资金的预算和来源、人才需求、产品投放市场的反馈信息搜集、分析等。

同时，在动漫产品创作初期就应考虑到后期动漫衍生产品的开发，在动漫形象设计上要注重开发的可实施性，充分的市场情况调查有助于按照市场的需求来开发和生产产品。

二、提高文化吸引力

随着动漫产业的发展，动漫衍生产品的数量和种类也在不断增多，要想在众多的产品中脱颖而出，吸引更多消费者，在动漫作品的创意策划中，就必须提升衍生产品本身所附带的文化魅力。

（一）塑造优秀动漫形象

随着以漫画、卡通、动画、游戏以及多媒体内容产品等为代表的动漫产业在全球经济中的地位的迅速提高，各式各样的以动漫为主题的游戏、服装、玩具、食品、文具用品、主题公园、游乐场等销售强劲，甚至不少汽车商、计算机厂家和网络运营商都在拿动漫人物做噱头。动漫形象是动漫衍生产品区别于其他同类产品的重要特征，因为它可以加深人们对动漫衍生产品的印象，有利于进一步对动漫衍生产品的开发。在每一部动漫作品中，除了要有好的情节之外，还要有一定的人物设计。人物形象的设计不仅需要结合故事情节，还需要为其策划具有个性的外貌特征和性格特点，并赋予其文化内涵。如大家耳熟能详的动漫形象：头上有着明亮粉红色蝴蝶结的白色卡通小猫 Hello Kitty，正直刚毅的变形金刚，机智、勇敢、乐观、有主见、坚强、帅气、宽容、仗义具有侠义精神的喜羊羊，拥有粗粗的一字眉、调皮搞怪的蜡笔小新等。

（二）丰富产品的种类

一方面，可以将某一动漫形象应用到更多的产品中。以日本的三丽鸥（Sanrio）公司所创造的卡通人物 Hello Kitty 为例，该动漫形象于 1974 年 11 月 1 日问世，逐渐成为卡通的主角。在以儿童为收视群设计的 Hello Kitty 动画片开播后不久，配合该动画片出产了第一款 Hello Kitty 形象产品——价值 240 日元的小而精致的乙烯基硬币钱包。如今，该形象已在 22 000 多件产品中出现，并占 Sanrio 公司每年 100 万日元盈利的一半。虽然 Hello Kitty 最初的设计着重于女性市场，但问世以来，该形象就深受各类消费者喜爱，至今该卡通人物商品已涉及玩具、钱包、电视、衣服、按摩器、计算机硬件等。

另一方面，可以深度开发某一类型的衍生产品。如 1984 年美国孩之宝（Hasbro）公司与日本 Takara 公司合作开发的变形金刚系列玩具和动画片、影片。在变形金刚玩具面世后，几乎每一款产品都有对应发行美国版本和日本版本。最初两种版本的外形和变形装置设计大体相同，但是美国公司后来的大合体机器人成为流行模式，大力神、大无畏、守护神、飞天虎、混天豹等相继登场，先后出现超过 15 个组合体，每个组合体又由五六个小变形金刚组合构成，迅速扩充了变形金刚玩具的产品种类，也促进了销售。除了组合模式外，1984 年上市的红蜘蛛、闹翻天、惊天雷三款 F-15 飞机使用的是完全相同的模具，只不过使用不同颜色塑料和不干胶贴纸加以区分；1985 年再次用 F-15 模具推出"特别版"，一版六用充分体现了其产品种类、层次的区分。

（三）不断创新

除了可以通过丰富动漫衍生产品的种类扩大动漫形象的影响力外，还可以通过延长动漫衍生产品的市场存活时间扩大产品的影响力。为动漫产品赋予创新的艺术体验和思想内涵，可以使更多观众对其保有新鲜感和强烈的关注度。

随着时间的推移，人们的兴趣爱好和欣赏水平都在逐渐的变化，要想把握住已经拥有的动漫市场并在此基础上进一步扩大销售市场，就必须随着社会的变化而不断地改进创新。以米老鼠为例。米老鼠是华特·迪士尼和乌布·伊沃克斯于 1928 年创作出的动画形象，迪士尼公司的代表人物。单看米老鼠本身的变化就有很多。据统计，米老鼠穿过超过 175 种不同的衣服。1950 年，随着电视的兴起，米老鼠转入小屏幕，成立了"米老鼠俱乐部"。1955 年，全球第一家主题公园——迪士尼乐园成立，首度把电影业与旅游业相结合。1966 年，老迪士尼去世，但迪士尼主题公园、俱乐部、主题酒店等继续建造。2003 年，美国财经杂志《福布斯》推出的"虚构形象富豪榜"显示，最能挣钱的"卡通富翁"是米老鼠和它的朋友们，价值 58 亿美元。到现在为止，我们仍可以从很多产品上看到米老鼠的身影。类似的动漫老朋友到现在为止仍然具有很大的社会影响力，它们在时代的进步中不断地改进着自己来适应当前人们的需求。

三、充分了解市场需求

1. 扩大受众消费群

实际上，成人对动漫作品和其衍生产品的需求和消费远高于儿童。有调查资料显示，我国的动漫卡通爱好者主要集中在 15~35 岁。对于这个消费群体来说，他们已经形成了自己的兴趣爱好和消费倾向，同时大部分还具有一定的支付能力，因此他们的购买力相对于儿童来说更大。将动漫市场的受众群体定位由低龄儿童扩大到青少年、成年人，将更有利于动漫产品的策划和开发。

2. 分析受众心理

随着人们年龄的增长，人们的生活态度和欣赏水平等都在不断变化。为了更好地适应观众的心理变化，需要充分地把握观众的心理需求，掌握他们的商品需求。根据市场需求开发和制作动漫产品，有助于市场的拓展和公众的接受。根据市场消费群体的年龄，可以将其大致分为以下三种人群。

（1）12 岁以下的儿童。这一群体皆为低龄人群，生活阅历很少，对很多事物了解不足。这是接触和学习新东西最多的阶段，这类人群对新事物的好奇心较重，注意力不够集中，容易受到外界的干扰，还未形成自己独立的判断能力。我国传统的动画片很多都是针对这一群体开发制作的。尽管儿童对动漫产品没有抵抗力，但他们没有支付能力，购买产品需要家长支持，而家长并非有求必应，家长还要考虑产品的价值功能性和自身的消费能力。因此，针对这一年龄段的群体设计的产品不仅仅要有趣，还需要有较高的实用价值或附加价值。

（2）13~20 岁的人群。这一青少年群体处于儿童时期之后、成人之前，多为学生或初入职场的人群。其心理特点主要包括：第一，独立意识强，不爱受约束，对家庭和学校的教育持叛逆态度；第二，思想早熟，有胆略，善于表现自我，有一定的是非辨别能力，但自控能力差；第三，攀比心理强，花费无计划；第四，追求新鲜、时尚、贪玩、惰性强等；第五，逆反心理较重，对压制和说教有抵触情绪，对理性的心理沟通容易接受。由此可见，这一部分人群有一定的消费能力，他们的消费观念既带有理性，又保有对新鲜事物的好奇心。因此，要想吸引这一部分人群的关注，需要在价格和质量上做出平衡。如尽管变形金刚高级模型的价格比较昂贵，但由于其具有很高的工艺价值和收藏价值，仍广受欢迎。

（3）动漫发烧友。除以上两类年龄特征较为明显的年轻群体外，还有一个特殊群体，他们对动漫产品的喜爱近乎疯狂，被称为"动漫发烧友"。这类人群的年龄分布广泛，但大多具备一定的经济实力，其共同点是对某一种动漫产品非常喜爱，同时也愿意花费较多金钱和精力购买、享受相关产品。虽然这类人群的数量相对较少，但是他们的消费能力不可小觑。

3. 产品市场细分

市场细分是美国市场学家温德尔·史密斯（Wendell R.Smith）于 20 世纪 50 年代中期提出来的。市场细分是指营销者通过市场调研，依据消费者的需要和欲望、购买行为和购买习惯等方面的差异，把某一产品的市场整体划分为若干消费者群的市场分类过程。每一个消费群就是一个细分市场，每一个细分市场都是由具有类似需求倾向的消费者构成的群体。

根据每个群体的需求、动机、购买行为的多元性和差异性，将整个动漫衍生产品的受众进行市场划分，有针对性地进行产品开发和生产，更有利于打开产品市场。以《天线宝宝》为例，它是英国广播公司（BBC）与 RagDoll 公司制作的幼儿节目，发行于 1997—2001 年，主要的收视对象是 12 个月大到 5 岁的学龄前幼儿。天线宝宝家族由 4 个可爱的天线宝宝和 1 个太阳娃娃组成。4 个可爱的天线宝宝生活在宝宝乐园里，每天都发生着许多有趣的故事。它们的故事已经在 113 个国家被翻译成 45 种语言，受到全球约 10 亿名儿童的喜爱。

《天线宝宝》呈现的是孩子在游戏中学习、发展的有趣经验。《天线宝宝》这个节目也是根据这个想法发展出来的。《天线宝宝》有两个元素：一是"幻想园地"，二是"真实纪录"。"幻想园地"是指《天线宝宝》的主要场景"神奇岛"，岛上有许多幻想奇观，可以培养孩子的创造力、想象力；4 个天线宝宝在神奇岛上玩乐，彼此之间拥有良好的关系，没有暴力，虽然很多事情都不懂，但是很喜欢学习。正是由于具有这样的特点，很多家长也愿意让孩子们观看这样的节目。

 **本章小结**

动漫产业是以创意为核心，以动画、漫画为表现形式，包含动漫图书、报刊、电影、电视、音像制品、舞台剧和基于现代信息传播技术手段的动漫新品种等动漫直接产品的开发、生产、出版、播出、演出和销售，以及与动漫形象有关的服装、玩具、电子游戏等文化衍生产品的生产和经营的产业。

动漫文化产品具有娱乐性、地域性、情感性、日常性、艺术性等特征。

动漫产业市场分为动漫产品的播放市场和动漫衍生产品的销售市场。

随着动漫产业的发展，动漫衍生产品的数量和种类也在不断增多，要想在众多的产品中脱颖而出吸引更多消费者，在动漫作品的创意策划中就必须提升衍生产品本身所附带的文化魅力。

 思考题

1. 动漫文化产品的创意和策划需要考虑哪些环节？
2. 如何正确看待国内动漫产业与国外动漫产业的差距？
3. 动漫文化产品的创意策划怎样才能兼顾多层次的受众群体？

第九章

网络文化产品的创意与策划

 学习目标

通过对本章的学习,学生应了解或掌握如下内容:
1. 网络文化产品的功能与特征;
2. 网络文化产品的主要类型;
3. 网络音乐的策划与制作;
4. 网络文学的创意与策划;
5. 网络新闻资讯类产品的类型与盈利模式。

 导言

网络文化产业是一种以网络技术为支撑的文化产业。网络是信息传输、接收、共享的虚拟平台,通过它把各个点、面、体的信息联系到一起,从而实现资源的共享。网络给人类的生活提供了一个新的平台,形成了一种独特的文化,即网络文化。网络会借助文字阅读、图片查看、影音播放、下载传输、游戏、聊天等软件工具从文字、图片、声音、视频等方面给人们带来极其丰富和美好的使用和享受,在这个过程中逐渐形成了具有网络特色的文化和观念,并发展成为产业。

网络文化产业最重要的是其文化内容,网络作为一种科技产品为人类提供了新的信息平台,给人类生活带来新的空间,从而产生新的文化市场。

由于网络的不断发展,越来越多的人都开始关注网络文化产业的发展。相关的政府部门组织也在这一市场投入了很多关注。为了促进网络文化产业市场的扩大和发展,一些网络文化产业会展活动也陆续开展。网络文化是以网络物质的创造发展为基础的网络精神创造。科学技术的不断变化给各种文化带来了新的传播形式,而新的传播形式的出现又促进了文化内容和形式本身的变化,同时也创造了很多新的文化,给人们带来了全新的文化交流形式和工具。在如今的社会,互联网已经走进了千家万户,成为人们工作、学习、生活中必不可少的一部分,这也为网络文化产业扩大市场范围奠定了良好的基础。

第一节 网络文化产品的功能与特征

网络文化产品又叫互联网文化产品,是指通过互联网生产、传播和流通的文化产品,主要包括专门为互联网而生产的网络音乐娱乐、网络游戏、网络演出剧(节)目、网络表演、网络艺术品、网络动漫等互联网文化产品,以及将音乐娱乐、游戏、演出剧(节)目、表演、艺术品、动漫等文化产品以一定的技术手段制作、复制到互联网上传播的互联网文化产品。[①]网络文化产品主要实现包括资讯、社交、娱乐和生活服务等在内的若干功能,在内容、形式、生产流程等方面均具有与传统文化产品不同的特征。

一、网络文化产品的功能

(一)资讯功能

互联网作为第四媒体,其信息传递的实时性和交互性,是传统媒体所无法企及的。在互联网发展初期,最早出现的网络信息就是资讯,即新闻。网络文化产品的资讯功能,是保证其受众广泛的基础:各种文化程度的人,都可以近距离接触网络,充分而平等地享受网络文化资源。网络表达方式的多样性,使得网络资讯的表现形态更加丰富多彩。网络打破了以往技术的桎梏,集报纸、广播、期刊、电视、书籍、音像等所有的优点、长处和功能于一体而加以利用。正是在网络自身海量信息存储功能和先进的网络技术的支持下,网络文化产品的资讯功能更为突出。

(二)社交功能

交往是人的社会本性,但人的交往方式、交往的时空范围受交往工具、通信手段的制约。互联网打破了现实生活中社交的时空限制,"它以计算机技术的通信技术的融合为物质基础,以发送、接收信息为核心,以加强沟通为直接目的,影响人类生活和思维方式,是人类信息交往的最新一次飞跃"。[②]网络文化产品所提供的社交渠道,打破了以往的交往模式,使得"社交"成为现在时代的主题,成为人和社会的普遍存在方式。如今"社交网络"的风行正是网络文化产品社交功能的最大程度的应用。

(三)娱乐功能

互联网不仅是网民获取信息的重要途径,更是网民休闲娱乐的新方式。网络聊天工具和网络游戏的出现,体现了网络文化产品强大的娱乐功能,也极大地促进了网络文

[①] 参见中华人民共和国文化部令第 51 号《互联网文化管理暂行规定》,http://www.gov.cn/flfg/2011-03/21/content_1828568.htm.
[②] 鲍宗豪. 网络文化概论[M]. 上海:上海人民出版社,2003:36.

的发展。越来越多的网民上网的直接目的，不再只是获取信息，而是聊天交友或者玩网络游戏。随着网络带宽的提升，网络硬件环境趋于良好，网络娱乐产业的发展渐成规模，数字娱乐时代的到来，更是让网络音乐、在线视频、网络游戏等成为广受欢迎的全新娱乐消费方式，形成了全新的网络娱乐文化。

（四）服务功能

网络文化产品的服务功能主要体现在其结合互联网特征，对传统服务行业带来的升级、改造，如搜索引擎、电子商务、在线教育、互联网金融等。随着移动互联网的发展，历史跨入了一个新的发展周期。生活方式和消费方式的转变，客户需求和行为亦随之转变，新的市场和产品范畴为许多现有市场创造了更多新的服务需求。尤其是移动互联网产品，其个性化、碎片化、一站式的服务属性，充分体现了网络文化产品整体性服务意识、全局性服务行为和灵活开放的服务能力，如移动资讯、移动视频、移动音乐、移动定位、移动动漫游戏等产品，均充分体现了其数字内容和创意服务属性。

二、网络文化产品的特征

（一）虚拟性

从信息的存在状态和外在表现的无形性理解虚拟性。虚拟性一般是指数字化比特（bite）数据的非原子特性，如没有体积、重量等物理性质及其超越自然时空的特点等，它以知识、信息、消息、图像、文字作为表现形式，以场的状态弥散在网络空间。网络文化产品是基于互联网技术平台开发出来的信息服务，天生具有非常明显的网络虚拟特性，它们并没有实物形态，仅是以电脑、软件光碟等为传输载体实现的无形的服务。网络作为虚拟空间，可以容纳人类所有的想象，网络文化产品尽管无形，但仍具有与实物类似的商品作用与流通模式。

（二）开放性

互联网的产生和发展是网络社会呈现开放性的物理基础。如果说网络文化的开放性体现在网络参与主体的平等性和参与方式的自由性，那么网络文化产品的开放性特征则显著地体现在网络资源的共享性、资源来源的多样性以及资源选择的自由性。同时，由于互联网信息流通的便捷性，网络文化产品及其提供企业的信息可得以更详细曝光，对于消费者而言具有更高的透明度。

（三）动态性

网络社会参与主体行为的自由性、网络体系的开放性决定了网络文化产品的多变性和高流动性。一方面，在网络社会中，"唯一不变的就是变化"，网络文化资源更新换代的速度很快，这是网络文化始终迸发强盛生命力的原因之一；另一方面，网络文化产品的动态性特征也是造成网络文化资源易于流失的主要原因。网络文化产品的动态性还体现在其具有较强的交互性，如网络游戏、智能查询、在线实时服务、交互式电视等，均具有动态特征，即用户可以实时参与、自主互动，而不同于以往传统文化产品相对单向的固化特性。

（四）创造性

网络文化产品主要是在平等、开放、包容的网络社会中创作出来的，在这样的环境下，传统文化产品的生产模式被颠覆，如点评分享模式、维基（Wiki）模式、众筹模式等网络文化产品特有的创作方式被催生。以维基模式为例，Wiki 一词来源于夏威夷语的"wee kee wee kee"，原本是"快点"的意思。在互联网环境下，Wiki 是指一种超文本系统，以支持面向社群的协作式写作为核心，即任何人都可以通过对内容的编辑而创建新的页面；在维基技术下，人们可以更方便地协同工作、共享信息，人类创造知识、交流知识的传统模式发生了改变，"开放、合作、共享、平等"的理念逐渐深入人心。同时，由于具有特殊创新的激励机制，参与这个声势浩大的创作队伍的人数越来越多，使网络文化产品更新换代的速度越来越快，具有极强的创造性。

第二节　不同类型的网络文化产品及其创意策划

一、网络音乐

网络音乐是指用数字化方式通过互联网、移动通信网、固定通信网等信息网络，以在线播放和网络下载等形式进行传播的音乐产品，包括歌曲、乐曲以及有画面作为音乐产品辅助手段的 MV 等[①]。网络音乐的出现，形成了数字化的音乐产品制作、消费和传播模式。

（一）网络音乐的类型

从传播渠道来看，网络音乐可分为两种：一是通过电信互联网提供在电脑终端下载或者播放的互联网在线音乐；二是无线网络运营商通过无线增值服务提供在手机终端播放的无线音乐，又称为移动音乐。

按音乐形式划分，网络音乐和传统音乐类似，包括古典音乐、民族音乐、现代音乐、舞蹈音乐、器乐曲、声乐曲、通俗音乐等。

---

① 参见《文化部关于加强和改进网络音乐内容审查工作的通知》，http://news.xinhuanet.com/internet/2009-09/04/content_11995854.htm。

按使用目的划分，网络音乐包括电子贺卡音乐、网络游戏音乐、网络广告音乐、网站背景音乐、彩铃音乐等。

按音乐存储格式划分，网络音乐包括 MP3 格式的音乐、Real（RM）格式的音乐、WMA 格式的音乐、WAV 格式的音乐和 MIDI 格式的音乐等。

按音乐来源划分，网络音乐主要包括两种：第一种是从开始诞生到广为流传都是诉诸网络媒体的音乐，多为网友自发原创制作；第二种是唱片公司或音乐制作机构将已发行的音乐上传至网络来扩大影响力。大部分网络歌曲都属于后者。

（二）网络音乐的特点

1. 时空延展性

传统音乐传播形式下，人们只有在特定的时间或场合才能欣赏到自己喜欢的音乐，如歌剧院、音乐厅、广场、教堂等，音乐的接受度受到了诸多限制，其传承性也难以保证。收音机、唱片、磁带、留声机等声音记录、传播媒介形式的出现，使得音乐的传播范围进一步扩大，人们不出家门就可以欣赏到各种音乐，且对其还原更加直接、精确、真实。广播电视等视听媒介和数字化媒介的出现，更进一步突破了音乐传播的时空限制，尤其是网络音乐的出现，使音乐真正步入了大众传播的时代。

2. 去中心化

基于互动、参与、自由、开放、协作的去中心化传播是网络传播最主要的特点，原本掌握在"把关人"手里的自上而下的信息流动被彻底解构，信息可以实现共享和上下交流[1]。这种模式在音乐传播过程中体现为原本位于传播链末端、只能在背后默默欣赏音乐的被动接受者，发生了身份的转换。由于网络音乐的传播门槛较低、传播环节简洁，使得人人都可以进入传播链，上传自己的作品，随时随地欣赏喜欢的音乐并收藏或评论，音乐受众选择的自主性得到了最大程度的发挥。

3. 共享性

网络传播及数字化应用使音乐不再受时空限制，可以随时随地被重复、再现，并在较大范围内得以共享。用户充分利用网络传输的快捷性和资源获取的便利性搜寻自己喜欢的音乐，下载、分享或再传播。目前，世界上通过网站销售的专辑以及通过收费下载形式售出的单曲数量已越来越高，网络销售在唱片销量中所占的比重也越来越大。美国唱片工业协会近年来一再就一些非法侵权的网络音乐共享提出诉讼等，都反映了互联网时代音乐传播的迅速以及音乐共享方面的需求[2]。

---

[1] 牛慧清. 网络时代音乐作品的传播方式与特质[J]. 重庆社会科学，2013（5）：59-64.
[2] 王国良. 网络音乐的特性及其评析[J]. 郑州大学学报：哲学社会科学版，2007（4）：73-75.

(三) 网络音乐的策划与制作

1. 创意策划

在网络音乐策划制作之初，需要根据音乐用途确定其主题和类型。如通过思考音乐作品最终需要表达什么、意欲达到怎样的作品意境等问题，明确其适合的表达方式，进而确定音乐制作需要的硬件（如乐器、电脑、录音设备等）和软件（如各类音频制作软件、混音软件）等。同时，此阶段还应对最终作品的发布方式和渠道有所考虑。综合以上要素，形成作品的创意策划方案，以便后期有计划、有步骤地推进工作。

2. 音乐录制

网络音乐的制作与传统音乐类似，均需要经过词曲写作、编曲、录音、混音等阶段。

（1）词曲写作。文字成词，音符成曲。在词曲的写作过程中，并没有严格的先后顺序。若有现成的曲谱，则根据节奏填词即可；如先创作出歌词文本，则需对其谱曲。词曲的配合很难一次成形，有时为了旋律优美，往往需要经过多次修改完善，尤其是汉语歌词，由于汉字的音调和韵脚，常会为了达到最佳传唱效果而反复修改。

（2）编曲。通俗地讲，编曲是为伴奏写谱，解决配器的问题。音乐人根据作曲需要，对乐曲的风格、速度等进行大致判断与想象，构思其整体结构，进而确定用哪些乐器来表现，每种乐器在哪些音乐片段中使用，分别充当什么声部等。

（3）录音。狭义的网络音乐制作即把演奏发布等一系列工作完全交由电脑完成，让电脑完全用虚拟乐器进行演奏并录制。事实上，如今虚拟乐器虽然功能强大，但其音色质量、演奏技法等仍与传统音乐制作有着天壤之别。一份高质量的网络音乐作品往往离不开传统的录音手段。

根据所掌握的资源，家用普通电脑麦克风、专业录音棚等均可完成录音。一般来讲，曲作者或编曲人会在录音时到场以便和乐队、指挥等人及时交流，把握演奏风格。专业录制时，每种乐器和歌手人声往往需要分开录制，有时需要先录制采集完乐器配乐后简单合成为伴奏带，再配合歌手录制演唱部分。而如果是合唱，为取得最佳效果，通常需要分别录制男、女声及每一个声部。如一首合唱歌曲，男、女声各有4个声部，就要分别录制到8个音轨上。在实际录制中，可能需要唱、录几十遍或上百遍，才能最终合成为一首天衣无缝的作品。

（4）混音。混音即借助混音台或编辑软件，把伴奏、乐器、人声等已录制的各种零碎音频融合在一起，通过为各分轨施加压缩、均衡、激励、失真、混响等效果器，使最终的成品呈现出剧场演出的立体效果。好的混音能使乐曲更符合其表现目的，或如史诗般荡气回肠，或如鸟鸣般婉转动人，每一种声音均各得其所，使作品富含饱满感和生命力。

3. 作品发布

在音乐制作完成后，为成品选择恰当的网络传播渠道和发布方式也非常关键。根据文化部《关于网络音乐发展和管理的若干意见》，凡在中华人民共和国境内传播的网络音乐产品，必须经文化部批准进口或备案。同时要求网络音乐企业对不以赢利和商业营销为目的的网民自行模仿、编创和表演的音乐产品要加强审查。

二、网络演出

（一）网络演出的类型及特点

网络演出是网络文化的重要组成部分。根据我国互联网管理规范，网络演出可以分为网络表演和网络演出剧（节）目。

1. 网络表演

网络表演是指以网络表演者个人现场进行的文艺表演活动等为主要内容，通过互联网、移动通信网、移动互联网等信息网络，实时传播或者以音视频形式上载传播而形成的互联网文化产品。[①] 网络表演经营活动是指通过用户收费、电子商务、广告、赞助等方式获取利益，向公众提供网络表演产品及服务的行为。如将网络游戏技法展示或解说的内容，通过互联网、移动通信网、移动互联网等信息网络，实时传播或者以音视频形式上载传播的经营活动。

根据以上定义可以看出，网络表演具备以下几个特征：

（1）以现场进行表演为主。网络表演的本质仍是表演，需要演出者进行现场、真实的表演，如舞蹈、演唱、脱口秀等演出内容。只是经由预先录制、编辑后发布的作品也属于此范畴。

（2）通过信息网络传播。网络表演的载体是网络，必须通过互联网、移动通信网、移动互联网等信息网络进行传播，涵盖电脑、手机、平板电脑、可穿戴设备等一切硬件载体。

（3）公开传播。传播包括"实时直播"和"现场录制后上传到平台"两种方式，前者如在映客、花椒的直播频道由主播直播；后者如通过秒拍、小咖秀录制后分享在微信、微博等社交媒体上的录播。

2. 网络演出剧（节）目

网络演出剧（节）目是指在舞台场景下现场进行的以文艺表演活动等为主要内容，通过互联网、移动通信网、移动互联网等信息网络，实时传播或者以音视频形式上载传播而

[①] 据《文化和旅游部办公厅关于调整<网络文化经营许可证>审批范围 进一步规范审批工作的通知》细则，电商类、教育类、医疗类、培训类、金融类、旅游类、美食类、体育类、聊天类等直播不属于网络表演。

形成的互联网文化产品。

(二) 网络演出的创意与策划

下面以电商网络直播为例,对网络演出的创意与策划流程进行分析。

1. 受众需求分析

了解商家诉求,根据商家的需求做好直播规划,商家的最终目的永远是品牌宣传+销量,以及确保有足够的观看量。而影响销量和观看量的因素有商品品类、主播的匹配度、主播的粉丝数、粉丝质量、直播时间、直播内容和互动项目。

因此,最重要的是了解商家在此次活动中主推的产品,以及在直播过程中可以支持的活动力度。比如,是否能够给粉丝赠送小礼物,是否在直播过程中有折扣力度或者秒杀、砍价等能够帮助提升转化率的活动支持。了解商家所拥有的推广资源,提前规划内容。根据前期跟商家达成的合作协议,提前规划资源,如活动海报、H5活动页、网红、媒体等。

2. 活动内容策划

首先,是主播的选择。根据商家的需求及费用投入,筛选匹配的主播资源,关注要点主要包含外形、学历、风格等基础条件,以及直播经历、擅长销售商品品类、在各平台的粉丝数、粉丝消费能力等,可通过短视频、以直播回放记录、视频面试等方式进行。

其次,要对活动进行预热宣传。活动推广的渠道主要包含微信粉丝群、QQ粉丝群、微博、微信公众号、网站、直播平台资源位、广告渠道、新闻媒体、付费渠道资源等。活动的推广素材主要有直播宣传海报、H5活动页、推广软文等。若主播很知名,可以在前期宣传时重点强调主播,如直播期间可以任意跟粉丝连麦、隔空对话等,以此吸引粉丝。

最后,是直播期间的流程策划。直播前需要跟主播、商家做好沟通,根据商家的需求,设计好直播活动,撰写脚本;跟主播做好沟通,如商家要求在直播过程中回复关键词1、主播截屏、排名第一的即可获得奖品,或主播引导粉丝关注商家公众号,回复关键词去抽奖,等等。

3. 直播活动跟进

直播开始前不论是手机直播还是推流直播,要做好必要的调试工作,确保直播可以正常开启及直播场地网络正常,手机电量充足、信号正常。

首先,直播开始后,做好直播分享,包括主播的粉丝群体、商家粉丝群等规划的推广渠道,以确保每个渠道可以正常进入直播间。其次,做好直播间维护,带动粉丝活跃。实时关注直播过程中用户的问题,协助主播解答用户问题,如如何下单、如何充值、如何参加活动等。实时关注直播数据,保持跟主播和商家进行及时沟通,有问题及时调整。

4. 直播总结

直播结束后及时跟进活动的订单处理、奖品发放等,以确保用户的消费体验。特别是在发货环节,一定要及时跟进,及时公布中奖名单,并与中奖用户取得联系。此外,要持续性地做好粉丝维护,通过跟粉丝沟通交流,调研用户对此次活动的评价,便于后期优化提升,同时做好活动总结宣传。

三、网络文学

网络文学是指以互联网为发表平台和传播媒介,借助超文本链接和多媒体演绎的手段来表现主题,在网上创作、发表,供网民阅读的文学作品。

(一)网络文学的特点

(1)创作主体通常是网络作家、网络写手。网络文学是平等的,每个人都可以是作者,也可以是读者,体现网络的平等性。

(2)作品的传播方式主要是通过网络。其形式可以类似于传统文学,也可以是博文、帖子等非传统文体。

(3)互动性强。实时回复、实时评论和投票是网络文学的重要特征。

(二)网络文学网站类型

网络文学作为新兴产业,已经被越来越多的人所熟知和了解。根据文学作品的题材,其网站类型大致可做如下划分。

1. 小说网站

在网上可以浏览阅读小说的站点即为小说网站,此类站点一般提供大量的文学作品供读者阅读,主要有原创与非原创两类。为方便阅读,目前还有网络小说搜索阅读网站,此类网站综合各个小说网站的最新数据,借助搜索引擎,使读者能够尽快地阅读到最新的网络小说。

目前,我国较著名的小说网站有:云文学(隶属上海作家协会)、起点中文(国内著名的原创玄幻小说网站,很多热门玄幻小说均来源于此)、磨铁中文(集合了国内顶级作家,拥有最精致的产品与界面)、17K(国内领先的综合小说门户网站,引领原创小说潮流的风向标)、小说阅读(国内著名原创小说网站,分为男生版、女生版和校园版,适合不同人阅读)、纵横中文(完美时空旗下,新兴原创小说网站,以玄幻小说为主)、红袖添香(老牌女性原创文学网站,以言情小说为主,深受女性网友青睐)、晋江原创(著名女性文学门户,拥有众多读者,包括言情等类原创小说)等。

2. 诗歌网站

目前,中国(不含港澳台)差不多有300多个诗歌网站。网络诗歌创造了一套全新的话语空间,不仅塑造和建构新的自我主体,表达新的文化想象,同时还参与到虚拟社区的建构中去，进而进入一个更大的生产消费空间。它们改变了传统诗歌的生产、流通、消费、评价方式，为诗歌进入社会公共空间提供了支撑和可能。它们激发出未知的文化能量，在条件环境适当的情况下可能会引爆舆论，成为焦点。诗歌不过是诗人们借以想象世界的中介。如余秀华，虽然身在湖北农村，却可以"穿过大半个中国"；伊沙，虽然身居西安，却可以发掘中国的"诺贝尔"诗人。全新的网络叙事可能正酝酿着全新的中国故事，蕴藏着崭新的中国经验。

3. 散文网站

散文是与诗歌、小说、戏剧并称的一种文学体裁，是指不讲究韵律的散体文章，包括杂文、随笔、游记等。散文是最自由的文体，不讲究音韵，不讲究排比，没有任何的束缚及限制，是中国最早出现的行文体例。散文是一种可以充分利用各种题材，创造性地运用各种文学表现手段，自由地展现主体个性风格，以抒情写意、广泛地反映社会生活为主要目的的文学文体。在网络文学中，散文网站占了很大比例。比较著名的散文网站有现代散文网、散文网等。

4. 戏剧网站

戏剧旧时专指戏曲，后成为戏剧、话剧、歌剧、舞剧、诗剧等的总称。文学上的戏剧是指为戏剧表演所创作的脚本，即剧本。戏剧的表演形式多种多样，常见的形式有话剧、歌剧、舞剧、音乐剧、木偶戏等。目前，我国比较著名的戏剧网站包括中国戏剧网、中国戏曲网等。

（三）网络文学创意策划产业链

网络文学产业的整个经营环节包括很多部分，例如作者写出文本内容、通过网站连载或者投放文学作品、出版商将其出版发行等。

创作者是网络文学创意策划的源头。创作主体通常是网络作家、网络写手。每一位网民在扮演网络文学读者角色的同时，也可以积极参与创作，成为作者。

文学网站是网络文学创意策划产业链中游的重要渠道。网站提供空间为文学作品的流通和传播带来便捷的渠道，读者可以在网站上对所阅读的文学作品发表评论、收藏和分享。下游出版商也可以从网络平台发掘优秀作品和作家。为了扩大影响和鼓励写作，很多网站会联合出版社举办一些网络文学作品比赛，在比赛中获胜的作品，将由出版社进行实体书的出版。

出版商是网络文学作品转化为实体文化作品的重要中介，也是网络文学作品中收益最大的一方。在积累了前期的网络影响力后，经过专业出版发行策划的文学作品，往往会取得较好的市场收益。部分优秀作品还有可能被影视导演或制片人看中，作为电视剧或者是电影素材。如2014年热播的古装电视剧《风中奇缘》就是改编自桐华的小说《大漠谣》；2019 年，改编自玖月晞小说《少年的你，如此美丽》的电影作品《少年的你》，首映当日票房过亿元；2019 年底开播的电视剧《庆余年》，原著则是自 2007 年起在起点中文网连载的作品。此外，《琅琊榜》《鬼吹灯》《长安十二时辰》《失恋 33 天》《何以笙箫默》等近年来热播的影视作品也均改编自网络文学作品。据统计，2018 年、2019 年 309 个"热播"影视剧中来自网络文学改编的有 65 个，占比约 21%。特别是在"热度"最高的 100 个影视剧中，网络文学改编的共有 42 个，占比高达 42%。据《中国网络文学国际传播报告》数据显示，截至 2020 年，中国网络文学共向海外输出作品 1 万余部，网络文学已成为中国文化产品出海最大的 IP 来源。

四、网络新闻资讯

网络新闻资讯是以网络为载体的新闻类资讯信息，具有传播快速、内容多样、渠道多元、多媒体、互动性强等特点。网络新闻资讯突破了传统的新闻传播概念，在视、听、感方面给受众全新的体验。新闻网站即负责提供网络新闻资讯产品的网站。国际上著名的新闻网站有纽约时报网站、BBC 网站、CNN 网站等。就国内来看，根据 2000 年 11 月 7 日国务院新闻办公室、信息产业部联合发布的《互联网站从事登载新闻业务管理暂行规定》第五条的规定，新闻网站是指"中央新闻单位、中央国家机关各部门新闻单位以及省、自治区、直辖市和省、自治区人民政府所在地的市直属新闻单位依法建立的互联网站"，"经批准可以从事登载新闻业务。其他新闻单位不单独建立新闻网站，经批准可以在中央新闻单位或者省、自治区、直辖市直属新闻单位建立的新闻网站建立新闻网页从事登载新闻业务"。在此背景下，新浪、搜狐、网易、腾讯等商业媒体于 1998 年相继成立；2000 年，经国务院新闻办公室批准，8 家中央媒体、24 家地方媒体成为国家首批重点新闻网站。同时，新浪网、搜狐网、263 首都在线等商业门户网站取得了登载新闻业务的许可证。

（一）新闻资讯网站类型

新闻资讯类网站可以划分成以下几种类型。

1. 商业网站的新闻频道

商业网站的新闻频道的消息内容一般都是来自其他媒体资源，尽管如此，这些网站的访问量却很大，具有很大的影响力，如新浪、网易、腾讯等门户网站的新闻频道，能够覆盖各类用户对各种信息的实时需要，尤其在重大突发事件发生后，商业门户网站能够迅速报道或转载相关新闻，第一时间为社会提供事件信息。如新浪网的新闻频道曾在科索沃战争、台湾大地震、中国加入 WTO、历届奥运会、"9·11"事件等重大专题的报道中发挥重要作用。以奥运新闻为例，2004 年雅典奥运会首日，新浪奥运合作频道访问量达到创纪录的 1.3 亿页读数，8 月 23 日达到了 1.5 亿页读数，在当时形成了巨大的影响力。近年来，各大门户网站的新闻频道作为重要的新闻资讯平台，持续为公众提供实时、全面、海量的新闻信息。如 2019 年，在庆祝新中国成立 70 周年的新闻报道中，腾讯新闻在全网发布"庆祝新中国成立 70 周年大型报道"——国力全开，并启动相关内容产品策划。围绕"赞美国家富强""感恩美好生活""崇尚个体奋斗"三条故事主线，腾讯新闻打造了覆盖全网、跨场景、破圈层传播的媒体产品矩阵，十余档精品栏目深度参与，全方位、多角度诠释"国力全开"报道主题。系列策划从 2019 年 5 月起陆续推出，国庆当天，腾讯新闻上阅兵直播点击量达 6400 万次，推出的百余条阅兵短视频播放量超过 4.3 亿次。同时，首次将直播与话题相结合，创建相关话题达 20 余个，话题累积阅读量超 7100 万，互动量近 1000 万。

总的来说，商业网站的新闻频道充分发挥开放性、包容性、聚合性等平台型媒体优势，在受众吸引力、社会公益性、信息传播、业态多样性等方面表现突出，成为网络媒体社会价值的不可或缺的中坚力量。

2. 新闻媒体或传媒集团自建网站

随着专业媒体不断发展，新闻媒体或传媒集团也陆续自建专业新闻网站，如中央媒体旗下的人民网、新华网、央视网、光明网、环球网等，或凤凰网、财新网、东方网等传媒集团旗下网站。以新华网为例，它是党中央直接部署，国家通讯社新华社主办的中央重点新闻网站。新华网创办于 1997 年 11 月 7 日，前身是新华通讯社网站，2000 年 3 月正式更名为新华网。新华网以"传播中国、报道世界"为职责，以"权威声音、亲切表达"为理念，24 小时不间断发布全球新闻，是名副其实的"网上新闻信息总汇"。作为新华社全媒体新闻信息产品的主要传播平台，拥有 31 个地方频道以及英、法、西、俄、阿、日、韩、德、葡、藏等多种语言频道，日均多语种、多终端发稿达 1.5 万条，重大新闻首发率和转载率遥遥领先国内其他网络媒体。

这些媒体网站利用专业媒体的扎实基础，充分发挥得天独厚的公信力、渠道传播等媒体平台优势，在网络平台建设、主旋律信息传播、重大事件舆论引导等方面表现突出，成为网络媒体社会价值的引领者和领跑者。

（二）网络新闻产品的盈利模式

作为网络文化产品的一种，网络新闻资讯也具备一定的商品属性，其盈利模式大致有如下几种。

1. 网络广告

网络广告又称在线广告或者互联网广告。广义的网络广告除了包括以计算机为核心组成的计算机网络为媒介的广告行为外，还包括其他所有以电子设备相互连接而组成的以网络为媒介的广告行为。例如，以无线电话网络、电子信息亭网络为载体的广告行为。而狭义的网络广告仅指展示在互联网页面的广告，如利用网站上的广告横幅、文本链接、多媒体等方法，通过网络传递给互联网用户广告信息的运作方式。以搜索引擎广告为例，它是指广告主根据自己的产品或服务的内容、特点等,确定相关的关键词,撰写广告内容并自主定价投放的广告。当用户搜索到广告主投放的关键词时,相应的广告就会展示,并在用户单击后按照广告主对该关键词的出价收费。随着百度等搜索引擎的成功推广,搜索引擎营销已然突破传统模式的局限,成为广受认同与追捧的广告模式。

新闻资讯网站往往具有完善的新闻资源,有全面覆盖的新闻网络为其提供内容支撑,并且拥有稳定的用户群体为其带来持续的访问量和点击率,从而吸引广告主进行网络广告的投放。同时,根据媒体性质的不同,其读者定位也有所区别,广告主可根据对其读者的准确洞察和精准定位更有效地投放相应广告。

2. 付费新闻资讯

新闻付费是近年来专业新闻网站盈利模式的主要趋势。内容贩卖作为媒体"二次销售"的首要环节,一直是传统媒体的主要收入模式之一。在内容为王的时代,在新闻内容上占据优势的媒体依靠其优秀的新闻品质累积起巨大的品牌资产,通过读者订阅,直接转变为经济收入。Web 2.0、SNS 及移动终端的发展,为媒体提供了更广阔的发布平台和读者接触面,在整合了渠道优势之后,内容优势更趋明显,构成了新闻网站不同于传统商业网站的专业性的核心竞争力。其中,最重要的是新闻网站要能为读者提供竞争对手所提供不了的更有价值的信息,它的价值可以源自其专业性、权威性,或是来自其独家性。

3. 移动终端应用开发

随着互联网技术的快速发展及网络基础设施的逐步完善,5G 网络已逐渐成熟,Wi-Fi 网络也在大量公共空间区域内实现了全面覆盖。以智能手机、平板电脑、Kindle 电子书等为代表的移动阅读终端正对新闻资讯的获取模式带来极大的变革,而可穿戴设备的出现也将对新闻产品的开发、营销模式带来冲击。读者在享受更随时、随地、随性的阅读体验的同时,新闻网站也面临着更多的盈利机会和更广阔的发展前景。移动终端应用的开发是顺应读者新的阅读习惯的产物,通过软件售卖或内容订阅,成为新闻网站的新的盈利点。

本章小结

网络文化产品是网络文化的主要表现形式和承载工具,在整体网络文化产业中享有主体地位。现在网络产品的数量和种类越来越多,要想使产品获得人们更多的关注和喜爱,就必须提高产品的创新性。网络文化包含很多种类,其产品也是多姿多彩的,其中大致可概括为网络游戏与网络动漫、网络音乐与电影、网络文学以及网络新闻资讯等。

网络文化产业是在信息产业、网络产业与文化产业、内容产业的交融互动中发展而成的一个新兴产业。随着居民文化消费需求的扩大和互联网应用的普及,网络文化服务和网络文化产品具有广阔的发展前景。尽快扩大网络文化产业，占领网络文化市场，对于发展文化经济，转变经济增长方式，调整产业结构，减少对环境的污染，从而发展整个社会经济都具有极其重要的意义。

网络是信息传输、接收、共享的虚拟平台，是人们信息交流使用的一个工具。网络产品的设计和开发必须以人为中心，以满足人的需求为宗旨。因此，需要充分了解和掌握市场的需求。市场在哪一类产品的需求量比较大，就要加大这一类产品的开发和生产。根据消费者的需求进行创意性的开发和制作才能使产品拥有更大的市场。

 思考题

1．如何看待当今进行网络文化产品创意策划的大环境？
2．网络文学的创意策划产业链包括哪些？
3．如何理解网络音乐未来创意和策划的发展趋势？

第十章

游戏文化产品的创意与策划

 学习目标

通过对本章的学习,学生应了解或掌握如下内容:
1. 游戏文化产品的定义和类型;
2. 游戏文化产品的特征;
3. 游戏文化产品的盈利模式;
4. 进行游戏文化产品创意策划的原则和方法。

 导言

"游戏",泛指所有的在特定时间、空间范围内遵循某种特定规则,进行娱乐活动,满足精神世界需求的行为。游戏允许人类在模拟环境下挑战和克服障碍,可以帮助人类开发智力、锻炼思维和反应能力、训练技能、培养规则意识、促进社交情感,养成团队精神。游戏的类型多样,主要可以分为智力游戏与活动性游戏,前者如下棋、积木、麻将、扑克等各类桌面游戏,后者如追逐,接力,利用球、棒、绳等器材进行的活动,多为集体活动。随着计算机的普及及网络的出现,电子游戏大量出现,并划分为单机游戏和网络游戏两大类。电子游戏目前已经深入年轻人生活的各个角落。

游戏起源于民间,是人类在长期的生产劳动中孕育出的宝贵的文化经验。例如,民间传统游戏放风筝,便是"五代汉李邺于宫中做纸鸢,引线乘风而戏。后于鸢首,以竹为笛,使风入竹,如筝鸣",故称"风筝"。围棋作为一种智力游戏,是一种策略型两人棋类游戏,流行于东亚国家(中、日、韩、朝)。围棋起源于中国,传为帝尧所作,春秋战国时期即有记载。而在西方,目前被公认最早的桌面游戏可以追溯到公元前 3100 年左右,这种类似于跳棋的棋类游戏被称为 Senet,最早在图坦克哈门王的墓穴中发现;2600 多年前流行于苏美尔的"乌尔皇室游戏"(The Royal Game of Ur)在当时涉及地域广泛,其中

某些版本甚至一直流传至今。

19世纪,随着工业革命的推进,很多游戏道具得以大批量生产发行,游戏的主题、内容、形式也更加丰富,桌面棋盘游戏产业逐渐兴起。21世纪初,桌面游戏开始风靡国内。桌面游戏的内容涉及战争、贸易、文化、艺术、城市建设、历史等多个方面,大多使用纸质材料加上精美的模型辅助。它是一种面对面的游戏,或对抗,或配合,非常强调交流,例如广受欢迎的"三国杀""狼人杀"等游戏。

至于当今饱受争议的电子游戏,则最早有记录的诞生于1952年。第一款以显示屏展示出来的游戏名为井字棋游戏(Tic-Tac-Toe),最开始运行于真空管计算机上。电子游戏在20世纪70年代开始以一种商业娱乐媒体被引入,成为70年代末日本、美国和欧洲娱乐工业的重要基础。经历了近半个世纪的发展,电子游戏已发展出了各种类型与规模,甚至不仅仅局限于娱乐消遣的游戏产品,还诞生了职业化的电子竞技游戏,成为一项竞技体育项目。如今,游戏产业成为产值达100亿美元的工业,并与电影业竞争成为世界上最获利的娱乐产业。

第一节 游戏文化产品的类型与特征

一、游戏文化产品的类型

依据不同划分标准,游戏文化产品可分为以下几类。

1. 按照来源分类

(1)游戏直接产品:如游戏软件、游戏设备、桌游用具等。

(2)游戏衍生产品:与游戏有关的外设、教程攻略、玩具、服饰、动漫等文化衍生产品。

2. 按照产品分类

(1)游戏设备:以游戏为基本目的的终端设备,例如Play Station游戏机、X-BOX游戏机、三国杀卡牌、撕名牌贴纸等直接游戏用具。

(2)软件:不同厂商出厂的在游戏设备上运行的游戏软件,例如《仙剑奇侠传》《FIFA足球游戏》《极品飞车》等软件。

(3)游戏内购产品:为了增加游戏的可玩性、游戏角色的能力、外表等游戏内购产品,例如经验卡、角色皮肤等。

(4)游戏周边产品:根据游戏剧情创作的攻略、小说、电影、动漫等文化产品。

（5）生活用品：依据游戏的形象生产出来的生活用品，其中包括水杯、桌椅、水盆等。

（6）游戏竞赛：以某类竞技游戏而举办的游戏竞赛，通过门票销售等方式获取利润的文化活动，例如 WCG 世界电子竞技大赛。

3. 按照规则与自由程度分类

按照规则与自由程度的不同，法国学者 Roger Caillois 将游戏分为以下四类[①]。

（1）竞争类（Agôn）：既有自主又有规则，例如下棋、足球等游戏。

（2）运气类（Alea）：有规则，但是少有自主，例如骰子游戏、轮盘赌等游戏。

（3）模拟类（Mimicry）：有自主，但是少有规则，例如角色扮演、积木等游戏。

（4）眩晕类（Ilinx）：既少有自主又少有规则，例如过山车、滑梯等游戏。

4. 按照游戏载体分类

（1）桌面游戏：最初是用来特指运用一些指示物或者物件在特定的图板或盘面上（通常是为某个游戏而设计的）放置、移除或者移动进行的游戏，如棋类、扑克、麻将等传统游戏。如今，桌面游戏已可以广义地包括除传统游戏外的其他很多类型的游戏，如《三国杀》《狼人杀》《密室逃脱》《剧本杀》等。多数桌面游戏都具有的共同点：面对面交流、社交属性、逻辑推理和语言表达等。

（2）电子游戏：是指所有依托于电子设备平台而运行的交互游戏，其中包括单机游戏和网络游戏。

网络游戏，英文名称为 Online Game，又称"在线游戏"，简称"网游"，是指以互联网为传输媒介、游戏运营商服务器和用户计算机为处理终端、游戏客户端软件为信息交互窗口，旨在实现娱乐、休闲、交流和取得虚拟成就的具有可持续性的个体性多人在线游戏。网络游戏与单机游戏的主要区别在于：玩家必须通过互联网连接进行多人游戏。一般是指由多名玩家通过计算机网络在虚拟的环境下，对人物角色及场景按照一定的规则进行操作，以达到娱乐和互动目的的游戏产品集合。

作为游戏产业中的支柱，网络游戏产业规模巨大，网游产品种类繁多。如按照游戏运行平台分类，可分为以下几类。

（1）PC（Personal Computer）网络游戏：是指以 PC 为硬件平台的网络游戏，又分为客户端游戏和网页游戏。客户端游戏需要在电脑下载并安装特定的游戏软件才能进入游戏，对电脑的配置有一定的要求；网页游戏又称 Web 游戏，简称页游，是基于 Web 浏览器的网络在线多人互动游戏，无须下载客户端，关闭或者切换相对方便。

---

① 黄石，项阳，陈柏君，刘昕宇. 游戏创意基础[M]. 北京：中国传媒大学出版社，2018：12.

（2）移动网络游戏：是指以智能手机、平板电脑等移动设备为平台的网络游戏，多以 Java 或 C 语言等编写。同 PC 网游类似，也可分为客户端游戏和网页游戏。前者以 iOS、Android 等移动应用平台为载体提供游戏客户端下载，用户需要下载并安装后登录进行联网游戏；后者可应用无线应用协议（Wireless Application Protocol，WAP）网页直接联网进入游戏，WAP 网游具备与客户端网游类似的用户在线交互等功能。近年来兴起的超文本标记语言（Hyper Text Markup Language，HTML5）技术强化了网页的表现性能，以支持跨平台访问，本地存储特性、设备兼容特性、网页多媒体特性、三维图形及特效特性等成为开发移动网页游戏的新趋势。

（3）视频控制台的网络游戏：以专门的视频控制台和电视或显示器为平台的网络游戏。视频控制台又叫家用游戏主机，如 Sony 的 PS（Play Station）系列或微软的 Xbox 等均可实现游戏的在线对战。

（4）交互电视（iTV）网络游戏：在交互式电视上玩的网络游戏。交互式电视是具有上网及信息处理功能的电视，它也是信息家电的一种。

二、游戏文化产品的特征

1. 虚拟性

无论是桌面游戏还是电子游戏都具有很强的虚拟性，可以模拟现实世界中的各种规则、特点。荷兰语言学家及历史学家赫伊津哈（Johan Huizinga）将游戏中这种虚拟性下的假想世界与现实中真实世界间的界限称为"魔法圈"（Magic Circle）。[①]在魔法圈中，通过重新定义的"生存规则"——游戏规则，游戏场景中的各种事物、玩家的所有行为、时空的含义等等，都被赋予了新的含义。玩游戏意味着你进入了一个魔法圈，或者在游戏开始的时候你创造了一个魔法圈。[②]之所以称之为魔法圈，是因为游戏最为神奇、最有魔力的一点在于：一旦进入游戏，人们会自然而然地遵守游戏中的虚拟规则，并且不会将其与现实生活中的日常规则相混淆。哪怕是玩"过家家"游戏的孩童，也无须大人提醒，就知道这只是虚拟扮演。因此，在游戏的虚拟世界中，只要魔法圈被确认，人们的正常生活就不会受到打扰。

随着信息技术的发展，游戏的拟真程度大大增强，尤其是电子游戏，其虚拟性将越来越接近真实。在极端情况下，不排除魔法圈现象最终会消失。近年来兴起的虚拟现实、增强现实和混合现实等技术，更是将虚拟性扩展到空间虚拟甚至是具有触感的 4D 虚拟，带给玩家极为强烈的视觉感官体验。

---

① 黄石，项阳，陈柏君，刘昕宇. 游戏创意基础[M]. 北京：中国传媒大学出版社，2018：8-9.
② Salen K, Zimmerman E. Rule of play: game design fundamentals[M]. Cambridge MA: The MIT Press, 2003: 91-99.

2. 互动性

游戏最吸引人之处就在于其具备极强的互动性，这些互动性体现在人机交互或人与人的交互。在一场游戏中，玩家需要通过特殊指令或特定方式控制游戏中的对象，或完成玩家之间的互动交流，游戏才能得以继续。如在不少大型电子游戏中，往往会细致到场景的每一个电脑角色都自带情感，能够进行拟人化的交流。而网络游戏玩家之间的互动交流也是用户体验至关重要的一方面，因此社交功能往往是评测一款网络游戏好坏的重要标准。

一般来说，游戏的互动性体现在其反馈机制方面，典型过程表现为：玩家在游戏中的每一步决策都直接作用于游戏系统，或创造，或改变，或终结，影响虚拟事件的整个进程，使游戏系统呈现出很可能完全不同的状态。同时，这种状态又会影响玩家的下一步决策。可以说，玩家参与游戏的时间、地点及其身心状态，都会影响到游戏的具体呈现，使游戏状态变幻莫测。因此，互动性可以使玩家始终保持较高的参与感与创造性。

3. 竞技性

游戏的竞技性是游戏的灵魂，是一款游戏能够吸引用户的基本条件。无论是活动类游戏、桌面游戏还是电子游戏，其始终需要通过"过关""得分""获胜"等明显带有竞技性的词语，让玩家用户能够在游戏中体会到满足感、获得感。

游戏的竞技性需要有公平的游戏规则来保障，但竞技性的高低与其规则的复杂程度并不存在直接关系，而更强调该设计是否能激发玩家利用自身的技巧或技术赢取游戏。竞技性越强的游戏，对玩家的技术水平要求越高，更能体现高水平玩家的能力与专业性。然而，过度追求竞技性有可能导致游戏门槛过高。对于一款全新的游戏产品来说，其竞技性太强可能会使很多新手玩家望而却步，难以大规模吸引初始用户。因此，在游戏迭代升级的过程中不断提升、完善其竞技性，可以保证玩家在享受游戏乐趣的同时，逐步享受到挑战增强后带来的成就感。

游戏的竞技性能够让游戏发展为一门专业或职业，可以衍化成一系列游戏赛事演出等活动。

4. 娱乐性

娱乐性也可理解为趣味性或可玩性，是游戏产品的一个重要特征。人类有追求快乐的天性。同大部分文化产品一样，游戏便是人们为了得到精神上的娱乐或愉悦而产生的。可以说，发挥娱乐作用是游戏产品最基本也是最重要的功能。

游戏之所以有趣，可以体现在角色设定搞笑有个性，或剧情设计饱满有悬念，或系统规则随机性强，能带给人意想不到的体验，等等。严格来讲，游戏是否具有娱乐性，存在较强的主观判断，与玩家的偏好密切相关。如有的玩家喜好刺激，那么对其而言，充满冲突、危险的探险类游戏就更具有可玩性；有的玩家看重画面和特效，则可以从具有较强真实感、沉浸感的游戏中获得乐趣；有的玩家擅长思辨，则更能从智力挑战类游戏中获得精神上的愉悦感。

不过，游戏的娱乐性有时会与竞技性产生矛盾。要增强竞技性就要减少系统的随机性，然而，一旦随机性没有了，该游戏的娱乐性就会受到影响。

5. 两面性

网络游戏由于具有虚拟性及社交性，能够给玩家用户以极大的虚拟世界中的满足感和成就感，尤其是自控能力较弱的学生很容易沉溺于网络游戏。但同时网络游戏又是一个极大的经济增长点，优秀的网络游戏能够开发推广并弘扬民族精神、传统文化，反映时代特点。国家对游戏这一长期被国人认为是"精神鸦片"的产业的扶持，展示出了随着人们生活水平的提升，人们对游戏行业的认知慢慢变得清晰，会更多地运用思辨的目光去看待，只是需要注意对未成年人和大众的适当引导。

三、游戏文化产品的盈利模式

与动漫文化产品有所不同，游戏本身产生的收益是游戏文化产品最主要的收入来源。游戏并不能像动漫一样，通过连载、连播等方式进行持续性的发布、公开。一款大型游戏，从设计、制作到最后发售往往需要很长的时间，并且还需要后续的运营与售后。

（一）游戏设备与游戏软件的直接收入

日本企业 Sony 和任天堂公司以及美国微软公司是目前全球较大的三大游戏机生产厂商，其中 Sony 的游戏主机 Play Station 目前已经发展到了第四代，它与微软的 X-box 游戏主机各占家用游戏主机的半壁江山。任天堂公司旗下产品 Game Boy、Switch 因其小巧的便携性稳固地占领了掌机市场。以 Sony 的游戏机为例，其主机销售仅仅占其收入来源的极小一部分，最重要的盈利收入来自收取能登录 PS 游戏机每一份游戏的权益金。一款游戏卖 60 美元，Sony 可以从一套游戏中获得 10 美元左右的收入，一款游戏机从上市到淘汰往往需要 7~8 年，在这个时间内会有无数大大小小的游戏在 PS4 上登陆，凡是登陆 PS4 的游戏，Sony 都能从中赚取权益金。而游戏厂商的直接收入来源基本来自软件销售及游戏内部植入广告的方式。

（二）计时收费模式

进行传统计时收费的代表有曾由第九城市代理的《魔兽世界》，《魔兽世界》的点卡模式是通过玩家线上或线下购买点卡进行充值，随后通过服务器内置计时消耗点数，当点数归零时就无法继续进行游戏。采用这种模式的游戏还有由金山软件西山居开发的《剑侠情缘网络版叁》、由盛大网络代理的《永恒之塔》、网易公司自行开发运营的《梦幻西游》等。一般采用此模式的游戏都有优秀的游戏内容作为支撑，能通过其内容吸引到一批忠诚度较高的玩家，且避免了道具收费产生的不平衡问题影响游戏的公平性和娱乐性，大量玩家的在线能使得厂商迅速收回投入成本。对于玩家来说，游戏基本的公平性和娱乐性也得到了保证。

（三）内购增值消费模式

免费运营，增值消费模式在实证研究中也证明了其存在的价值和盈利的能力，"一定的条件下，增值服务盈利模式下网络游戏厂商的盈利空间在理论上高于计时收费盈利模式。"该模式由于其免费进入的特性，较计时收费模式大大降低了准入门槛，在技术上保证了玩家的数量，而增值消费（一般为装饰）则从另一个角度提升了游戏的吸引力。以盛大代理的《冒险岛》为例，玩家线上或线下购买点券，然后在线上商城购买"发型、眼镜、肤色、表情"等装饰道具，给购买者一种"与众不同"的新鲜感。与此类似的还有《DOTA2》的"武器、皮肤"，对游戏本身并没有任何影响，但是独特的造型和酷炫的打击特效也能吸引一批狂热的玩家，为企业赢取利润。

（四）电子竞技赛事盈利

电子竞技（Electronic Sports）是电子游戏比赛达到"竞技"层面的体育项目。电子竞技运动就是利用电子设备作为运动器械进行的人与人之间的智力对抗运动。2003年11月18日，国家体育总局正式批准，将电子竞技列为第99个正式体育竞赛项。2008年，国家体育总局将电子竞技改批为第78个正式体育竞赛项。

2018年，电子竞技赛事的市场规模约为10.95亿元，约占整个电子竞技市场规模的1.2%。对比传统的体育赛事占比，电竞赛事的收入占电竞产业的比例偏低，但依然存在巨大的增长空间。随着全国电竞消费市场的逐渐成熟以及在头部电竞企业的带动下，全国各地的电竞俱乐部主场化进程正在加速推进中。

赞助商是电竞赛事创造收入的重要手段。在电子竞技发展的早期，电竞赛事的关注度低，赞助商多为外设、显卡等与电子竞技关系密切的硬件制造企业，随着电子竞技的发展，电竞座椅等电竞衍生品牌也成为电竞赛事的主要赞助商。

（五）游戏外设、周边销售盈利

随着电竞事业如火如荼的发展，不少厂商推出了专业电竞设备、游戏外设，并邀请著名电竞选手进行代言或使用，以增加厂商产品的知名度，打开玩家用户市场。例如，游戏外设厂商雷蛇（Razer）1998年创立于美国加州圣地亚哥。在20世纪90年代中叶，随着网络游戏和竞技型第一人称射击（FPS）游戏的兴起，游戏玩家发现传统外围设备在游戏中使用起来性能不足。雷蛇正是抓住这一机遇，不断巩固自己在技术、设计和人体工程学方面的优势，最终成为专业竞技设备的代名词。

雷蛇的设计与技术包括一系列用户界面与系统设备、玩家IP语音通信，以及基于云技术的游戏设备自定义与优化平台。2017年11月13日，雷蛇在香港联合交易所（联交所）主板成功上市，发售股份已于同日起正式开始在主板交易。

第二节　游戏文化产品的创意策划

一、游戏产品的创意与策划

1. 创新游戏主题故事

题材和主题是网络游戏吸引用户的关键因素。任何游戏都要以满足某一类人群的某一些目的而设计，而这些需求的集合，称为主题。如游戏中是一个怎样的世界，这个世界中的角色存在怎样的规则和行为，等等。主题确定了游戏的所有内容、规则和行为。目前网络游戏中爱情、战争等主题较为流行，在游戏主题类似的情况下，为了吸引更多受众，就需要以新颖的创意表达和展现游戏主题。如以更具悬念的故事情节推动主题发展，或一改传统故事套路，设计超乎人们常规思维的故事主线等。

2. 增加故事发展的难度和障碍

游戏的竞争性往往是吸引玩家的主要因素之一，因为多数玩家都有一种争强好胜的心理，甚至越挫越勇。因此在设计游戏情节时，可适当增加关卡难度和障碍频率，来激起玩家的闯关冲动及通关后的成就感，以增强游戏吸引力。

（1）故事的主线行进模式。讲故事一般包括两种方式：倒叙法和正叙法。在游戏情节的设计中，倒叙法主要体现为，先将游戏者设定在故事结尾的位置，然后让他去寻找产生这种结果的原因；正叙法则按照一般故事发生的顺序，将游戏者设在起点的位置，让其在游戏进程中不断地发现前方的未知关卡。

（2）显性主角——主人公的设定。角色扮演类游戏中，玩家往往会选定一个角色，以游戏主人公的身份去完成一系列的游戏和任务，因此游戏主人公的设定对一款游戏来说非常重要。一般可以设置正、反两派的角色，往往反派角色更会引起游戏者强烈的好奇心。从叙述角度来看，主要分为两种：叙述主人公的亲身经历被称为第一人称视角，以旁观者的角度来叙述游戏进程的方式被称为第三人称视角。

（3）隐形主角——感情和环境的渲染。人是有感情的动物，很多时候，通过感情的渲染可以激发更多玩家的兴趣。因此，在游戏的设定中融入感情尤为必要。同时，还应注重悬念的设计，让游戏的发展充满各种未知性，使玩家在好奇心的驱使下不断地追求更高阶段的游戏。

（4）游戏内容推进的节奏。设计者在设计游戏的时候一般会给整个游戏设定时间。这里的时间设定一般分为两种：一种是直接给游戏的完成设定多长的现实时间，例如一分钟或者两分钟等；另一种则是以故事的情节内容来设定时间，例如，规定主人公需在一定时间内通过一扇即将关闭的门等。时间的设定最好根据玩家角色的不同或其前期游戏表现的不同而有所区别，以增强不同角色的个性化。同时，游戏的整体节奏设计应当随着故事情节的发展而变化，由慢而快更容易增强用户黏性。

（5）直接的游戏风格特征。要保持一款游戏的整体性，就必须让整个游戏的风格特征保持一致，一般主要是从人物和环境场景设计上着手。一般来说，游戏人物的话语、服装、道具、背景等都要符合游戏本身的时间和空间设定。

二、游戏产品的策划步骤

1. 游戏策划的前期工作

在游戏策划初始阶段，市场调研、确定工作计划和撰写策划草案是一切工作开始的前提。

（1）市场调研和竞品分析。为了使产品能够更好地符合市场需求，策划之前需要做好充分的市场调研工作，具体包括：调查了解现存网络游戏的市场情况，了解消费者的心理需求和兴趣爱好，掌握游戏产品的最新发展动态。

（2）制定项目任务表和时间轴。在市场调查基础上，分析结果，制订下一步的工作计划，合理安排人员分工和时间进程。具体包括：游戏规则设定安排、各个部门的任务目标及人员分工、各项活动的时间进程、成本预算等。

（3）策划方案初步拟订。策划方案是各个工作部门的操作指南，是项目的框架和蓝图，一般不会轻易更改。每款游戏的策划面对的实际情况不同，方案也会有所区别，但主要内容大致包括：游戏的结构、操作系统、故事情节和背景、关卡数量和出现频度、放行时间、目标人群等。在制订不同游戏产品策划方案的时候要根据具体情况具体分析，设计出适合于游戏本身的策划方案。

2. 游戏策划的中期工作

（1）制订细化可行的项目方案。在前期策划草案的基础上，完善并细化形成正式可行的产品策划书。策划书即对某个未来的活动或者事件进行策划，并展现给读者的文本，它是目标规划的文字书，是实现目标的指路灯。策划书比策划草案要详细得多，其中需要涉及游戏产品开发制作过程中的所有环节和细节问题。这份策划书是所有相关工作人员进行下一步工作的依据，因此非常关键。策划书的内容必须是经过深思熟虑和全面考虑之后制定的，同时需要具有很强的可操作性。

策划书的内容和形式也会因制作人和游戏的不同而有所不同。策划书的结构可以根据个人习惯的不同而有所改变,只要表达清晰且全面即可。

(2)调配人员正式进入游戏开发和制作。从市场调查到撰写策划书,再到制作完成、后期宣传,都是由不同的人员分工进行的。在游戏产品正式进入开发制作环节后,首先需要进行游戏的运行程序以及图形背景等设计,包括负责角色制作的工作人员将人物模型融入动作资料库中,制作出三维计算机模型等。

(3)反复跟进检查并协调整体进度。随着游戏产品开发工作的不断深入,可能会有各种各样的问题出现,需要及时核查产品质量,并在适当的时候对原有策划方案进行调整,以便协调整体进度。

3. 游戏策划的后期工作

在游戏制作的后期,产品的宣传广告、试用改进等工作就要介入,配合其最终顺利投放市场。

三、游戏产品的策划运营

相较于动漫及影视文化产品,游戏产品除了创意策划制作等精细的操作过程,其后期的运营过程非常重要,一款质量上乘的游戏,其寿命往往在7~8年,可以通过升级游戏功能,引入新的故事情节,加入新颖玩法使游戏重获生命力。目前,国内游戏厂商策划引入游戏主要有代理、模仿、自主研发和IP改编四种模式。

1. 代理

目前,国内游戏产业相较于西方发达国家市场还相对稚嫩,尤其是前几年游戏行业刚刚起步的时候,各类游戏无论是可玩性还是打击感与发达国家的游戏都有较大的差距。在这样的环境背景下,将国外的经典大作纷纷本土化或者直接汉化带到国内市场,用业内术语来说就是"国内代理"。这种模式由于该款游戏已在发达国家市场得到了证明,减少了市场拓展宣传费用和研发费用,在国内市场也很容易获得成功,如曾代理《魔兽世界》的九城,代理《冒险岛》和《泡泡堂的》的盛大网络,几乎都是通过代理游戏起家,从而进行发展的。

当然代理模式也不是万能的。首先,代理国外的成功游戏需要付出相当高昂的代理费用。例如,《魔兽世界》国服的新代理商网易总共支付了2.146亿美元,换取在中国为期三年的游戏运营权。而前一个代理商九城,则在2004年付出了5000多万美元获得了4年的运营权。其次,国外的成功游戏国内玩家不一定买账。据调查,国外游戏的背景体系一般都来自西方魔幻体系,而我国玩家更倾向于东方神话体系,如以《西游记》为游戏背景的《梦幻西游》《大话西游》,以及以《封神演义》作为游戏背景的《问道》等游戏。

2. 模仿

除了直接对国外游戏的代理外,国内厂商为了避免高昂的代理费,常常会选择进行模仿研发。以目前月活跃用户超1.6亿的腾讯旗下的手机游戏《王者荣耀》为例，其在操作、玩法上较高程度地模仿了电脑端游戏《英雄联盟》《DOTA》，甚至在手游市场还存在着《自由之战》《决战！平京安》等一系列同质化游戏，这些游戏之间可能存在较大关联的相互模仿。随着面向玩家的空闲时间的碎片化逐渐明显，这类操作相对简单，适合休闲娱乐的游戏逐渐成为时代的宠儿，再加上《王者荣耀》手游中实现了与微信和QQ的互联，社交属性逐渐增强，在传播推广上有较雄厚的用户基础。回顾近几年国内游戏行业的发展史，可以发现国内游戏之间相互模仿抄袭的现象较为严重，甚至同一批研发团队在某款游戏成功后换个游戏角色、背景直接套用，也能获得一定的市场。

但是这种无须自主研发的模仿做法，无疑是一种讨巧行为，会大大损害进行游戏自主研发企业的积极性和利益，不利于行业的长期发展。

随着国内国际对于知识产权的保护趋于完善，"模仿"之举慢慢被纳入了"违法"的范畴。如业界著名的暴雪控告《刀塔传奇》的案件，虽然由于证据不足而放弃起诉，但这也给广大中小游戏厂商敲响了警钟。

3. 自主研发

目前，国内主要有三大游戏运营商：腾讯、网易、盛大。如果说腾讯游戏是进行模仿模式的代表，盛大是进行代理模式的代表，那么网易游戏可以说是业界进行自主研发的代表公司。无论是曾经大热的端游《大话西游 online Ⅱ》《梦幻西游》，还是手游《阴阳师》，都拥有一大批铁杆粉丝。《阴阳师》手游自2016年9月上线以来，一直处于大热状态，甚至成为现象级手游。网易游戏通过声优、人设、画面、剧情等营造日本风格韵味，成功圈下大量二次元玩家和其他用户，而其丰富的任务模式、养成模式和相对"重度化"操作挑战模式使得其存在较大的可玩性，在各大视频直播平台上甚至出现了许多关于游戏解说的视频。

"网易出品，必属精品"这句话虽然只是玩家之间相互传播的笑谈，但网易以其自主研发的严谨态度和优良品质的确深受玩家喜爱。进行自主研发，一方面可以更好地针对市场上的玩家群体，进行更优化的资源配置；另一方面，由于游戏是自主研发，享有完全的知识产权，后期支出相对较少，能获得更高的回报和有效避免产权纠纷。

4. IP改编

IP，即知识产权（intellectual property）。近年来，人们提到IP通常是指那些具有较高知名度、较大影响力作品中的故事、题材、角色、人文等内容。在游戏领域，通俗来讲，就是游戏素材的版权。IP改编游戏特指需要经过授权才能进行开发的某一特定类型游戏产品，IP来源于文学、动漫、影视等多个领域。例如近几年的《花千骨手游》、《宠物小精灵online》等都属于IP改编类游戏的典型。目前，国内IP类手游主要呈现出三大类来源：其一是端游的顶级IP，《梦幻西游》《热血传奇》就属于此类；其二是来自于影视剧，如《花千骨》《琅琊榜》等；其三是小说、动漫，如《火影忍者》《七龙珠》《宠物小精灵》均属此列。

一个适合的游戏 IP 可以为游戏吸引到 IP 粉丝,其作为独特的品牌识别符号,能够在互联网中快速获得流量,并且降低游戏的学习和理解成本。我们可以试想手游《爸爸去哪儿》中如果没有借用 IP,脱离节目中的设定,就会简单地变为"大人小孩一起奔跑玩耍"的游戏,即使其他所有的游戏设计都不变更,也会失去很多玩家。因此,成功的游戏 IP 应当具有较高的辨识度和知名度,具有某种文化符号的特点、能代表某类文化属性。同时,即便经过改编,其文化内涵也不会因为产品形态而有所改变,具有文化传承属性。

据伽马数据《2021 中国自研游戏 IP 研究报告》显示,2020 年,国内 IP 改编移动游戏市场规模达到 1243.2 亿元,同比增长 25.91%,增量达到近年最高点,IP 改编游戏产品的获客优势非常明显。普遍 IP 化,俨然已经成为手游行业的一个代名词。同时据数据显示有 IP 的手游下载转化率是无 IP 游戏的 2.4 倍,收入是无 IP 游戏的 2 倍。

不过,IP 改编类游戏的发展也面临着诸多挑战。一方面,由于市面上已有的优质 IP 游戏改编权已逐渐被先入者收购或把控,后入企业获取 IP 难度增加;另一方面,由于 IP 改编质量、增益效果不断提升,IP 授权成本也逐步加大。此外,部分 IP 存在版权归属不明确、授权时间较短等情况,使得 IP 改编存在较大风险。

 本章小结

游戏是一种基于物质需求满足之上的,在一种特定时间、空间范围内遵循某种特定规则的,追求精神需求满足的社会行为方式。游戏有智力游戏和活动性游戏之分,前者如下棋、积木、麻将、打牌等,后者如追逐、接力及利用球、棒、绳等器材进行的活动,多为集体活动,并有情节和规则,具有竞赛性。当前日常用语中的"游戏"多指各种平台上的电子游戏。电子游戏分为单机游戏和网络游戏。

游戏文化产品具有虚拟性、互动性、竞技性、娱乐性、两面性等特征。

游戏产业市场分为游戏投放运营市场和游戏外设产品的销售市场。

随着游戏产业的发展,游戏衍生产品的数量和种类也在不断地增多,要想在众多的产品中脱颖而出,吸引更多消费者,在游戏的创意策划中就必须提升衍生产品本身所附带的文化魅力。

 思考题

1. 游戏产品在创意策划上要经过哪几个步骤?
2. 目前国内游戏品牌主要包含哪些创投运营方式?
3. 游戏的设计可以从哪些方面进行创意策划?

第十一章

旅游文化产品的创意与策划

 学习目标

通过对本章的学习,学生应了解或掌握如下内容:
1. 旅游文化产品的定义和类型;
2. 旅游文化产品的特点;
3. 旅游文化产品进行创意和策划的原则;
4. 旅游文化产品创意策划的方法。

 导言

随着经济社会的成长,居民收入的不断增加和消费结构的转变,悄然带动创新旅游文化的进步。据《世界旅游经济趋势报告(2020)》报告指出,2019年全球旅游总人次(包括国内旅游人次和入境旅游人次)为 123.10 亿人次,较上年增长 4.6%;全球旅游总收入(包括国内旅游收入和入境旅游收入)为 5.8 万亿美元,相当于全球 GDP 的 6.7%。尽管突如其来的新冠肺炎疫情对全球旅游业造成了灾难性的冲击,2020 年成为"旅游业历史上最糟糕年份",但随着旅行限制措施的逐步取消、疫苗上市应用,以及旅游者信心的回升,旅游业市场仍有希望恢复到疫情前的水平。不管怎样,无可否认旅游文化产业是最具有增长力的新兴产业之一。作为旅游文化发展过程中的衍生品,旅游文化产品逐步成为产业中的重要组成部分。

第一节 旅游文化产品的特点与类型

旅游文化产品是指以文化旅游资源为支撑,旅游者以获取文化印象、增智为目的的旅游产品,包括旅游者在旅游期间进行历史、文化或自然科学的考察与交流、学习等活动

的传统文化旅游产品和旅游文化纪念品。

一、旅游文化产品的特点

（一）传统文化旅游产品的特点

1. 表征属性

传统意义上所指的旅游产品，一般就是指旅游线路、旅游体验、旅游服务等，它们具有如下特征。

（1）非实体性。虽然被称为产品，但是旅游者在消费之后获得的不是一些有形的产品，而是提供的一种享受型的服务。例如四川九寨沟，旅游的人只有亲自去九寨沟去观赏、去游玩，才能体会到九寨沟的美。

（2）基础服务性。服务性产品是能够为旅游者创造价值的实体或过程，而这种服务是一种活动、一种行为、一种可以被用以交换的无形产品。与其他产品相比，文化旅游产品的服务性占有较大比重，是文化旅游产品的灵魂。

（3）信息环境性。文化旅游产品的消费目的是获得信息。在旅游者出游前，从不同渠道获得的各种信息会直接诱导或压抑决策；在旅游者购买过程中，由旅游资源和旅游设施所营造的意境本身就是一个向外不停辐射的信息源，旅游者与意境之间是信息的互动；在产品消费后，旅游者会把自己接收到的信息传播给别人。因此，信息性是文化旅游产品的本质特征之一。

（4）地域限制性。旅游文化产品只能在固定的某一地区存在，不能像其他很多产品那样为了方便客户而转移地点。同时，虽然旅游者进行了消费，但是不能获得旅游产品的拥有权，只能暂时地欣赏或者享受。

（5）市场更迭性。旅游产品的出现势必会带动周围市场开发的发展，有些产品发展很快，受到公众的喜爱，大部分旅行社就是靠这类产品获得收益的。很多旅游产品会随着季节的变化而变化，很多开发者根据不同季节的产品的不同特点进行宣传和开发。

2. 产业属性

旅游文化产品作为多元文化的载体，通过文化符号的展示表现产品的吸引力，满足不同游客的文化享受需求，这是文化旅游产品的基本属性。

（1）产业市场要求的标准性。旅游文化产品是否能够获得长期的发展和进步，主要考虑两个问题：第一，看产品本身有什么特点；第二，看开发者在宣传的时候以什么形象宣传。一般开发商在最初开发旅游产品时会对产品定位进行分析，从而结合产品本身的特色进行宣传包装。

（2）产业基础的厚重性。作为一个拥有几千年历史的文明古国，中国在历史的长河中创造了很多的文化，为旅游业的发展奠定了良好的基础。我国的旅游文化之所以很丰富取决于四个方面：第一，我国是一个多民族国家，共有 56 个民族；第二，我国地域宽广，地形多变；第三，不同地区的气候和温度也有很大的不同；第四，随着朝代的更迭，不同的君王做了不同的开发和宣传，中国本身的文化优势和中国在发展过程中形成的独特风格促进了中国文化的传承与发展。

（3）产品种类的多元性。依据各地丰富的文化特征，旅游业可形成丰富多样的旅游产品。如客家文化是中国南方文化的重要组成部分，主要是以少数民族的特色为重点进行打造；红色文化则是以弘扬革命精神为主，很多革命根据地就成了开发的重点。

3. 经济附加性

旅游文化产品是一种商品，所以，它和其他商品一样是具有商业性质的。既然具有商业性质就会有经济依存性。对于游客来说，旅游文化产品的价值就是给游客提供精神上的销售和服务，而作为一种商品它所能给开发商提供的就是经济上的收益，这些收益，不仅仅包括游客为了欣赏而支付的门票，还包括游客在旅游景点的消费等。对于开发商来说，获得更大的收益是最终的目标。

4. 空间体验性

使用价值是商品的自然属性，指的是商品能够满足人们某种需要的属性，也就是物品的有用性。作为一种商品，旅游文化产品的使用价值在于其空间体验价值。一般商品在交易的过程中涉及商品所有权的转移，旅游产品中虽然没有所有权的一种实质性转移，不过其中包含使用价值的转移。这些转移主要是依靠旅游者到旅游地所在的空间进行旅游而实现的，通过消费获得的是景色环境或者文化的熏陶等多种体验。

5. 文化贯穿性

一些历史遗址类的旅游景点具有跨时代性、跨时空性和跨阶级性。如著名的旅游景点杜甫草堂，又称浣花草堂、工部草堂、少陵草堂，坐落于成都市西郊浣花溪畔，是中国唐代大诗人杜甫流寓成都时的故居，也是现存杜甫行踪遗迹中规模最大、保存最完好、最具特色和知名度的一处。杜甫先后在此居住近四年，创作诗歌流传至今的有 240 余首。759 年冬天，杜甫为避"安史之乱"，携家由陇右入蜀，营建茅屋而居，称"成都草堂"。五代时，诗人韦庄寻得草堂遗址，重结茅屋，使之得以保存；宋元明清历代都有修葺扩建，已演变成一处集纪念祠堂格局和诗人旧居风貌为一体，建筑古朴典雅、园林清幽秀丽的著名文化圣地。

（二）旅游文化纪念品的特征

旅游文化纪念品也是旅游文化产品的一种形式。旅游纪念产品一般都具有较强的地方特色，很多是以本地区的特有资源为原材料制作而成，如滨海城市的旅游纪念品多涉及贝类或海产品。

1. 地域特色性

一般旅游商品都具有很强的地域特色，因此，开发者在设计旅游纪念品的时候也会注重纪念品的地域特色，有时会以某地区的风景为特征，有时会以民族风情为主，有时会以人文特点为主。很多产品本身并无太多象征意义，需要经过人们的赋予才可获得。

2. 艺术表现性

设计者在设计纪念品的时候会依据本地的地域特征、风俗习惯或者人文特征等文化特征进行设计，因此，纪念品本身就是一种艺术作品。

3. 纪念价值性

旅游文化纪念品一般是可以承载纪念意义的物品，通常是以实物形式而存在的，纪念品一般是一种长时间保存的东西，在生活中，每当人们看到这个纪念品的时候就会忆起在当地游玩的美好场景。

4. 应用功能性

旅游纪念品的使用价值不仅仅是体现在欣赏上，还包括事物本身的功用。如印制了当地景色图片或文字的水杯、T恤等物品。

二、旅游文化产品的类型

1. 以旅游主题为分类标准

（1）历史类旅游产品。主要是指一些具有历史意义的经典景点，这些景点一般都包含文物古迹，如著名的秦始皇陵兵马俑。

（2）民俗文化类旅游产品。指人们离开常住地，到异地去体验当地民俗的文化旅游行程。目前民俗旅游的内容主要包括生活文化、婚姻家庭和人生礼仪文化、口头传承文化、民间歌舞娱乐文化、节日文化、信仰文化等。

（3）宗教类旅游产品。一种以宗教朝觐为主要动机的旅游活动。凡宗教创始者的诞生地、墓葬地及其遗迹遗物甚至传说"显圣"地，以及各教派的中心等都已经被开发为宗教类旅游产品。例如，中国的佛教四大名山（峨眉山、九华山、五台山和普陀山）以及被发现佛祖指骨舍利的法门寺等。

（4）艺术类旅游产品。主要依靠一些艺术文化活动为主题开发的旅游产品，如建筑景观、音乐舞蹈表演等。

（5）科学探索类旅游产品。以浏览科技景观、追求科技知识为目的的旅游活动。其中包括文物展示、先进科技、机器人、自动化生产线、各种专业技术参观等。

（6）主题景区类旅游产品。根据某个特定的主题而设置开发的旅游目的地，包括大家熟知的主题公园、游乐场等。

(7) 其他。一些有传说由来的游览地和一些非物质文化遗产等。

2. 以旅游者消费需求为分类标准

(1) 使人们精神放松的休闲型文化旅游产品。有的旅游产品可以让人们摆脱之前的生活状态,给人一种新的生活体验。

(2) 给人们提供新鲜有趣的奇异经历的文化旅游产品。

(3) 给人以知识性熏陶的修学文化旅游产品。有的旅游产品是以科学和知识研究等为主题,传递的是某一方面的知识,这些旅游产品可以扩充人的知识量,开阔旅游者的眼界。

(4) 可以给人提供异域风情的文化旅游产品。旅游产品都具有当地的风俗特色,到另一个地方就可以体会到不同的民族风情,感受不一样的风俗特色。

第二节 旅游文化产品创意策划的原则

一、旅游文化产品的创意策划原则

(一) 旅游文化产品的开发模式[①]

(1) 直接利用型开发,如法国著名的旅游城市斯特拉斯堡。

(2) 主题公园型开发,如深圳锦绣中华、北京中华民族园等。

(3) 文化创意型开发,如首尔 MBC 文化园"大长今村"、浙江横店影视城、北京怀柔影视基地、上海国家动漫游戏产业振兴基地等。

(4) 新型街区型开发,如北京什刹海、北京三里屯、上海新天地、重庆黄桷坪涂鸦艺术街等。

(5) 转换价值型开发,如农业科技园、创意农业园、工业科技园等。

(6) 大型事件带动型开发,如奥运会、世界博览会等。

(二) 旅游文化产品的策划原则

1. 市场先行原则

在开发旅游文化产品之前首先需要进行充足的调查研究工作,了解当前市场同行业的发展状况,同时还要了解当前市场经济的整体状况,以便做好产品定位,以此确定所开发旅游产品的主题、类型以及所针对的目标群众等。

[①] 钟雅琴. 现代文化旅游资源的开发模式探析及经典案例[A]. 2012 中国经济特区(喀什)论坛论文集[C]. 深圳大学中国经济特区研究中心,2012:14.

2. 创新本位原则

每一种旅游文化产品最吸引公众的地方就是最具特色的地方。旅游文化产品在开发时都会利用当地特色的自然风景或者独特的风土人情、特色文化，因此在宣传的时候必须依据每一个产品开发时候的元素特点设定一个具有创新性的主题。设定了一个好的主题之后也有利于开发商在开发设计的时候有目标性，这个主题对接下来的一系列工作都具有很强的指导性意义。

3. 生态发展原则

1980 年，国际自然保护同盟在《世界自然资源保护大纲》中指出："必须研究自然的、社会的、生态的、经济的以及利用自然资源过程中的基本关系，以确保全球的可持续发展。"旅游文化产品的开发设计必须注重产品的生态发展问题。旅游文化素材中，无论是历史自然资源还是人文文化资源，都是独一无二不可替代的，一旦破坏或者开发不当都会导致这种资源或者元素的消失。为了保持旅游产品的永久性，在进行产品开发的时候必须考虑其生态可持续发展。

4. 配套完善原则

判断一个旅游文化产品成功与否需要参考旅游者的消费体验。旅游文化景点需要有完善的交通、餐饮、住宿等周边配套设施，才能吸引更多旅游者放心前往，也只有完善、便捷的配套设施，才能给予旅游者印象深刻、舒适美好的旅游体验。

二、旅游文化纪念品的创意策划原则

1. 强化品牌意识，规避质量风险

如今旅游景点纪念品往往供过于求且质量参差不齐，在影响消费者购买体验的同时，也对旅游景点造成不良影响。而提高产品的质量不仅仅需要从产品的实质物质上，还要在扩大其文化内涵上，提升产品的内在价值意义。建立旅游纪念品的品牌形象，需要注意四点：首先，要对该地的历史文化有充分的了解和认识，以提升纪念品本身的历史意义和价值；其次，要发展和宣传本地的风俗文化，将本地特色融入纪念品中；再次，将其历史意义和风俗文化相互融合，将其运用到产品的开发中；最后，需要控制好市场秩序，严厉打击假冒伪劣产品，努力建立良好的品牌形象。

2. 详析市场需求，把握产业平衡

旅游纪念品的生产设计要和市场的整体发展相结合，充分考虑当前市场的产品需求种类和数量，在此基础上进行开发和生产才能使所投放的纪念品物尽其用，而不会造成数量泛滥，导致产品滞销。同时，旅游纪念品与旅游产品本身的推广是相辅相成、共同促进的。

3. 注重地域差异，强化差异战略

旅游纪念品本身具有一定的价值独特性，因为很多的旅游目的地都有其特殊的地域特征、文化内涵和历史底蕴。只有考虑地域特色，结合当地资源进行差异化打造，才能增强旅游纪念品的不可替代性。如美国 66 号公路沿途的旅游纪念品，大多突出 66 号公路所在地的地域差异，以明显的标志物将其与其他景点的普通纪念品予以区分。

第三节　旅游文化产品创意策划的方法

大部分旅游纪念品不仅仅具有产品本身的实用性，而且还具有深层次的艺术文化内涵，这也是开发者在宣传时主要强调的文化特色和艺术特征。

一、传统文化旅游产品的创意和策划

1. 以本土资源为基础，挖掘自身特色形象

旅游文化产品的开发是以当地的旅游资源和人文资源为依据，是对这些资源元素的挖掘和再创造，对本地的资源有全面充分的认识，是对资源进行发掘创造的前提条件。其主要可从以下几方面考虑。

（1）以人工制作为主，如果不具备自然资源上的优势，可以利用现代科技发展的人工优势。例如一些知名游乐园，此类旅游产品注重的是人们的体验开发。在很多主题公园，人们也可以看到很多匠心独运的手工制品，虽然是仿造，但是其制作工艺精美，足以吸引大量游客。这样的旅游产品可由开发者自行选取地点，而无须完全依赖于自然资源。

（2）将自然资源和人工设计相结合，以人工设计的介入突出自然资源的优势。

（3）将多种自然旅游资源相结合，这样可以使旅游产品品种不会过于单一。这种方式主要是指以某种自然资源为基础，在产品开发制作的过程中整合融入其他一些特色资源。这样的旅游产品能否成功不仅要看运用到的各种资源品质，还要看这些资源结合后的整体效果。

2. 以市场为导向，打造精准定位

知己知彼，百战百胜。无论什么产业，在进行产品策划之前都要做好市场调查和分析工作，对市场和消费者的需求进行一定的了解，同时还要了解同行业中其他产品的发展状况与发展形式，这些都是制作产品策划的借鉴来源与策划依据，只有这样才能使制作出来的策划更具有竞争性。

消费者前期调查方面需要包括四个环节：第一，确定好文化旅游产品所针对的目标群众，对哪一部分人更具有吸引力；第二，充分考虑产业内部有可能导致消费者不愿意消

费的原因，从而在设计开发时尽量避免这些因素的存在；第三，确定哪一类文化产品在市场上的需求量更大一些；第四，确定适用于目标群体的推广方式。

3. 扩充产品体系，实现最大效益

要想使旅游文化产品的规模足够大并能建立自己的品牌形象，就必须发展好各种配套设施，为旅游者提供衣、食、住、行等各个方面的完善服务。

4. 注重自身品牌推广，打造文化旅游精品

开发旅游文化产品需突出该旅游资源的独特性和差异性，如旅游地点的特殊地形、自然风貌、当地习俗等都可展现其独特性。同时，为提高旅游文化产品的档次，必须注重挖掘其文化内涵，打造文化精品。例如，北京故宫，旧称紫禁城，位于北京中轴线的中心，是明清两个朝代的皇宫，也是世界上现存规模最大、保存最为完整的木质结构的宫殿型建筑。现在，故宫的一些宫殿中设立了综合性的历史艺术馆、绘画馆、分类的陶瓷馆、青铜器馆、明清工艺美术馆、铭刻馆、玩具馆、文房四宝馆、玩物馆、珍宝馆、钟表馆和清代宫廷典章文物展览等，收藏有大量古代艺术珍品，占中国文物总数的1/6，是中国收藏文物最丰富的博物馆，也是世界著名的古代文化艺术博物馆，其中很多文物是绝无仅有的无价国宝。无论是平面布局、立体效果，还是形式上的雄伟堂皇，故宫都堪称是无与伦比的杰作，是我国旅游文化产品的经典之作。

5. 打造产业园区，提升旅游品牌的集群力和竞争力

在产业集聚效应方面，旅游文化产品与普通文化产品类似，形成规模化将更有利于旅游产业及整个城市旅游业的发展。同时，将文化产业发展与旅游业相结合，对两者都将起到促进作用。旅游文化产业园区由多种不同特色的旅游或文化产业构成，但是这些产业并不是简单地聚集到一起就可以实现超常规发展效果。传统的、单一的旅游已经不能满足人们对旅游的要求，需要提供更加多元化、创新性的旅游产业。例如，四川成都的武侯祠是纪念中国古代三国时期蜀汉丞相诸葛亮的祠宇，也是全世界影响最大的三国遗迹博物馆。为了扩大这一旅游产品的影响力，发展本地特色文化，武侯祠结合历史文化和地方风俗特色，将其旅游区域划分为三国历史遗迹区、锦里民俗区、三国文化体验区三大板块，聚集区内多样化的体验对游客而言更具吸引力。

二、旅游文化纪念品的创意和策划

（一）创意设计

1. 根据旅游地资源的不同，创意设计有所侧重

在具备特色材料、工艺和独特文化价值的旅游产地，其旅游纪念产品的开发有着绝对优势，无论在生产材料、制作方式，还是在文化上都有先天资源支持，只需将这些资源

加以整合利用就可以制作出独具特色的旅游纪念产品。例如，我国的西藏地区，以其雄伟壮观、神奇瑰丽的自然风光闻名。它地域辽阔，地貌壮观、资源丰富。自古以来，这片土地上的人们创造了丰富灿烂的民族文化，拥有非常发达的宗教文化、精美的手工雕刻、坚韧的钢板材质以及传统的家庭作坊，这些都是生活在高原上的藏民族文化的内涵。这些地区虽然没有独特的制作工艺，但是其地理环境、民族特色性都可以作为开发创造的重点。

若是在材料、工艺和文化价值要素方面有不同程度欠缺的旅游产地，则需要具体考虑。如有些地区在产品制作工艺和本地文化资源上有较大的优势，但缺乏生产材料；而有些地区只有人文文化资源优势。在这些地区，旅游文化纪念品的创意策划需要以借鉴和引进为主，如采购某些原材料、引进制作工艺或创新纪念品设计理念，结合本地特色进行开发。

2. 注重特色旅游文化纪念品的艺术性

每一个纪念产品都应该是一种艺术作品，因此纪念产品不仅要具有一定的使用价值，还要具有一定的欣赏价值。

3. 体现当地风俗习惯

每一名旅游者在来到一个地方旅游时不可避免地会接触到当地的风俗习惯。这些风俗习惯是当地的特色，而纪念品是风俗的载体，为旅游者提供更多的风俗体验。

4. 结合当前市场流行元素

旅游纪念品不仅需要具备当地特色和历史内涵，也可结合时下市场的流行元素，打造具有时代特色的产品。地域性、时空性的多重交错，使得旅游纪念品更具时代意义。

5. 重视产品的包装

很多时候，产品的包装好坏会影响产品的观感与档次体验，进而影响旅游者的购买决策。同时，包装设计还应注意其便携性，以便外地游客购买携带。

（二）生产销售

1. 保障生产条件

在生产旅游文化纪念品中，生产条件主要是生产资料和劳动者。生产资料就是制作纪念品时所需要的材料工具，而劳动者就是生产者，包括产品的设计者、制作者等。只有具备完善的生产条件才能开始进入旅游文化纪念品的制作流程。

2. 协调供需转化

简单来说，供需转化就是纪念品的售卖形式，大部分旅游纪念品都在旅游地直接销售，配合实际旅游体验的消费方式，可让游客感觉产品更加具有纪念价值。然而，有的产品由于携带不便或是游客在旅游时错过购买，则可提供代购或网购等渠道供选择，以打造全面覆盖的销售网络。

3. 选择适当的销售策略

第一，价格公道。根据前期市场调查结果分析游客需求和消费水平，以此设定各种产品的生产规模和档次，制定公道合理的产品售卖价格。第二，宣传到位。为给游客更好的导购分析，帮助其尽量迅速且全面地了解当地旅游纪念品的种类和各自特色，则需要通过各种渠道加强旅游纪念品的宣传工作，且需要注重其真实性，不可夸大其词。第三，树立品牌。产品品牌形象是其成功销售的关键，树立良好的品牌形象和知名度非常重要。

本章小结

旅游文化产品是指以文化旅游资源为支撑，旅游者以获取文化印象、增智为目的的旅游产品，包括旅游者在旅游期间进行历史、文化或自然科学的考察与交流、学习等活动的传统文化旅游产品和旅游文化纪念品。

旅游文化产品不仅具有商品性质，为开发商和本地的发展带来更多的经济收益，同时也是艺术文化，有利于文化的传承与创新。

大部分旅游纪念品不仅仅具有产品本身的实用性，而且还具有深层次的艺术文化内涵，这也是开发者在宣传时主要强调的文化特色和艺术特征。

思考题

1. 如何区别传统旅游产业与新兴旅游文化产业？
2. 旅游文化产品的创意策划包括哪些层面？
3. 如何提高现代旅游文化产品的市场接受度？

第十二章

会展文化产品的创意与策划

 学习目标

通过对本章的学习,学生应了解或掌握如下内容:
1. 会展文化产品的定义和分类;
2. 会展文化产品的特点;
3. 会展文化产品策划的原则;
4. 常见的会展文化产品创意策划的方法。

 导言

会展业是会议业和展览业的总称,是一个新兴的服务行业,影响面比较广,关联度也相对较高。会展经济逐步发展成为新的增长点,而且是发展潜力较大的行业之一。会展业涉及工业、农业、商贸等诸多产业,对结构调整、开拓市场、促进消费、加强合作交流、扩大产品出口、推动经济快速持续健康发展等具有重要作用,在城市建设、精神文明建设、和谐社会构建中显示出其特殊的地位和作用,并日益显现出来。

第一,很多国际大都市通过举办一些会展来提高自己在国际中的地位。世博会的举办就是一个鲜明的例子,首次世博会由英国伦敦在1851年举办,从此以后,世博会就成为国际大都市竞相举办的活动。有些国家甚至已经举办过多次,其中美国纽约和法国巴黎都举办过6次。世界著名大都市德国汉诺威每年都会举行60次博览会,这也是其成为世界著名城市的首要原因。

第二,举办一些会展会给本国经济带来很大的效益。很多公司都是通过参加一些展会给自己公司发展一些客户,在这些会展上汇聚着来自不同国家的很多公司,每次会展的举行都会给各国的进出口贸易带来巨大的创收。

第三,会展可以提高举办城市的就业率。以中国香港为例,展厅的每10 000平方米的面积内,可以为该城市创造出1000个就业岗位。

第四，会展的举办大大促进了当地旅游业的发展。很多时候，已存的旅游业已经不能达到顾客们的需求。在举办展会期间，旅游的客户来源不仅仅是国外的参展商，更大一部分是来自世界各地的展会参观者。以新加坡为例，新加坡平时的游客逗留时间一般是317天，消费金额大约为710新加坡元，而在举行会展期间，会议客人逗留717天，消费可达到1700新加坡元。这其中的巨大效益由此可见一斑。

第五，会展业对于会展自身的发展也有着巨大的推动作用。通过会展业的发展将促进会展更优化，同时会展业的发展将有利于政府发现本市或者本国在生态系统发展上的不足，促使政府对城市生态系统进行改善。

第一节 会展文化产品的分类和特点

会展产品就是由很多的参展商或者活动的组织者所展示的一些产品，包括会展本身及其相关的衍生文化产品。这些产品的种类多种多样，笼统地可以分为有形的产品和无形的产品。无形的产品基本上就是一些服务类型的产品，而有形的产品覆盖范围较广，基本覆盖所有的产品范围。这些展览出来的产品是宣传企业品牌形象的一个重要途径。当然，根据产品种类的不同，其作用的程度也有所不同，据此，我们可以将其大致分为基础层、期望层、附加值层和潜能层。

基础层就是参展者会实际性地提供或者展出一些产品样品，参展商可以直接在展会上摆放自己的产品来达到宣传的目的，同时参观者也可以在现场通过参观过后来达成一些交易等。期望层就是通过会展，参展商和参观者都可以实现自己所期望的一些服务。附加值层就是除了参展或者参观之外所增加的一些服务，服务的档次也会因品牌企业的形象有所区别，如有的展会可能会给参展商或者顾客提供一些基本的生活服务。有的时候参展商和参观者会获得一些免费的产品，这些产品都不需要交易得到，这就被称为潜能层。一些品牌的形象必须通过此种品牌下的产品得到体现，而在展会上，要想体现品牌的独特性同样需要通过展出一些商品的样品或者展现其服务。通过这种形象展示和独特性展示，会展组织者、会展参展商以及会展参观者也能保持良好的情感关系。参加展会展览是很多企业品牌建立自己国际化形象的一个好机会。

简而言之，会展文化产品指的就是整个会展，其中包含品牌企业产品以及所提供的服务等一系列内容。使这一系列活动有序进行从而达到预期目的则需要会展文化产品的创新型设计和规划。

一、会展文化产品的分类

会展分为会议与展览，其文化产品也可根据会议和展览的不同种类分为不同类型，服务于各种不同的会展主题。下面来看不同的会议类型。

1. 会议的类型

根据不同的分类依据,会议可以有多种分类方法。

(1) 按照会议的组织者来划分。

①政府部门会议:是指由政府部门组织的会展。

②学术机构会议:是指由一些学术机构组织的会展。

③专业协会会议:是指由一些专业协会组织的会展。

④企业会议:是指由一些企业组织的会展等。

(2) 按照会议的性质来划分。

①年会、例会(convention):是指某些社会团体定期举行的集会。这些会展的规模相对较大,与会者往往会有一些政府部门或专业人士,如某企业年会。

②协商会或讨论会(conference):是指许多与会人员围绕某个话题发表自己的意见以及彼此间互动沟通、交流的活动。讨论会按照话题内容可以分为单一专题讨论会和综合讨论会,如全国政治协商会议。

③代表大会(congress):是指由代表参加的一些会议,如全国人民代表大会。

④专业学术会议(symposium):是以促进科学发展、学术交流、课题研究等学术性话题为主题的会议。学术会议一般都具有国际性、权威性、高知识性、高互动性等特点,其参会者一般为科学家、学者、教师等具有高学历的研究人员。

⑤论坛(forum):是指一种高规格、有长期主办组织、多次召开的研讨会。在这些论坛会议上,人们可以自由地发表自己的观点。著名的论坛有博鳌亚洲论坛、精英外贸论坛、中国-东盟自由贸易区论坛、泛北部湾经济合作论坛。

⑥研讨会(seminar):是指针对某一行业领域或独特的主题所举行的一些会议。通常专业性较强,并非大众都能了解和参与,因此研讨会通常由行业或专业人士参加,针对面较窄,参加会议人员数量不多,如教学改革研讨会。

⑦培训会(training):是指起到培训功能的会议。这种会议的举办形式比较多样,其中包括讲演式、工作坊或者讨论分析诊所等。

(3) 按照会议国内外的范围来划分。

①国内会议:是指没有国外人员与会的会议。这种会议都是在本国举行,主要是进行国内事务的商讨。

②国际会议:与会人员包括两国或多国的代表参加,讨论的主题涉及政治、经济、文化等领域,它还包含政府间的会议和民间会议、双边会议和多边会议等多种形式。

(4) 按照会议是否定期举行来划分。

①例会:也称常会,是指依据约定的惯例每隔一定期限举行一次的会议。

②临时会议:是指为了处理临时出现的一些问题而召开的会议。这些会议在时间上

没有固定性。

（5）按会议的规模来划分。

①大型会议：一般指超过1000人参加的会议。

②中型会议：与会人员为十人、数百人的会议。

③小型会议：只有很少人参加的会议。

2. 展览会或博览会的分类

（1）根据展览会的性质来划分。

①贸易展：会议主题主要围绕制造业和商业等行业的展览称为贸易展。通过这些展览，与会人员可以进行一些信息的传达和获取，同时还可以达成一些交易。展览的主要目的是交流信息、洽谈贸易。贸易展可分为综合性贸易展览会和专业性贸易展览会两种。

②消费展：是指具有消费性质的展览会。在这些展览会上，大部分参展商都会将自己的产品展示给参观者，而且一般都是在当场完成交易。

③综合展：同时具有贸易展和消费展特征的展览称为综合展。

（2）根据展览会的内容来划分。

①综合展览是指在展览商品上涉及多个行业，比如工业展、轻工业展。

②专业展览是指在此次展会上所展出的产品限定在某一特定的行业内，比如时装展。

（3）根据展览会的规模来划分。

①单独展：单独某一个国家进行的一个展览。

②多国展：一般其举办者包括几个国家。

③国际博览会：参展商和参观者往往来自世界各地，范围相对于多国展又有所扩大。

（4）根据展览会举办的地域来划分。

①国内展：指的是在某一国家内举办的展览。

②出国展：指的是本国的厂商去国外的展会上进行商品展览。

（5）根据展览场地来划分。

①室内展：所展览的商品一般在室内进行展览，比如纺织展、电子展等。

②室外展：所展览的商品一般在室外进行展览，这样的展览会一般应用于一些体积比较庞大的产品，比如航空展、矿山设备展。

③巡回展：这样的展览不是固定在某一个地方进行展览，而是选择依次在几个地方进行展览。

④流动展：一般是指一些在交通工具上进行的展会，如在飞机、轮船、火车、汽车等场所举行的展会。

从展览会的时长来区分，还可以将展览会划分为短期展、长期展和常年展。

二、会展文化产品的特点

会展文化产品虽然多种多样,但是总体来说,它们都具有以下几个共同点。

1. 时间短,产效高

会展的宣传销售成本都比较低。英联邦展览业联合会曾经针对相关方面做过一个调查,调查显示如果通过会展联系到一个客户需要的成本大约为 35 英镑,而通过广告等相关途径所需的成本却高达 219 英镑。通过这两个简单的数字我们很容易就可以看出会展的高效性。

2. 空间小,密度大

在会展举办期间,大量人员都将会聚到举办国来参加会展,这就导致大量人员在举办国的大量聚集,来到这里的人就要消费,这就给举办国带来了丰富的财富资源,这一点在旅游业上也有明显的体现。同时在展会现场也给很多人提供了达成交易的机会,促进了贸易的发展和进步。以 2010 年在上海举办的世界博览会为例,这次博览会的参观人数达到 7308 万,创下了历届世博会之最。

3. 范围广,互动强

会展的举行对经济的发展具有显著的联动效应,对城市通信、住宿、餐饮、交通、旅游、贸易、房地产、广告、印刷、物流等相关行业都有强大的带动性。以 2010 年上海世博会为例,在世博会举行期间,长江三角洲的旅游业以及餐饮业等都比平常增长了很多。

近年来,随着全球化经济的快速发展,对会展产业的发展也有了更进一步的要求。随着会展产业策划和举办方式的日益丰富,会展文化产品也开始出现了以下"三高"的新特征。

1. 科技含量高

随着现代科学技术的快速发展,越来越多的科学技术被应用到展会当中,商品的展览方式也呈现多元化的展现形式,尤其是对于现代多媒体设备的应用。在展示方式上,可以利用幻灯片播放、投影仪等数字影音设备进行视频展示。在设计和管理会展方面,可以应用互联技术、无线电通信设备、声讯设备等现代化的技术。另外,在展会上还运用了很多高科技的材料。例如,在 2000 年德国汉诺威举办的世博会中,本着"人类、自然、科技"的会展主题,在一些馆内应用了环保节能的建筑结构材料,不仅有助于展会主题的传播,同时也体现了举办者会展策略的创新策划和匠心独运。

2. 系统协调要求高

系统泛指由一个有关联的个体组成,根据预先编排好的规则工作,能完成个别个体不能单独完成的工作的群体。任何活动都有其特定的系统性，会展策划也不例外。在策划和设计会展的时候，要充分考虑到会展所涉及的方方面面，首先是确定会展的主题，其次要考虑本次会展的举办地点、与会人群、展品等相关内容。同时在一轮会展结束之后，策划者还应该收集与会者对于本次会展的一些建议和看法，作为下一次会展策划的一个借鉴。因此，作为一个系统的会展创意策划，要求其在考虑各个细致环节的同时把握好这个活动的整体协调。

从更大的方面来讲，会展业也是现代服务业乃至整个国家经济的一部分。系统性是会展创新性设计的一个重要特色。

3. 参与度高，体验感强

会展的创新性设计和谋划需要极高的参与度。另外，会展创意策划本身也是一种双方互动的过程，因此会展的创意策划具有极高的参与度。

在会展创意策划中，涉及人与人之间的沟通交流、组织的宣传和大众的宣传。在整个过程中，参展商和参观者以及社会大众都在进行互动交流，首先参展商向参观者展示自己的产品，参观者在接受参展商传达的一些信息的同时也会主动地进行一些咨询。在举行会议的时候，也会有很多的讨论活动。这些都是互动的一个表现形式。

在这些互动进行的过程中也伴随着各种视觉、听觉甚至味觉等体验。从进入展厅开始，参观者就可以看到或触摸到很多展品，同时也可以听到会展中心所配置的一些背景音乐。无论是听到的还是看到的，都是参观者对会展的实际体验。有时参展商也会提供一些试吃或试用的机会，这也增强了会展的互动性和体验感。

第二节 会展文化产品策划的原则

会展的举办方式必须与所在市场的发展情况和会展本身所具有的一些特征相结合。对于会展策划所需遵循的原则概括如下。

（一）效益导向性原则

之所以要举办各种会展就是为了获得更多的效益，包括经济效益和社会效益，所以获取效益是会展业进一步持续下去的重要支撑。会展的策划者在设计一场会展时所需要考虑的利益方包括以下两个方面。

1. 会展主办企业本身的经济利益

会展主办企业作为会展的重要组织者，在举办和策划会展的时候投入了大量的人力、物力和财力。多数会展创办的出发点都是为了盈利或取得较好的口碑效益，所以策划的每一个步骤都有一个共同的目标,就是获得更大的利益。因此,会展是否给创办者带来丰富的利润成为会展成功与否的一个重要判别标准。每一份投资都是为了获得利益,但是获得投资见效的时间不尽相同,有的投资在短时间内就可以看到利润,这种叫作短期利益;还有的在长时间内都有利可图,这种被称为长期利益。展会策划者在策划的时候需要考虑好企业的长期利益和短期利益,并平衡好两者的关系。

2. 会展中参展商的经济利益

参展商之所以来参展,是为了获利。充分满足顾客的获利要求是会展得以持续发展的重要保证。为了吸引更多的厂商参加展会,策划者就要想办法满足顾客的获利要求。首先,可以通过展会的品牌效应,为参展商提供更好的宣传平台来帮助其更好地宣传产品和企业品牌;其次,给参展商提供一个客流集中的场地,使其产品有机会获取更多顾客并快速达成交易。同时策划者还应该考虑参观者的一些利益,比如策划者可以给参观者提供一些纪念品或者一些产品体验机会,这样不仅有助于展会本身的宣传,还有利于宣传参展商的产品,同时还可以给公众一个体验产品的机会。

(二)创意先行性原则

随着经济全球化的不断发展,会展业开始逐渐活跃起来,其种类和数量多随之增加。因此,要想使一场会展从众多的会展中脱颖而出,就需要依靠创新。创新需要策划者对现存的一些方法素材进行创新。要善于借用当前的一些新科技,充分调动思维,策划出新颖的会展。会展的很多方面都可以进行创新,如会展理念创新、会展主题创新、会展地点创新、活动形式创新等。

(三)规划系统性原则

展会过程是一系列活动事件的有机组合体。一场展会在进行之前需要做很多的准备工作,其中包括会展本身活动的设计和策划,以及一些附加的安排,如餐饮、交通和住宿等。会展的策划还包括会展结束之后的一系列工作和活动,这是很多人容易忽略的一点。在会展结束之后,还需要做好总结和归纳以及反馈工作,从参展商中获得一些批评和建议,然后总结会展在运行过程中所出现的一些优缺点。这些都需要进行归纳总结,以作为下次活动的借鉴。对于所有这些活动的策划,都需要注重其整体性和系统性,相互之间互相联系和调节,最终使活动能圆满成功。

(四)执行约束性原则

没有规矩不成方圆。做任何事情都要遵守一定的规章制度,这句话对于会展策划同样适用。会展策划时必须遵守一定的规章制度。随着我国法律的不断完善,与会展有关的法律越来越多,涉及的范围也越来越广。例如,《中国加入世界贸易组织服务贸易谈判中关于展示和展览服务中的承诺和减让》《商品展销会管理办法》以及《展览会的章程与海关对展览品的监管办法》等。在现实生活中，规范会展策略不仅仅可以通过法律这一强制性方式，还可以通过道德准则对会展策略形成一定的约束力。另外，在会展本行业内部也有一些惯例需要遵守。

（五）操作可控性原则

会展策划不仅给会展整个项目中的各个项目提供了宏观指导，同时也对某一项目流程提供了具体的操作安排。会展策划的成功与否只有通过实践检验才能够看出来。因此，所有的策略都必须是在现实生活中可以实施的。同时策划必须按照当前社会发展的实际情况来制定，不能天马行空、随意想象。

第三节　会展文化产品的创意与策划

一、会展文化产品的创意策划

（一）会展主题的创意与策划

1. 主题设定

每一场会展在举办时都会有特定主题以吸引目标受众。该主题是会展活动策划人所要借这次会展表达的主旨内容。通过主题设定，会展策划者可以清晰明确地向公众展示此次会展的意义所在。会展主题也是活动的总体目标，它是整个会展活动的核心，围绕这个会展主题，所有的活动才能得以有序进行。会展中所涉及的一切活动都将对这一主题进行烘托和再现。主题也可以规范参展者和观众的行为，如有的活动的主题是绿色环保，这就决定了参展者所展示产品的种类，同时通过提高与会人员的意识来规范其行为。

2. 主题加工

事实证明，人们容易对一些具有故事性质的事件或者物质产生更深刻的印象。为了使主题更加深入人心，策划者可将主题进行故事化或者戏剧化。会展主题的内容以及展现方式是多种多样的，其最根本的手段就是进行创新。

3. 文化注入

在会展策划中注入文化元素可以拉近展会与参观者的距离，增强参观者的参与感。

4. 经济考量

对会展主题的经济考量包括参展产业的市场动向，结合国家政策支持风向和当前市场热门领域的话题设定主题。以中国国际进口博览会为例，2018年11月5日，世界上第一个以进口为主题的国家级展会——首届中国国际进口博览会在上海国家会展中心盛大启幕。在经济全球化遭遇波折，世界面临的不稳定性不确定性突出的复杂形势下，首届展会以"新时代，共享未来"为主题，顺应了开放合作的时代潮流，对激发全球贸易新活力、推动构建开放共赢新格局具有重要作用。经过多年发展，该展会已成为国际采购、投资促进、人文交流、开放合作的重要平台，成为全球共享的国际公共产品。

此外，选择会展举办地点需遵循产业分布规律，如上海是我国经济发展中心，汇集了国内外大大小小的公司，无论从交通还是科技人才方面来讲，各类产业的很多展会都很适合在上海举办。

（二）会展及其展品陈列展示设计

1. 制订会展策划方案

制订会展策划方案是任何会展及其文化产品设计的首要步骤。通过详细的策划方案，可以更直观、有序地进行后续活动操作组织。会展设计的策划方案主要包括：会展立项可行性分析、相关的活动策划、展会品牌形象策划、展会服务现场管理、招商策划与展会宣传、展会危机管理计划等。具体到布展设计，主要涉及总体设计、空间设计、版面设计、色彩设计、采光设计、陈列与道具选择、施工布展等。

其中，确定展品陈列展示需要考虑其可获利性、陈列点、吸引力、方便性、价格、稳固性等方面。可获利性要求有助于店面销售量的增加，能引起顾客的购买欲，实施购买行为；陈列点的选择直接决定了客户的浏览量，唯有先吸引顾客的注意力，才能促进购买行为的发生；而吸引力是充分利用广告宣传吸引顾客注意，再配合空间陈列和大多数顾客的喜好，从而促进商品销售；综合考虑产品的特性、场地和季节的限制和消费人群的偏好等因素，选择恰当的展示风格，策划者要注意把握对细节的控制，尽量给人留下深刻的印象。

2. 以各项标准规范展会设计

（1）核心文化内涵标准。文化性标准主要是指设计要有独特的风格和品位，融入地区和民族的文化差异特色。文化展会已经成为21世纪展会设计的灵魂。

（2）主动创造生产标准。任何艺术活动的目的都在于创造。展示设计的创造性主要表现在创意的新颖和艺术形象的独创性上。独特新奇的创造给人带来震撼，令人过目不忘，实现最有效的形象传播。这种创造涉及形式的定位、空间的想象、材料的选择、构造的奇特、色彩的处理、方式的新颖等。独特的创造力带来新鲜感，更有利于文化的传播进步，提高人们的生活品位，满足人们的精神需要。

（3）综合环境系统标准。综合环境系统标准主要有两点：一是任何事物都存在于特定环境之中，良好的文化环境是创造力产生的温床，文化的沉淀是在环境的影响下完成的，创造来源于生活的启发，好的设计必然与周围环境相得益彰；二是任何设计都以不破坏环境为前提，以创新设计带动环境的发展，两者相互作用，共同推动时代的进步。

（4）整体风格统一标准。展示设计的首要标准是整齐而统一，在展示设计规划中，力求达到形态的统一、色彩的统一、工艺的统一、格调的统一以及整体基调的和谐统一。这种统一性是指对整个策划会展直接的衔接要求紧密，设计者对整个规划的整体把握，要求各细节要素直接具有统一性，设计的内在本质上具有统一性。

（5）通用行业基本标准。通用行业基本标准又称功能性标准，根据各行业的特性和产品的特点进行策划，产品设计的类型和展示内容不能脱离关系，如食品业、服务业和水产业的要求各不相同。

（三）会展的旅游策划开发

现代会展中所推崇的"体验式"互动活动设计，以及对当代行为艺术的运用，使得会展活动更具备了旅游性特点。会展往往涵盖休闲、引导、移情和艺术四个方面的体验，这些因素也是旅游体验的核心因素。无论是大型会议，还是博览会、展览会，都需要对活动本身及其可能产出的文化产品进行旅游性的创意策划。主要从以下几个方面入手。

1. 战略层面策划

（1）会展的高精化打造。随着信息技术的进步，当代会展的发展逐渐走向高精化。高精化亦可理解为专业性的提升，主要体现在会展业的进步需要依靠城市产业的发展，技术的进步，文化的不断升华。特色的时代信息才能培育出特色的展览业，如法国巴黎的时装展、我国深圳的高科技展等。大多数会展要求行业的精英人士参加，他们是主办者的主要关注目标，以专业的眼光进行批判评价，更能提供一些建设性的意见，为展会创造更多的价值。同时，专业人士的比例直接影响到了会展活动的质量水平高低，也为产业的未来发展注入了新能量。事实上，很多展会的成功举办向众人昭示了普通公众的出现并不会影响会展的贸易性和专业性，反而有助于展会的宣传，提高更多群体对展会的关注度和社会对展会的重视度。

（2）会展的资源性延伸。会展策划者在选择会展举办地的时候，不仅要考虑是否有充足的与举办会展直接相关的一些设施，同时还要考虑当地的旅游环境和其他资源情况。会展的举办会给当地带来很大的客流量，当地可以借助这一机会向外来人员更好地展示自己的地方特色和旅游资源。而借助这些旅游资源，参展者和参观者也可以得到身心的放松。相比之下，很多会展更倾向于在旅游资源丰富的地区举行。以昆明世界园艺博览会为例，云南省位于我国西南部，地理位置特殊，地形地貌复杂，全省大部分地区具有冬暖夏凉、四季如春的气候特征，因此，旅游业是云南省的支柱产业之一。与此类似，美国拉斯维加斯、奥兰多、纽约等旅游资源丰富的城市也是著名的会展城市。

2. 形象层面策划

会展举办地的形象由当地各种环境因素有机组成。会展的核心要素主要包括会展场馆、会展行业协会、会展企业、会展人才、会展服务和会展营销手段等；相应的基础的组成部分则被称为基础要素，包括城市设施、政府的支持与服务、城市精神、城市经济水平和城市支柱产业等。核心要素是城市形象要素中的重要部分，它决定了参会者对会展目的地整体形象的主要评价。

3. 功能层面策划

（1）娱乐休闲功能。旅游是指为旅客提供休闲设施与服务的产业，它是一种休闲娱乐活动。而会展则是人们进行物质、文化交流的活动，其旅游性策划需要强调其休闲娱乐功能。

（2）产品体验功能。增加参观者的体验机会，可以加深参观者对会展的印象。另外，通过体验产品，可以使参观者更好地了解产品，有利于产品的宣传。因此，增加会展的体验性是会展旅游功能的首要问题。一个好的展览策划可以给展览者带来精神上的满足和难忘的人生体验。要增强会展的体验性，需要在会展策划中融入更多的文化元素。

（3）服务功能。作为服务业的一种，一场完整的展会需要给参加会展的厂商和参观的大众提供全面的服务。充分发挥其服务功能是会展举办的目标和宗旨。服务功能主要体现在会展接待、产品体验、信息传递等方面。

首先，在会展接待方面，会展策划者要注意基础设施的提供，其中包括提供充足的桌椅、器材等会议设施。此外，策划者还要充分地考虑好参展商和参观者的衣食住行问题，这要求会展策划者选择合适的地点和场地。

其次，会展策划者还要注意给客户更多了解产品的机会，以尽量提供产品体验机会。

最后，会展策划者应该注重信息传递功能，帮助参展者掌握更多的客户信息及了解足够的产品信息。另外，会展还应提供更多的交易平台和交流沟通机会。

4. 品牌宣传层面策划

对会展品牌的分析可以帮助会展策划者更好地把握策划内容的中心思想，为策划明确方向。为了使会展的形象品牌宣传达到更好的效果，必须提前做好品牌策划工作。

首先，策划者必须对品牌本身有充分的了解，做到"知己知彼，百战百胜"。这就要求策划者对其他会展的品牌有一定的了解，这样有利于策划者了解应该从哪些优势方面对品牌进行宣传。

其次，要与参展商做好充分的沟通交流，通过参展商的参展产品和参展企业的形象对会展品牌进行宣传。

具体可从以下方面入手。

（1）培养战略远视性的品牌意识。宣传会展的品牌形象要求策划人具有较强的品牌意识。会展活动的主体是会展举办方和参展商。会展举办方自身要有打造会展品牌形象的强烈意识，在设计和构思会展相关活动的时候注重会展形象品牌的宣传，营造一种品牌氛围。在举办者的指引下，参展商也需要紧密配合会展品牌的宣传工作。政府和行业协会在会展品牌形象的建立和宣传中都有一定的长远影响，其中政府的作用一般相对要更大一些。不过，对于具有较强专业性的展会，行业协会的作用会更大一些。通过政府和行业协会的宣传和支持，展会品牌的建立和发展将会更加顺利。

（2）强化高层次的品牌价值。世界知名品牌都有三个共同点：第一，拥有创新的标志性物件和符号；第二，品牌本身的性质与众不同；第三，有独立完整的品牌系统。中国的会展业发展还处于较低水平，无论是会展展览场地的设定和安排，还是会展活动的策划，都有许多不足，应该善于从一些成功会展案例中汲取经验，学习他们取得成功的经验，取长补短。同时，加大力度引进国际知名品牌参加会展，使更多世界知名企业落地中国，不仅为中国带来众多的商机，还为中国展会本身提高了知名度。此外，还应积极走出国门举办会展，将国产会展品牌推向国际。

（3）提升网络互联的品牌理念。会展的举办并不一定是在现实场地中进行一系列的活动，也可以在网络上进行规模化的展览和销售。网络会展具备很多传统会展所不具有的优点，如成本相对较低、活动形式比较简单等，但同时网络的宣传具有长期性等。会展策划者在制订展览计划时可尝试将传统会展同网络会展结合起来，发挥两种方式各自的优势，使策划方案达到最优化。

二、会议的创意与策划

1. 会议开始前对信息的搜集

第一，很多事情的解决都讲究效率和质量，因此在举行会议之前首先要了解是否有举行这次会议的必要性，如果有更好的解决办法，就可以取消本次会议；第二，会议的目的是解决问题，在会议开始之前要明确本次会议要解决的问题是什么，通过本次会议希望可以取得什么成果以及会议应该达到什么样的效果；第三，要制定出会议的具体进程，将会议所需要进行的项目依次列出，并且要规定好每个流程进行的大致时间；第四，要搜集会议所涉及相关内容的相关知识，同时还要将这些知识以电子档或者纸质档的形式传达给每个与会人员；第五，有时在会议开始之前会有新的状况出现，所以要对这些状况进行一些了解，同时还要将这些信息传达给其他与会人员。

2. 会议中相关工作人员的工作

为了能够保证会议的正常进行，需要对会议中的具体工作做好分工安排。不同的工作流程对工作人员的能力经验以及人数等都有不同的要求。由于会议规模的不同,涉及的工作流程和岗位也有很大的区别,有的甚至需要安排一些工作人员来做车辆接待、媒体安排等工作。

还有比较特殊的一些国际会议,这些会议的与会人员来自世界各地,语言交流问题有时候也需要解决,通常这个时候就要安排一些同声传译的工作人员。

3. 会议工具的准备

会议场地的桌椅、茶水等都是会议所需的基本设备。有些会议还需要提供会议流程说明、签到簿、记录本、视听辅助设备等。

(1)会议流程说明、签到簿。为参会者提供会议流程可使其更方便地了解到会议所有项目的顺序和时间安排,通过签到簿则可协助主办方了解与会人员的基本情况及人数。

(2)纸、笔。纸和笔也是会议中一个非常重要的工具。与会人员可以用纸和笔进行现场的会议记录或会议发言草稿。

(3)各种视听器材。音响、计算机、投影仪、录音笔等为会议展示和记录提供了很多方便。通过音响可以扩大声音传播范围,通过投影仪、幻灯机等设备可以将想要展示的内容更加清晰地展示给与会所有人员。

(4)产品资料和样品。在会议的有限时间内很难把所要介绍的产品进行清晰详细的说明,因此,可借助产品资料和样品在会议现场传阅,给与会人员留下更深刻的印象。

(5)标语横幅、背景板、展板。标语横幅有时也被称为会标。为了渲染会议的整体气氛,有时会通过挂一些横幅或者在会场布置一些形象的背景。以人民大会堂为例,礼堂顶棚呈穹隆形与墙壁圆曲相接,体现出水天一色的设计思想。顶部中央是红宝石般的巨大红色五角星灯,周围有镏金的70道光芒线和40个葵花瓣,三环水波式暗灯槽,一环大于一环,与顶棚500盏满天星灯交相辉映。还有金色大厅的设计,都很好地烘托了会议的氛围,在不知不觉中感染了与会人员。

4. 会议场地的选择

选择在哪里召开会议,对于会议的开展非常重要,它是顺利进行一场成功会议的前提。场地关系到会议进行的方式、会议规模、会议风格,以及经费预算等。

5. 财务计划的拟订

制定财务预算可以有效地减少资金的不必要浪费,提高资金的使用效率。而对于会议的财务预算,需要考虑租用场地费用、交通费用、餐饮费用、住宿费用、设备费用、其他费用等。

6. 新闻媒体的通知

邀请新闻媒体对会议或者品牌进行宣传报道,不仅可以提高品牌的知名度,还可以将活动内容信息尽快地传达给公众。会议主题、会议规模等都是新闻媒体报道有可能涉及的内容。为了更好地利用新闻媒体进行宣传,必须提前做好准备工作,如确定邀请名单、事先提供会议背景资料等。

 **延伸阅读**

河北省园林博览会文化产品——主题雕塑《祖乙迁邢》创意策划

 本章小结

　　会展文化产品是指整个会展,其中包含品牌企业产品以及所提供的服务等一系列内容。如何使这一系列活动有序地进行从而达到预期目的,则需要会展文化产品的创新型设计和规划。

　　会展主题的设定需要考虑的一个重要因素是产业因素。一方面,会展项目的设定要根据当前的产业情况而定。会展的策划者必须了解和掌握当前产业在市场中的发展状况,以及相关产业的发展情况。策划者在制定会展活动和方案的时候必须按照所了解的信息制定。另一方面,在会展策划时,要注意了解该产业内部的一些专业信息。会展上所需要的一些工具或者元素往往都具有很强的专业性。

　　会展策划需要从整体进行考虑,要全面把握好整个活动的系统性,平衡参展方自身以及参展商、观众等的眼前利益和长远利益。

　　无论是大型会议,还是博览会、展览会,都需要对活动本身及其可能产出的文化产品进行旅游性的创意策划。

 思考题

1. 如何理解会展文化产业与旅游文化产业之间的关系?
2. 会展文化产业的创意和策划主要包括哪几个方面?
3. 会展文化产品的创意和策划在当前遇到的最大困难是什么?

第十三章

演艺文化产品的创意与策划

 学习目标

通过对本章的学习,学生应了解或掌握如下内容:
1. 演艺文化产品的类型和特点;
2. 演艺文化产品创作生态的组成;
3. 演艺文化产品创意策划的方法与步骤。

 导言

演艺,即表演艺术,是一种艺术的表现形式,其具体的表现载体是音乐、舞蹈、戏剧等各类演出。在汉语中,"演出"是指演出单位或个人在特定的时间、特定的环境下所举行的公开文艺表演活动,演出的核心是表演,即借助人的姿态动作、声音表情、乐器道具等方式或工具,将特定的思想情感通过演唱、演奏、戏曲、舞蹈、曲艺、杂技等形式展现出来,以供他人欣赏。

演艺产业是基础性文化产业,是以演艺产品的创作、生产、表演、销售、消费及经纪代理、艺术表演场所等配套服务机构共同构成的产业体系,其在文化市场中占据重要的地位。在2009年国务院通过的《文化产业振兴规划》中,将发展文艺演出院线作为发展文化产业的八项重点工作之一。"十二五"期间,《国家"十二五"时期文化改革发展规划纲要》继续将演艺产业作为重点发展的文化产业之一。"十三五"时期是全面建成小康社会的决胜阶段,也是促进文化繁荣发展的关键时期。随着经济的迅速发展,民众的文化娱乐支出比重不断增加,文化消费时间逐渐增多,对文化产品的选择性日益增强,逐渐向高层次的精神文化需要转移,而观看娱乐性强、影响力大的演出节目成为民众最为普遍的文化消遣方式之一。据统计,2019年,我国演出市场总体经济规模达538亿元,较2016年增长14.7%,演艺行业形式多样,规模稳步扩张。①

---

① 刘阳. "十三五"时期我国文化产业快速发展[N/OL]. 环球网. https://cul.huanqiu.com/article/4108kcQKb3O.

作为演艺产业核心要件的演艺文化产品,以文化艺术的表达再现为核心内容,其诞生历史几乎同人类历史一样久远,并且在各种不同文明中表现为各种各样的不同形式。世界各民族的演艺活动大多由古代巫术、祭祀仪式等发展而来,因此很多民族的表演艺术在相当长的时期内都以一种载歌载舞的形式表现出来。以语言和动作为主要表现手段的演出形式——戏剧,则在公元前6世纪左右才发展而来。此后,演艺形态逐渐多样,既有即兴喜剧、世俗剧、神迹剧、木偶戏、皮影戏、杂耍、哑剧等古老的表演形式,也有舞蹈、歌剧、马戏、音乐、相声、小品、芭蕾等比较现代的艺术形式。但是,无论是哪一种表演形式,演出中都要运用大量不同的表演技巧,而其核心成分,则是演员与观众的互动[1]。

第一节 演艺文化产品的类型和特点

一、演艺文化产品的类型

根据不同标准,演艺文化产品可以有多种划分方式,但最常见的分类方式为按演出场地、演出形态和展示平台来划分。

(一)按演出场地划分

以演出场地为标准,可分为普通剧场演出剧目、旅游演艺节目。

剧场演出剧目广泛分布于城乡各地大小型演艺场馆,如以国家大剧院、上海大剧院、广州大剧院等为代表的大型剧院、音乐厅,或以蜂巢剧场、德云社、开心麻花剧场等为代表的小型文艺娱乐演出场馆。

旅游演艺节目则可分为剧场旅游演出、实景旅游演出和主题公园旅游演出三类。其中,剧场旅游演出是在剧场内针对旅游人群所打造的旅游演出产品,以展示当地文化特色的歌舞、戏剧、曲艺、杂技等演出形式为主的综合晚会。实景旅游演出是以旅游景点的山水实景为依托,将当地的民俗文化与著名的山水旅游景点紧密结合。主题公园旅游演出是在主题公园内打造演出,是高附加值复合型旅游演艺产品。

剧场演出剧目和旅游演艺节目相比,最大的区别在于剧场演出剧目更迭频繁,更注重艺术性和表演性。如戏剧、歌剧、话剧、音乐剧等各类艺术表现形式的剧目都有主角,主角的艺术把握和塑造能力赋予整个演出独有的灵性和特色。而旅游演艺节目则是一种大众化的旅游"消费品",多采用无主角模式,是标准化的、"跑量"的[2]。

---

[1] 格兰特. 演艺的历史[M]. 黄跃华,译. 山西:希望出版社,2005:6.
[2] 杨悦祺. 旅游演艺品牌分化:"跑量"复制后如何破解80%亏损魔咒[N/OL]. 21世纪经济报道. http://www.21jingji.com/2019/7-13/wNMDEzODFfMTQ5NzgwNw.html.

（二）按演出形态划分

从演出形态来看，可分为音乐、歌舞、戏剧、戏曲、芭蕾、曲艺、杂技等各类型演出。其中又可细化为音乐会、演唱会、音乐节、专业剧场舞蹈演出、专业剧场话剧演出、专业剧场戏曲演出、专业剧场芭蕾演出、专业剧场曲艺杂技类演出、专业剧场儿童剧演出、旅游演出、演艺场馆娱乐演出等。

（三）按展示平台划分

从展示平台来看，可分为线上演艺文化产品、线下演艺文化产品。

1. 线下演艺文化产品

线下演艺文化产品大多是较为传统的演出样态，按演出场地和形态划分出的各种类型的演艺文化产品几乎都是传统的线下演出。如今随着观众文化水平和审美趣味的提升，线下演艺产品的类型正在不断丰富，剧场演出、户外演出、街头演出等类型均广受欢迎。

2. 线上演艺文化产品

线上演艺文化产品有时又被称作互联网演艺产品，可根据播出方式分为直播、录播，根据演出内容分为传统剧场演出、网络演艺、艺术宣传推广类长短视频等。然而，线下与线上的区别绝不仅仅是呈现场景的转换，更是内容生产方式的充足、要素和价值的重新排序。具体分为以下几种类型。

（1）传统剧场形态的演出。这种类型是将传统剧场镜框式演出资源直接搬到线上。演出资源或既有，或新创，或录播，或直播，或免费，或付费，或整场，或节选，如文化和旅游部"在线剧院"免费开放的文华奖和舞台艺术工程获奖剧目、国家大剧院古典音乐频道的演出，中国歌剧舞剧院、北京京剧院线上付费首演的音乐剧《一爱千年》、京剧《许云峰》等。

（2）新的网络演艺样态演出。这种类型的演出是明确以互联网作为展示平台和传播媒介，不带现场观众，主动打破传统剧场镜框式演出的观演关系。演出内容以传统节目内容为核心，但在表现方式上加入了导赏、台前幕后探秘内容，运用快闪、特效合成等视频编辑手段，设置打赏、弹幕等特有互动环节。如摩登天空推出的草莓音乐节线上付费直播、西安交响乐团的《华山之巅云海音乐会》。

（3）基于艺术本体的宣传推广类长短视频。与第二种类型相比，这种类型也是明确以互联网作为展示平台和传播媒介，但已不是传统意义上的演出，其主要特点是突出创意性，以长短视频的形式，通过艺术家的表演介绍展示艺术之美或进行艺术普及推广。如中央芭蕾舞团创意工作坊《向生命致敬》视频、北京演艺集团所属中国木偶艺术剧院"黑猫"系列、北京市曲剧团京味剧场系列短视频等[①]。

[①] 赵佳琛. 后疫情时代互联网演艺发展的实践与思考[N]. 中国文化报，2020-12-02（02）.

（四）其他分类方式

从演艺主体来看，可分为个人演艺文化产品、团体演艺文化产品、虚拟主体演艺文化产品等。

从创作流程来看，可分为原创演艺文化产品、改编演艺文化产品。

从产品内容来看，可分为核心演艺文化产品、演艺文化产品衍生品等。

此外，还有大型主题演出产品、小型常规演出产品、定点演出、巡游演出等其他方式的类型划分。

随着科技的快速进步、各行各业跨界融合逐渐兴起，演艺文化产品也在不断创新。从传统的演出场馆大型演唱会，到全球同步直播的线上演唱会；从传承百年的评书、单口相声，到时下流行的单口喜剧、脱口秀等，新兴的互联网经济和观众不断迭代的文化审美消费，正在不断地创造出全新的演艺文化产品和业态。

二、演艺文化产品的特点

虽然演艺文化产品种类繁多，但是总体来说，它们都具有以下几个共同点。

（一）文化价值的核心性

文化艺术是演艺文化产品的核心内容，一切演艺文化产品的创新与生产都要以文化艺术为基础元素。演艺文化产品是文化艺术的核心价值得以直接展示和生动呈现的重要载体。世界上各个国家、各个民族都拥有众多反映自身文化特色、体现各自文化价值的演艺文化产品，如我国的国粹京剧、英国的莎士比亚戏剧、美国夏威夷的草裙舞等，这些演艺产品将各地特色鲜明的文化艺术资源转化为可观赏、可感知、可复制、可传承的文化产品，其文化价值是产品本身的核心价值。

（二）审美体验的独特性

近年来，随着经济的迅速发展，民众的文化娱乐消费比重不断增加，文化消费时间逐渐增多，文化产品的选择逐渐向高层次的精神文化需要转移，而观看沉浸感和体验感强、文化内涵高的演出节目成为民众最为普遍的文化消遣方式之一。演艺文化产品往往能够调动观众情绪，通过不同的情感经验获得不同的审美体验。"画面再现了现实，随即进入第二步，即在特定环境中，触动我们的感情，最后便进入第三步，即任意产生一种思想和道德"[1]，马赛尔·马尔丹对电影审美的论述同样适用于演艺文化产品。真正的审美是主体在不同层次下，感性和理性相结合的意识感受，是由不同审美客体所引发的审美主体的差异性感知。不同观众对同样一项演艺文化产品往往有完全不同的审美认知，"一千个

---

[1] 马尔丹. 电影语言[M]. 何振金，译. 北京：中国电影出版社，1980：9.

人眼中有一千个哈姆雷克"就是指这样的个性化体验。

（三）跨界融合的广泛性

旅游演艺是演艺产业中非常重要的组成部分。以游客为主要受众群体，旅游演艺产品通常依托景区自然资源、旅游设施或游乐园打造。常见的演出形式包括歌舞、马戏、杂技、曲艺等，主要目的是呈现当地历史人情或突出当地旅游特色。2019年，文化和旅游部在印发的《关于促进旅游演艺发展的指导意见》中明确提出，到2025年，旅游演艺市场繁荣有序，发展布局更为优化，涌现一批有示范价值的旅游演艺品牌，形成一批运营规范、信誉度高、竞争力强的经营主体。这是我国首个促进旅游演艺发展的文件，也充分肯定了这种跨界融合发展的价值。

过去，人们普遍认为，线上演出发展空间有限，出于对仪式感的需求和技术手段的限制，观众仍喜欢亲临剧场观看演出。随着互联网经济和数字产业的发展，"演艺+数字""演艺+互联网"也成为演艺文化产品跨界融合的新尝试。2017年4月，文化部出台《关于推动数字文化产业创新发展的指导意见》，鼓励数字文化产业发展，并提出大力推动演艺娱乐、文化旅游等文化产业的数字化转型升级。如今，演艺产业与数字产业、互联网行业的融合在演艺作品创作与传播、演出形式、运营模式、产业布局等环节已充分得以体现。如中国演出行业协会与爱奇艺、腾讯分别达成战略合作，将共同探索创建"演艺+互联网"的新生态圈，对接多方资源、搭建互通平台、提供大数据分析服务、发布热门 IP 项目，共同助力"演艺+互联网"快速发展。

（四）对外贸易的灵活性

全球化时代，文化艺术的多样性促进了不同文化间的互动与借鉴、碰撞与交融，为突破文化隔阂提供了可能性。而表演艺术作为中国文化走出去的重要载体，是我国对外文化交流和文化贸易不可或缺的重要组成部分。与此同时，演艺文化产品自身的特点也决定了其对外贸易具有较大的灵活性，主要体现为贸易模式非常多样，如版权贸易、巡回演出等。以巡回演出为例，重庆杂技艺术团曾于2011年11月—2012年4月，将杂技剧《花木兰》改版为《木兰传奇》赴法国、瑞士、比利时巡回商演150场，观众达90万人次，上座率居同期在法国演出的包括太阳马戏团在内的16个世界各国艺术团体之最，创造了重庆杂技艺术团近年来出国演出人数最多、规模最大的纪录，使重庆杂技第一次真正打入了欧洲主流社会，成为全国杂技界第一个以杂技剧形式赴法国商演的表演团体。

第二节　演艺文化产品的创作生态

演艺产业是文化产业体系中的核心产业之一，是一个创意密集和劳动力密集的产业，也是一项能耗低、可持续发展性强的低碳产业，具有极大的辐射和拉动作用。在国民经济行业分类中，演艺产业并未成为独立的产业门类，而是交叉分布于各类文化及相关产业中。《文化及相关产业分类（2018）》将文化产业及相关产业划分为 9 个大类、43 个中类和 146 个小类，其中有 10 余个小类与演艺文化产品的创意策划、生产流通等紧密相关，如文艺创作与表演、艺术表演场馆、文化活动服务、舞台及场地用灯制造等。这些产业小类在演艺文化产品的实际生产中，聚合形成了完善的演艺产业链，基本反映了演艺产业市场体系、市场主体和创作生态等。

一、演艺文化产品创作生态的组成

演艺文化产品要进行创意策划，首先要明确其所处的产业链地位和产业生态环境。

（一）演艺产业链

美国哈佛商学院著名战略学家迈克尔·波特于 1985 年提出了价值链条理论，他认为，价值链是企业"用来进行设计、生产、营销、交货等过程及对产品起辅助作用的各种相互分离的活动的集合"[1]。因此，演艺产业的价值链可归纳为"由演艺创作者根据消费者需求分析挖掘产品价值，进行创作产生价值，到演艺企业包装、制作开发价值，再通过市场营销、演出策划捕捉价值，最后由剧场经营、演艺产品衍生等环节使消费者获得最终价值的产业价值链系统"[2]。文化部在 2009 年 9 月出台的《关于加快文化产业发展的指导意见》一文中，对演艺产业链有过较为明确的表述，文中要求"积极整合创作、院团、剧场、经纪等演艺资源，形成剧本创意、演出策划、剧场经营、市场营销、演艺产品开发等紧密衔接、相互协作的演艺产业链……积极推动全国文化票务网络建设，以大中城市为主，尽快建成遍布全国的演出票务销售终端"。有学者将演艺产业链定义为：演艺产业链是指整合创作、院团、剧场、经纪等演艺资源而形成的，集剧本创作、演出策划、剧场经营、市场营销、演艺产品开发等多个环节的，紧密衔接、相互协作的产业链条。[3]简而言之，演艺产业链是指围绕演艺文化产品创作与生产展开的一系列活动，是演艺相关资源在市场条件下得以有机整合的过程。

图 13-1 呈现了演艺产业链的结构模型，在内容提供、表演团体、演出场馆、票务服务以及衍生产品五个主要环节和作为辅助环节的专业咨询服务中，都包含各类不同的主体，这些主体均服务于演艺文化产品的创作、生产、推广，而创意与策划是贯穿整个生产链流程的。可以说，在整个演艺产业链中，从资源到产品再到价值实现的循环过程，就是演艺文化产品创意与策划的过程。

---

[1] 波特. 竞争优势[M]. 陈小悦, 译. 北京: 华夏出版社, 1997: 42.
[2] 李海燕, 李军红. 演艺产业价值链路径实现与优化策略研究——以山东省为例[J]. 齐鲁艺苑, 2014（6）: 121-124.
[3] 林凡军. 演艺产业生态学刍论[M]. 济南: 山东人民出版社, 2017: 16.

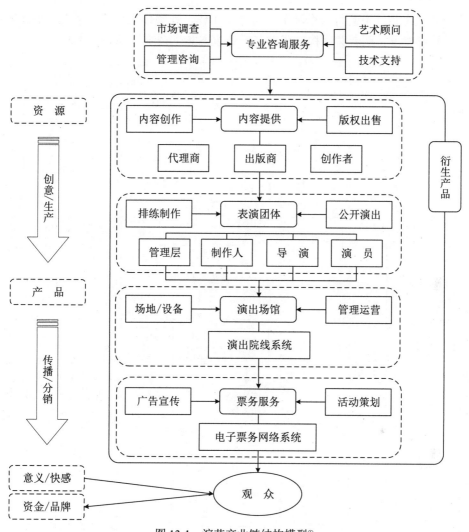

图 13-1　演艺产业链结构模型①

(二) 演艺产业生态

文化产业是一个类似于自然生态系统中生物群落进化演变规律的生态系统,系统中各文化企业主体与周边及外部环境发生物质、能量、信息和资金的交换。作为文化产业的重要组成部分,演艺产业也具有类似的生态系统。在演艺产业生态中,由演艺产品创作生产者,演艺院团,剧场、剧院、场馆,演出经纪机构及票务公司等中介服务机构,衍生产品环节,政府相关部门,行业组织、媒体以及观众等产业主体构成的演艺产业生态内生系统是整个演艺产业生态有序运转的核心环节;由技术环境、政策制度构成的政治环境以及社会文化环境、经济环境等相关的运行机制构成的演艺产业生态外生系统则深刻影响

---

① 曹晋彰. 演艺产业链的构建研究[D]. 山东大学,2012:46.

着演艺产业生态系统中的每一个环节、每一个主体，在整体上保障着演艺产业生态的健康运行、持续发展，两者共同构成了演艺产业生态共生系统①，如图13-2所示。

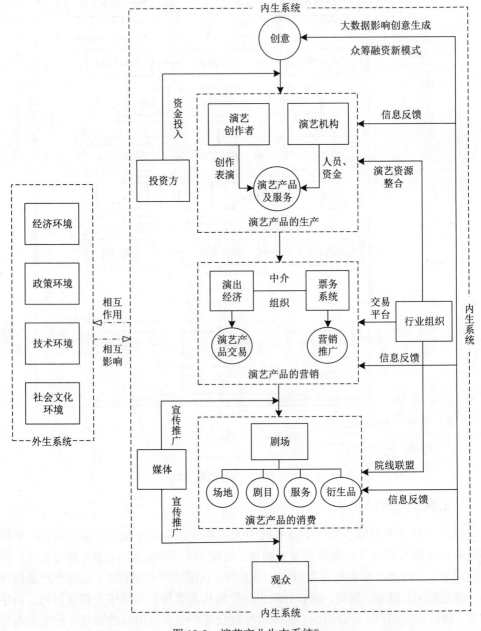

图 13-2　演艺产业生态系统②

---

① 林凡军. 演艺产业生态学刍论[M]. 济南：山东人民出版社，2017：24-26.
② 林凡军，谢永珍. 演艺产业生态系统及其运行机理探讨[J]. 山东大学学报（哲学社会科学版），2017（1）：60-67.

从内生系统来看，创意是"生产—流通—消费"三大核心环节的原点，也是循环反馈后的终点。创意的优劣影响资本投入的力度，进而影响作品或产品能否真正进入生产环节的可能性。在演艺文化产品被消费后，及时通过大数据技术等了解掌握观众的文化消费习惯和偏好，有助于在进行再创意、再创作、再生产时整合观众需求，推出更符合观众喜好的优秀作品。

从外生系统来看，经济环境、政策环境、技术环境、社会文化环境决定了演艺文化产品创意策划的想象空间和现实条件。换句话说，任何演艺文化产品的创意策划都离不开其植根的土壤。经济发展是否能够支撑人们有足够多的支出用于文化消费，各种政策法规是否支持或允许某些创意想法落地，技术水平是否已满足演艺效果的创意展示，这些都是演艺文化产品在进行创意策划时首先要考虑的问题。

二、演艺文化产品创作面临的困境

在我国，演艺产业作为一项产业虽已初具规模，但与电影、游戏、广告等相对成熟的其他文化创意产业相比，演艺产业还存在体量不大、产业布局和结构不够合理、业务链条和业务模式较为简单等问题。具体到演艺文化产品的创作，主要面临的困境包括以下几点。

（一）产品创新困难

专业剧场演出剧目方面，各级政府和艺术基金对文艺表演团体的创作持续加大支持力度。近年来，尽管新创剧目的数量不断增长，但具有创新性的、社会效益和经济效益双效统一的作品仍然比较匮乏。而旅游演艺类产品与一般剧场演艺产品不同，尤其是大型山水实景旅游演艺产品，它必须成为不可复制、难以替代的旅游演艺精品，这是它的核心竞争力之所在。因此，旅游演艺产品的创新应该融自然景观、历史文化、表现形式于一体，这对于创作人员而言存在相当大的困难，完全的模仿则容易出现僵化，无法吸引游客。

（二）产品融资渠道不通畅

旅游演艺产品，尤其是大型旅游演艺产品的投资大多很高，如《印象·刘三姐》总投资 3.2 亿元、《印象·丽江》总投资 2.5 亿元。高额的运作资金意味着正式运营后演艺产品能否及时回收成本，成功获得利润存在一定的风险，因此融资渠道成为束缚旅游演艺市场发展的一大问题。产品投资风险化主要靠风险投资，由各种风险投资基金进入剧目的创作、制作和演出过程。但国内目前仍然是以政府牵头、企业投资为主，仅有少数项目引入了风险投资，而由于演艺产业方面的经验匮乏，社会资本难以对产品未来做出充分判断，进而阻挡了融资渠道的畅通化和多元化，不利于对产品的打造。

（三）产品盈利模式单一

目前我国演艺产业的盈利手段比较单一，仍主要以售票利润和广告赞助收益为主，一定程度上影响了产品的创新创作。

1. 售票利润

在演艺活动中通过在剧场、演出地点的票务满足演出的基本收益,这是我国目前演艺产业盈利的基本形式也是普遍的形式。通过在固定的地点进行固定的演出和非固定地点的巡回演出的售票形式,主办方、演艺团体从中就可以获得经济效益。这种收益的形式是适用于各个演艺形式的,但是这样的方式的局限性也很明显,将收益全都寄托于演出的票务销售上,过于被动。

2. 广告赞助

广告赞助的收益很明显,资金回笼也很快,是较为理想的盈利方式。然而,通过广告赞助获取收益并非所有演艺产品都能达成。赞助方企业为了追求利益最大化,往往只会投资某些"头部"产品或具备"明星效应"的演艺作品,对于普通的演艺演出较为谨慎,小规模、实验性的演艺产品难以获取广告赞助收益。

第三节　演艺文化产品的创意与策划

一、演艺文化产品创意策划的原则

(一)文化性原则

文化产品是对社会现实的反映,同时也会对社会发展产生一定的影响。以文艺作品为内容的演艺文化产品本质是一种文化产品,其必然也会对社会文化、社会发展造成一定的影响。演艺文化产品的内容载体是一种或多种形式丰富的表演艺术,其内涵表达应当是具有文化属性的,而不能仅仅是肤浅、苍白、庸俗、毫无意义的表演形式的堆砌。

2019年文化和旅游部发布的《关于促进旅游演艺发展的指导意见》中,其基本原则也明确提到,要"推动中华优秀传统文化创造性转化、创新性发展,推出更多游客和群众满意的精品佳作",同时需要"加大文化内涵挖掘力度,提高艺术水准和创作质量","坚持增强群众文化获得感"。

因此,体现作品的文化价值是演艺文化产品创意策划中需要首先遵循的原则。在进行演艺文化产品创意策划时,需要创意者详细了解特定人群的文化背景,并切实把握其文化需求,创作生产出具有文化特色、文化内涵和文化价值的优秀作品,这就是文化性原则。

(二)体验性原则

在演艺文化产品创作这个特定语境下,体验性可以扩展理解为观赏性、娱乐性、互动性及沉浸感。演艺文化产品创作需要容思想性、艺术性与观赏性为一体，这几乎已成为业界共识。但有学者认为，"中国过去传统意义上的演出比较重视思想主题和艺术表现力，但对娱乐性、互动性、参与性、体验性考虑得相对少一些"。

体验性原则要求演艺文化产品在创意与策划中需要结合不同的类型特征，充分打通各自作品与观众可能的联结，激活观众的体验感。如曲艺作品通过说、学、逗、唱的核心技术手段让观众听得入耳、看得开心、笑中有深思；旅游演艺产品结合实景打造，邀请观众成为演出的一部分融入剧情发展，使观众完全沉浸在故事中；线上演艺作品则需结合读屏时代文化消费碎片化、短平快等特点，在作品创作中增加如连麦互动、弹幕打赏等符合互联网特征的设计等。

从演艺产业生态角度看，注重体验性原则还应考虑到产品本身与周围空间的互动以增强体验性。如在演艺空间的策划中，应当注重其多元、聚合等功能，使其在提供演艺文化产品的同时，也能具备艺术教育、文艺创作、文化研讨及相关衍生品购买等综合性服务功能，以增强观众的多元体验感。同时，通过配套的交通、餐饮、休闲等设施和服务的健全，满足人们的社交互动需求，打造可以带给公众全新文化体验的城市"文化客厅"。

（三）品牌性原则

品牌决定产品的市场定位，体现创作者的价值理念。品牌是一种会给其拥有者带来溢价、产生增值的无形资产。产品的名称、象征、记号、术语或者设计及其组合都可以体现品牌的辨识度。演艺文化产品创作在注重文化性、体验性的同时，也应当将品牌打造作为创意策划的核心原则之一。演艺文化产品没有品牌效应的加持，很难具备长久的生命力。

以品牌性为原则进行创意策划较为成功的典型案例，如"印象系列""又见系列""归来系列"等大型山水实景演出项目。2004年，由张艺谋、王潮歌、樊跃出任总导演，梅帅元出任总策划的中国第一部山水实景演出《印象·刘三姐》面世，该产品不仅开创了我国旅游实景演出的先河，更以"印象"为品牌形成了一系列有口皆碑的优秀作品。《印象·刘三姐》作为广西旅游的一张名片，甚至可以带动阳朔当地GDP 5%的增长。印象系列相继推出的《印象·丽江》《印象·西湖》《印象·海南岛》《印象·大红袍》等作品也非常成功。除此之外，"又见系列"也在市场走红，并相继推出了《又见平遥》《又见五台山》《又见敦煌》等。

二、演艺文化产品创意策划的方法与步骤

（一）挖掘文化内涵，创新产品主题

在演艺主题的创意与策划中，需要牢固树立精品意识，以思想精深、艺术精湛、制作

精良为创意出发点,充分挖掘中华优秀传统文化中的核心思想理念、中华传统美德、中华人文精神,运用丰富多彩的艺术形式进行当代表达。以传统文化和本土文化为创意根基,更有利于打造主题鲜明的演艺文化品牌。以旅游演艺文化产品为例,旅游演艺不仅仅是一台演出、一场歌舞、一个情景,更是一次让游客体验当地特色历史文化的过程。支撑演艺作品长久生命力的核心就是准确的提炼和挖掘本土文化符号,把其变成当地的独家记忆,无论任何人都可以通过观看演出读到这份独家记忆,而其也就是这个地方独特的文化品牌"IP"。广西桂林的《印象·刘三姐》、西藏拉萨的《文成公主》等大型实景演出产品都结合当地特色完成了非常成功的主题创意。

同时,也可以结合重大时间节点、重大社会热点、重大事件亮点挖掘产品主题,以时间或事件契机创作思想性、艺术性、观赏性统一的、具有影响力的精品力作。

(二)巧用现代技术,创新展演形态

演艺产品自诞生起就与技术密不可分——从机械设备在16世纪意大利舞台场景布置中的使用,到电力、灯光的引进,再到计算机化智能控制的灯光、声效、场景转换……技术的发展为演艺带来了令人惊艳的观演体验。时至今日,5G通信技术启用,VR、AR、MR技术的日常应用逐渐铺开……科技正在愈加迅猛地改变演艺的表达方式。如光影类的技术装置利用声、光、电的艺术创作,在强度、颜色、氛围三个方面呈现与传统演艺不同的观演效果和艺术特性。2019年,以实验戏剧著称的孟京辉导演的《成都偷心》,便尝试了新技术在剧场中的实际应用,团队将8600平方米的场馆切分成168个演艺空间,融合了演艺、摄影艺术、多媒体影像、视觉艺术等多种形式的艺术内容;多媒体音乐剧《镜·界》结合弦乐、舞蹈和影像,舞者与四个虚拟"分身"同台共舞;钢琴家郎朗和虚拟偶像洛天依完成一台万人级的演唱会,宋思衡则与机器人共奏《蓝色多瑙河》……人工智能、增强现实、虚拟现实、影像技术、交互技术等前沿科技的应用,革新了人们的观演体验。

经典与创新,看似相悖,但并不矛盾,这是演艺文化产品生命力得以保持鲜活的两大关键。尤其是在技术高速发展、行业更新迭代越来越迅速的时代背景下,演艺文化产品更需要利用全新手段和现实元素对内容和形式进行持续创新升级。在吸纳、整合、传承经典文化的基础上,需要将音乐、舞蹈、戏曲、杂技等传统演艺产品融入时代特色,添加创意文化元素和数字化技术,实现演艺产品形态的创新。如2021年春节期间,在河南卫视春节联欢晚会上,郑州歌舞剧院演出的舞蹈《唐宫夜宴》突然广受好评成为爆款,在网络上引起热评。该节目不仅有优美的舞姿和接地气的场景,还通过虚拟现实技术叠加了诸多历史文物的影像,让现实和虚拟交织,情感和文化交融[①]。又如山水实景类演出,根据不

---

① 毕京津. 千年舞韵 何以走红. 人民日报,2021-02-24(14).

同的演出地域特点，打造了开合式剧场、峡谷式剧场、溪流式剧场等；在表达方式上，有话剧、音乐剧、歌剧等，准确结合当地文化资源特色实现创意与策划的创新。

（三）借助网络优势，创新推广渠道

过去，国内演艺产品的推广渠道严重依赖团体活动、旅行社等销售。随着互联网应用的普及和人们文化消费习惯的演变，演艺文化产品在进行推广策划时应当具备点、线、面结合的跨媒介的全方位推广意识。作为艺术生产供给方的院团和承担连接作品与观众作用的剧院，需在经营上进一步强化推广意识和市场拓展意识。与演艺相关的各种平台项目也应该在内容生产和演出之外，进一步强化宣传和对观众的培育挖掘。在推广手段上，结合传统媒体和新兴媒体各自的特点，逐渐形成更为系统完整的推广、传播计划，全维度强化演艺在当代社会的传播。

对外传播推广方面，演艺产品创作应当把握国际传播规律，瞄准主流社会，抢占传播的制高点，进入世界高端演艺舞台，重视创意策划、坚持精品战略，成规模、成系列、多样化地传播中国优秀文化，实现进入西方主流社会的目标。从渠道上看，可采取本土化的营销策略，通过与国外大型中介机构合作，利用世界主流专业机构和渠道促进对外销售；也可采取海外收购，通过与海外大型演艺机构合资合作，在海外打造具有自主权的演出推广平台，这样有利于优秀剧目在海外的长期推广和驻演，为中国演艺进入国外主流市场开辟前沿阵地[①]。此外，广泛参与国内外演艺行业交流活动，如美国演艺出品人年会（APAP）是规模最大、影响力最广的国际演出交易会之一，每年都有来自世界各地的数千名演艺界人士参加，是演出项目和演艺产品有效的国际推广平台。

本章小结

演艺文化产品是重要的文化产品，以表演艺术为核心，根据演出场地、演出形态和展示平台等标准可分为多种类型，如剧场演出节目、旅游演艺节目，或音乐、歌舞、戏剧、戏曲、芭蕾、曲艺、杂技等各类型演出。尽管种类繁多，但演艺文化产品大多具有文化价值的核心性、审美体验的独特性、跨界融合的广泛性、对外贸易的灵活性等共同特性。

认识理解演艺产业链和演艺产业生态可以帮助创作者更好地进行演艺文化产品的创意策划。在整个演艺产业链中，从资源到产品再到价值实现的循环过程，就是演艺文化产品创意与策划的过程。而创意是演艺文化产业生态中"生产—流通—消费"三大核心环节的原点，也是循环反馈后的终点。

在进行演艺文化产品创意策划时，需要遵循文化性原则、体验性原则和品牌性原则，

---

① 陈圣来. 向世界讲好中国故事[M]. 上海：上海社会科学院出版社，2016：185.

通过挖掘文化内涵创新产品主题，通过巧用现代技术创新展演形态，通过借助网络优势创新推广渠道。

 思考题

1. 如何理解演艺文化产业与会展、旅游文化产业之间的关系？
2. 演艺文化产业的创意和策划主要包括哪几个方面？
3. 演艺文化产品的创意和策划在当前遇到的最大困难是什么？

下篇 案例研究篇

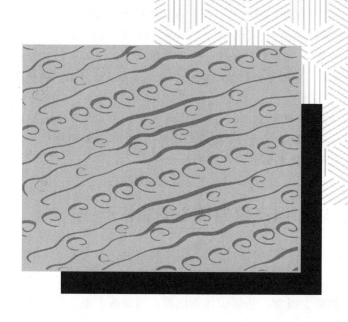

第十四章

美国的创意策划案例

 学习目标

通过对本章的学习,学生应了解或掌握如下内容:
1. 版权产业的产生与发展;
2. 版权产业的分类与特点;
3. 版权产业与文化创意策划的关系;
4. 美国版权产业的现状。

 导言

版权又称著作权,是指作者对其创作的文学、艺术和科学技术作品所享有的专有权利,是公民、法人依法享有的一种民事权利,属于无形财产权。按照世界知识产权组织的界定,版权产业是指版权可发挥显著作用的产业。它不是一个新的产业部门,而是国民经济中与版权相关的诸多产业部门的集合,这些产业部门的共同特点是,以版权制度为存在基础,其发展与版权保护息息相关,具体可分为核心版权产业、交叉版权产业、部分版权产业和边缘版权产业。

在美国,"版权产业"即商业的和法律意义上的文化产业,他们认为文化产业是以版权产业为核心的提供精神产品的生产和服务的产业。美国利用经济、技术与知识等优势,促进版权产业迅猛发展,并形成引领全球文化创意产业发展之势。

第一节 美国:以知识产权为核心的版权产业

一、版权与版权产业

版权与版权产业是密切相关的两个概念,从知识体系出发,对这两个概念的界定与

概述是理解版权产业的基本前提。

（一）版权概念的产生与发展

原始版权概念可以追溯到印刷术发明之前，那时古代文学、艺术等作品的传播主要靠手抄。11 世纪 40 年代毕昇的活字印刷术发明以后，一件作品可以印制多册出售，书籍作为作品载体的复制品开始成为印刷商谋取利润的商品，为了垄断某些作品的印制与销售，印刷商将待印的作品送请官府审查，请求准许其独家经营。南宋绍熙年间（1190—1194 年）刻印的王称撰写的纪传体北宋史《东都事略》目录页上有"眉山程舍人宅刊行，已申上司不许覆板"的声明，可见版权意识古已有之。然而，版权作为一种法律概念则源于欧洲。

1450 年，德国人 J. 谷登堡发明金属活字印刷术，使大规模复制成为可能；1469 年，威尼斯共和国授予书商乔万尼·达施皮拉为期 5 年的印刷图书的特权；1556 年，英国女王玛丽一世批准伦敦印刷商成立书商公司，对该公司成员出版的图书授予垄断权，但同时规定图书必须送皇家审查，并在该公司注册，方可印刷发行。由官府授予印刷商垄断某些作品的出版权，或下令禁止翻印他人已经出版的作品，标志着原始版权概念的形成，其实质是一种限制言论出版自由的原始新闻检查。

原始版权制度在中国延续了 700 多年，在欧洲延续了 200 多年。

17 世纪，欧洲资产阶级革命爆发，动摇了封建制度的基础，"天赋人权""人生而平等""私有财产不可侵犯"等思想开始盛行，经过资产阶级革命，代表新贵族和资产阶级利益的议会制取代了君权神授的君主专制，王室授予印刷商的垄断权亦随之废除，为现代版权观念的产生奠定了基础。1710 年，英国议会颁布了《安妮法令》(*Statute of Anne*)，由此诞生了世界上第一部现代意义上的版权法。这部法律使文学、艺术和科学作品的创作者第一次成为自己及其权利的主人；它确立版权是个人财产权的现代版权概念——作者有权处理自己的作品，有权分享他人使用作品而给自己带来的收益。

（二）什么是版权

"版权"一词译自英文的"copyright"，也称著作权。在国际上，英美法系国家一般称为版权，而大陆法系国家称为著作权。我国的法律将版权与著作权统一起来，在《中华人民共和国著作权法》中规定"本法所称的著作权即版权"。根据国家版权局的定义，版权是指作者对其创作的文学、艺术和科学技术作品所享有的专有权利，是公民、法人依法享有的一种民事权利，属于无形财产权。

（三）什么是版权产业

版权产业的概念，在国际社会尚未形成一个统一、成熟的定义，世界知识产权组织（WIPO）于 2003 年发表的《版权产业的经济贡献调查指南》在比较版权产业有关概念的区别时指出，"版权产业"是指"版权在其中发挥确定作用的活动或产业"。沙希德·阿里克汉（Shahid Alikhan）有关版权产业的解释是："这些活动与产业的基本活力（strength）植根于其主要产品与服务所获得的版权与相关权法律保护，常常被称为文化产业。"[1]在国内，有学者指出，"所谓版权产业，是指有关个人或行业所从事的生产经营活动与享有版权的作品有关，并直接或间接接受版权法律的规范。这些产业主要包括图书、报刊和其他印刷品的出版商，唱片、音乐磁带和音像制品的出版商，电台、电视台和卫星广播业，计算机软件业，以及有关的销售业和制造业等"。[2]按照世界知识产权组织的界定，版权产业是指版权可发挥显著作用的产业。它不是一个新的产业部门，只是国民经济中与版权相关的诸多产业部门的集合，这些产业部门的共同特点是，以版权制度为存在基础，发展与版权保护息息相关。

二、版权产业的类型与特征

（一）版权产业的类型

在各国对版权相关产业的分类方式中，WIPO 在 2003 年发表的《版权产业的经济贡献调查指南》（以下简称《指南》）的分类方式基本得到承认，《指南》采用国际标准产业分类代码界定了版权产业，它将版权产业分为四类。

（1）核心版权产业（core copyright industries）。即完全从事创作、制作和制造、表演、广播、传播以及展览、销售和发行作品及其他受版权保护客体的产业。比如图书、报纸、电子书、音像制品、计算机软件、游戏、动漫、摄影作品、音乐等产业。这类产业是版权相关产业最重要、最核心的组成部分，因而被称为核心版权产业。[3]

（2）交叉版权产业（interdependent copyright industries）。即从事制作、制造和销售其功能完全或主要是为作品及其他受版权保护客体的创作、制作和使用提供便利设备的产业。比如电视机、计算机、乐器、照相机、纸张、复印机等产业，这些设备也被称为版权硬件。

（3）部分版权产业（partial copyright industries）。即产业的部分活动与作品或其他受版权保护客体相关的产业。比如服装、纺织品与鞋类，珠宝与钱币，其他工艺品，家具，家用物品、瓷器及玻璃，玩具和游戏用品，建筑、工程、测量，室内设计，博物馆等。

（4）边缘版权产业（non-dedicated support industries）。这类产业的部分活动与促进作品及其他版权保护客体的广播、传播、发行或销售相关，且这些活动没有被纳入核心版权产业的产业，比如批发零售业、运输业、互联网产业等。

（二）版权产业的特征

第一，文化性。版权是知识产权的重要组成部分，是作者和其他著作权人对文学、艺

---

[1] 宋慧献．"版权产业"实证研究的基础框架——WIPO《版权产业的经济贡献调查指南》解读[J]．中国版权，2006（3）：5．
[2] 王晶晶．关于我国版权产业发展状况的研究综述[J]．中国管理信息化，2012，15（11）：34-35．
[3] 参见《中国版权相关产业的经济贡献（2010 年）研究报告》，国家版权局，2013．

术、科学技术等成果享有的各项专有权利，具有文化、创意、财产三大属性，这些成果大多属于文学艺术的范畴，反映与展现不同的文化、思想与精神，是人类文明的主要载体。版权产业与文化产业一样，其存在与发展都是建立在各类作品的创作、保护、复制、传播基础之上，发展版权产业的最直接作用是促进文化繁荣，增强国家文化软实力。

第二，广泛性。其包括内容的广泛性与范围的广泛性。版权产业具有非常广泛的内涵，世界各国版权法或者著作权法所保护的作品，包括文字、音乐、美术、摄影、电影等作品种类，其内涵并不局限于大众通常理解的图书出版与报刊出版；此外，版权产业与许多产业紧密相连，如戏剧业、工艺美术业都属于版权产业的重要组成部分，其产业内部也包含生产、管理、经营、服务等众多环节。

第三，双重性。即具有物质与精神双重属性。一方面，作品作为版权的载体，作者就其创作的作品，享有复制、发行、改编、传播、展览和出租等权利，并通过行使这些权利获得一定的经济利益；社会公众是各种作品的消费者，通过支付费用进行消费，这种消费也成为作者所获取的经济利益的一部分。另一方面，作品是作者智力投入的成果，属于精神文化产品，其质量的好坏直接影响社会精神文明面貌的形成与文化风尚的改变。

三、版权产业与文化创意策划的关系

（一）版权产业与文化创意策划存在内容近似、交叉覆盖的关系

与文化创意策划高度相关的产业即文化创意产业，该概念的产生是世界各国在规划和发展以生产和提供精神文化产品为主要活动的"文化产业"过程中，由于侧重点、落脚点、开展范围、发展路径的不同，而从不同角度对"文化产业"进行的不同界定，由此出现的不同称谓，如"版权产业""文化产业""创意产业""文化创意产业"等，这些概念的不同界定体现不同国家的战略思考与政策导向。从某种程度上看，版权产业与文化创意产业系同义词，其内涵与外延有诸多相似。目前，美国、加拿大、澳大利亚等国家，从文化产品具有知识产权的角度将文化产业界定为版权产业。

（二）版权产业是文化创意策划发展的基础与支撑

文化创意产业与其他产业相比具有知识产权密集度更高、知识产权敏感性更大等特殊性。文化创意策划的发展与壮大离不开知识产权尤其是版权保护，以法律为基础的版权制度为文化创意作品的创新与传播提供了合法的保护。没有版权保护制度的支撑，新闻出版、广播影视、文学艺术、文化创意、广告设计、计算机软件、信息网络等相关产业的创新和发展就会成为无源之水、无本之木，缺少产业生存发展的基础。版权是推进文化科技创新和经济发展的战略资源和核心要素，加快发展文化产业，将更多依靠包括版权在内的智力成果和以版权为基础的文化创意。

(三)文化创意策划是版权产业发展的源泉与动力

一方面,版权作为一种知识产权,其保护对象是各式各样的具有知识产权的文化作品与智力成果,其载体与核心是作品;另一方面,版权与文化通过作品相连接。作品作为纽带连接版权与文化创意两端,作品所独有的文化与创意是版权保护的根本与目的,没有丰富多彩的各式各样的作品,就不可能有版权产业的存在、发展与壮大。因此,文化创意创作是根,版权保护是魂,作品是核心,三者缺一不可、相互作用,共同推动文化创意发展与版权产业壮大。

四、美国的版权产业

美国是当今世界文化产业最为发达的国家,在影视、图书和音乐唱片等多个领域引领全球文化产业发展的潮流。在美国,人们主要采用"版权产业"表述商业的和法律的意义上的文化产业,他们认为文化产业是以版权产业为核心的提供精神产品的生产和服务的产业。美国在 1977 年把版权确立为一种独立的产业,为了加强版权保护制度的建设,美国在 1976 年修订了历经半个多世纪的版权法。

1984 年,美国国际知识产权联盟(International Intellectual Property Alliance,IIPA)成立,现有成员包括美国出版商协会、娱乐软件协会、独立电影电视联盟、电影协会和唱片业协会,这五个成员协会代表了美国 3200 多家生产、销售享有版权产品的企业。1990 年,IIPA 开始发布一系列研究报告,利用"版权产业"的概念来计算这一特定产业对美国整体经济的贡献。IIPA 平均每一两年发表美国版权产业系列报告,这些报告从增值、就业和出口等方面反映了美国版权产业概况及对美国经济做出的贡献。《美国经济中的版权产业:2020 年度报告》是迄今为止该联盟发布的第 18 份报告。报告所研究的版权产业对象时间跨度为 2016—2019 年,以此报告为基础,可以窥探当前美国版权产业的发展状况。报告认为,版权产业在美国国内生产总值中所占的比重不断上升;为美国经济创造了位置更多、收入更好的就业机会;比美国其他产业经济增速更快;对美国的对外出口和贸易做出了巨大贡献,甚至超过许多工业部门。目前,核心版权产业每年对美国的经济贡献已经远远超过 1 万亿美元[①]。

(一)版权产业的经济贡献:GDP 的 11%以上

多年来,美国版权产业持续对美国经济产生着重要贡献,其经济效益的实际增长率超过了美国其他行业,对 GDP 的增长具有重要作用。2019 年,版权产业为美国 GDP 带来的增加值超过 2.5 万亿美元,占美国经济的 11.99%。其中核心版权产业为美国 GDP 增加值贡献了超过 1.5 万亿美元,占美国整体 GDP 的 7.41%。2016—2019 年,整个版权产业以每年 4.85%的速度增长,其中核心版权产业年均增长 5.87%。同期整个美国经济的年

---

① Robert Stoner, Jessica Dutra. Copyright Industries in the U.S. Economy: The 2020 Report[R]. IIPA,2020:2.

平均增长率仅为 2.48%①。

（二）版权产业的就业人口：全国劳动力的 7.71%

美国版权产业的就业人口呈持续增长态势，对就业拉动效益显著。2019 年，美国版权产业雇用了近 1170 万名工人，占美国所有就业岗位的 7.71%，支付给所有版权产业员工的年平均报酬为 88 278.13 美元，比美国平均年薪高出约 17%。其中，核心版权产业雇用了 570 万名工人，占美国劳动力总数的 3.79%，支付给核心版权工作者的平均年薪为 107 805 美元，这一数字比 2019 年美国所有员工的平均薪酬（75 214.36 美元）高出 43%②。

（三）版权产业的外贸销售额：2187.6 亿美元

版权产业对美国外贸出口做出了巨大贡献，超过了美国的许多主要产业部门。2019 年，录音产业、电影产业、电视业、视频业、软件产业、非软件出版业（报纸、图书、期刊等）等几种特定核心版权产业在海外市场的销售总额高达 2187.6 亿美元，较前几年有显著增长。并且远远超过了美国其他主要行业的海外销售额，如包括电子设备、电器和零部件行业（1732 亿美元）、化学制造业（1423 亿美元）、制药和医药行业（1407 亿美元）、农产品行业（967 亿美元）和航空产品及零部件行业（662 亿美元）③。

美国产业界认为，在 20 世纪末，版权产业是美国经济增长的主要动因；21 世纪，它将是信息经济的驱动力④。美国电影协会主席杰克·瓦伦蒂在评价报告时指出，"这个报告说明了美国版权产业巨大而积极的经济成果。无论是从劳动就业、对国民生产总值的贡献来衡量，还是从其他经济角度，如对外贸易来衡量，这些产业对我们国民经济的至关重要性都是无可辩驳的"。

第二节　案例与分析

 案例

哈利·波特："魔法"创造传奇

一个风靡全世界的男孩——鼻梁上架着一副圆形黑框眼镜，前额上有一道细长、闪电状的伤疤，从小父母双亡，在姨母一家的欺辱中度日，但他拥有穿行于魔法世界的能

---

① Robert Stoner, Jessica Dutra. Copyright Industries in the U.S. Economy: The 2020 Report[R]. IIPA，2020：4.
② Robert Stoner, Jessica Dutra. Copyright Industries in the U.S. Economy: The 2020 Report[R]. IIPA，2020：11-13.
③ Robert Stoner, Jessica Dutra. Copyright Industries in the U.S. Economy: The 2020 Report[R]. IIPA，2020：15-17.
④ 张小争，佟鸿举. 版权 传媒产业的核心价值[J]. 传媒，2004（02）：34-35.

力，通过九又四分之三站台，进入了自己一无所知的魔法学校。他发现，自己具有一般巫师比不上的能力，是对抗魔法世界邪恶力量伏地魔的最大希望……这个家喻户晓、全球青少年甚至成年人都为之疯狂的男孩就是哈利·波特。

一、案例简介

《哈利·波特》（Harry Potter）是英国作家J.K.罗琳的魔幻文学系列小说，共7部，描写主角哈利·波特在霍格沃茨魔法学校6年学习生活中的冒险故事。截至2013年5月，该系列小说被翻译成80多种语言，所有版本的总销售量逾5亿册（2018年），销往200多个国家和地区，居于世界上最畅销小说之列，仅次于《圣经》（25亿册）和《毛主席语录》（8亿册）。这个世界独一无二的图书销售奇迹也只能算是哈利·波特商业传奇当中的一部分，比图书更赚钱的还有电影，它在图书的财富传奇上又创造出了新的财富浪潮，创造出了一个又一个的高峰。哈利·波特系列电影由美国华纳兄弟电影公司拍摄，时代华纳把这7部小说改拍成8部电影，前6集各一部，而第7集分成上下两部。截至2021年，哈利·波特系列电影是全球史上最卖座的系列电影，总票房收入超过77亿美元。其系列每部电影详细全球票房如表14-1所示（数据时间截至2021年）。

表14-1 哈利·波特系列电影全球票房

序号	名称	首映时间	全球票房排名	全球票房
1	《哈利·波特与魔法石》 （Harry Potter and the Philosopher's Stone）	2001年11月4日 英国伦敦首映	第47名	1 006 968 171 美元
2	《哈利·波特与密室》 （Harry Potter and the Chamber of Secrets）	2002年11月3日 英国伦敦首映	第68名	880 295 582 美元
3	《哈利·波特与阿兹卡班的囚徒》 （Harry Potter and the Prisoner of Azkaban）	2004年5月31日 英国伦敦首映	第90名	796 818 217 美元
4	《哈利·波特与火焰杯》 （Harry Potter and the Goblet of Fire）	2005年11月6日 英国伦敦首映	第63名	896 374 191 美元
5	《哈利·波特与凤凰社》 （Harry Potter and the Order of Phoenix）	2007年6月28日 日本东京首映	第57名	942 900 866 美元
6	《哈利·波特与混血王子》 （Harry Potter and the Half-Blood Prince）	2009年7月15日 全球同步上映	第59名	934 394 929 美元
7	《哈利·波特与死亡圣器（上）》 （Harry Potter and the Deathly Hallows Part 1）	2010年11月19日 英国伦敦首映	第48名	976 941 486 美元
8	《哈利·波特与死亡圣器（下）》 （Harry Potter and the Deathly Hallows Part 2）	2011年7月7日 英国伦敦首映	第13名	1 342 025 430 美元

数据来源：维基百科。

在欧洲，在美国，在日本，在中国，《哈利·波特》所意味的已经远远不是一本儿童读物那么简单，它的风靡已经变成一种现象。哈利·波特也已经不是一个小说人物，已经形成一个产业，据统计，2016 年《哈利·波特》品牌价值已超过 250 亿美元。而作者罗琳作为文化产业历史上绝无仅有的商业奇迹的起点，自然也就成为世界级的文化偶像。罗琳是一位曾经靠救济金生活的单身母亲，如今被评为英国十大女富豪之一。2010 年 10 月 20 日，英国国家杂志公司发布由英国最具权威杂志编辑评选出的全国 100 名最具影响力的女性排行榜中，罗琳力压贝克汉姆妻子维多利亚和英国女王，摘得桂冠。

这个起初连遭退稿的魔法故事，从 1997 年开始缔造出现代文坛最大的神话和财富传奇。但是，《哈利·波特》的成功远不只是罗琳一个人的成功，也远远不只是《哈利·波特》一本书的成功，而是由西方众多的商业制度、商业渠道、商业文化所组成的。正是这一个个幕后的推手，共同造就了《哈利·波特》的辉煌。《哈利·波特》的商业意义已经远远超出了小说本身，甚至超出了电影本身，它已经成为世界级的品牌，而且哈利·波特品牌的估价已经突破了 10 亿美元，由它带动的相关产业的经济规模将超过 2000 亿美元，而在这个经济链条当中衍生产品的收益占到总量的 70%。由哈利·波特引发的上千亿美元的商业链中有出版业、电影业、玩具业、旅游业、日用品业等，各种产业广泛参与。正是这种多产业参与的链条，使得哈利·波特的商业价值一次又一次地被放大，可以说罗琳创造了哈利·波特，而在西方创意工业链上的所有经营者最终又造就了罗琳，造就了哈利·波特。

二、创意与策划

《哈利·波特》由一本没人出版的儿童读物，到渐渐滋生出上千亿美元的产业链，整个商业运作过程可以说是环环相扣，新鲜的商业策划手法、创意手段也是层出不穷，如同魔法一般创造了传奇的商业帝国。

（一）"第一个魔法"：打造创意产品

从系列丛书到电影，从玩具到旅游产品，《哈利·波特》所涉及的创意产品不计其数，这些创意产品是"哈利·波特帝国"形成的基石。

1. 创意图书

（1）图书内容。《哈利·波特》系列小说一共 7 本，这 7 本书创造了国际图书出版史上空前的销售奇迹。在《哈利·波特与魔法石》出版时，布鲁姆斯伯利出版社只试印了 500 册；10 年后，《哈利·波特》系列小说在全球的销量超过 5 亿册。从 500 册到 5 亿册，新颖而富有创意的图书内容是其畅销的基础和灵魂。"打铁还需自身硬"，图书想要畅销，内容一定要足够吸引人。《哈利·波特》系列小说从内容到艺术手法都具备世界优秀儿童文学的潜质，其故事惊险离奇、变幻莫测；情节跌宕起伏、悬念丛生；从头至尾充满幽默。罗琳巧妙地将世界文学名著中所具有的美学品格集于一身，达到了想象丰富、情节紧凑、推理严密、人物刻画深刻的艺术效果，同时它也是一套引导孩子们勇敢向上、见义勇为、善良待人的好作品。但《哈利·波特》与其他儿童文学作品又不太一样，非常特别，一般的儿童文学作品最多数万字，而只《哈利·波特与魔法石》一本书中文版就有22.8万字（英文版76 994个单词），并且内容精彩、内涵深刻，没有一般儿童文学作品的浅显、幼稚。《纽约时报》评论说"本书的大部分章节人物塑造得非常全面、深刻，与整体性的陈述也非常一致，故事情节有趣、感人"，这就使得《哈利·波特》的受众面不仅仅局限于儿童，许多成年人也是《哈利·波特》的铁杆粉丝，因此，富有创意、与众不同、精彩的图书内容使《哈利·波特》吸引了众多读者，为其风靡全球奠定了基础。

（2）图书定位。《哈利·波特》在图书上体现的创意不得不提其定位：泛儿童化。泛儿童化是指该书不仅仅是儿童文学作品，同样也适合成年人阅读。这样的图书定位打破了之前儿童读物只适合儿童看的传统，无限扩展了《哈利·波特》的受众面，并且为了使受众接受其泛儿童化的定位，在《哈利·波特》系列图书的第一部《哈利·波特与魔法石》出版前，出版社利用美国发达的传媒业，组织一大批的写手从不同角度评价《哈利·波特与魔法石》一书，旨在给这本书重新进行舆论定位。经过长时间的媒体轰炸，这本书还没有出版，美国人对这本书的看法就发生了变化，很多人认为这本书既是一部讽刺文学作品，又是一部以虚构的方式反映现实社会的文学作品；既是一部带有神秘主义的作品，又是一部历险记。总而言之，美国畅销书常见的文学类型《哈利·波特》全沾边，所以这本书还没有出版就具有了所有畅销书的特点，把读者的胃口吊得十足。

（3）图书包装。在《哈利·波特》系列第一部的美国版出版之前，为了更好地适应美国当地的情况，出版社对图书进行了重新包装。第一，对书名进行更改。《哈利·波特》系列的第一本书英国版叫《哈利·波特与智慧石》（*Harry Potter and the Philosopher's Stone*），出版社则要求将"智慧"改为"魔法"，即将 Philosopher's Stone 改为 Sorcerer's Stone，一是语言上读起来习惯，二是读者一看书名就知道图书所讲的内容，一目了然。第二，对作者名字进行更改。罗琳的本名叫作珍妮·凯瑟琳·罗琳（Joanne Kathleen Rowling），由于美国人大多比较尊崇男性的作者，因此不能让人一下看出这本书是由一个女性作者写的，所以《哈利·波特》的作者署名就变为了 J. K. Rowling，即只取名字前面 Joanne Kathleen 的首字母。第三，重新设计图书装帧。为了使《哈利·波特与魔法石》这本书在装帧设计上看起来更吸引人，出版社决定重新设计封面和插图，选择了美国最著名的设计师重新进行设计。

2. 创意衍生品

"哈利·波特帝国"的成功在于其背后巨大的产业链，《哈利·波特》电影的热映使得众多行业都争相购买其特许经营权，如世界三大玩具商丹麦的乐高和美国的美泰、孩之宝花费 4000 万～8000 万美元不等的价格获得了《哈利·波特》的积木经营权、玩偶经营权、纸牌游戏的经营权等，这种将电影里的道具或物件开发成商品的做法称为特许经营。特许经营的传统是迪士尼公司在 20 世纪 20 年代开创的，这是商家在电影卖座之后的又一棵摇钱树。《哈利·波特》的特许经营商品除了玩偶、积木外，还包括电子游戏、服装、玩具、手机、邮票等，已经多达 1000 多种，不可谓不多，这些创意衍生品既体现了设计者独特的创造力，也创造了巨大的经济价值。

3. 创意旅游产品

在《哈利·波特》风靡全球后，与《哈利·波特》有关的地方都发展成了著名的旅游胜地，如《哈利·波特》的诞生地——罗琳在落魄时期经常去写作的小咖啡馆，还有《哈利·波特》电影的拍摄地以及在美国奥兰多环球影城建造的哈利·波特主题公园。这些地点都成为"哈迷"们必去的旅游地，吸引了众多游客前去观光。以哈利·波特主题公园为例，这个主题公园将《哈利·波特》电影里的场地和道具都搬移到了现实中，使"哈迷"们在公园内就可以体验哈利·波特在魔法学校中的一切。这些除旅游业外还延伸到游戏、餐饮、文具等众多行业，形成了一个庞大的"哈利·波特"产业帝国。

（二）"第二个魔法"：运用创意营销策划手段

1. 饥饿营销

《哈利·波特》的图书从第五部开始，各国出版社不再是采取之前单兵作战的推广方式，而是选择与作者罗琳、经纪人里特、编辑赖文，甚至是亚马逊的书店以及各种媒体结成同盟，采取更加现代的全球联合的营销模式。这个同盟不断地制造相关新闻，如在《哈利·波特》第五部小说出版之前不断地对外宣称《哈利·波特》与一般小说不一样，从写作到发行每一个环节都是严格保密，从创作到送印刷厂能够接触图书内容的人不超过 5 人，所有人都签有保密协议，所有的样稿都锁在出版社的保险柜里，印刷完成后所有的图书马上入库，全部上锁，派出大量的保安人员轮班看守。这样的新闻使"哈迷"们对新书充满无限的好奇和强烈的期待。

2. 悬念式营销

通过媒体不断地制造悬念式新闻，以及对新书内容猜测引发读者的大讨论，当悬念式新闻达到一个高潮之后，联盟又选择了一个全球统一的销售时间，在新书全球销售时间未到之时，哪怕是一秒钟，全球各销售门店都不会销售新书。因而，在《哈利·波特》第五部小说全球首发的一天之内，全球销售量就超过 500 万册，这充分体现了现代营销的神奇魅力。

3. 不断发掘新闻点

时代华纳用 100 万美元换来《哈利·波特》的电影版权和商品化经营权，在其决定开拍电影后，在导演选择上，时代华纳不断地放出新闻说正在与某个国际知名导演协商，每一次与导演协商都成为头条新闻，连番的媒体轰炸更加使观众对电影的开拍充满期待；在电影剧本的改编问题上，电影版将完全忠实于原著，就这件事情，时代华纳一样没放过推介的新闻点，时代华纳不断地告诉期待在荧幕上看到《哈利·波特》的"哈迷"们，电影将完全忠实于原著，一改原来好莱坞喜欢改编的做法，从而使忠于原著成了最大的卖点。除了导演、编剧外，时代华纳也没有放过对灯光师、摄影师、音乐人等人选的炒作，最终，时代华纳宣称各个岗位都是好莱坞的大腕，众星云集，所以整部电影更值得"哈迷"们期待。从《哈利·波特》第三部开始，时代华纳决定此后每拍一部电影换一位导演，时代华纳在不断更换导演的过程中不断地刺激观众对下一部《哈利·波特》电影的期待，每换一位导演就多了一个兴趣点、新闻点。

4. 策划创意活动

《哈利·波特》电影在开拍前，为了吸引全世界的眼球，在演员上精心挑选，对霍格沃茨魔法学校老师的选角上，时代华纳组织了英国最强大的演员阵容。在哈利·波特与其伙伴们的选角上，时代华纳则制造了一次万里挑一的选秀活动。应聘哈利·波特的消息公布以后，有超过 60 000 名的孩子前来报名，哈利·波特演员的选秀活动被媒体持续关注了近半年时间。这样的选秀活动吊足了观众的胃口。此外，还根据《哈利·波特》图书中哈利·波特的出生时间组织"哈迷"们为哈利·波特过生日，并举办各种哈利·波特模仿秀和"小魔法师"比赛。

从图书到电影，《哈利·波特》的幕后推手们一次又一次地用独特的创意才能和卓越的策划手段将哈利·波特推上了舆论和财富的高峰，形成了一个涉及出版、电影、游戏、餐饮、旅游、玩具等众多行业的庞大的"哈利·波特"产业帝国。

第三节　经验与启示

一、经验

美国利用经济、技术与知识等优势，促进版权产业迅猛发展，并形成引领全球文化创意产业发展之势。相较于美国，中国文化产业产值仅为美国的 1/10，产业发展空间巨大，因此学习和借鉴先进国家尤其是美国的成功经验，对于推动我国文化产业的发展进步有重要的启示意义。

（一）完善的版权保护政策是产业发展的基石

在文化政策制定方面，美国虽未设立文化部，但对版权产业给予了充分的扶持，保障了版权产业的健康发展。在美国，知识产权是美国文化产业安身立命之根本，因此美国在文化产业上采取的一系列政策措施是建立在对知识产权保护之上的。美国的版权法诞生于1790年，此后，出于对音乐、戏剧和摄影作品的保护，版权法得到不断的修订与完善。到2003年，美国高院裁定并增补了1998年国会通过的有关著作音乐、电影及卡通人物等文化产品的相关法律条款，并将著作权保护期限延长20年，至此，美国成为世界上版权保护制度最完善的国家之一。

美国之后又陆续出台了一系列重要的法律、法规作为对版权法的补充，以弥补文化产业中围绕版权所不断出现的新的法律空白。最明显的是在数字版权领域，随着数字技术与文化产业的联系越来越紧密，为强化数字化知识产权的保护，反电子盗版法（1997年）、跨世纪数字版权法（1998年）等相继颁布并实施。健全的文化政策和知识产权保护法律体系，不仅为美国国内文化产业的发展创造了良好的法治环境，也为其国际化发展开拓了广阔空间。

（二）策划经营是产业发展的推动力

文化产业在很大程度上是对文化大众化产品的商业性开发，是通过商业化把文化艺术中的某些特性作为一种切合消费者精神和心理需求的商品开发出来，并予以规模化发展，这是美国文化产业一条最基本的经验。在美国，好莱坞、迪士尼、时代华纳等文化创意企业的成功是典范。以迪士尼为例，迪士尼的票房收入占其总收入的30%，而面对市场需求后续开发生产的相关产品，如录像带收入、主题公园收入、特许经营品牌收入、影视媒体收入却占到其总收入的70%，如"哈利·波特"现象同样是市场化和商业化产业经营的结果。以市场为导向，资本为纽带，整合文化资源，加大对衍生产品的研制和开发，积极开展活动策划，进行商业化运作，同时带动相关创意产业的发展，这种成熟的产业链模式，使价值链同产业链的延伸得到无限扩展，为美国文化产业带来了丰厚的经济效益。

（三）将科技融入创意

美国文化产业的成功，除了经济、政策因素，对高科技的运用也是重要原因，高科技是美国文化产业发展的重要手段，科技促进了文化产品消费观念的革新，推动了文化产业的发展。在信息技术高速发展的今天，文化传播媒介不断更新，已经成为新技术的汇集点，是对新技术格外敏感的一大领域，掌握并运用高新技术就是把握了文化产业强盛发展的脉搏。在美国，文化产业非常注重加大对科技的投入和应用。例如，在大众传播媒介领域，印刷复制、录音录像、网络传输、数字化、地球通信卫星等高新技术得到了广泛应用，高新技术的运用使艺术和科技融会贯通，在吸引观众增加受众观感体验的同时也使创意艺术更加富有感染力，这是传统表演艺术无法比拟的。迪士尼和好莱坞都是高新技术运用的典型代表，如好莱坞大片中的电影特效、迪士尼主题公园中各种体验式旅游项目都广泛运用了3D、信息、宇航等高新技术。

(四)培养综合性文化创意人才

拥有丰富顶尖的艺术人才是美国文化产业引领全球的一个重要原因,美国文化产业为保持其在全球的龙头地位,每年都会从世界各地吸收并引进大量优秀的文化艺术人才,为文化产业源源不断地注入新鲜血液。在高校人才培养方面,全美有 30 多所大学开办了艺术管理专业,培养了大量的本科生、硕士生和博士生等高质量文化管理人才,从很大程度上提高了文化科学管理的水平。以游戏产业为例,在电子游戏市场火爆的今天,业界对于游戏专业人才的需求与日俱增。根据美国娱乐软件协会(ESA)统计数据显示,2009 年全美提供游戏开发、设计和美术方面专业学位的大学有 254 所,2014 年增长了 50%达 390 所。新增的游戏相关课程超过 50 种。依托高校资源,美国为其文化产业培养了一大批高素质人才,储备了充足的人才资源。在人才引进方面,美国从世界各地搜罗了大量的高端文化创意人才,这些国外移民对美国文化艺术各个方面都做出了重大贡献。此外,行业协会或类似的服务组织也对人才的培养起着重要作用,它们是人才引进、培养、培训、交流互动的重要发起者和实施者。通过行业协会等组织,创意人才由分散的"人群"形成"梯队",极大地促进了人才之间的互相交流与协助,如百老汇、好莱坞等,早已在历史发展过程中形成了完备的专业人员行业协会。

二、启示

(一)完善政策法律,加强知识产权保护立法

美国早在 1790 年就制定并实施了版权法,目前已经形成了较为完善的知识产权保护法律体系。反观中国,目前现有的知识产权保护法律体系主要由法律、行政法规和部门规章三个部分组成。其中,专门法律主要包括《中华人民共和国商标法》《中华人民共和国专利法》《中华人民共和国著作权法》等,专门行政法规包括《中华人民共和国商标法实施条例》《中华人民共和国专利法实施细则》《中华人民共和国著作权法实施条例》《中华人民共和国知识产权海关保护条例》《计算机软件保护条例》《集成电路布图设计保护条例》《中华人民共和国植物新品种保护条例》等,专门部门规章包括《驰名商标认定和保护规定》《集体商标、证明商标注册和管理办法》《专利实施强制许可办法》等。总体上看,由于我国的知识产权研究开始得比较晚,因而在知识产权保护方面较为薄弱,知识产权保护立法还处于发展阶段,一些地区和领域侵犯知识产权、制售假冒伪劣商品的现象仍时有发生,干扰了正常的市场经济秩序,妨害企业竞争力和创新积极性。因此,不断完善知识产权保护法律体系,为文创产业发展提供法律支撑是产业健康发展的基本保障。

(二)社会效益和经济效益并重

文化产业要想发展壮大离不开市场环境和商业化运作。一方面,生产经营文化产品

需要学习国外的产业经营模式，面向市场需求开发受众喜闻乐见的文化产品，提升创意策划意识，提高产品的科技内涵，增强产品吸引力和感染力，综合利用营销手段，打造周边产品，加大文化艺术、旅游休闲等衍生产品的开发，形成作品创作、产品制造、商品营销的产业增值链；另一方面，我国是社会主义国家，发展文化产业不能仅仅看重文化的商业化、市场化、产业化，且必须同时注重文化创意的社会效益，将社会效益和经济效益结合起来，从而实现社会效益和经济效益的双赢，更好地为人民服务、为社会主义社会建设服务。

（三）注重以人为本，加强文化创意人才培养、培训

人才优势是美国文化创意优势的核心要素，我国"十二五"规划明确将文化产业确立为社会经济发展的支柱产业，要实现这一战略目标，构建创新人才的培养机制是重中之重。我国的教育体制，注重知识灌输的"填鸭式"教育，缺乏对学生创造力的开发与培养，在高等教育中，我国高校中涉及文化创意的专业和系别也较少，教学方式也难以满足产业发展需求，因此改革现有的教育理念及教育方式，调整文化创意人才培养方案，务实地培养具有创意能力和策划能力的高端人才迫在眉睫。此外，除改革高校培养机制外，对现有文化产业从业人员的培训也不容忽视，文化产业现有的从业人员是产业发展的支撑力量，开展专业培训，增强其专业化水平、创造积极性与潜力对发展文化产业具有重要作用。

 **本章小结**

"版权"一词源于英文的"copyright"，也称著作权。在国际上，英美法系国家一般称为版权，而大陆法系国家称为著作权。我国的法律将版权与著作权统一起来，在《中华人民共和国著作权法》中规定"本法所称的著作权即版权"。根据国家版权局的定义，版权是指作者对其创作的文学、艺术和科学技术作品所享有的专有权利，是公民、法人依法享有的一种民事权利，属于无形财产权。

按照世界知识产权组织的界定，版权产业是指版权可发挥显著作用的产业。它不是一个新的产业部门，而是国民经济中与版权相关的诸多产业部门的集合，这些产业部门的共同特点是以版权制度为存在基础，发展与版权保护息息相关。

版权产业一般分为核心版权产业、交叉版权产业、部分版权产业、边缘版权产业四类。核心版权产业是指完全从事创作、制作和制造、表演、广播、传播以及展览、销售和发行作品及其他受版权保护客体的产业；交叉版权产业是指从事制作、制造和销售其功能完全或主要是为作品及其他受版权保护客体的创作、制作和使用提供便利的设备的产业；部分版权产业是指部分活动与作品或其他受版权保护客体相关的产业；边缘版权产

业是指部分活动与促进作品及其他版权保护客体的广播、传播、发行或销售相关且这些活动没有被纳入核心版权产业的产业。

版权产业具有文化性、广泛性、双重性的特点。

 思考题

1. 什么是版权产业？它与文化创意策划的关系是什么？
2. 版权产业的对象与范围有哪些？具体分为哪几类？
3. 如何理解版权产业的"双重性"特点？
4. 如何理解科技对创意的推动作用？请举例说明。

第十五章

英国的创意策划案例

 学习目标

通过对本章的学习,学生应了解或掌握如下内容:
1. 创意产业的基本理论;
2. 创意产业的概念;
3. 影响创意产业发展的因素;
4. 创意产业的特点。

 导言

第二次世界大战后,受到经济结构转型、消费主义盛行、知识经济发展等影响,创意产业逐渐兴起并得以迅速发展。英国是最先提出"创意产业"概念的国家,即"那些源于个人创造力、技能和天分,能够通过应用知识产权创造财富和就业机会的产业",它包括13个部门:广告、建筑、艺术和古董市场、工艺品、设计、时装、电影和录像、互动休闲软件、音乐、表演艺术、出版、软件、电视和广播。英国创意产业发展过程中的政府作为、政策保障、资金支持等方面都有很多值得借鉴之处。

第一节 英国:"一臂之距"管理下的创意产业

一、创意产业的理论基础与概念界定

(一)创意产业的理论基础

1. 熊彼特的创新理论

人们对创新概念的理解最早主要是从技术与经济相结合的角度,探讨技术创新在经

济发展过程中的作用，创新作为一种理论可追溯到1912年美国哈佛大学教授熊彼特的《经济发展概论》。熊彼特在其著作中提出："创新是指把一种新的生产要素和生产条件的'新结合'引入生产体系。"①他将创新定义为："生产函数的变动"，认为这是人们用智慧去改进生产方法和商业方法，从而产生新技术、新市场、新产品，这种变动在历史上不可逆转②。他强调创新在经济发展中的作用，认为现代经济发展的根本动力并非资本和劳动力，而是创新，而创新的关键就是知识和信息的生产、传播、使用③。

熊彼特的创新理论的基本观点主要有：创新是生产过程中内生的，创新是一种"革命性"变化，创新同时意味着毁灭，创新必须能够创造出新的价值，创新是经济发展的本质规定，创新的主体是"企业家"。熊彼特关于创新的基本观点中，最基础的一点即创新是生产过程中内生的，他认为经济生活中的创新和发展并非从外部强加而来的，而是从内部自行发生的变化，这实际上强调了创新中应用的本源驱动和核心地位。

2. 新经济增长理论

20世纪80年代，以罗默（Paul Romer）和卢卡斯（Robert Lucas）为代表的"新增长理论"出现。新增长理论最重要的突破是将知识、人力资本等内生技术变化因素引入经济增长模式中，提出要素收益递增假定，其结果是资本收益率可以不变或增长，人均产出可以无限增长，并且增长在长期内可以单独递增。在罗默等人提出的新经济增长理论中，充分重视了知识的作用，将技术进步完全内生化。他们认为，经济增长的原动力是知识积累，资本的积累不是增长的关键，即知识、创新发明是经济增长的源泉。

（二）创意产业的概念界定

目前，在国际上不同国家、不同学者对创意产业的概念有不同的界定。创意产业的概念最早由英国提出，英国"创意产业特别工作组"将创意产业界定为"那些源于个人创造力、技能和天分，能够通过应用知识产权创造财富和就业机会的产业"。新加坡创意产业工作组在第一份发展创意产业的文件《创意产业发展战略：推动新加坡的创意经济》中基本采用了英国的定义，并提出"创意聚群"的新概念，丰富了创意产业的思维。上海市经济委员会与上海创意产业中心将创意产业定义为"以创新思想、技巧和先进技术等知识和智力密集型要素为核心，通过一系列创造活动，引起生产和消费环节的价值增值，为社会创造财富和提供广泛就业机会的产业"。台湾地区"经济部工业局"将创意产业定义为源自于创意或文化积累，透过智慧财产的形式与运用，具有创造财富与就业机会潜力，并促进整体生活提升之行业。④

---

① 王煊等. 管理学原理与实战解析[M]. 武汉：湖北科学技术出版社，2010：265.
② 熊彼特. 经济发展理论[M]. 何畏，易家详，译. 北京：商务印书馆，1990：290.
③ 金元浦. 创意产业的全球勃兴[J]. 社会观察，2005（2）：22-24.
④ 林秀琴. 台湾文化创意产业政策的发展[J]. 东岳论丛，2011，32（11）：140-146.

美国著名文化经济学者凯夫斯（Richard E. Caves）从文化经济学的角度将创意产业定义为，提供具有广义文化、艺术或仅仅是娱乐价值的产品和服务的产业。[①]霍金斯（John Howkins）在《创意经济》中认为，创意产业是其产品均在知识产权法的保护范围之内的经济部门，因此，他从知识产权角度对创意产业进行了界定。他认为，知识产权法的每一形式[②]都有庞大的工业与之相应，加在一起"这四种工业就组成了创造性产业和创造性经济"[③]。荷兰学者露丝·托斯（Ruth Touse）认为过去的 20 年来知识和人力资本作为后工业时代经济增长的动力被广泛重视，同时知识产权法律的实施，使得创意产业高速发展，这一巨大变化使那些过去被称为文化产业的产业与艺术产业一并被称为创意产业[④]。厉无畏在《创意产业导论》中认为，创意产业是以创意为核心增长要素的产业或缺少创意就无法生存的相关产业。张京成在《中国创意产业发展报告（2006）》中认为，创意产业是指具有一定文化内涵的，来源于人的创造力和聪明智慧，并通过科技的支撑作用和市场化运作可以被产业化的活动的总和。金元浦认为，创意产业是全球化条件下以消费时代人们的精神文化娱乐需求为基础，高科技技术手段为支撑，网络等新传播方式为主导的，文化艺术与经济的全面结合为自身特征的跨国、跨行业、跨部门、跨领域重组或创建的新型产业集群。

综上所述，国内外的研究部门或学者在对创意产业概念的认识上尽管说法不尽统一，但众多概念中的核心都大致相同。本章以英国对创意产业的界定为准，认为创意产业是以个人创造力、智慧与才华为来源，通过知识创造和运用知识产权，为社会创造财富和提供广泛就业机会的产业。

二、创意产业的产生背景与发展因素

（一）创意产业的产生背景

1. 创意产业的产生是经济结构转型的必然要求

第二次世界大战后，特别是 20 世纪 60 年代，世界各国纷纷开始产业结构的升级换代，由以制造业即第二产业为主向以第三产业为主转变，第三产业的兴起拉动了相关产业的发展，对于解决就业、扩大消费，促进现代服务业发展起到了重要作用。然而，到了 20 世纪 80 年代，发达国家陷入经济衰退、老龄化问题日趋突出、政府支出日益庞大的困境中，以英国为代表的发达国家开始寻找新的经济增长动力，开始进行产业结构调整，推动第三产业结构的优化升级，重点探索发展以创新为核心的产业和以创新作为振兴经济的聚焦点与摆脱经济困境的有效方式，由此，创意产业逐渐兴起。

---

① CAVES R E. Creative Industries: Contracts between Art and Commerce[M]. Cambridge: Harvard University Press, 2002:3.
② 作者注：霍金斯认为四种最常见的知识产权形式包括专利、版权、商标和设计。
③ HOWKINS J. The Creative Economy: How People Make Money From Ideas[M]. London：Penguin Books Limited，2002：xiii.
④ TOWSE R. Creativity, Copyright and the Creative Industries Paradigm[J]. KYKLOS, 2010, 63（3）：461-478.

2. 创意产业的产生是受消费主义影响的必然结果

第二次世界大战后，资本主义国家的经济有了迅速增长，社会财富大量增加，这使许多人认为，社会财富取之不尽、用之不竭。于是，一种主张人们可以任意占有和消耗财富的消费主义思想便产生出来并得到社会大众的认同，产生了日益广泛的社会影响。在这种思潮下，社会开始将关注点从生产转向消费，人们开始寻求各种个性化的新型消费体验与方式。创意产业在关注点与个性主义的体现上与消费主义是相一致的，消费领域是创意产业发展的关注点，个性化是创意的重要体现。在消费主义影响下，创意成为满足消费者个性化消费需求的重要手段，通过一系列经济活动与运作，创意实现了产业化发展。

3. 创意产业的产生是知识经济时代的标志性体现

1996年，经济合作与发展组织（OECD）发布了其年度报告《以知识为基础的经济》（Knowledge - based Economy），在随后发表的《1996年科学、技术和产业展望》中指出：知识经济是以知识或智力资源的占有、配置、生产与使用为最重要因素的经济。知识经济相对于以土地资源为基础的农业经济和以原材料、能源为基础的工业经济而言，主要强调知识积累的重要性。而创意产业是一种源于个人创造力的精神生产，而非物质的消耗，这与知识经济是相一致的。创意产业是知识经济的重要组成部分，是知识经济时代的标志性体现，而知识经济时代的繁荣丰富了创意产业的内容，为其提供了广阔的发展前景。

（二）创意产业的发展因素

创意产业的概念具有三个要素：一是"个人创造力、智慧与才华"为创意产业的主要投入，二是"知识产权"为创意产业的重要依托，三是创意产业具有"为社会创造财富和提供广泛就业机会"的属性与责任。以此为基础，可以将创意产业发展的因素归纳为以下几点。

1. 创新是创意产业发展的核心

创意产业是以"个人创造力、智慧与才华"为主要投入，其实质是"人的智慧、创意"的产业化，创意与产业化是两个重要组成部分。创意产业是在以文化、知识作为社会经济重要推动力的知识经济时代下产生的，文化创意是创意产业最主要的创新。文化创意为产品和服务注入新的元素，为消费者提供独特的消费体验，提升了产品与服务的附加价值。文化创意是创意产业的核心竞争力所在，创意产业中如果没有创新，该产业的价值与市场竞争力也将不复存在。

2. 文化是创意产业发展的灵魂

文化是人与人、人与自然、人与观念之间关系的意义系统，具有地域性、民族性、社会性、继承性等特征，是一个国家、地域、民族的鲜明特性，在全球竞争中具有强大的竞争力。文化是创意产业发展的支撑与灵魂,产品作为创意产业的主要载体,文化的赋予增强了产品的竞争力与市场价值,也提升了创意企业的文化形象,更重要的是文化独有的特性与张力赋予了创意产业更强大的生命力与竞争力。

3. 知识产权是创意产业发展的保障

创意产业的核心内容是围绕"个人创造力、智慧与才华"的一系列行为,要使该核心内容发挥作用,对知识产权的保护与利用就显得尤为重要。文化创意产品是"个人创造力、智慧与才华"的重要体现。创意产业发展的动力来源于人的创造力的最大程度的发挥,由创造力产生的创意成果是独特的、原创的并且是有意义的,这种独特与个性是使文化创意产品具有竞争力,立足于市场的根本。因此,知识产权的重要性就在于对原创性、知识性文化创意产品的承认与保护,其实质是为了维护创意个体在市场中的正当利益,尊重、鼓励与保护创意个体的生产创作的积极性。

4. 科技是创意产业发展的动力

创意产业作为一种新兴产业,是文化、创意、科技、经济等高度融合的产物,创意产业位于技术创新与研发等产业价值链的高端,与信息技术、传播技术等科学技术紧密相连,具有高知识性、高附加值、高智能化的特征。科技创新是推动创意产业不断发展的重要因素,科技应用加速了创意与其相关产业的融合,推动相关产业链与价值链实现互融互动,在构建与完善创意产业链的同时也提升了文化创意产品的附加值。加大创意产业的科技投入,是整个产业持续发展的动力。创意企业进行自我创新,攻克关键技术,对推动创意产业发展具有重要意义。

5. 产业集群是创意产业发展的方向

1990年美国哈佛大学教授迈克·波特在其论文《国家竞争优势》中首先提出产业集群(industrial cluster)一词。产业集群是指在特定区域中,具有竞争与合作关系,且在地理上集中,有交互关联性的企业、专业化供应商、服务供应商、金融机构、相关产业的厂商及其他相关机构等组成的群体。创意产业集群,是指在一定的空间与时间内生存的、由各种创意产业实体构成的空间聚合体。目前,集群化发展已经开始成为中国创意产业发展的基本方式,表现为各地相继出现的创意产业园区。集群化的发展有利于创意企业的协调与竞争,有利于对中小创意企业的扶持与孵化,从而形成创意产业发展的聚合力量,这是创意产业发展壮大的趋势与走向。

三、创意产业的特点与分类

(一)创意产业的特点

创意产业作为产业发展演变出现的新兴产业,既包含传统产业的一些特质,又具有自身独有的新兴特征，因而具有复杂化与多样化的特点。本文主要列举目前创意产业特点的代表性说法，具体内容如下。

（1）哈佛大学凯夫斯从文化经济学的角度进行研究，在其《创意产业》中，归纳了创意产业的七个特点，具体内容如下。

①创意产品具有需求的不确定性。

②创意产业的创意者十分关注自己的产品。

③创意产品不是单一要素的产品，其完成需要多种技能。

④创意产品特别关注自身的独特性和差异性。

⑤创意产品注重纵向区分的技巧。

⑥时间因素对于一个创意产品的传播销售具有重大意义。

⑦创意产品的存续具有持久性与盈利的长期性。

凯夫斯的观点主要从创意产品的角度出发，集中归纳创意产品的需求、生产者、要素、特性、时间及其本身的特点，抓住了创意产业的重要特质，是颇具见地的。

（2）北京科学技术研究院创意产业研究中心研究员张京成从总体、产品、生产、从业者四个方面对创意产业的特点进行阐述，具体内容如下。

①创意产业的总体特点：

第一，创意产业具有三位一体性；

第二，创意产业具有横向跨越性；

第三，创意产业具有高附加值性；

第四，创意产业具有鲜明的知识产权性。

②创意产业的商品特点：

第一，创意是创意商品的生命线；

第二，创意产业的商品具有需求不确定性；

第三，创意产业的商品能够把自身的价值放大为产业的价值。

③创意产业的生产特点：

第一，生产过程日益数字化、复合化；

第二，生产组织日益集群化、小型化、灵活化；

第三，创意产业的生产管理日益信息化、网络化。

④创意产业的从业者特点：

第一，创意产业从业者的群体特点——从业人员多属于知识型劳动者，其核心由"从事科学和工程学、建筑与设计、教育、艺术、音乐和娱乐的人们"构成，其工作具有特殊性和不可替代性，需要不断地创造新观念、新技术和其他新的创造性内容；

第二，创意产业从业者的人力资本特点——需具备多元技能，其职业能力既来自个人经验积累，也来自个人灵感的迸发；

第三，创意产业从业者的人口特征——整体以男性为主，但少数行业则由女性主导，年龄一般较小,学历层次多样,但日趋提高。①

从张京成所归纳的创意产业的特点来看,其归纳的角度是多维的,从产业整体、产业商品再到产业运营过程与产业人力资本,综合全面地对创意产业的特点进行阐释,展示了一个较为完善的创意产业特点图景。

(3)其他阐释。

①创意产业是高附加值产业,具有很强的渗透性。

②创意企业人员主要是知识型劳动者,拥有能激发创意灵感的设计高手和特殊专才。

③创意产品是文化与技术相互交融、集成创新的产物,呈现智能化、特色化、个性化、艺术化的特点。

④产业技术向数字化、知识化、可视化、柔性化方向发展。

⑤产业组织呈现集群化、网络化,企业组织呈现小型化、扁平化、个体化、灵活化的特点。

⑥企业管理向信息化、网络化、知识化管理的方向发展。

综上所述,目前对创意产业特点的阐述众说纷纭,尚未有一致的说法,此种状况让我们难以对创意产业的特点进行合理的界定,然而也正是由于观点的百花齐放才让创意产业的特点有了更多元化、多角度的阐释,有助于更深刻地理解创意产业的内涵与价值。

(二)创意产业的分类

采用"创意产业"概念的一个重要的里程碑是 2004 年联合国贸易和发展会议(UNCTAD)第 11 届部长级会议。在这次会议上,创意产业的话题被引入了国际经济和发展的平台,得到了高端小组对创意产业和发展的推荐。

创意产业的范围广泛,涉及不同的亚产业部门的互动。这些亚产业部门包含植根于传统知识和文化遗产的活动,例如艺术和工艺品,以及文化节日,一直到更多技术和服务导向的亚群,如视听和新媒体。联合国贸易和发展会议对于创意产业的分类分成四个宽泛的群,即文化遗产、艺术、媒体和功能性创造,这些大类又被分成九个亚群。

(1)文化遗产。文化遗产被认定是所有形式的艺术的源头和文化与创意产业的灵魂。这是其分类的起点。正是文化遗产整合了来自历史的、人类学的、民族的、美学的和社会的观点的文化方面,影响了创造性,并且是一些遗产商品和服务以及文化活动的源头。与文化遗产相关的是"传统知识和文化表达"的概念,它镶嵌在艺术和工艺品的创造,以及民间故事和传统文化节日当中。这个群又分成两个亚群:传统文化表达形式群(艺术和工艺品、节日和庆典)和文化遗址群(考古遗址、博物馆、图书馆、展览等)。

(2)艺术。这个群包括纯粹基于艺术和文化的创意产业。艺术作品的灵感是被遗产、身份价值和符号意义所唤起的。这个群被分成两个大的亚群:视觉艺术群(绘画、雕塑、

---

① 张京成,刘光宇. 创意产业的特点及两种存在方式[J]. 北京社会科学,2007(4):3-8.

摄影和古董）和表演艺术群（现场音乐、戏剧、舞蹈、歌剧、马戏和木偶等）。

（3）媒体。这个群涵盖两个媒体的亚群，产生了创造性的内容，目的是和大量的观众沟通。它分为两个亚群：出版和印刷媒体群（书籍、新闻业和其他出版物）、视听群（电影、电视、电台和其他广播）。

（4）功能性创造。这个群包含更多的需求驱动和服务导向的产业，这些产业创造了带有功能目的的商品和服务。它被分为三个亚群：设计群（室内设计、平面设计、时装、珠宝、玩具）、新媒体群（软件、电子游戏，以及数字化的创造性内容）和创造性服务群（建筑、广告、文化和娱乐、创造性研究和发展、数码和其他相关的创造性服务）。

四、英国的创意产业

英国文化创意产业包括 13 个部门：广告、建筑、艺术和古董市场、工艺品、设计、时装、电影和录像、互动休闲软件、音乐、表演艺术、出版、软件、电视和广播。1998 年和 2001 年，英国政府两次发布具有指导性的《英国创意产业路径文件》（*Creative Industries Mapping Document*），分析英国创意产业的现状并提出发展战略，这两份文件成功并快速地使创意产业成为英国经济发展中的重要产业。

（一）世界创意之都

英国创意产业的迅猛发展，使英国创造了许多世界级的品牌。英国的电子游戏制作产出居全球第四位；英国的音乐产量占全球音乐产业的 15%，仅次于美国位居第二，年产值约达 50 亿英镑，在音乐销量上，英国市场位居世界第三位；英国的电视产业产值约 120 亿英镑，在电视节目制作、数码电视及动画方面享有优势；英国拥有庞大且多元的出版工业，每年出版的新书超过 10 万本，其出版业规模位居欧洲第二位；每年约有 650 个专业艺术节在英国举行，其中爱丁堡国际艺术节是世界上最为盛大的艺术节；英国有许多拥有世界声誉的剧作家、工艺师、作曲家、电影制作人、画家、作家、歌唱家和舞蹈家；许多享有国际盛誉的外国品牌如苹果的 iPod、宝马的 MINI 汽车的创意灵感都来自英国设计师，越来越多的跨国公司借助英国的专业设计，建立国际品牌打进消费市场，英国已成为世界创意之都。

（二）国民经济中的新兴支柱产业

英国创意产业的迅速发展为其带来了巨大的社会效益与经济效益。2006 年，英国已有 230 多万人从事创意工作，拥有超过 12 万家创意企业，每年创造逾 600 亿英镑的产值，占全英国 GDP 的 7%以上。在英国经济中心伦敦，创意产业的人均产值超过 2500 英镑，为全国平均水平的一倍，年产值高达 250 亿～290 亿英镑。2008 年，英国发布新的政策报告《创意英国：为了新经济的新才能》（*Creative Britain New Talents for the New Economy*），提出将通过行动支持创意产业，进一步确立英国全球创意中心的地位。经过政府、民间和企业 10 多年的精心培育，英国创意产业迅速发展，已居全球之冠，并与金融业一起成为英国知识经济的两大支柱。据英国数字、文化、媒体和体育部统计显示，按照 GDP 附加值（GVA）计算，2019 年英国数字、文化、媒体和体育相关产业为英国经济的贡献高达 2919 亿英镑，占全英 GVA 的 14.5%。其中创意产业相关商业机构 29.8 万家，从业人员 219 万人，经济贡献自 2010 年至 2019 年增长了 43.6%，为 1159 亿英镑。实际上，自 2011 年以来，创意产业的增长速度一直高于英国经济整体增速[①]。

（三）文化旅游、戏剧、博物馆世界闻名

英国是有深厚文化积淀的国家，英国人很善于对旅游资源中的文化因素进行开发和利用，旅游与文化保护相互促进，良性循环，使英国成为旅游资源的富有之国。旅游是英国最重要的经济部门之一，旅游收入占世界旅游收入的 5% 左右，在世界旅游大国中位居第五。根据数据显示，2019 年英国从事旅游业的企业有 30.3 万家，从业人员 156.9 万，经济贡献达 745 亿英镑，占英国 GVA 的 3.8%[②]。

英国有着悠久的戏剧传统。全国有 300 家左右的剧院供专业演出使用，其中约有 100 家位于伦敦，15 家剧院永久性地属于由国家拨给经费的剧团，包括皇家剧院和总部在莎士比亚故乡艾玛河畔特拉特福的皇家莎士比亚剧团。伦敦西区（London's West End）是与纽约百老汇（Broadway）齐名的世界两大戏剧中心之一，是表演艺术的国际舞台，剧院区几乎集中了全伦敦剧院的一半，是英国戏剧界的代名词。

英国的博物馆、图书馆、书店、艺术馆之多超乎想象。这些文化设施的文化品位高、内涵丰富、外观独特，成为当地的一大景观。英国约有 2500 座博物馆和画廊，有 5000 家图书馆，仅在伦敦的博物馆就有 200 座之多。2000 年年底，英国最好的国家博物馆和美术馆相继免费开放，如大英博物馆、国家画廊（英国美术馆）、泰特英国与泰特现代美术馆、格林尼治天文台、自然历史博物馆、科学博物馆、维多利亚和阿尔贝特博物馆（世界最大的实用美术与设计博物馆）等。除此之外，英国还有众多专项博物馆以及小型博物馆。

（四）出色的创意产业教育

英国拥有世界上最完整的创意产业文化政策，教育作为英国政府确定的创意产业的"四个关键性因素"之一，得到了政府的扶持，这为英国创意产业提供了源源不断的动力，是英国创意产业健康发展的重要因素。英国教育注重创新，从小学到大学鼓励年轻人创新，提供良好的创意氛围，帮助人们拓展创新视野，提升创新意识；英国文化、媒体和体育部推动成立了创意产业高等教育论坛，将高校和业界聚集到一起，充分利用高校资源为业界培养创新型人才；英国高校纷纷开设创意类专业，培养创意高端人才，如伦敦艺

---

① DCMS Economic Estimates 2019[R/OL]. GOV.UK, https://www.gov.uk/government/statistics/.
② 同①.

术大学、伯明翰艺术设计学院、格拉斯哥艺术学校、东伦敦大学等大学学院都相继开设了创意类专业，在全英国范围内开设的创意类专业学位课程达 37 000 个。此外，政府成立成果转化团队、技能和企业家训练团队，以推动文化创意的产业化。"创意教育"为英国的创意产业发展提供了源源不断的一流人才。

（五）"一臂之距"的创意产业管理原则

英国是全球最早提出"创意产业"概念的国家，也是政府引导下发展创意产业的国家。英国创意产业的发展离不开激励政策与政府的扶持管理。英国政府对于创意产业的管理主要不是依靠行政手段，而是通过政策引导和经济调控达到管理目标。英国实行从中央到地方的三级管理体制，政府秉承"一臂之距"的距离原则，坚持适当分权和"专""宽"兼备的原则。"一臂之距"原则提出的最初目的是防止党派政治干预艺术。1945 年，英国艺术委员会成立时，"一臂之距"作为一项基本原则被采用，一直沿用至今。适当分权，即权力下放，政府行政主管部门只管文化而不办文化；"专""宽"兼备原则，即"专"是指所有的文化事务均由一个专门独立的政府文化主管部门管理，也就是在 1997 年成立的"文化、新闻和体育部"，"宽"是指只要涉及文化的事务都交由政府文化主管部门管理。通过这三大原则，英国政府对创意产业进行管理和引导。

第二节　案例与分析

案例一

一只永葆青春的"猫"

2013 年年初，在元旦三天小长假即将休完的最后一天，音乐剧《猫》（中文版）在北京已收获 1600 万元的票房，超过广州站三周 1200 万元的成绩。音乐剧《猫》（中文版）的北京首演礼于 2012 年 12 月 23 日晚在世纪剧院举行，黄渤、郭涛、李湘、三宝、阿朵等来自演艺界与文化界的众多名人前去捧场。首映礼后，白岩松、张绍刚、任泉等众多名人先后来到剧场，享受这场视听盛宴。在他们中更是不乏《猫》剧的粉丝，任泉便是一位资深的《猫》迷。"我很喜欢音乐剧，然后也看了很多国家的《猫》，英国版的、百老汇版的、日本版的都看过"，任泉说，"我是带着一种来看看我们中国自己的《猫》的心情来的。很棒，真的很喜欢。"不俗的票房、明星的热捧充分地展现了这只"猫"的魅力。

第十五章 英国的创意策划案例

一、案例简介

世界四大经典音乐剧之一的《猫》是全球最负盛名的音乐剧,它是有史以来最著名的、演出时间最长的音乐剧之一,曾一度成为音乐剧的代名词。它曾横扫7项音乐剧最高奖项托尼奖、3项英国格莱美奖、5项英国奥利弗奖、1项金球奖、1项奥斯卡奖和2000年剧评家奖的最佳音乐剧奖。1981年该剧在伦敦首演,此后足迹遍布全球26个国家的300多座城市,英文原版还曾两度在华演出。2003年,《猫》在上海连续上演30余场;2005年,作为第二届北京国际戏剧演出季的开幕"盛宴",《猫》在北京连续上演70余场。在中文版之前,该剧已推出14个语言版本。早在1994年,《猫》在全世界的票房收入就已超20亿美元,创下当时音乐剧的世界纪录[1]。2012年,据《纽约时报》报道,其票房已达35亿美元[2]。它是世界上票房最高的舞台剧,也是在美国纽约百老汇和英国伦敦西区连续公演最长的舞台剧。

《猫》是作曲家安德鲁·劳埃德·韦伯根据诺贝尔文学奖获得者、诗人艾略特为儿童写的诗集《老负鼠讲讲世上的猫》改编而成。该剧创作精良,表演水平精湛,36位出场演员各有各的绝活,首演版本中的老猫格里泽贝拉(Grizabella)由著名音乐剧表演艺术家依莲娜·佩姬(Elaine Paige)扮演,她被一些媒体称为英国音乐剧"第一夫人"。全剧主要讲述了一个叫作"杰里科猫"的族群在一年一度的聚会上要选出一只猫获得重生,为此保姆猫、贵族猫、小偷猫、领袖猫、火车猫、摇滚猫、魔术猫、犯罪猫、迷人猫、英雄猫、超人猫等来自各个阶层、有着各种背景的猫轮番在舞会上展示自己,要赢取重生机会。最后,当年曾经光彩照人今日却无比邋遢的老猫格里泽贝拉以一曲《回忆》(Memory)打动了所有在场的猫,成为可以升上天堂的猫。这首《回忆》也由此成为风靡世界、经久不衰的名曲。

二、创意与策划

英国的戏剧产业十分发达,戏剧艺术闻名世界,在剧目创新、演出质量及演员整体素质方面都达到了很高的水准,称伦敦为"世界戏剧之都"并不为过。音乐剧《猫》首演于有着"英国戏剧中心"代名词之称的伦敦西区,每周8场,星期一休息,连续演出至2002年5月11日,在它21岁生日时,在同一个剧场落幕。《猫》在美国的演出时间相加总长为十六年零两个月,仅这一出戏在全球演出的总收入就超过了20亿美元,到2000年6月该剧正式宣布停演时,已在全球演出了6000多场,并且至今在全球持续巡回演出。《猫》

---

[1] BRUCE H. Endpaper; Kitty Litter[EB/OL]. (1994-3-6). The New York Times Magazine. https://www.nytimes.com/1994/03/06/magazine/endpaper-kitty-litter.html.

[2] MICHAEL R. How 'Cats' was purrfected[EB/OL].(2012-11-21). New York Post. https://nypost.com/2012/11/21/how-cats-was-purrfected/.

剧的成功不仅仅在于它是音乐剧历史上的经典之作，实现了艺术上的成功，而且在于它同时创造了经久不衰、风靡全球的商业运作奇迹，实现了商业运作上的成功，是一只名副其实的艺术、商业双丰收的经典"猫"。

《猫》剧的父亲——安德鲁·劳埃德·韦伯是一位通晓艺术和商业的天才。除《猫》剧外，他的成名作品还有《剧院幽灵》《星光列车》等，拥有音乐剧《猫》演出版权的是英国真正好集团（The Really Useful Group），英国真正好集团是韦伯于1977年创立的知名国际娱乐制作公司。真正好集团除了活跃于制作剧院、电影、电视及音乐会等节目之外，同时也经营或授权周边商品贩售、专辑的录制及音乐剧的发行等相关事业。此外，真正好集团有限公司是伦敦最大的剧院公司，真正好剧院的联合经营者，一共拥有英国伦敦西区中心的13家知名剧院。真正好集团有限公司的总部设立于英国，由位于澳大利亚悉尼的分公司经营亚太地区的业务。该集团所制作、联合制作或是授权的音乐剧作品于全球各地皆有巡回演出，而它经营的产品也主要是以安德鲁·劳埃德·韦伯的作品为主。

《猫》剧的成功包括多方面的原因，其剧情虽简单，但结尾点题，发人深省，"上至八九十岁的老人，下至幼儿园的孩子，每个人都可以从《猫》中获得无比的快乐"；震撼的舞美设计、动人的音乐、令人惊叹的表演……除了剧本本身的艺术水准、演出剧团的感染力外，成熟的创意策划手法也是其成功不可或缺的重要因素。

（一）"标准化生产"保证质量

真正好集团旗下演出《猫》的剧团不止一个，但每一个剧团都是符合严格的艺术标准和统一的演出要求。真正好集团的某位负责人曾说过："不论在哪里，看到韦伯、真正好马上就会想到高水平、高档次。我们要保证全球性的认同。"上海大剧院原副总经理钱世锦也曾说："他们的生产是标准化的生产，像生产麦当劳和可口可乐一样。在美国生产和在中国生产，尽管可能生产的人不一样，但是对质量和配方的要求是一样的。"有了统一的运作标准，保证了演出的质量，使每一个演出地都能看到"原汁原味"的《猫》。

（二）保护版权，刺激票房

《猫》剧的音乐、音响以及舞台美术等都有各自的版权，为了防止因盗版造成的观众流失，《猫》在全世界各地演出都有一个共同的规定：禁止观众在现场录音、录像，连记者在演出开始后也不能开机拍摄。在正式演出时，一旦有人拍摄，剧场里的监控系统就会自动搜索出偷拍者的位置，这样的措施有效地防止了盗版。这种对版权几近苛刻的保护不仅保证了演出质量，也刺激了票房。

（三）"因地制宜"本土化发展

为了适应不同国家、不同观众的口味，他们用14种语言在全世界200多个城市演绎了不同版本的《猫》。2012年在北京上映的中文版《猫》就是"因地制宜"的典型代表。演出方介绍了在北京上演的中文版《猫》中有着中国元素，除了在歌词汉化上体现中国元素之外，在舞美设计、服装造型上都引入了"中国风"，并且还为北京站演出量身打造了"北京味"的场景和台词。在上海站演出时，画着嫦娥奔月的饼干盒、桃红柳绿的旧双面苏绣、边角磨损的《十万个为什么》等物品都被暗藏在了"垃圾场"里，而在北京站里"猫窝"的部分新"垃圾"，则有代表北京街头小吃的糖葫芦、北京民俗文化中不可或缺的鸟笼等物品。此外，"中国猫"们还说上了几句"京片子"，这些都是剧团为了满足当地观演观众的需求而做的"本地化"改编。

（四）"本地猫"选拔，创意宣传

真正好集团的某位负责人曾说："《猫》是一个音乐剧，但我们绝不让观众仅仅去看一出戏，我们要让人们觉得是去参加一个活动，一个有档次和品位的派对。""我们所要做到的是让首演成为当地的一件大事。"因此，《猫》剧在演出的每一地都要举行"本地猫"的选拔活动，"本地猫"将会在观众席中出没，和观众进行亲密接触，增进剧场内赏和观众之间的互动，而这种互动在《猫》剧的任何一场演出中都是十分吸引人的。除了举办活动，举办新闻发布会、进行大规模的平面媒体宣传、张贴巨幅海报等都为《猫》的演出做足了宣传。

（五）创意销售策略

为了能够取得好的票房进账，在销售策略上制定三轮售票时间，分阶段售票，直到第三轮售票开始，才宣布告别场的演出日期，加上演员签名售票，赞助商的幸运抽奖，不断地刺激观众的购票兴趣。此外，还在票价上实行市场细分，针对不同的消费群，以上海站为例，剧院方划分出共21档的复杂票价，从首场的1200元，到下午场的80元，并且和遍布上海的100家柯达连锁店票务系统合作，同步售票，将触角伸到了上海最追求时尚消费的"新天地"等消费场所和全市各类的人群。

（六）开发创意衍生品

如同电影产业一样，影片的银幕营销和非银幕的营销一个都不能少，除了门票外，《猫》剧的"非舞台营销"即是对众多衍生产品的开发。《猫》的衍生品一般有T恤衫、棒球帽、钥匙链、咖啡杯和纪念节目册等，相关衍生品的销售也有严格的规定，只能在剧场里定点卖，不能拿到剧场外兜售，这样顾客想要购买这些产品，就不得不买票来看这场音乐剧。同时，在这些衍生产品的制作上真正好集团也有严格的标准，并且要求用《猫》剧的注册标识。难得一见的音乐剧，一定要留个纪念，就是在这样的心理下，观众梦寐以求地想拥有这些从《猫》衍生出的产品。中国戏剧学院表演系教授钮心慈认为："纪念品上都有那个猫的两只眼睛,这就是它的商标。但是你很愿意花这个钱,通过一个纪念品,我可以把猫的余韵再带回到我的家里来。这就是一个整体的运作,它能挣钱。"

(七)开发电影与旅游,延伸产业链

2000年,《猫》剧在百老汇停演后,制作公司立即将它制作成电影进行销售。此种方式不仅从另一个渠道宣传了《猫》剧,而且使《猫》剧的制作公司又获得了一笔不菲的收入。除此之外,作为旅游附带的产品进行推广和营销也是其手段之一。中国对外演出公司原策划与市场媒介部总监曹维分析说,"百老汇是以音乐剧作为一种旅游的附带产品,吸引一大批世界各地的观众来看,那么同时它会把舞台制作的音乐剧拍成电影,它是一个滚雪球的东西,运作模式非常大,涉及的面非常广,它是走一条我们叫产业化的路。"

 案例二

转角遇见博物馆之莎翁故居

伦敦以西180千米的斯特拉特福镇,是英国伟大的戏剧家威廉·莎士比亚诞生和逝世的地方。莎士比亚的故居位于小镇的亨利街北侧,是一座带阁楼的二层楼房。这座建于16世纪的老房子的外墙是泥土颜色,斜坡瓦顶,在周围的建筑群中十分显眼。1564年4月23日,莎士比亚出生在这座楼的二楼主卧室。他的童年和青少年时期都是在这里度过的。莎士比亚故居里的家具和其他物件构成了莎士比亚出生地管委会下属博物馆的收藏品的一部分。管委会的博物馆部门负责收集、保养和展览来自伊丽莎白和斯图亚特时期的稀有早期家具、家居物品、绘画和纺织品,以及其他陈列在莎士比亚故居里的博物馆收藏品。除了展出收藏品之外,博物馆部门还负责保管、保留收藏品,这些保留的收藏品可通过预约参观,莎士比亚的每处房屋周围均有漂亮的花园,全年欢迎游客前来参观。

一、案例简介

提起英国,人们不由得想起一个人,那就是英国文学史上最杰出的戏剧家,全世界最卓越的文学家之一——威廉·莎士比亚。莎士比亚(1564—1616年)是英国文艺复兴时期伟大的剧作家、诗人,1564年4月23日生于英格兰沃里克郡斯特拉特福镇,1616年4月23日病逝。1995年,联合国教科文组织将每年的4月23日定为"世界读书日"。莎士比亚是欧洲文艺复兴时期人文主义文学的集大成者,代表作有四大悲剧《哈姆雷特》《奥赛罗》《李尔王》《麦克白》,四大喜剧《第十二夜》《仲夏夜之梦》《威尼斯商人》《皆大欢喜》,历史剧《亨利四世》《亨利六世》《理查二世》等。他是"英国戏剧之父",本·琼斯称他为"时代的灵魂",马克思称他为"人类最伟大的天才之一",他被称为

"人类文学奥林匹斯山上的宙斯"。他的大部分作品都已被译成多种文字,其剧作也在许多国家上演。

虽然莎士比亚已经离世四百多年,但他的出生地和逝世地——英格兰中部埃文河畔的斯特拉特福,现在已然是世界著名的旅游胜地。斯特拉特福因莎士比亚而出名,在流过斯特拉特福的雅芬河岸边还竖立着莎士比亚的塑像,小镇与莎士比亚有关的地方主要有三处:一是莎士比亚故居。这是一座二层木架构小楼,房屋框架、斜坡瓦顶、泥土原色的外墙、凸出墙外的窗户和门廊使这座建于16世纪的老房子在周围的建筑群中十分显眼。宅内陈列着莎士比亚之父——手套制造商及羊毛商约翰的物品。莎士比亚出生的房间有扇窗户雕刻着来访者的手迹。1564年4月23日,莎士比亚出生在这座楼上,他的童年和青少年时期都是在这里度过的。1616年,莎士比亚去世之后,景仰其作品的人便开始造访此镇。1847年,英国政府通过公共募款活动,买下了莎士比亚出生时的这座宅邸,从此这里便成为献给这位英国最伟大剧作家的文学圣地。二是皇家莎士比亚剧院。剧院为皇家莎士比亚剧团所有,因设在莎士比亚故居而享有盛名。该剧团自1961年成立以来,便将莎士比亚所有的剧本搬上了舞台,每台莎士比亚的剧目都是在此地首演后才在伦敦演出。三是圣三一教堂。此处有莎士比亚之墓及记载他出生与死亡资料的教区记录簿副本。除此之外,还有纳什之屋(Nash's House)、安妮·海瑟薇的小屋(Anne Hathaway's Cottage)、哈佛之屋(Harvard House)等旅游景点。

斯特拉特福镇因为莎士比亚而闻名于世,每年吸引数百万名游客慕名而来,"莎士比亚故居"成为小镇一张耀眼的名片,小镇也因为这个博物馆而丰满起来,实现了历史、文化、博物馆、旅游的完美结合。

二、创意与策划

莎士比亚是英国著名剧作家和诗人,这是一笔极其深厚、开发不尽的文化宝藏,英国政府极其重视挖掘其背后所蕴含的历史文化价值和经济价值,把它作为国家级文化创意产业项目进行开发。

(一)开发丰富文化资源内涵,形成主题资源群落

英国政府依照莎士比亚生活的时代的样子对故居进行了修复和装饰,并修建了很多相关配套设施,如莎士比亚皇家歌剧院、纪念塔、莎士比亚研究中心等。莎士比亚歌剧院于每年的4月—10月轮流上演莎士比亚的剧作;莎士比亚纪念塔中立有分别象征莎士比亚创作的哲学剧、悲剧、喜剧和历史剧的哈姆雷特、麦克贝恩夫人、法尔斯达夫和哈尔王子四座人物铜像;莎士比亚研究中心大厅的玻璃屏风上绘有众多莎士比亚剧中人物,收藏着数以万计莎士比亚各种版本的著作、剪报、剧照等。除此之外,英国政府还开发了莎士比亚母亲、妻子和女儿的故居,莎士比亚作为一个文化资源,其内涵与价值被充分地开发出来,形成了以莎士比亚为主题的文化资源聚集群落。

(二)开发创意旅游纪念品

在小镇商店出售的商品名目繁多,这些商品多与莎士比亚及其作品有关,如莎士比亚剧中涉及的面具、羽毛笔、书籍、明信片、玩具、邮票等,这些商店从一个个小纪念中心,发展成为推动文化教育的主要延伸机构和重要的创收来源机构。

(三)修建休闲旅游设施,推动文化与旅游相结合

在莎士比亚及其家人的故居旁边修建了一些如咖啡店等餐饮店,这些占地面积很大的商店和餐饮店极大地满足了参观者休闲和购物的需要,在这里参观的游客既能充分领略莎士比亚一生辉煌的艺术成就,还能获得文化旅游的乐趣。

延伸阅读

英国繁荣的博物馆业

第三节 经验与启示

一、经验

纵观英国创意产业的发展,其发展经验大致可归纳为以下几点。

(一)政府主导是英国创意产业发展的根本

英国是典型的政府主导、以积极的产业政策介入产业形成和发展,系统地推动创意产业成为经济动力的国家。因此,英国的创意产业能够迅速发展和政府的大力扶持是分不开的。英国政府对创意产业的扶持至少可以追溯到撒切尔夫人执政时期,撒切尔夫人依据对当时英国经济形势的认知,对产业进行了大刀阔斧的调整,改革后英国的产业结构发生了巨大变化,这为以后第三产业的兴起铺平了道路。1997年布莱尔执政后,推行新文化政策,成立了"创意产业工作小组",亲自担任主席,该小组负责跟踪国际文化创意产业发展的最新趋势,规划英国文化创意产业的发展方向,制定吸引文化创意产业投

资的税收优惠条款,实施帮助创意产品和创意企业走向世界的国家整体营销和品牌战略,并且大力引进国际资本和创意企业共同发展英国文化创意产业。布莱尔政府把创意产业提升到了国家经济战略的新高度,为英国文化创意产业的发展营造了良好的产业氛围。

(二)健全的创意产业政策体系是英国创意产业发展的保障

在英国创意产业形成发展过程中,政府通过制定、颁布一系列文化政策,出台相关的法律法规,为创意产业的发展提供了良好的政策环境,从法律和制度上为创意产业的发展提供了强有力的保障。创意产业是以知识产权保障收益、以知识产权为核心资产的行业。英国在创意产业的知识产权保护方面有两大特点:一是针对中小企业众多的现状,英国政府将工作重点放在帮助中小企业利用和保护知识产权方面;二是由于大量创意产品的知识产权形式是版权,所以除了专利之外,英国对版权和商标的知识产权保护工作也同等重视。早在1662年,英国就建立了图书许可证制度;1710年《安妮法令》生效,成为世界上第一部版权法;1843年诞生《版权法》;1998年英国推出首个创意产业政策性文件《创意产业纲领文件》,明确提出创意产业的概念和产业分类,以及政府扶持力度和知识产权保护等方面的内容。由此可见,知识产权在英国受到保护已有三个世纪之久。除此之外,英国相继颁布和实施了《广播电视法》《著作权法》《电影法》《英国艺术组织的戏剧政策》等与文化创意产业相关的法律、法规,确保了文化市场的健康、繁荣。

(三)资金保障是英国创意产业发展的关键

英国的创意经济能获得成功,除了国际水平的创新能力之外,还在于英国政府帮助创意产业解决了最初的融资难问题。资金保障是创意产业发展的关键,1997年创意产业专责小组成立后最重要的工作之一就是为创意产业从业者寻求资金。2001年,英国政府首次就创意产业的财政需求举行全国会议,并开展一系列的工作,以确保财经界认识到投资创意产业的机会及效益。政府不仅以奖励投资、成立风险基金、提供贷款及区域财政论坛等方式为文化创意产业提供支持,而且还通过英国科学、技术及艺术基金会(National Endowments for Science,Technology and Arts,NESTA)、政府的小型公司贷款保证计划等提供创意种子基金,对创意产业从业者提供金融或政府的投资援助。英国政府与行业共同推动成立的众多基金和融资网络,为创意产业的发展奠定了资金基础。

(四)重视创意研究是英国创意产业发展的动力

英国设有专门的创意产业局,对创意产业进行了大量的基础研究,除了《创意产业纲领文件》和《英国创意产业专题报告》之外,1998年出版了《出口:我们隐藏的潜力》(*Exports:Our Hidden Potential*),主要研究创意产业的出口政策与做法;1999年发布了关于创意产业地区发展的《地区的规模》(*The Regional Dimension*);2000年公布的《下一个十年》(*The Next 10 Years*),从教育培训、扶持个人创意及提倡创意生活三个方面，研究帮助公民发展及享受创意；2004年起，英国文化、媒体与体育部每年出版《创意产业经济评估》（*Creative Industries Economics Estimates*），公布创意产业产出、出口、就业等统计数据，介绍产业的发展现状。这些基础性的研究和统计为英国政府制定创意产业政策提供了完整的信息支持，从而保证了政府产业政策的准确性、有效性、连贯性和一致性。

（五）引进、培养创意人才是英国创意产业发展的生命力

创意人才是创意产业繁荣的根本保证，创意产业的发展与教育业息息相关。英国的创意人才教育关注理论与实践的结合，关注市场意识的培养，通过各种机构或项目，探索创意行业与高校合作，发掘学生的创新才能，如英国文化交流协会每年举办创意青年企业家大赛，为帮助年轻人实现创意商业化提供学习交流的机会；政府设立一些基金为刚刚毕业的大学生提供资金上的帮助，并提供更多的平台展示他们的创意作品，为创意产业培养一大批潜在的人才；英国大力引进国际资本和创意企业以及发布实施新的留学政策，以吸引越来越多的全球创意人才汇聚英国。另外，英国政府早前还推出创业支持政策，学生在英国只要拿出富有创意的研究或工作成果，以此得到权威金融机构认可的风险投资公司或政府相关部门（包括学校）的认可，并获得机构帮助学生创业的5万英镑及资金担保信，即可取得毕业生创业者签证，实现留英创业的目标。

二、启示

（一）明确政府在创意产业中发展的地位，同时重视政策与法规对创意产业发展的影响

文化创意产业在英国取得如此巨大的成功，与英国政府在其中发挥的重要作用是密不可分的。他们在宣传推广创意概念的同时，也制定了配套的政策体系和市场准入机制，通过税收、对相关人员进行培训等方式加强对英国创意产业的引导与扶持，使得英国创意产业很快就走上了振兴经济的正轨。与此同时，还加强社会民间企业的参与，强化社会、民间企业与公民在创意产业发展中的作用。除此之外，重视政策对创意产业发展的推动作用，完善知识产权保护制度以鼓励创新，在投融资、税收、进出口、人才培训等方面制定有针对性的产业政策引导创意产业，为其发展创造健康的、可持续发展的良好环境。

（二）理顺创意产业管理架构，有机整合政府文化机构

创意产业是一个融合多产业内容的综合性产业，发展过程中涉及多个部门的合作协调，因此，在推进创意产业的发展中势必会遇到条块分割、政出多门、职权交叉等诸多问题。英国组建的"创意工作小组"的工作定位以及与不同创意产业部门分工合作的思路值得借鉴。1997年，布莱尔成立英国"创意产业工作小组"并亲任主席，这个小组是由文

化部部长牵头,包括外交部、财政部、英国文化委员会、贸易和工业部、教育和就业部、科技和技术部、环境、交通和区域部、英格兰事务部、威尔士事务部、北爱尔兰事务部、妇女部、唐宁街10号政策研究室等部门的首长、政府高级官员、与创意产业有关的重要商业公司负责人和社会知名人士等,打破了条块分割,整合各方资源形成合力,确保创意产业的科学决策,从而极大地提高了行政效率。

(三)加强创意产业的集群发展与规模,扶持中小企业发展,打造特色创意产业

英国的创意产业聚集形态明显,主要体现在地理分布上,英国的创意产业基本聚集在三个地区:伦敦、曼彻斯特和格拉斯哥。伦敦是英国创意产业的中心、世界创意之都,有超过50万人从事创意产业,是20多个全球设计、汽车制造和电脑游戏产业的中心;曼彻斯特是英国的老工业区,如今已成为英国和欧洲第二大创意产业中心;格拉斯哥有英国重要的电子工业园区,并集中了英国大量软件企业,这里的创意产业具有与软件和电子产品结合的特点。在创意产业发展中应针对区域特点,加强对创意产业集群的培育,建设一批特色鲜明、优势突出的创意产业基地和园区,打造完整的创意产业链条,实现创意产业集群发展和产业规模效应。创意产业中活跃着许多灵活的中小型企业,它们的存在是创意产业的生命力所在,因而应加大对中小企业的扶持力度,提供多样服务,促进中小型企业的健康发展。另外,发展创意产业,还不应忽视其对区域经济发展的作用,将当地的特色融入创意产业,以当地特色为中心,使创意产业与其他产业相结合,发展"本地"的创意产业,不仅促进了创意多样化,而且有益于提高区域竞争力,促进区域经济发展。

(四)推动形成创意产业产学研一体的发展体系

英国非常重视对创意产业方面的基础研究,其将创意产业分为十三大类并将创意产业作为一个从创作、生产、流通到消费部门的完整产业体系,大量的基础性的研究和统计为英国政府制定创意产业政策提供了完整的信息支持,保证了政府产业政策的正确制定。此外,英国重视创意产业与教育业的结合,为不同学龄的学生提供创意教育,或培养创新意识或提供专业课程,同时注重提供公民与创意接触的机会,通过开放更多的博物馆及将所有数据档案数字化使人们可以充分地享受创意生活,为创意产业培养了一批创意人才。

(五)鼓励多元文化,打造城市创意氛围

英国创意产业的繁荣还得益于多元文化和国际化的运作。创意产业人才的流动性很强,他们更倾向于开放、包容、多样化的城市,开放、多元的文化环境能够包容不同思维,接纳新的创意,吸纳各类文化与生活方式,提供充分自由的创作环境,使不同肤色、不同语言、不同文化背景的创意人才能互相学习、互相启发,这样的文化环境是吸引全球人才、聚合全球创意、打造创意中心的重要前提。

本章小结

创意产业是以个人创造力、智慧与才华为来源，通过知识创造和运用知识产权，为社会创造财富和提供广泛就业机会的产业。

创意产业的概念具有三个要素：一是"个人创造力、智慧与才华"为创意产业的主要投入，二是"知识产权"为创意产业的重要依托，三是创意产业具有"为社会创造财富和提供广泛就业机会"的属性与责任。

创意产业发展的因素：创新是创意产业发展的核心，文化是创意产业发展的灵魂，知识产权是创意产业发展的保障，科技是创意产业发展的动力，产业集群是创意产业发展的方向。

 思考题

1. 什么是创意产业？
2. 简述创意产业产生的背景、影响因素、特点与分类。
3. 英国创意产业成功的原因是什么？
4. 与美国相比，英国创意产业在政策制定和产业管理上有何相同与不同之处？

第十六章

日本的创意策划案例

学习目标

通过对本章的学习，学生应了解或掌握如下内容：
1. 内容产业的定义；
2. 内容产业的特点；
3. 内容产业的类型；
4. 日本内容产业的现状。

导言

日本、韩国等东亚国家和中国台湾地区多以内容产业指代文化产业。"内容"是指在各种媒体上流通的影像、音乐、游戏以及图书等，以动画、静止画面、声音、文字、程序等表现要素构成的信息的内容。内容产业是指主要生产内容的信息和娱乐业所提供的新型服务产业，具体包括出版和印刷、音乐和电影、广播和影视传播等产业部门。内容产业具有交互性、派生性、创新性、集群性、融合性和绿色性等特点。日本的内容产业高度发达，对我国文化创意产业的发展带来诸多启示。

第一节 日本：以动漫影视业为核心的内容产业

一、内容与内容产业

（一）内容

在了解内容产业的定义之前，首先需要对"内容"的含义进行认识。有学者指出，所谓内容，是指给人们的精神带来满足感的"信息"，也是在经济上可以进行交易的"财

产"。它是以电脑、游戏机以及其他家电产品的平台为前提而被利用的知识产物的总称。[①]日本内容产业研究领域的重要学者浜野保树认为,相对于软件是达成某种目的的手段,内容自即为目的,将"内容"定义为"表现的内容",从区分"软件"与"内容"的角度对"内容"概念进行界定,强调内容自身的创造性、文化性和艺术性。日本《内容促进法》从法律层面对内容的范围进行整理:"内容"是指电影、音乐、戏剧、文学、摄影、漫画、动画、计算机游戏,其他文字、图形、色彩、声音、动作或影像,或这些元素的组合,或使这些元素通过电子计算机来表现的程序,源于人类创造性活动,具有教养功能、娱乐功能。日本经济产业省主编的《数字内容白皮书》,将"内容"定义为:"在各种媒体上流通的影像、音乐、游戏以及图书等,以动画、静止画面、声音、文字、程序等表现要素构成的信息的内容。"[②]

根据对"内容"概念的梳理,本书以日本《数字内容白皮书》的定义为基础,认为"内容"是指在各种媒体上流通的影像、音乐、游戏以及图书等,以动画、静止画面、声音、文字、程序等表现要素构成的信息的内容。

(二)内容产业

1995年,在"西方七国信息会议"上"内容产业"(Content industry)的概念首次出现。1996年,欧盟《信息社会2000计划》将内容产业明确界定为:"制造、开发、包装和销售信息产品及其服务的产业",其产品范围包括各种媒介的印刷品(书报杂志等)、电子出版物(联机数据库、音像产品、光盘服务、游戏软件等)和音像传播(影视录像和广播等)。1998年,经济合作与发展组织的专门报告《作为新增长产业的内容》将内容产业界定为"主要生产内容的信息和娱乐业所提供的新型服务产业",具体包括出版和印刷、音乐和电影、广播和影视传播等产业部门。

二、内容产业的类型与特点

(一)内容产业的类型

目前,各国对内容产业的分类方式尚未统一。在美国,《北美产业分类标准》(NAICS)于1997年被采用,其中提出"信息业"(代码为51)这一新的产业分类。这里的"信息业"实质上等同于内容产业,其中包括出版业、电影和录音业、广播和传播业,以及信息服务和数据处理服务业,但并未包含计算机硬件制造等行业(被划归为制造业)。在2002年改版的NAICS中,信息业下属的四个子类扩展成出版、电影和录音、广播、网络出版和广播、通信以及网络服务提供商、网络搜索门户、数据处理服务七个子类。[③]在日本,

---

[①] 吴咏梅. 日本内容产业的现状分析及其国家政策[J]. 中国文化产业评论, 2006(4): 370-385.
[②] 陈红梅. 从内容产业振兴到内容振兴 日本内容产业现状与政策调整[J]. 电影艺术, 2008(6)117-124.
[③] 赖茂生, 杨秀丹, 胡晓峰, 等. 内容产业的含义和分类研究[J]. 数字图书馆论坛, 2006(2): 12-14.

经济产业部相关部门的统计报告中,把内容产业分为四个大的类别,即出版报刊、游戏、音乐、影像,由这四大类构成日本内容产业的主体内容。在进一步的具体划分中共分为游戏、媒体行业、音乐、漫画、动漫、印刷出版六个方面[①]。

(二)内容产业的特点

1. 内容产业具有交互性

内容产业的交互性主要体现在互联网出现后所赋予提升内容产业新的内涵,即数字内容产业的出现,数字内容产业是运用信息技术进行数字化并加以整合运用,向用户提供数字化的图像、字符、影像、语音等信息内容的产品与服务的新兴产业类型。互联网的出现颠覆了传统的内容生产和消费模式,"交互性"特征被凸显,内容产业的生产开始以消费者为中心,满足消费者多样化的消费需求为目的,消费者不仅仅是被动接受信息文化内容的"受众",而且是可以参与内容生产和传播的过程之中的主体。消费者不仅可以在较大的范围内选择信息内容,还能够通过计算机及网络改变传输的内容和传输的形式。内容的传播方式开始由单一转向具有互动性的双向模式。

2. 内容产业具有派生性

内容产业是能够创造无限可能的产业,围绕内容创意,可以派生出大量的产品与服务,不仅包括传统的媒体,还能够渗透到服装、玩具、旅游、餐饮、游戏、演艺等其他行业,向相关行业辐射,进一步扩展内容产业的价值。内容产业所形成的新兴产业链连接了自主知识产权的内容创作与内容相关的产品、服务的生产开发,在不断壮大产业实力的同时还能够极大地提升传统产品的市场价值。

3. 内容产业具有创新性

当前消费的个性化、多样化特点决定了内容产业必须不断地创新。目前消费者群体的需求呈现出个性化消费的特征,一方面随着人们收入的不断增加,人们的消费欲望的个性化、多样性得以释放;另一方面互联网与多元文化不断地刺激消费者的消费欲望,消费者的大多需求都能快速且轻易地得到满足,自我价值观念的注重以及对高生活品位的追求,促使消费者不再满足于基本的、标准化、大众化需求的实现,而是将他们的注意力更多地投向个性、新颖、独特的产品和服务上,期望不同的内容产品能满足其特殊的个性化需求。这些变化都推动着内容产业不断创意、不断创新。

4. 内容产业具有集群性

内容产业本身就是一个庞大的产业集群,产业本身涉及内容产品的生产、交易、传输、服务等多个环节,集群式发展弥补缺陷,提供竞争优势,是产业发展的需要与趋势。

---

① 李海春. 日本内容产业现状及发展要因[J]. 现代传播,2007(1):112-116.

内容产业集群发展的驱动力是"内容",为了完成内容的生产、交易、服务,促使同类企业在一定的地域范围内进行集聚,形成紧密的产业合作网络,构建与完善内容产业链,推动内容产业的发展壮大。

5. 内容产业具有融合性

为适应市场需求,内容产业价值链要具有很强的资源整合力,产业融合成为产业集群的一个重要方面。内容产业与相关产业如制造业、服务业的融合,同时推动传统媒体产业与新媒体产业的融合。此外,内容产业的融合性还体现在经济上的融合,这些融合不仅降低了产业成本,同时也提升了产业效率,对推动内容产业发展具有重要意义。

6. 内容产业具有"绿色"性

内容产业的主要价值来源于知识,主要生产资料是信息。它通过知识、创意实现产业发展,而不是依靠物理材料、资源的消耗,因此具有"非物化"特征,是高效益、低污染的绿色产业。目前,我国正在倡导资源节约型、环境友好型社会与低碳环保经济,内容产业适应了我国经济的发展趋势,是新兴的朝阳产业。

三、日本的内容产业

(一)产业发展背景

20世纪90年代日本泡沫经济崩溃,日本政府虽然为刺激经济发展开出过多个"救治药方",但始终未能使日本经济摆脱通货紧缩和萧条局面。与此相反,亚洲新兴市场国家经济高速增长,日本企业强烈感受到来自韩国和中国及东南亚国家的市场压力。日本社会处于"失去的十年""失去的二十年"的焦虑、苦闷、无奈的挣扎之中。与经济低迷相反,自20世纪90年代以来,日本漫画、动画和游戏等内容的产品获得了国际社会的高度评价。1999年11月10日,动漫《神奇宝贝》在全美约2800个剧场开播,4天创造了5210万美元的销售纪录,位居当周美国票房收入第一。2002年,宫崎骏导演的《千与千寻》获得柏林国际电影节金熊奖,其直接播映权或相关收入达到304亿日元,超越了《泰坦尼克号》和《东京奥林匹克》。2003年,《千与千寻》获得第75届奥斯卡金像奖。2004年,押井守导演的《无罪》获得2004年第57届戛纳电影节提名。而索尼、任天堂的游戏机和游戏软件更是在国际市场保持了长期旺盛销售。[①]在国家市场的超高人气与评价让日本国内形成了一股重新定位日本漫画、动漫、游戏等内容产业,重新发现日本形象,重新认识日本文化,重新评价日本国际竞争力的文化思潮。似乎日本动漫之魅力、日本文化之可爱、日本国土之美丽足以迷醉世界,足以撑起日本经济复兴之梦。[②]

---

① 唐向红,李冰. 日本文化产业的国际竞争力及其前景[J]. 现代日本经济, 2012 (4): 47-55.
② 刘轩. 日本内容产业的国际化发展困境[J]. 现代日本经济, 2014 (2): 30-39.

（二）产业政策支撑

日本在 1990 年成立了由专家学者和艺术权威组成的"文化政策促进会议"，作为文化厅长官的咨询机构。1995 年 7 月，"文化政策促进会议"提交了《新的文化立国目标——当前振兴文化的重点和对策》的报告，提出"文化立国"的初步战略构想，1996 年 7 月，文化厅就在上述报告的基础上正式提出《21 世纪文化立国方案》，标志着日本"文化立国"战略正式确立[①]。

2001 年起日本政府先后成立"知识财产战略会议"和"知识财产战略本部"，并相继推出了《知识财产战略大纲》和《知识财产基本法》，日本首相亲自担任知识财产本部部长，下设"内容产业专业调查会"，全面统筹内容产业发展战略事宜。2004 年，"内容产业专业调查会"发表《内容产业振兴政策——软实力时代的国家战略》，将内容产业定位于重要支柱产业，同时明确提出 10 年内把日本建成世界第一知识产权强国的目标。同年，日本国会还通过了《内容创造、保护及活用促进法》，试图"通过促进内容的创造、保护及利用，丰富国民生活，增进海外对日本文化等的理解"。

在围绕"文化立国"的战略颁布实施的诸多产业支撑政策中，较为重要的是日本政府于 2001 年制定并实施的《文化艺术振兴基本法》（2001 年 12 月 7 日法律第 148 号）。该法是日本首部关于文化艺术振兴政策的基本法，其中一项重要内容是以法律形式推动"关于振兴文化艺术的基本方针"的制定和实施，规定由文部科学大臣听取文化审议会的意见并制定基本方针。日本从 2002 年起陆续推出四期基本方针（见表 16-1），每期基本方针一般包含三大部分：①振兴文化艺术的基本理念；②关于振兴文化艺术的重点战略；③关于振兴文化艺术的基本政策。其中，基本理念和基本政策每期基本维持不变，主要以反映和深化《文化艺术振兴基本法》所规定的内容为主；重点战略则会契合日本国家政策的调整以及国内外形势的发展而与时俱进[②]。

表 16-1　日本四期文化艺术振兴基本方针一览表[③]

阶　　段	生 效 时 间	实 施 周 期	重　点　战　略
第一期	2002.12.10	2001—2007 年度	①加强关于文化艺术的教育； ②提升日本国民的国语能力； ③促进文化遗产的保护利用； ④推动日本文化的对外传播； ⑤加大财政及税收支持力度

[①] 吕宇翔. 政府不"包办"内容产业[N]. 人民日报，2012-03-21.
[②] 薛亮. 日本制定第四期"文化艺术振兴基本方针"[EB/OL]. 上海情报服务平台，http://www.istis.sh.cn/list/list.aspx?id=11417.
[③] 各阶段《文化艺术振兴基本方针》具体内容详见日本文化厅网站，"文化芸術の振興に関する基本的な方針（旧「文化芸術振興基本法」に基づく方針）"，https://www.bunka.go.jp/seisaku/bunka_gyosei/hoshin/index.html.

续表

阶 段	生效时间	实施周期	重点战略
第二期	2007.02.09	2007—2011 年度	①培养继承、发展、创作日本文化艺术的人才; ②促进日本文化的传播和国际文化交流; ③战略性地支持文化艺术活动; ④振兴地方文化; ⑤充实儿童文化艺术活动; ⑥促进文化遗产的保护和利用
第三期	2011.02.08	2011—2015 年度	①有成效地支持文化艺术活动; ②培养创作和支撑文化艺术的人才; ③充实以青少年为对象的文化艺术振兴策略; ④确保文化艺术的下一代传承; ⑤振兴地方文化艺术,活用于振兴旅游、产业等; ⑥促进文化传播和国际文化交流
第四期	2015.05.22	2015—2020 年度	①有成效地支持文化艺术活动; ②培养创作和支撑文化艺术的人才,充实以青少年为对象的文化艺术振兴策略; ③确保文化艺术的下一代传承,活用于振兴地方经济; ④促进海内外文化的多样性,增进相互理解; ⑤改善振兴文化艺术的体制

2017 年,随着社会发展、国际局势及文化需求等变化,日本国会通过立法修订了《文化艺术振兴基本法》,以《文化艺术基本法》作为全新的产业政策基础,全面、系统地推动文化艺术相关领域的发展。在尊重文化艺术独特意义和价值的同时,既注重文化艺术本身的推广,还通过完善旅游、城市规划、国际交流、福利、教育、产业等相关领域的措施,来利用文化艺术的各种价值进行文化传承、发展和创造[①]。在此背景下,2018 年 3 月 6 日,日本内阁制定了全新的《文化艺术推进基本计划》(发挥文化艺术的"多元价值"创造未来)第一阶段,为未来五年的日本文化艺术发展进行了系统布局[②]。

(三)产业发展现状

1. 数字内容急速增长

日本经济产业省商务情报政策局发布的《数字内容白皮书 2014》中数据显示,2013 年日本内容产业市场规模达到了 11.9094 万亿日元,同比增长 0.4%。其中数字内容的占比为 64%,市场总额达到了 7.6589 万亿日元。近年来,日本内容产业市场规模呈现稳定

[①] 参见日本文化厅网站,"政策について-文化芸術基本法",https://www.bunka.go.jp/seisaku/bunka_gyosei/shokan_horei/kihon/geijutsu_shinko/kihonho_kaisei.html.
[②] 参见日本文化厅网站,"文化芸術推進基本計画—文化芸術の「多様な価値」を活かして,未来をつくる—(第 1 期)(平成 30 年 3 月 6 日閣議決定)",https://www.bunka.go.jp/seisaku/bunka_gyosei/hoshin/index.html.

增长态势，保持在 12 万亿日元左右。2019 年，内容产业市场规模为 12.8476 万亿日元，比上年增长 1%。其中数字内容产业市场规模为 9.2320 万亿日元，占整体内容市场的 71.9%。2020 年，受新冠肺炎疫情影响，日本内容产业市场在近 10 年首次出现负增长，市场规模为 11.6975 万亿日元，仅有 2019 年的九成。其中数字内容市场规模为 8.8435 万亿日元，虽仅为 2019 年的 95%，但仍占据整个内容市场的 75.6%，超过四分之三①。

2. 政府投资加大

近年来，日本文部科学省持续加大对日本文化艺术产业的财政预算投入。据日本文部科学省官方白皮书显示，2020 年，日本文化厅就文化艺术产业给出的预算为 1067.15 亿日元，较 2019 年同比增长 0.01%。2021 年的财政预算比 2020 年高出 0.7%，增长到 1075 亿日元。日本文化厅计划在 2022 年度投入 1311 亿日元用于文化艺术产业振兴，较 2021 年同比增长 21.9%②。同时，政府财政支持的加大也推动日本民间投资的增多。政府的大力推动与财政支持是日本内容产业快速发展的重要驱动力。

3. 成熟的产业链发展模式

日本的内容产业通过多年的发展已经形成成熟完善的产业链。以动漫产业为例，日本动漫产业面向全民开发各类内容与衍生产品，形成"漫画出版—动画片制作播出—版权授权—衍生品生产及销售—部分动漫作品外销授权—成功动漫产品的深度开发及新动漫产品开发—良性再循环"的产业发展模式，动画片播出、漫画销售、衍生品销售、动漫广告在日本随处可见，已影响到整个日本的社会生活，形成了巨大的规模。其中极具品牌价值的动漫还可以开发具备混合消费模式的主题园区或主题店，发挥对相关产业的辐射与带动作用。产业中各个环节的公司在其专业分工领域内精耕细作才得以形成庞大的产业规模，推动产业的不断壮大与繁荣。

第二节 案例与分析

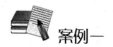 案例一

"面包超人"的超凡价值

在中国，很多人都知道日本的"哆啦A梦"和"蜡笔小新"，但有一位"小子"在日本的地位，一点也不比这两位红人差。他的脑袋是果酱爷爷用面包制成的，他的弱点是

---

① 数据参见日本数字内容协会《数字内容白皮书》（デジタルコンテンツ白書），http://www.dcaj.or.jp/project/dcwp/index.html。
② 数据参见日本文化厅官网年度预算资料，https://www.bunka.go.jp/seisaku/bunka_gyosei/yosan/index.html。

怕见水、怕脏、怕发霉，一旦头部受到损坏，他的脑袋就会从肩膀上不翼而飞，当果酱爷爷为他重新烤制了一个新的脑袋后，他便再次恢复了健康和力量，他就是有着一张红通通的大圆饼脸，穿红色衣服、茶色斗篷的胖嘟嘟的健康小子——面包超人。

一、案例简介

2013年，日本Chara Biz DATA公布了"2012年最有商业价值动漫角色排行榜"。Chara Biz DATA排行榜是基于作品所带来的经济效益进行评定的排行榜，相当于日本动漫市场的年度报告。在Chara Biz DATA排行榜中，"面包超人"稳居第一，是日本市场商业价值最高的角色。在Chara Biz DATA排行榜上的前十部作品都是多年来雷打不动的地位，例如"面包超人""口袋妖怪""海贼王"等基本都是位于上一年相同的位置。前10名之后虽然发生了一些微妙的变化，但依然显示了儿童动画片所占据的主要市场份额，深夜动画片在榜的并不多，但是有增长的趋势。2011年、2012年排行榜TOP 20对比见表16-2。

表16-2　动漫角色2011年、2012年排行榜TOP20对比表

2011年排行榜		2012年排行榜	
名　次	动漫角色	名　次	动漫角色
1	面包超人	1	面包超人
2	口袋妖怪	2	米老鼠
3	米老鼠	3	口袋妖怪
4	HELLO KITTY	4	HELLO KITTY
5	海贼王	5	海贼王
6	光之美少女系列	6	光之美少女系列
7	懒懒熊（轻松熊）	7	懒懒熊（轻松熊）
8	小熊维尼	8	小熊维尼
9	超级马里奥	9	超级马里奥
10	史努比	10	史努比
11	机动战士高达系列	11	机动战士高达系列
12	假面骑士OOO	12	米妮鼠
13	海贼战队豪快者	13	假面骑士Fourze
14	米妮鼠	14	托马斯和他的朋友
15	托马斯和他的朋友	15	米菲
16	米菲	16	假面骑士Wizard
17	电子鸡	17	达菲鸭
18	达菲鸭	18	塔麻可吉
19	CARS	19	哆啦A梦
20	假面骑士Fourze	20	特命战队

纵观日本动画角色形象的状况，可以看出是儿童化、大众化的动画占大多数，日本的动漫市场以每年位列前茅的这些人气卡通形象为中心，形成了稳定的市场。2021年《日本动画产业报告》显示，近20年日本动漫市场仍保持总体向上的增长趋势，尤其是2019年，相较2018年总体上涨了超15%。尽管受新冠肺炎疫情影响，连续十年增长的全球动画市场在2020年出现首次萎缩，但市场总估值仍超过2.4万亿日元①（见图16-1）。

图16-1　日本动画产业市场历年数据（单位：亿日元）

日本人气动画《面包超人》是以童话作家柳濑嵩在1968年发表的作品为原型，并于1973年推出豆沙包脸形的玩偶小人书。1988年电视动画片播出后，深受日本孩子们的欢迎，成为著名的"长寿"动画片。《面包超人》在1989年推出剧场版，之后每年都会有新的剧场版上映。2013年8月，《面包超人》系列第25部剧场版《面包超人放飞！希望的手帕》在日本热映，公映5周成功吸金3亿日元（约合1888万元人民币），观影人数突破15万。《面包超人》系列作品发行至今已经超过2000万部，即便是现在，依然深得日本国民的喜爱，与"阿童木""哆啦A梦"等经典长青角色齐肩。日本传媒估算，《面包超人》漫画版税、动漫影片和歌曲播放收入、文具和纪念品销售，以及柳濑嵩形象使用费，价值达400亿日元。

二、创意与策划

日本素有"动漫王国"之称，是世界上最大的动漫制作和输出国。从有"漫画之神"美誉的手冢治虫创作的《铁臂阿童木》的诞生开始，就奠定了日本全民消费漫画的基础。日本漫画在20世纪70年代之后步入黄金时代，《名侦探柯南》《网球王子》《火影忍者》《海贼王》等经典不断涌现，各类经典人物形象也不断走红，风靡世界。"面包超人"作为日本最有商业价值的动漫角色，其所具有的巨大商业价值折射出日本高度发达的动漫产业链，反观这个经典的卡通明星40多年的发展历程，不难看出其"青春永驻"的原因。

---

① 参见日本动画协会《日本动画产业报告2021》（「アニメ産業レポート2021」），https://aja.gr.jp/info/1860.

（一）独具创意的动漫形象

动漫形象的设定往往决定了动漫的消费主体，因此设立一个涵盖受众面广、人见人爱的动漫形象就尤为重要。在"面包超人"的人物介绍里，"面包超人"是"果酱爷爷"制作的红豆面包，自称"面包超人"，身体的构造不明，但"面包超人"仿佛妖精般存在。他能穿着斗篷飞向天空，飞行速度也没有限制；他有着一张红通通的大圆饼脸，穿红色衣服、茶色斗篷，是个胖嘟嘟的健康小子；他有一颗正义的心，他也常常帮助肚子饿的小朋友，只要见到肚子饿的小朋友，他就会蹲在小朋友的面前说："请你吃吧！"等到小朋友吃完后，他就会虚弱地请果酱大叔再帮他做一个新的面包头，因此他也被称为史上最爱"做脸"的超人。漫画里除了"面包超人"，还有"果酱爷爷""奶油妹妹""吐司面包超人""细菌小子"等1768个人物形象，人物众多且形象鲜明生动。

（二）连接图书与电影进行销售策划

图书销售量是作品的命脉，发行量越大代表作品越成功，影响力和创造的经济价值也越大，影响图书销售量的不仅仅在于作品是否吸引读者，而且在于图书销售的技巧，包括前期调研、营销策划手段、渠道等。据统计，《面包超人》的发行量达7800万册。此外，热映的动画片还制作了"剧场版"，也就是影院版动画片，即以早就深入人心的电视动画连续剧为基础进行的电影动画创作。"剧场版"通常占据票房排行的醒目位置，创造了不菲的票房收入。日本动画片票房基本占据各年度日本影片票房60%以上的份额，在近年来的日本票房前10名中，动画片总能占据5席以上的位置。据统计，《面包超人》剧场版系列史上票房收入排名前三的分别是第一名《面包超人 细菌人大反攻》（1990年/票房6.64亿日元）、第二名《面包超人 复活吧！香蕉岛》（2012年/票房5.1亿日元）、第三名《面包超人 闪耀星星的眼泪》（1989年/票房4.6亿日元）。

（三）发挥创意拓展衍生品市场

受欢迎的动漫一般会做成游戏、玩具、服装、文具等，进一步利用已有的资源，提升动漫产品的附加值，并开发一片广阔的市场。日本振兴贸易机构调查结果显示，日本国内与动漫有关的市场规模已经超过2万亿日元。在日本，根据《面包超人》的主人公形象而生产的各种文具和纪念品的销售总额为1.1万亿日元。除此之外，"面包超人"还被打造出各种创意地点，如在日本的横滨市西区还建有"横滨面包超人儿童博物馆"，"面包超人头发沙龙"里面的理发椅都是"面包超人"的造型，日本高知县香北郡香北町的"面包超人美术博物馆"，东京新宿区和北海道富良野市的"面包超人专卖店"，静冈县的大井川铁道线以及四国岛全岛的铁道线上奔驰着的"面包超人漫画列车"。不仅如此，"面包超人"的衍生品还包括玩具、游戏、童装、日用品甚至药品，这就像芭比在世界的影响一样，"面包超人"的渗透在日本也随处可见。无处不在的"面包超人"在流行风靡的同时也带来了巨大的经济效益。

（四）整体策划打造成熟产业链

在日本，动漫产业的运作基本是始于漫画的，所以漫画是动画、游戏及相关产业的内容源泉。动漫市场包括三个层次：一是动画本身的播出市场；二是卡通图书和音像制品市场；三是卡通形象的衍生产品，包括服装、玩具、饮料、生活用品等。其中，最后一个层次比前两个层次的周期更长，市场反响更为深远，就动漫的生产阶段来看已经形成了由"动漫生产—播出—衍生产品开发—收益—再生产"组成的完整产业循环链。动漫业已不再是一个单独内涵的行业，而是与邻接产业相融合，具有多样化特征、复合价值的全新行业。以动漫形象为中心，对其整体周边进行创意策划，打造动漫周边产品链，极大地延伸了动漫形象的价值。

 案例二

真相永远只有一个

外表看似小孩，其真实身份是高中生侦探——工藤新一。和青梅竹马的同学毛利兰一起去游乐园玩，目击到黑衣男子的可疑交易，被灌下开发中的药物，变成了小学生的身体。那天以后，为了隐藏真实身份，化名江户川柯南，在毛利兰家寄住的同时，日复一日地侦查了许多案件。这一侦查，就侦查了20多年，"真相永远只有一个"成为无数动漫迷心中当仁不让的第一名言。这就是名侦探柯南的故事。

一、案例简介

《名侦探柯南》是日本漫画家青山刚昌创作的悬疑推理类漫画，于1994年开始连载于《周刊少年 Sunday》。讲述了主人公江户川柯南以天生的推理能力对抗神秘组织，并与同伴一起"侦查"各类案件的故事。于1996年1月8日开始在日本读卖电视台播放，至今仍在播出，播出时间长达20多年，播出集数已超过1000集，收视率常年维持在10%左右，海外发行范围涉及中国、韩国和东南亚以及欧美等十几个国家和地区。

《名侦探柯南》创造了日本动漫产业最成功的模式，从TV版、OVA版、剧场版到真人版，柯南系列作品掀起了日本动漫创作的一个又一个高峰。多集的超大剧情含量，十几年的创作时间跨度，并伴随着相关科技的进步，都为《名侦探柯南》持久有效的创作发展带来了契机，成就了《名侦探柯南》许多为人称道的地方。日本当地也借由该作品风靡

全球的契机，在作者家乡——鸟取县的北荣町打造了动漫主题的特色小镇，成为日本知名景点。

二、创意与策划

（一）单元剧叙事模式融合动漫经典元素

作为一部享誉世界的侦探推理动画作品，《名侦探柯南》与其他多数长篇电视动画一贯而通的故事剧情不同，其借由"侦探推理"这一题材的特点，以单元剧的叙事模式支撑起1000多集的主要容量。每个案件的长度在1~2集，其中涉及的场景、故事、人物关系都独立完整存在，案件的发生没有过多的背景铺垫，案件侦破后也没有多余的后续影响。这样设计的最大好处就在于即使观众错过几十、几百集没看，依然可以看得懂新的案件剧情，降低了观众的观看要求。

从题材上来说，《名侦探柯南》是典型的"成人童话"，目标受众是年龄层偏大一点的人群。主角江户川柯南虽然是小学生的外表，却是由17岁的少年变身而来的，所以他的思维模式和价值观都是成人化的。而剧中的情节曲折，有合理的夸张和想象，各个案件常让人觉得惊心动魄，推理也是精彩绝伦，吸引力比较强，并且在作品中融入了一些有关爱情、家庭等社会元素，这也是成年人对剧集的追求。

从人物设立来说，《名侦探柯南》中的所有人物都具有日本动漫的传统，即对美丽外形的追求。男女主角都青春靓丽，还有可爱的小孩和慈祥的老人。就连血腥恐怖的场面都是以比较温和的方式展现的，其他人物的设定也都是符合观众审美需求的，基于现实但是又进行了合理的夸张，使人物更具有吸引力。

从文本上来说，"柯南"的台词也很出彩。漫画不像小说，可以进行大量的叙事和铺陈，它全靠简单的文字支撑故事情节。漫画中的台词只是对画面的点缀，但是必须有画龙点睛的作用。而在动画中，基本上沿用了漫画的台词，并且将一些经典句子、有代表性的台词强化，使之深入人心。例如，《名侦探柯南》中最耳熟能详的就是"真相只有一个"。

总之，《名侦探柯南》几乎包含了日本动漫的一切特点和元素：正邪恶斗、英勇智慧、爱情友谊、顽强信念以及幽默搞笑等。传统的对爱情、亲情、友情的描绘以及幽默调侃的语言特点、简洁明快的绘画风格、清新唯美的影像等，终于使《名侦探柯南》成为经久不衰的日本动漫经典。

（二）破次元壁打造特色动漫小镇

位于日本鸟取县的北荣町，是知名漫画作品《名侦探柯南》作者青山刚昌的出生地。凭着动漫IP独特的话题性，并以衍生产品作为支柱产业，北荣町由一个普通的小镇打造成柯南旅游小镇，成为柯南迷的向往之地。这种"动漫IP+文旅小镇"的动漫旅游模式，为当地带来了巨大的经济效益。

柯南小镇虽然只有5000多户人家，花不到2个小时就可以逛上一遍，却是全世界"柯南迷"的向往之地，它的动漫产业优势与旅游优势很自然地糅合在了一起。柯南的身影遍布小镇的大街小巷：柯南大道、柯南大桥，连路标、指示牌、浮雕铜像、井盖也以柯南为主题，成为全球柯南迷为之向往的圣地。

除小镇基础设施建设之外，北荣町还继续推出与柯南品牌相关的文化活动。如2007年4月3日，青山刚昌创作的人气漫画《名侦探柯南》邮票开始正式发行，刚一推出，立刻好评如潮。最初预计，柯南邮票作为"动画·男女主角系列"的第四弹在日本全国发行1000万张，在鸟取县内准备发售约5万张。不过，鸟取中央邮局等县内很多邮局都是在第一天就销售一空。全国性销路顺利，也让不少国外咨询电话打到日本邮政部门询问，由此可见该漫画邮票的受热捧程度。

借助柯南的人气，鸟取县北荣町内部"柯南产业"的链条从上游到下游都集中在这个小城内，省去了代理费、交通运输费、导购人员支出等成本支出，形成了"工业集聚区"。

模糊动漫与现实距离的创意手法，在中国大多数城市是很难想象的，或许还会被看作是娱乐的过度化。但在日本，这不过是文化生活的一种情趣表达，况且这种方式也带来了巨大的经济效益。以动漫《名侦探柯南》作为城市符号的北荣町就是用这样的无限创意吸引了无数人的注意。

案例三

暖心治愈的动漫之父

◆人永远不知道，谁哪次不经意地跟你说了"再见"之后，就真的不会再见了。
◆一旦被夺走了名字，就再也找不到回家的路了。
◆真好啊，这就是爱的力量。

——《千与千寻》

孤独的无脸男、6条手臂的锅炉爷爷、唯利是图的汤婆婆、温柔的白龙、淘气的煤球精……表面上看，这是一个叫千寻的小女孩离开熟悉的地方，来到神秘的世界，用当地的规则试图救出自己的父母并回到现实世界的故事。这些让人记忆犹新、念念不忘的台词，这些波澜起伏、瑰丽而梦幻的画面，都是出自日本著名动画大师、作品以暖心治愈为特色的动漫之父——宫崎骏。

一、案例简介

在日本，除了众多经典动漫形象，还有许多著名的漫画家一道构成了世界对日本动漫的印象，宫崎骏便是其中最有影响力的代表之一。

宫崎骏出生于东京都文京区，毕业于日本东京学习院大学政治经济部，是日本动画师、漫画家及动画导演，日本吉卜力工作室核心人物之一，现任吉卜力工作室董事、德间纪念动画文化财团理事长、三鹰市立动画美术馆馆长。宫崎骏曾进入东映动画公司，从事动画师工作，后与高田勋、铃木敏夫共同创立吉卜力工作室，先后执导了《天空之城》《幽灵公主》《千与千寻》《哈尔的移动城堡》等11部长篇动画电影，并获得第87届奥斯卡金像奖、终身成就奖等奖项。

宫崎骏是日本动画界的传奇人物，他的作品有强烈的社会责任感与忧患意识，体现出对人、自然及生态的高度关注，具有浓厚的思想性。他的动画世界，映照着现实故事又远比现实更生动。他是真正将动画传播与文化传承相融合的创造者，也是世界动画电影史上具有里程碑意义的大师级人物。

二、创意与策划

宫崎骏动画能长久地受到人们的喜爱和讨论，主要在于他能在动画电影中赋予作品深沉、厚重的思想主题与文化内涵。他以动画电影的形式，表现了人类最真挚的情感和共同关注的话题，题材多样，手法细腻，寓意深远，使影片呈现非凡的想象力和独特气质。爱、梦想、环保、人生、成长、自然、战争等人类共同关心的话题也融入了他的动画故事之中。

浪漫主义的风格色彩是宫崎骏动画电影的典型风格。但他的动画电影并不是纯粹意义上的浪漫主义，而是在浪漫主义的外衣下，透露着一股浓浓的现实隐忧。宫崎骏的浪漫主义色彩几乎贯穿于他的动画作品中，这可以从他动画电影的色调、颜色搭配等方面看出。我们熟知的宫崎骏的动画电影，包括《龙猫》《千与千寻》《天空之城》等，都有着浓郁的浪漫主义色彩。正是这种浪漫主义的风格以及色彩等，使得宫崎骏的电影总充满着梦幻般的遐想，既超然于现实，同时也植根于现实中。在营造金色麦田的整体色调时，屏幕上满是耀眼的金黄色，宫崎骏通过这样的色彩运用来给受众营造美妙的观视感，继而有效烘托一种浪漫主义色彩。

同时，在宫崎骏的动画电影中植入了丰富的日本文化。宫崎骏在绘画的运用过程中，充分借鉴东方文化特有的意境美，以平面化的视角营造一种超然的意境，这显然是有别于欧美写实风格的。此外，在宫崎骏的动画作品中，男女主人公的精神世界更多是一种民族精神的外化表现。日本作为一个岛国，在漫长的发展过程中，日本人往往具备一种坚韧不拔的气概，一种独立勇敢的气息。在宫崎骏的动画角色中，一些形象柔弱的女性角色，在面临困难时所表现出来的毅力与坚持，足以打动读者，传达主旨。

第三节 经验与启示

一、经验

（一）传承本土文化，创新内容形式

在动漫业，日本的动漫没有美国动漫的宏大制作，没有新潮，却依旧能在世界动漫业占领一席之地，究其原因在于日本对动漫产业的清醒认识。日本没有跟在美国后面模仿美国的动漫产品，而是结合自身的文化创新动漫的内容与形式，把世人司空见惯的二维动漫艺术形式做到了极致，从形式到内容，利用日本文化结合东方人所特有的视觉表现手法，创造了一个日本独有的动漫语言和一系列经典的动漫形象。

（二）以政府为主导的文化产业发展道路

政府在日本和韩国发展文化产业过程中的作用凸显，这是两国文化产业的共同点，也是两国文化产业迅速发展的主要原因。

日本政府以积极的姿态主动介入文化产业发展中，对文化产业的发展起到了重要的推动作用。日本政府采用行政指导的方式，力图与产业界建立相互信任的关系，在目标一致的基础上谋求积极而广泛的合作。日本政府通过制定相应的规划，如日本政府常常依据国内外经济技术的特点及其发展变化指导产业的发展计划，力求既符合国家的发展战略，又协助产业界确定具体的发展形式、规模和方向，使之避免盲目性和无政府状态；制定并完善相关的法律法规，如《文化艺术振兴基本法》《信息技术基本法》《文化产业促进法》等，为文化产业的健康发展提供法律依据和保证；通过信贷、财政补贴、税收优惠等经济手段扶持创新企业，如企业开发高新技术可获低息贷款，若开发成功，按低息还本付息，若开发失败，则免除利息。

（三）推动文化创意与科技相融合

文化产业是文化和科技相结合的产物。科技含量高，在日本文化产业中体现得很突出，行业发展始终密切关注科技的发展，高度重视并推进领先世界的相关技术的开发与普及，总是将最新的科技成果在第一时间应用于文化产品的设计，其先进的创意设计理念由于有了先进科技的支持而转化为新颖且具有竞争力的文化产品。以动漫业为例，动漫产品在创作上就经历了手绘的图画摄制、计算机二维动画制作、计算机三维动画及利用网络技术三个阶段。由于技术的支持及富有创意的理念，日本动漫业科技含量高、表现力强、文化内涵丰富的文化产品层出不穷。

(四)让"文化创意"走出去

日本经济是典型的外向型经济。在文化产业上,海外市场始终是日本关注的战略重点。在推动文化产品进入海外市场的过程中,始终伴随着日本文化的宣传,甚至在很多情况下,文化宣传先行。2007年5月16日,由时任内阁总理大臣的安倍晋三和内阁官房长官盐崎恭久牵头组成的"亚洲门户战略会议",提出了《亚洲门户构想》报告。该报告主要针对亚洲国家提出了日本文化产业今后发展的基本思路和重大举措,集中地反映了日本最新文化产业战略思想的详细内容。在其构想中提出,通过积极地向亚洲各国推销日本的"文化资源"——歌舞伎等传统文化和动漫、游戏等流行文化,让以美丽的大自然及悠久的历史、文化和传统为背景的"有日本特色"的文化和产业在亚洲和世界进一步地打动更多人的心,展示"日本的魅力"。在《亚洲门户构想》报告中,日本更加重视文化产业向海外拓展,重点强调文化产业应促进日本文化的传播,扩大"日本魅力"对各国的吸引力。

(五)积极培养文化创意人才

日本之所以能够不断地推出先进的创意和创新设计,得益于其拥有一大批具有创新意识和能力的高素质文化产业人才。第一,日本政府高度重视并通过各种方式支持文化产业人才教育培养,如制订专业人才培养计划,支持举办各类研习班、竞赛等,注重培养设计管理、高级经营管理等方面的人才,强调对人才的行动力的培养;第二,日本许多大学和职业学校开设了有关文化产业的专门学科,如形象造型学科、尖端艺术表现、数码艺术、动漫学科、艺术学科等,为了发展动漫产业,还积极兴办专门的动漫学校;第三,日本非常重视为青年创意人才提供机会,以鼓励优秀人才脱颖而出,如在日本机场等地经常有为青年创意人才的设计作品提供专门展出的场所,举办各种动漫和游戏大赛等;第四,政府和民间还设立了多种奖项,奖励在动漫设计等文化产业相关领域做出贡献的优秀人才。通过举办各种比赛、展览,组建各种协会、组织,在为创意人才提供机会的同时也加深了民众的创新意识,提升了民众的文化产业意识,为文化产业的发展营造了积极的社会氛围。

二、启示

(一)传承文化与受众需求相结合

我国是一个有着几千年历史的文明古国,独特的中华文化为动漫作品和影视作品提供了大量可供创作的文化素材。一方面,动漫影视作品属于精神文化产品,其本身就是本土文化风貌的具体体现。反观现实,越来越多的传统文化面临消失的危险,不少现代人对于一些传统文化不理解甚至嗤之以鼻,而能拯救并振兴传统文化最好的途径则是通过创新的艺术手段赋予其新的生命力，让人们重新感受到传统文化的魅力，这就决定了动漫影视作品要有传承文化和民族特色的责任与使命。另一方面，受众是动漫影视作品的最终传播对象，市场是检验作品好坏的最终标准，这就决定了动漫影视作品的创作要以满足受众需求为中心，创作观众喜闻乐见的优秀作品。因此，要将文化与需求相结合，打造既有中国个性又有畅销作品共性的优秀作品。

（二）提升创意能力，回归发展根本

动漫影视作品能受到观众喜爱的原因有很多，如造型、音乐、故事、营销战略等。动漫影视业中的经典作品，最重要的成功之处在于作品形象与内容的创意。一部作品的艺术感染力往往决定了其生命力的长短，作品的创意具有潜在的巨大价值。好作品的创意能带来品牌的市场价值，创意赋予了好作品不同于其他作品的独特内涵，它在与其他行业结合时不断放大，从而开辟出新的品牌与消费市场。因此，创意是日本动漫影视业取得成功的重要因素，这是现阶段重视创意、提升创意能力的现实依据。

（三）创新渠道模式，完善产业链

创意的动漫影视作品能够带动衍生产品和相关服务业的发展，出众的产品又能激发内容的创作。无论是产品还是内容，都需要一个完整的产业链作为支撑，日本动漫影视业的成功也在于产业链的成熟，盈利渠道的多样性，如日本动漫产业传统的营销模式是在动漫产品制成后，在电视上或电影院中播放从而获得收益，而日本极大地拓展了其盈利渠道，如由动漫人物做的广告，由动漫人物开的演唱会（初音系列），以动漫为主题的旅游，发售动漫原画、部分原胶卷，定期举办同人展、漫展等。这些盈利渠道拓展了产业价值链，极大地放大了作品的商业价值，经过几十年的发展，日本已经形成了成熟的动漫产业发展模式，漫画出版—制作播出—版权授权—衍生品生产及销售—外销授权—成功动漫产品的深度开发及新动漫产品开发—良性再循环，以及具有品牌价值的主题园区或主题店的开发，成熟的动漫产业链已经形成。

本章小结

"内容"是指在各种媒体上流通的影像、音乐、游戏以及图书等，以动画、静止画面、声音、文字、程序等表现要素构成的信息的内容。

内容产业是"主要生产内容的信息和娱乐业所提供的新型服务产业"，具体包括出版和印刷、音乐和电影、广播和影视传播等产业部门。

内容产业具有交互性、派生性、创新性、集群性、融合性、"绿色"性的特点。

日本将内容产业分为四个大的类别，即出版报刊、游戏、音乐、影像，由这四大类构

成日本内容产业的主体内容。在进一步的具体划分中内容产业共分为游戏、媒体行业、音乐、漫画、动漫、印刷出版六个方面。

 思考题

1. 什么是内容产业？
2. 内容产业有哪些特点？它被分为哪几类？
3. 日本的内容产业发展现状如何？
4. 日本的动漫产业发展有何值得我国借鉴之处？

第十七章

韩国的创意策划案例

学习目标

通过对本章的学习,学生应了解或掌握如下内容:
1. 韩国的文化创意产业的发展背景;
2. 韩国的文化创意产业的发展现状;
3. 韩国的影视产业发展特点;
4. 韩国影视产业的成功经验。

导言

20世纪90年代后半期,经受了亚洲金融风暴洗礼的韩国文化产业迅速崛起,尤其是影视产业,以高质量的制作水准和独特的民族特色在亚洲国家中独领风骚。2001年,《我的野蛮女友》在中国及其周边国家掀起了第一波韩国电影的热潮。此后,一部部韩国影视剧迅速进军亚洲国家甚至走向世界。"韩流"成为人们不得不关注的文化经济现象。

第一节 韩国:以"韩流"扩散为标志的文化产业振兴

一、产业发展背景

在韩国,文化创意产业又称为文化产业或文化内容产业。韩国是较早开始由官方提出"文化产业"概念的国家之一。根据韩国《文化产业振兴法》第二条的规定,"文化产业"是指"从事与文化产品相关的开发、制作、生产、流通、消费等有关的服务的产业"。主要包括:电影相关产业;音乐唱片、录影带、游戏产品相关产业;出版、印刷物、定期

刊行物相关产业；放送影像产品相关产业；文化财产相关产业；体现艺术性、创意性、娱乐性、休闲性，创造经济附加价值人物造型、动画、设计（产业设计除外）、广告、演出、美术品、工艺品相关产业；从事数字化文化内容收集、加工、开发、制作、生产等相关服务产业；其他由总统命令的传统服装、食品等产业。①

1997 年的亚洲金融危机促使韩国政府开始改革，提出"设计韩国"战略，把文化创意产业视为 21 世纪最重要的产业之一。同年，颁布《文化蓝图 2000》将文化产业作为新文化的模式，提出"文化产业与产业的文化性"概念；2000 年 2 月，颁布了《文化产业蓝图 21》，以"文化产业成为 21 世纪国家基干产业""文化产业成为知识经济中的领先产业"为发展目标。②

在韩国，文化产业的发展具有鲜明的政府主导性质。1998—2012 年，韩国各届政府相继出台具有代表性的文化产业发展计划，包括《内容韩国蓝图 21》（Content Korea Vision 21）（金大中政府）：以"实现 21 世纪文化大国、知识经济强国"为蓝图，"为 2003 年进入文化内容核心生产国行列建立基础"作为发展目标。《C 韩国战略》（卢武铉政府）：以"文化创造富强幸福的大韩民国"为发展蓝图，制定了三大政策目标：第一，成为世界第五大文化产业强国；第二，成为东北亚的旅游中心；第三，进入世界十大休闲体育发达国行列。《内容产业振兴基本计划》（李明博政府）：目标为建设一个"有品位的文化国家——大韩民国"。具体目标为：① 文化绽放的国家；② 以内容（content）实现富有的国家；③ 有故事的旅游国家；④ 通过体育而快乐的国家。③此外，韩国政府还设立文化产业局与文化产业振兴院作为辅助机构，积极利用多种方式协助与引导文化产业发展。在韩国政府的大力扶植下，韩国文化产业已成为韩国发展最快、规模较大的战略支柱性产业之一。

二、产业发展现状

近年来，韩国文化产业的发展突飞猛进，成为继日本之后，在文化产业领域快速崛起的一个范例。韩国文化体育观光部的数据显示，2013 年韩国文化产业规模为 91.5 万亿韩元，到 2019 年，文创产业销售额预估值为 125.4 万亿韩元（约合人民币 7365.6 亿元），同比增长 4.9%。韩国的文化产业已然成为推动经济发展的重要产业之一，无论在市场规模、出口创收还是拉动就业方面，都对韩国的国民经济产生着重要的影响。

积极推动文化产业进军海外。韩国文化体育观光部统计，2019 年韩国文化创意产业出口预估值为 103.9 亿美元，较 2018 年的 96.1 亿美元增加 8.1%。其中，游戏、卡通角

---

① 王山. 韩国文化产业发展及运作对中国的启示[J]. 辽东学院学报：社会科学版, 2013, 15（2）：26-32.
② 向勇, 权基永. 韩国文化产业立国战略研究[J]. 华中师范大学学报：人文社会科学版, 2013, 52（4）：107-112.
③ 同②.

第十七章 韩国的创意策划案例

色、音乐产业、漫画等领域增势明显。游戏产业出口 69.8183 亿美元，同比增长 8.9%，占文创出口总额的 67.2%，带动了整体出口增长；卡通角色出口 8.2492 亿美元，增长 10.7%；音乐产业出口 6.3965 亿美元，增长 13.4%；漫画产业出口 4598 万美元，增长 13.6%。韩国政府将全球文化产业市场划分为新兴市场（南美、中东和非洲）、成熟市场（亚洲）和重点市场（英国、欧盟）。为推动韩国文化创意产业进军全球市场，政府针对不同市场的特点，提供对商务、市场及周边一系列活动的支援，如在南美和中东地区建立文化产业弘报馆，召开韩中日文化产业论坛、韩英创意产业论坛等，积极出口战略加速提升了韩国文化产业的国际竞争力与影响力。

版权海外输出大幅增长。2013 年，韩国电视节目版权输出创利超 3 亿美元，比 2012 年增加 32.3%，创近年来最高增幅。有专家指出，在韩国国内热播的 SBS 电视台综艺节目《Running Man》（《奔跑吧，兄弟》韩国版）、MBC 电视台明星真人秀节目《爸爸去哪儿》等陆续成功登陆海外市场，是出现高速增幅的主要原因。近年来，不少韩国音乐、电影和电视剧的版权成功输出海外，取得了很好的成绩。韩国文化艺术领域的版权贸易也逐渐开始产生盈余，韩国中央银行数据显示，2020 年，与文化艺术相关的版权贸易首次实现了顺差，产生了 1.6 亿美元的盈余，这是该行自 2010 年开始统计以来首次出现盈余。2021 年上半年，由于艺术和软件领域的版权出口增加，韩国版权贸易顺差达 19.6 亿美元（其中文化艺术类版权顺差 3 亿美元），创下历史新高。

第二节 案例与分析

 案例一

最赚钱的"花美男"

在 2014 年的马年春晚上，多了一位韩国艺人，在曝光的春晚节目单中显示，作为韩版《流星花园》——《花样男子》主演的李敏镐将与庾澄庆合唱《流星花园》主题歌《情非得已》。这一消息一经曝出，李敏镐作为首位亮相央视春晚的韩国艺人立刻成为热门话题，央视新闻海量关注，粉丝疯狂转发图片和新闻，在网上的名人热搜榜中，李敏镐的搜索量曾一度爬升至首位。在春晚当日，李敏镐的微博热议指数高达 129 万；当晚李敏镐又登上《央视直播间》，在接受央视春节特辑《一年又一年》的节目专访前还客串了一下央视主播。春晚过后，各大门户网站无论是专题还是视频点播大图都有李敏镐，其超高人气毋庸置疑，形成一股强劲的"李敏镐旋风"。对于李敏镐上春晚有支持、欢迎的声音，"长腿欧巴"的疯狂粉丝们说"长腿欧巴，你在中国这么红，你爸妈知道吗？"，但同时

也有抵制、吐槽的声音在微博热门话题榜上喊出"李敏镐滚出春晚"的口号，而一些微博大V也被这种全民热情所感染，齐齐围观发问"李敏镐之前是干啥的"，在疯狂的刷屏中，"长腿欧巴"成了马年春晚的大赢家，顺理成章地成了马年春晚的人气王。

一、案例简介

韩国艺人李敏镐于2009年凭借在《花样男子》（韩版《流星花园》）中饰演具俊表一角而在中国一炮而红，此后人气一直攀升。而《花样男子》也发挥巨大的吸金力，成为近年来最赚钱的韩剧。2011年，李敏镐出演《城市猎人》，随着这部偶像剧在亚洲的流行，他也成为在亚洲颇具影响力的偶像明星。而让李敏镐的人气指数达到顶点的则是2013年在韩国热播剧《继承者们》中成功饰演帝国集团的继承者金叹一角。

李敏镐在中国超高人气的背后是韩剧在中国的风靡，捧红李敏镐的韩剧《花样男子》是由日本漫画家神尾叶子创作的长篇少女漫画，1992—2004年在集英社的漫画杂志 Margaret 上连载，并发行了37册的单行本，销量超过5900万册，霸占了日本第一畅销少女漫画的宝座，被翻译成多国语言远销海外，多次被改编成电视剧、电影、动画等。早年台湾版的《流星花园》就曾风靡一时，F4也成为众多粉丝心目中的新生代偶像。韩版《花样男子》播出后，同样受到了广泛关注，引发又一波韩剧收视热潮，在首播中创下14.3%的收视率，之后的收视呈节节高升的态势，该剧播出时每周一起播放的广告数量达28个。《花样男子》为播放该剧的KBS电视台带来了40亿韩元以上的收入，该剧还通过海外版权销售为制作公司带来了超过50亿韩元的收入，该剧还与10多个亚洲国家签订了出口协议，其中仅与日本签订的出口协议就价值30亿韩元以上。该剧的主演们——韩版F4的各种广告收入更是超过了80亿韩元。李敏镐所创造的商业价值使其成为名副其实的最赚钱的"花美男"。

二、创意与策划

从1993年在中国首次播出的韩剧《嫉妒》开始，中央电视台及各地方电视台相继推出《星梦情缘》《天桥风云》《蓝色生死恋》《澡堂老板家的男人们》等大批韩国电视剧，以及现在网络上引得韩剧迷疯狂追剧的《听见你的声音》《继承者们》《来自星星的你》《匹诺曹》，韩剧在中国火了二十几年且至今热度未减。在韩剧的带动下，韩国整个影视业的发展速度非常惊人。目前，韩国影视业已经超过了家电、造船、半导体等传统行业，成为继汽车后赚取外汇的第二大产业，每年为韩国带来巨大的经济效益。

大红大紫的《花样男子》播出后，各种连带的"花男效应"依旧层出不穷，显示出了韩剧的不凡魅力，尽管韩剧不乏瑕疵与不足，但其所掀起的收视热潮的背后必然有许多运作策划方式与手段值得我们思考与借鉴。

（一）策划多种韩剧类型满足受众多样需求

韩剧为了其更加长远的利益，摸索出了按照不同的国家、社会、观众群出口不同类型的电视剧的策略。一般来说，传播到海外的节目是文化折扣率较低的节目。所谓文化折扣，是指人们往往乐于接受比较熟悉的文化，而对陌生的文化却要打一定的折扣。价值观念、生活习惯乃至肤色、语言都有可能成为产生文化折扣的重要因素，因此，要使自己的文化产品被别的国家所接受，就要努力地降低文化折扣。韩剧的类型一般分为家庭伦理剧、爱情偶像剧和历史题材剧。家庭伦理剧和爱情偶像剧就属于文化折扣率较低的电视剧，更受各国欢迎，而历史题材剧的文化折扣率较大，因此在国际传播中相对处于劣势。韩剧中，家庭伦理剧的比例最大占 50%左右，爱情偶像剧占 30%左右，历史题材剧最少占 15%～20%。在中国播出的韩剧，格局也大致如此。《花样男子》属于典型的爱情偶像剧，俊男靓女加上浪漫的爱情故事，降低了文化折扣，为各国观众所欢迎。数据显示，《花样男子》电视剧本身收入达 130 亿韩元，其广告销售额接近 60 亿韩元。在版权销售方面，韩国有线电视和无线电视的版权销售收入达 25 亿韩元。另外，韩剧在日本、菲律宾、越南和中国大陆、台湾等 11 个国家或地区的版权收入创下了 40 多亿韩元的出口业绩。

（二）原创剧本是所有电视剧创意策划的源头与核心

当剧本、导演以及演员的演技等一应俱全时，电视剧才能发挥最大效应，仅靠明星的人气并不能保障收视率。剧本乃戏剧的灵魂，有的韩国编剧的酬劳比男女主角还高，甚至有权决定主角人选。在韩国，电视台和编剧是双向的挑选和合作，编剧决定题材，再向电视台提交详细的企划案，在通过后进行制作；或是电视台就某个主题和编剧进行沟通是否能合作。

在韩国，每年有 300 多人为了成为电视剧编剧而进入韩国电视剧编剧协会教育院，成名编剧通常会从这里的学生中挑选编剧助理，而电视台的剧本招募活动入选者也都是从编剧助理做起。编剧助理刚开始为老师跑腿、找资料，老师按摩、购物时要像私人秘书一样跟着，还得做洗衣、打扫等杂活。积累一些经验后，才能和老师开会讨论和分工创作剧本，艰难的学习过程与磨炼为好编剧的诞生奠定了基础，优秀编剧的培养为高质量韩剧的出现提供了保障。

（三）边拍边播创新电视剧播出形式

韩国的电视剧没有事先审批制度，因此电视剧都是采取边拍边播的形式，这与日本和美国的形式类似，边拍边播的形式可以保证剧情的发展与观众的口味保持一致，剧本可随时调整，灵活性更大，更具时效性，并且开放性的话题更加吸引观众观看，引发一轮又一轮的"追剧"热潮，也有利于作品与当下最流行的元素相结合，与"过时""死板"无缘，从而更加增强对观众的吸引力，为电视剧的热播奠定了基础。

（四）注重"明星经济"，打造"明星演员"，策划"明星效应"

观众观看电视剧除了剧情之外最重要的因素莫过于演员了，选角的好坏对电视剧的质量和收视率有着重要的影响，观众可能会因为一位明星而去看这部剧，也会因为讨厌一位明星而不去看这部剧，并且有影响力的大明星通常也是一部剧的闪光点和话题中心，对宣传电视剧起着不容忽视的作用。《花样男子》的主演"F4"（李敏镐、金贤重、金范、金俊）被网友选为众多版本中"与原著人物最接近"的，这四个入选的"花美男"也经过了三道"关卡"——形象关、气质关、演技关。因此，能留下来的，必须学习能力极强，心理承受能力和适应力也要很强。正确的选角，将主演作为电视剧的中心重点打造，既保证了电视剧的质量，又提升了演员的影响力，这是电视剧热播的基本条件。

（五）开发相关产业延展商业价值

韩剧本身具备巨大的商业潜力——美轮美奂的景色、时尚精致的服装、食不厌精脍不厌细的韩国料理、旋律好听的影视原声（OST）等，使其具有天生的易衍生性，在收视热潮之后很容易引起效仿与跟风。《花样男子》的拍摄地南太平洋小岛新喀里多尼亚、澳门威尼斯人度假村、韩国启明大学等都被热搜且成为粉丝心目中的旅游目的地，而剧中演员们所穿的服饰与搭配也都被各种时尚网站所分析，对于网上"某某场景里某个主演穿的哪件衣服是什么品牌，哪里有卖"之类的询问也持续不断。此外，《花样男子》的原声大碟也受到热捧，第一张OST专辑的销量突破10万张，总收入高达20亿韩元。有数据显示，《花样男子》周边商品和间接销售收入达70亿韩元。

案例二

捧回奥斯卡小金人的"寄生虫"

2019年恰逢韩国电影百年，也是韩国电影无比辉煌的一年。《寄生虫》是韩国知名导演奉俊昊（Bong Joon-ho）的大作，它讲述的是一个关于富裕阶层与底层人士的复杂故事。富裕的朴家和贫苦的金家，两家之间的鸿沟通过他们住的房屋得以一窥。一个是山上华丽的豪宅，另一个是阴暗的半地下室。这部突出韩国阶层矛盾的现实主义影片在2019年获得奥斯卡最佳影片奖，成为韩国电影的又一座里程碑。

一、案例简介

继在2019年第72届戛纳国际电影节上获得金棕榈奖之后，韩国导演奉俊昊的电影

《寄生虫》又在第 92 届奥斯卡颁奖典礼中一举获得最佳影片、最佳导演、最佳剧本、最佳国际影片四项奖项，成为该届奥斯卡的"四冠王"。《寄生虫》的出现动摇了好莱坞电影在奥斯卡最佳影片奖的霸主地位，成为第一部获得奥斯卡最佳影片奖的非英语国家的电影。

故事讲述了身处底层社会的金家因为破产不得不寄居在半地下室生活，勉强度日。一个偶然的机会，金家的儿子获得了给有钱人家女儿做英文家教的机会，继而把自己的妹妹介绍进来做美术家教，赚取不菲的工资。由于有钱人的"天真单纯"，这对兄妹又通过不道德的手段将原有的司机和女管家替换成自己的父母，一家人成功"寄生"在上流家庭。

危机也在此时发生，一场大雨改变了所有人的命运，前任女管家突然回来，揭示出豪宅之下藏着一个地下室的秘密，而她的丈夫为了躲债已经在其中居住多年。由此，两个底层家庭的命运被联系在一起，他们互相理解的同时也互相倾轧，为了争夺生存空间，不得不以命相搏。而主人的到来，则让这部电影的后半段充满了紧张感。

高潮在电影的最后，两个底层家庭的斗争从地下发展到地上：前任女管家死去，她的丈夫冲出地下室杀死了金家女儿，金家父亲却因为有钱的"主人"流露出对自己气味的厌恶，意识到两个底层家庭的关联，突然若有所悟，将男主人杀死……

二、创意与策划

以下将从光线、声画、叙事拍摄手法等角度对该影片进行分析。

（一）光线色调与声画配合烘托气氛

整部影片在呈现金基宇一家和前女佣夫妻时，几乎均使用暗绿色调，室内外光线昏暗，周遭环境狭窄逼仄，外部地面潮湿或身处雨中，有发霉腐化的视觉观感。而朴社长一家人，生活在宽敞的大别墅中，几乎每次人物出场，无论室内外，都是光线色调明亮，人物沐浴在阳光下。导演运用光线和色调对贫富阶层进行对比，既告知观众富人阶层的生活环境优渥，而贫穷阶层犹如"蟑螂"一般生存在狭小、潮湿、阴暗的角落里，同时也呼应了片名中的"虫"字。在展现金基宇一家人设计构陷前保姆的场景中，影片采用了明亮的光线和色调；诈骗行径运用高雅、激扬的弦乐声和金基宇的旁白相互配合；运用交叉剪辑一面呈现金基宇在半地下室和儿子练习说谎，另一面在朴社长夫人面前现场表演构陷。整体段落节奏明快，呈现出荒诞的气氛与喜感。光线、色调与音乐的处理，将金家人如何看待自身的行为方式外化表现为温馨、合理而富有生机活力。

（二）多重置换的叙事视点激发观众进行独立思考

《寄生虫》在人称和视点上选择了非人称叙事，不存在明确、固定的叙事人，因此叙事视点也在根据叙事的需要随时发生变化。《寄生虫》的叙事视点来自依次上场的基宇家庭的成员,并随着故事情节变化。一组精彩的视点转换出现在电影结尾,派对杀人事件发生后,电影出现画外音是基宇的内心独白,观众透过基宇的视点了解其姐姐的死亡、父亲的失踪,把观众带入基宇的悲痛之中。紧接着,观众跟随基宇的视点爬上山,在基宇破解了父亲用灯发给他的摩斯密码时,和基宇一起重燃希望。这时,影片嵌入了基宇父亲的视角,观众跟随基宇父亲读信的画外音回到杀人的那天,观众与基宇父亲实现了"角色的替换",基宇父亲的惊慌和恐惧便是观众的惊慌和恐惧。随后,视点再次转回基宇,他用内心独白说他梦到赚钱买下了豪宅,父亲走出了地下室。观众同基宇一起看到阳光洒落在父亲身上,一起感受到光明和幸福,但是电影结束音乐响起,观众被拉回现实,感同身受的是基宇梦想破碎的苦涩、无助和绝望。多重置换的叙事视点让观众在观看《寄生虫》中获得沉浸感,更能激发观众进行独立思考。

(三)隐喻蒙太奇手法复现主题

影片中出现了许多极具象征意味的符号元素——石头、吃饭、自画像、印第安人玩具、房子、气味,对主题的呈现起到明示或隐喻的作用。其中,石头象征基宇一家的计划或梦想,影片开头基宇的朋友送来石头,表示能带来财运和好运,由此开始,一家人陆续"寄生"到朴社长家,四个人都有了工作。当地下室被淹,基宇一家美好生活的梦想破灭时,石头漂浮至水面,似乎是块假石头。而在影片最后,基宇放弃了一步登天的不切实际的想法,将石头放回自然中,它又沉入水中,似乎是真的。这样的安排不禁让观众思考,"穷人翻身过上幸福生活"的梦想,到底是真的还是假的呢?

(四)场景空间设计巧妙隐含人物关系

电影场景空间需要创作者的精心设计和氛围营造,这一点对于电影创作者来说至关重要。电影中"阶梯"作为空间层面向上的工具,更是权力与地位的体现。用"上"和"下"表示两个阶层之间的差距,穷人去富人家上班的路线是从地下室出来后,穿越隧道,爬过城区里的各种阶梯,甚至到富人家门口还要经过一段向上的缓坡,进入富人的家门后,房间里也随处可见阶梯和台阶设计。富人突然归家的那个夜晚,导演奉俊昊有意拉长了"下楼梯"的次数和时间,让他们从代表优越和上层的"高处"走回代表下层的"低处",强化了上下层的差距以及基宇一家梦想破碎的过程。这种建筑上的空间分层很形象地把阶层的差异表现了出来。

此外,富人别墅的设计主要由水平线、垂直线构成,具有几何的美感,但也显得非常冷漠。茶几、餐桌、沙发等都比较矮,让空间变得开阔,于是这些垂直和水平的线条形成了一个个的框把别墅中的角色分开,让人物之间有强烈的隔阂,体现了一种巨大的疏离感。但在拍摄基宇一家时,即使同样在别墅内,导演也没有用框将它们分开,而是在正面拍摄时,刻意回避了背景的直线条,采用比较软的曲线,并且不用完整的线分割人物。在背面拍摄时，导演用落地窗形成了一个大画框把所有人框在一起，以体现他们一家人的亲密。借鉴"隐喻"手法在空间中创作视觉语境，表达电影的精彩内容，可以更好地帮助导演叙述故事传达想法，这也是电影场景设计的精妙之处。

案例三

请回答1988

在韩国百想艺术大赏上，《请回答1988》的男主角柳俊烈抱得 TV 部门最佳新人男演员大奖，一举成名。眯缝眼、厚嘴唇、高冷范儿，金正焕虽然长着一张一反韩剧审美传统的脸，却用剧中的角色征服了无数观众。就是这样一部没有高颜值的演员，没有大喜大悲的人物情感，没有跌宕起伏的人物命运，甚至没有强情节、没有反转、没有虐恋的剧，豆瓣评分却高达9.3（在韩剧中口碑稳居第二），有人甚至称它为"史上最感人的韩剧"，也有人说它是"良心大作，做教科书都不为过"。

一、案例简介

2015年年末，韩国有线台 TVN 热播的金土剧《请回答1988》不但从开播起接连刷新韩国收视纪录，被我国视频网站"爱奇艺"引进播出后，豆瓣评分高达9.6，创韩剧评分之最。作为"请回答系列"第三部，该剧主要讲述1988年在首尔市道峰区双门洞居住的五家人的故事，描绘了温暖的亲情、邻里街坊小市民传统的爱情与友情。剧中，有将父亲饭碗放在被窝深处以保温的贤良母亲，有对女儿自我反省"爸爸不是天生就是好爸爸"的宽厚父亲，有心疼自己女儿独自拉扯女儿一双儿女的外婆，也有对母亲百般孝顺、凡事都会和母亲交流的好儿子……全剧集中笔墨刻画了5个家庭的17个主要人物，人物戏份平均，谁都不是绝对主角；情感浓度也均匀，谁也不当人生输赢家。

二、创意与策划

以下将从光线、声画、叙事拍摄手法等角度对该影片进行分析。

（一）写实手法表现温情伦理

《请回答1988》和其他许多热播韩剧一样，以现实为主题，用写实手法描述"小人物"在生活中的酸甜苦辣，与观众不疏远。所有的爱都温暖而细腻，所有的人都善良、平凡而独特，这从整部剧对细节不遗余力的雕琢和把控上可以得到体现。该剧用细节构建日常生活，让观众迅速入戏，感觉这些人物是剧中的角色，也是现实中的你我。正是有了

这种水到渠成的情感渲染，观众才会和剧中的角色同哭同笑，取得情感共鸣。

（二）文化符号突出时代特征

韩国的影视作品在生活化叙事的同时，还十分注重突出本民族的文化特色与传统特色，《请回答1988》也不例外。电视剧的第一集就以韩国汉城奥运会倒计时的方式，以女主角成德善作为奥运会开幕式举牌手的身份切入故事，为整部剧铺陈了时代背景，勾勒了人物群像。

《请回答1988》深谙时代偶像具有特殊的承载意义。20世纪80年代流行的广告、电视剧、电视节目、艺人等频繁出现。其中，还不乏中国观众熟悉的元素：《英雄本色》中帅气的张国荣和周润发，《倩女幽魂》里闪过的聂小倩王祖贤。老式的电视机、录音机、蜂窝煤等也成为剧中电视机里的大特写。在感人的故事情节、饱满的情感刻画之外，《请回答1988》正是通过这些文化符号，为我们再现了属于那个年代独有的文化气息。

（三）传统精神价值引发共鸣

韩剧之所以在他国也能获得欢迎，重要原因就在于他们能够挖掘自身民族的传统精神和文化内涵，与他国受众产生共鸣。《请回答1988》所表现的韩国社会文化部分来源于传统的儒家文化，而儒家文化也正是中华文化的重要组成部分，对中国社会主流价值观的形成产生了重要和深远的影响。《请回答1988》中，各主人公虽然都是平凡的小人物，但在日常的生活点滴中处处塑造着韩国的国民形象和体现韩国的文化传统。处在青春期的正焕、善宇、东龙无论多么放荡不羁，回家后都是先向长辈请安，对长辈使用尊称和敬语；善良的德善把奥运会上被圣火烧死的和平鸽拿回来埋葬；从不习惯开口言爱的凤凰堂通过雨天等候、早起做饭、不打扰孩子等平凡的举动来表达最为深沉的父爱；平时看似乐观开朗的德善爸妈也只有在儿女不在的时候才敢商量遇到的各种经济烦恼。

这种韩国特色的温情儒雅、仁义道德、崇贤尽孝，在电视剧镜头中一遍遍出现，使观众逐渐由对电视剧本身的喜爱上升到对其背后所蕴藏的韩流文化的偏爱，甚至会提升对韩国本身和其国民的好感度。由此可见，一部好的电视剧作品不仅能够为观众带去欢乐与思考，还能承载传播文化和提升国家形象的功能。

第三节　经验与启示

一、经验

（一）传承本土文化，创新内容形式

韩国的影视业也是传承本土文化、不断创新的典型代表。据统计，2019年韩国电影

市场繁荣空前，全年观影总人次达到 2.26 亿，其中韩国本土电影观影人次 1.15 亿，创下历史新高。韩国本土电影的市场竞争力强劲，本土市场占有率自 2011 年起连续 9 年超过半数，2019 年为 51%，人均观影次数 4.37 次也刷新了历史纪录。截至 2019 年，韩国电影史上超过千万观影人次的超级卖座影片共有 27 部，其中韩国电影 19 部，占比 70%[①]。

当前，支撑韩国电影市场的并不是好莱坞大片，而是各种类型的本土中小制作电影。在韩国，影视工作者把观众需要放在第一位，在韩国影视业最低迷的时候，他们也没有沉迷于单纯地追求艺术，而是一边模仿一边努力寻求创新，既借鉴了好莱坞商业电影的优点，又大胆创新，注重国家文化的传承，保持了东方人细腻独特的审美需求，作品贴近人性、贴近现实生活、民族文化气息浓厚。这样既注重传承本土文化，又不断融合创新内容形式的创作土壤，才能诞生开创历史纪录、斩获美国电影奥斯卡奖四项重要大奖，并且获得包括戛纳国际电影节最佳影片金棕榈奖等数十个奖项的奉俊昊电影《寄生虫》。

（二）以政府为主导的文化产业发展道路

政府在日本和韩国发展文化产业过程中的作用凸显，这是两国文化产业的共同点，也是两国文化产业迅速发展的主要原因。

韩国政府的重要作用同样体现在对文化政策法律的制定与完善上。1999 年，韩国政府制定了与文化产业有关的第一部综合性法规《文化产业振兴基本法》，该法明确了文化产业的定义和分类，提出振兴文化产业的基本方针和政策，之后的 6 年内该法经过了 6 次修订，进一步明确了文化产业在韩国的战略地位，强有力地支持了文化产业的发展。此后，韩国政府又先后出台《文化产业振兴法》《统合放送法》《设立文化地区特别法》等一系列法律，并对《演出法》《著作权法》《综合有线放送法》《电影振兴法》《唱片、录像带及游戏产品法》《广播法》等法律进行了修订。至此，韩国文化产业形成了一个较为全面的法律法规体系，为文化产业的发展提供了法律保障。

（三）推动文化创意与科技相融合

2007 年，韩国为了推动新技术的运用，制定了《网络多媒体广播法》，规定允许通过宽带网络播放电视节目。2008 年，IPTV 服务开始在韩国正式启动，在政府的大力支持下，韩国的数字化进程和互联网产业快速发展。新技术的运用，进一步优化了韩国的文化产业类型和产业模式，为其文化产业发展注入了新的活力。

（四）让"文化创意"走出去

韩国在开拓海外市场方面，主要通过加强驻外企业、办事处的调研手段等，针对不同

---

① 张燕，陈俊荣. 2019 年韩国电影产业观察[J]. 电影评介，2020（Z1）：18-25.

地区，开发不同的文化产品，韩国政府分别在北京和东京设立办事处，收集中国和日本有关文化产业的相关信息，积极向本国政府及文化企业提供中日文化产业的发展信息，从而拓展韩国文化产业的海外市场。在韩国的海外拓展战略中，针对亚洲地区的文化产业信息以影视、音乐为主，并逐步推出游戏、动画等产品；针对欧美地区的文化产业信息以游戏、动画为主。在韩国文化产业出口方面，韩国政府也积极鼓励和支持民族品牌的生产与出口。

（五）积极培养文化创意人才

韩国在人才方面也有独具特色的培养方式。第一，韩国政府完善了人才管理系统，通过"产、学、研"联合方式，成立"CT产业人才培养委员会"，负责文化产业人才培养计划的制订和协调等工作；设立"教育机构认证委员会"，对文化产业教育机构实行认证制，对优秀者给予奖励和提供资金支持。第二，韩国政府在高校设立了文化产业的研究机构和相关专业，开设科学保护、文物管理、文化遗产、传统工艺美术等专业，以加强对高校文化产业专业人才的培养。第三，韩国政府充分利用互联网技术对文化产业的相关人才进行培养，提升文化产业人员的技能，扩大培训人员的数量。第四，韩国政府加强艺术学科的实用性教育，促进文化产业与纯艺术人员之间的相互交流，形成文化艺术与文化产业双赢的人才培养机制。第五，重视加强与外国的人才交流与合作，与美国、中国、日本等国家加强人才交流与合作，选派人员出国研修，培养具有世界水准的专业人才。

二、启示

（一）挖掘特有题材，突出精神价值

在世界多元文化的激荡中，当今中国影视创作领域也不可避免地存在尼尔·波兹曼所警示的"娱乐至死"现象。但是影视经典之所以广为流传，最根本的原因就在于它能直接作用于人心，塑造国民的精神世界。例如，韩国的社会派和南北题材极具特色，能唤起观众的集体记忆。因此，在中国影视剧中凸显中国的文化传统和中国精神尤为重要。

（二）注重文化内涵，引发观众共鸣

贴近生活、具有易于认同的文化表达更易被观众接受与认可。韩国影视剧越来越多地关切民众的真实生活，韩国导演们以开放思想表达并展现民众的现实困境、历史创伤、政治迫害、司法不公等社会严肃主题，善于选择观众易于接受的商业类型或艺术模式进行创作，以题材和人文情感的息息相关挑动韩国观众的民族文化神经，最终实现韩国观众对本土影视剧的热烈关注、热情消费。相对于此，中国当下的影视作品中虽已具有新鲜素材、多种类型、现实与历史情怀，但尚处于轻松娱乐、青春励志的文化浅层表达，缺乏

触摸社会严肃神经、进行深度人文表达的敏锐意识、艺术魄力和思想锐度。这是未来中国中低成本电影必须克服与改进发展的必由之路。

 本章小结

在韩国,文化创意产业又称为文化产业或文化内容产业。韩国文化产业的发展与振兴离不开政府的大力支持。本章以韩国影视产业为例介绍韩国文化振兴及其"韩流"在全世界的影响力。通过对三个案例的具体分析,深刻剖析了韩国影视产业成功的经验和对我国的启示。

 思考题

1. 简述韩国文化创意产业的发展背景。
2. 简述韩国文化创意产业的发展现状。
3. 韩国有哪些有代表性的影视作品?

第十八章

澳大利亚的创意策划案例

 学习目标

通过对本章的学习，学生应了解或掌握如下内容：
1. 澳大利亚文化创意产业的发展历程；
2. 澳大利亚文化创意产业中的主体行业；
3. 澳大利亚昆士兰科技大学创意产业园区的发展模式；
4. 澳大利亚昆士兰科技大学创意产业园区的成功经验。

 导言

澳大利亚是文化创意产业大国，其文化创意产业发展是置于国家层面的文化发展战略中予以考虑的。表演艺术（其中包括各地的场馆建设和管理）、广播影视业、图书出版业和商业性艺术展览等是澳大利亚文化产业的主体部分，有着较大的发展规模和显著的经济效益。同时，澳大利亚的文化创意产业集群发展模式和理念也极具特色。澳大利亚政府把推动创意产业的发展作为促进国民经济发展、提高本国的国际竞争力、增强国家软实力的重要举措，通过加大投资的力度与广度，提高企业自身能力，多渠道培养专业人才，鼓励本土文化创作以及支持文化出口等计划。澳大利亚政府正力图使创意产业成为国民经济新的增长点，维持澳大利亚的繁荣与发展，并使澳大利亚在21世纪的国际竞争中处于领先地位。

第一节 澳大利亚：以"昆士兰模式"为代表的文化创意产业

一、澳大利亚的文化创意政策

从1994年澳大利亚政府发布第一个国家文化发展战略《创意国度》（Creative Nation），

力推创意产业概念起，澳大利亚一直将保持和推动文化创意产业的发展，增强国家文化软实力作为一项重要议题。2005年，澳大利亚成立"创意产业研究院"，该机构隶属于澳大利亚研究院，设在澳大利亚昆士兰科技大学内。2008年，澳大利亚文化部长委员会发布《打造创意创新经济》报告，将"文化创意产业"的范畴定义为音乐与表演艺术，电影、电视与广播，广告与营销，软件开发与互动内容，写作、出版与平面媒体，建筑、设计与视觉艺术。随着文化创意产业在国民经济发展中的地位的不断上升，2011年8月澳大利亚联邦文化部联手宽带、通信与数字经济部，创新、工业、科学与研究部，外交贸易部，以及教育、就业与工作关系部等联邦政府部门出台了《澳大利亚创意产业21世纪发展战略》。该战略第一次从国家层面肯定了该产业在国家经济发展中做出的显著贡献，以及在经济与文化持续发展中的重要地位。2013年，澳大利亚政府发布了《创意澳大利亚》（Creative Australia），将打造文化创意产业作为其国家层面的文化发展战略，主要目标是"强盛文艺，服务民众，培养青年，助推经济"。

二、澳大利亚文化创意产业中的主体行业

在澳大利亚的文化创意产业各行业门类中，发展规模最大、经济效益最显著、构成澳大利亚文化产业主体部分的是表演艺术（其中包括各地的场馆建设和管理）、广播影视业、图书出版业和商业性艺术展览。澳大利亚有六个专业的古典交响乐团、两个专业的伴奏乐队（歌剧和芭蕾）、两个专业的室内管弦乐队、十二个传统马戏团和许多专业的乐队、乐团等，大量知名的表演艺术团体常年活跃在国内和国际舞台上，如澳大利亚芭蕾舞团、澳大利亚歌剧院、悉尼交响乐团、墨尔本交响乐团等。澳大利亚的影视业尤其是广播电视非常发达，产值颇高，截至2016年已有超过2800家单位从事电影和电视节目的生产，产值达2302.5万澳元。由于澳大利亚地广人稀，广播电视行业具有特别的重要性，如澳大利亚的六大交响乐团基本上依附于六个州的广播电视媒体生存，这也使艺术的传播效率和传播效果更加明显。澳大利亚从1928年起就重视开办电台广播，1956年起开办电视广播，节目来源主要从海外购买，办台模式也仿照英国广播公司（BBC）。近年来，澳大利亚的节目在重视欧美的同时也逐渐加强对亚洲地区的重视，扩大了对外国节目的接受程度，并加强了对本国节目制作的重视。澳大利亚《广播拥有和管控法》（1987）和《广播服务修正案》（2006）规定，一个媒体公司，在同一区域内不能同时拥有本地电视的15%股权和本地的日报，并取消了外资准入限制。这是为了减少垄断，培养竞争和市场，促进产业发展①。

---

① 参见：http://www.cdi.net.cn/article-1020.aspx。

三、澳大利亚的文化创意产业园区

澳大利亚政府将自己打造成一个"创意国度",通过创意产业和文化机构建构澳大利亚国家软实力,将民族文化与投资创意产业产生的经济利益结合起来。在他们看来,文化政策是一种经济政策,文化可以增值,也可以创造财富。他们不仅关注文化产品本身,也关注文化的商业能力。20世纪90年代以来,澳大利亚的舞台艺术、影视制作、互动艺术、创意设计等发展非常迅速,同时,澳大利亚政府以财政支持和政策扶持带动民间资本进入创意产业,实现技术创新和市场创新,孵化产业主体,引导重点行业发展,积极发展创意集群和文化创意产业园区。"昆士兰模式"是澳大利亚创意集群模式的典型代表,这种文化创意产业集聚区模式是使人才、创意和企业在特定的空间内形成集聚发展的效应。

第二节 案例与分析

 案例

澳大利亚昆士兰科技大学创意产业园区

提到澳大利亚的创意产业发展,就不能不提到昆士兰科技大学(Queensland University of Technology,QUT)的创意产业园区(Creative Industries Precinct,CIP)。这个斥资6000万澳元(其中1500万澳元由昆士兰省政府资助),耗时三年建造,于2004年5月正式启用的建筑物,仅是整个昆士兰省在凯尔文·格鲁夫(Kelvin Grove)砸下4亿澳元16公顷的凯尔文·格鲁夫"都市村庄"(Kelvin Grove Urban Village,KGUV)的一角,而这也是澳大利亚第一个由政府与教育界共同为发展创意产业而合作的项目。

一、案例简介

昆士兰州是一个极重视发展创意产业的地方,而昆士兰科技大学则是倾全力运用教育与学术资源试图培育创意产业人才的大学。以昆士兰科技大学为主体的校区包括昆士兰科技大学、昆士兰州创意产业学校(Queensland Academy for Creative Industries,QACI)、创意产业与创新研究院(The Institute for Creative Industries and Innovation,ICI)、健康与生物医学创新研究院(The Institute of Health and Biomedical Innovation,IHBI)四部分。2001年,昆士兰科技大学打破学科分割进行了教育改革,创建了全球第一个创意产业学院，其跨学科课程涵盖10余种学科领域，学院把一些具有创造性的艺术如表演艺术、媒体、新闻以及基于IT技术的设计包括时尚、游戏、媒体设计等都综合在一起，为本科、双学位、硕士研究生和博士研究生开设不同程度的专业课程。昆士兰州创意产业学校是昆士兰州教育部设立的，为10~12年级的优秀中学生提供校外学习的公立学校，于2007年1月开办，学校坐落于昆士兰大学校区内和"都市村庄"内，它不仅要培养下一代成功的艺术家、音乐家和电影制片人，还要培养策划管理者、企业领袖和创新经营者等新一代创意企业家。创意产业与创新研究院是一个包含各种学科的研究机构，于2005年8月建立后取代了创意产业研究和应用中心，由QUT的6个院系所组成，即建筑环境和工程、商学、创意产业、教育学、信息技术、法律和QUT卡苏丁校区。健康与生物医学创新研究院是隶属于昆士兰科技大学的研究机构，拥有350名从事健康保健领域的研究人员及学生。通过跨学科合作，搭建科学和健康医疗之间的桥梁，以卫生和生物医学领域的科研创新解决现实世界的健康问题，以提高个人和社区的健康水平。

从产业类别来看，创意产业园区集聚了视觉艺术、表演艺术、新媒体（如动画、游戏和互联网内容设计）、广播电子媒体和电影、数字印刷、音乐创作、出版、策划营销、传统艺术活动等创意产业。从功能和设施来看，创意产业园区由2个现代建筑、4个兵营改建的建筑和1个多媒体休闲广场组成，各种功能一应俱全。昆士兰科技大学创意产业园区之所以引人注目，是因为入驻其中的1个创意产业孵化基地和2个国家级研究机构。一是澳大利亚创意企业服务公司（Creative Enterprise Australia，CEA）创意产业孵化基地。CEA是澳大利亚唯一的、专门的创意产业孵化基地，为时装和设计、新媒体、影视和音乐领域的新兴创意企业的发展、成长和成熟提供全程服务。自2003年成立以来，这个设在园区内的孵化基地已为120多个创意企业提供支持，创建了20多个创业公司，并获得了超过600万美元的投资。二是澳大利亚研究委员会创意产业与创新研究中心（ARC Centre of Excellent for Creative Industries and Innovation，CCI）。CCI建于2005年7月，是澳大利亚政府经由澳大利亚国家研究理事会（ARC）投资的第一所研究前沿科学、创新工程和技术的应用型跨学科研究机构，它是一个以QUT为主、由澳大利亚6所大学加上ACID组成的联合研究中心，为澳大利亚提供人文科学、创意艺术与社会科学领域中的公共研究，在国际上享有盛誉。三是澳大利亚ARC交互设计中心（Australasian CRC for Interaction Design，ACID）。ACID是一个股份有限公司，耗资7000万澳元，部分资金来源于联邦教育部，对下一代数字内容的软件开发和应用起到了催化剂的作用，该公司有一个超过80人的由理论界、产业界研究人员和研究生组成的团队，它在创意内容和创意产业之间架起了一座桥梁。

KGUV是全球第一个以"创意社区"理念规划并围绕昆士兰科技大学创意产业园区设计并建设的，是为了将工作与休闲娱乐、教育与企业发展、研究与商业开发以及居住与旅游目的地等结合起来的社区。"创意社区"位于昆士兰州首府布里斯班市，离市中心CBD仅2千米距离，紧邻高科技基地密尔顿和文化、演艺活动中心南岸公园，整体开发规模达到16公顷，斥资4亿澳元。"都市村庄"是由散落在校区各区域的住宅区、办公楼、轻型制造业、购物中心、健身中心、医院、银行、餐饮和绿地公园等生活设施构成。KGUV的住宅单元可以迎合不同的所有者，不同的价格和建筑类型可以适应不同的收入阶层、生活方式和年龄层。同时KGUV将昆士兰科技大学无缝结合到都市村庄内部，突破了大学校区和市民社区分割的传统格局，创造了"一个真实世界的大学"（University for the real world）。

二、创意与策划

"昆士兰模式"的概念是由澳大利亚学者约翰·哈特利等人在其撰写的《昆士兰模式：创意产业园区链接生产企业教育研发文化生产和会展》中提出的，该文指出昆士兰的文化创意产业的起源和发展源于2001年昆士兰科技大学的一项教育振兴工程和"智慧之州"规划。在此二者的作用下，最终形成了昆士兰科技大学高科技教育与创业产业园区，其中包括Kelvin Grove都市村庄，并于2004年5月正式启用。这一园区是各种企业，特别是文化创意企业的集聚中心，肩负着文化创意产业的教学和科研任务，是一个完全的"创意复合体"。这种发展模式被称为"昆士兰模式"，也可以称为昆士兰创意产业文化创意产业园的"政、产、商、学、研一体化"的集聚模式，其最显著的特点是"对教育和研究的强调"，其本质是一个以创意产业为核心，关注个人、鼓励创新与合作的城市发展模式，其表现特征是政府、教育和研发机构、商业组织和社区协力合作共同投入，力图营造这样一个创意环境：它既是学校和研究机构的所在地，又是创意企业的聚集区；既是文化产品的生产地，又是文化产品的消费区；同时，生态环境与人文环境舒适，生活设施便利，适宜居住。[①]"昆士兰模式"的多元互动与技能整合发展方法及理念有许多值得我们借鉴之处。

（一）龙头企业带动小企业孵化

"昆士兰模式"的主要特点之一是其园区内的澳大利亚创意企业服务公司（Creative Enterprise Australia，CEA）对园区小型企业的孵化。CEA是由昆士兰科技大学建立的一个为新生的小型创意企业提供咨询和帮助的机构，其使命是打造和培养创意产业内部不同行业之间的各种链接，整合大学、政府、产业界的创意资源，促进创新性和商业性产品的生产，成为大学、政府和创意企业之间相互链接的催化剂。澳大利亚创意企业服务公司为小企业提供的孵化项目之一是提供创意空间，即以很低的价格为小企业提供办公场所；

---

① 郭梅君. 昆士兰模式：澳大利亚创意产业发展研究之一[J]. 文化产业研究，2013（23）：183-195.

聘请来自创意产业不同领域的专家或学者做咨询顾问，为创意企业提供咨询服务，帮助企业拟定发展战略、商业计划、管理模式和营销策略，甚至帮助他们同大型企业建立关系，发掘潜在的合作机会和寻找合宜的资金渠道等；同昆士兰州政府和昆士兰科技大学合作，帮助大学生在创意企业中寻找合适的实习或就业机会，这也是在同时帮助创意企业挖掘潜在的人才，找到符合要求的员工。

（二）文化创意符合人才培养模式

2001年昆士兰科技大学创意产业学院的建立，标志着（文化）创意产业学科在高等教育体系中的地位正式确立。昆士兰科技大学率先打破传统的学科体系壁垒，将彼此没有关联的三个学科以新的方式结合起来，即将表演艺术专业同传媒及电脑和互动媒体学科联合起来，培养全面的艺术家和创意产业工作者，而这种结合体现了"新型大学"的发展趋势。昆士兰科技大学创意产业学院取消了原本分散的学科设置体制，为本科、双学位、硕士研究生和博士研究生开设不同程度的专业课程，包括艺术类课程、计算机媒体类课程和多门商科课程。这些交叉学科的课程设置让学生们在掌握艺术技能的同时还能兼备商业知识。同时，学生们也拥有自主权，可以针对自己的职业规划需要自行设计课程。

（三）推动文化创意研究机构跨学科发展

"昆士兰模式"内涵中的研究机构有多个，其中包括澳大利亚研究委员会创意产业与创新研究中心，以及澳大利亚互动设计合作研究中心和创意产业创新研究中心等。以澳大利亚研究委员会创意产业与创新研究中心为核心的文化创意产业研究机构最典型的做法是设立跨学科的新型互助研究模式，摆脱传统的人文和社会科学各学科之间及其与自然科学的各学科之间各自独立、不交叉、不交流的研究方法，从不同学科的独特视角和综合视角考量文化创意产业对经济和社会的贡献和价值，以及自然科学对文化创意产业的发展所起到的不可忽视的推动作用。

第三节　经验与启示

一、经验

在澳大利亚，除了"昆士兰模式"为多数国家所熟知和学习外，其在发展文化创意产业的过程中还有不少独特的经验值得借鉴。

（一）创新税收优惠机制

首先，澳大利亚政府推出"研发税收优惠政策"，对企业的研发投入，尤其是以中小型企业居多的创意产业,给予更大力度的税收优惠。其中,营业额在2000万澳元以下的企业在研发上的投入总额的45%可用于抵销企业应缴税款,超出应缴税部分,还可获现金返还;营业额在2000万澳元以上的企业在研发上的投入总额的40%可用于抵销企业应缴税款,超出应缴税部分,无现金返还,但可用于第二年抵税。其次,政府借助税制奖励或税收减免等激励机制,鼓励私人企业参与影视制作投资等。2007年澳大利亚联邦议会通过一项法案,确立了"澳大利亚影视制作激励机制"。澳大利亚政府将在今后四年内投入超过2.8亿美元鼓励国外的电影电视制作,以吸引境外制作机构到澳大利亚投资。

(二)孵化文化创意中小型企业

澳大利亚政府针对创意产业以中小型企业为主的特点,在给予研发投入较大的企业更多优惠的同时,还特别投入1700万澳元资助,以帮助创意产业的中小型企业提高生产力,提高开发创新内容与创新服务的能力。针对位于偏远地区的创意产业,政府提供额外的1000万澳元资助。此外,创意产业的从业者还可以通过其他相关的政府项目获得资助,如小企业顾问服务(政府资助4600万澳元)、澳大利亚商业艺术基金等。政府还设立了小企业在线,帮助小企业提高上网能力、完善上网设施,降低运营成本,更好地利用数字技术带来的机遇。

(三)融入本土文化,鼓励创作本土文化创意产品

为鼓励影视行业创作更多本土节目,澳大利亚政府对广播公司、地方电视台和电影业均推出了新的资助计划,推动其运用数字技术,为公众提供更多的新媒体内容,融入本土文化。第一,在注资1.364亿澳元的基础上,澳大利亚政府决定于2011年至2021年对澳大利亚广播公司(ABC)再追加总计2.231亿澳元的拨款,用于帮助ABC制作新的电视剧以及建立新的数字儿童电视频道。第二,政府对地方电视台也给予相应的资助,鼓励其从事本土节目制作并加入公共、商业电视台的数字广播网。为鼓励商业电视台在制作澳大利亚本土内容节目上的投资,政府于2010年将许可费降低33%,2011年再降低50%。除影视广播外,澳大利亚政府还通过设立"总理文学奖"资助澳大利亚公民和永久居民撰写的作品,以表彰其对国家本土文化的突出贡献,获奖者最高可获8万美元奖金。政府每年也会对原住民创作者或机构进行专门资助,如2020年共计为317项原住民相关的文化艺术项目投入了2330万澳元[①]。

(四)加强产、学、研,培养文化创意人才

通过教育和技能培训培养创意人才,被澳大利亚政府称为21世纪澳大利亚发展生产力的"奠基石"。在教育上,澳大利亚对中学本科、双学位、硕士研究生和博士研究生开

---

① The Australia Council for the Arts. The Corporate Plan 2021-25 [R/OL]. https://australiacouncil.gov.au/about-us/corporate-plan-2021-2025/.

设不同程度的课程，以培养学生的创意思维。同时，政府针对中学、高等教育、专业培训都推出了不同的扶持措施。针对创意人才和企业在创业之初面临的困难，澳大利亚政府制定了"艺术启动"计划，通过澳大利亚艺术委员会，每年向从事创意产业的艺术专业毕业生、艺术家个人及专业机构提供创业资助。其中，2009—2010年度，该委员会共向1800多个项目提供了总计1.64亿澳元的资助，包括752名艺术人才和1121个文化艺术机构。2019—2020年度，该委员会年度支出2.14亿澳元，其中用于项目资助1.87亿澳元。例如，支持了7855项澳大利亚艺术作品完成公开展演，为796项原住民/原住民组织的艺术作品提供资助，为960项文化多样性作品提供了2410万澳元的资助①。在研究方面，澳大利亚研究委员会创意产业与创新研究中心、澳大利亚互动设计合作研究中心和创意产业创新研究中心等研究机构纷纷开展跨学科研究模式，积极推动创意产业研究，并且积极探索加强研究成果的利用。

（五）创新科技，完善基础设施建设

数字技术的飞速发展为澳大利亚包括创意产业在内的各行业带来了巨大的机遇，同时也使其面临着向数字经济转型的重大挑战。澳大利亚政府意识到了数字经济转型的巨大潜力，已将数字技术列为国家创新和科技发展的重要组成部分。作为发展21世纪创意产业的重要举措之一，澳大利亚政府认为高速度的互联网将从实质上改变创意产业的创作、发布和销售方式，可以使创意产业的选址、商业化和企业合作具有更大的灵活性，同时也能通过互联网技术平台的完善为创意产业提供更为公平的竞争环境。2009年4月，澳大利亚政府发布了国家宽带网络（National Broadband Network，NBN）计划，承诺投资420亿澳元建设一个覆盖全国的超高速光纤宽带网络，尽管实施过程相当漫长，但该计划仍是澳大利亚史上规模最大的基础设施建设项目。

二、启示

澳大利亚政府把推动创意产业的发展，作为促进国民经济发展，提高本国的国际竞争力，增强国家软实力的重要举措。通过加大投资的力度与广度，提高企业自身能力，多渠道培养专业人才，鼓励本土文化创作以及支持文化出口等计划。澳大利亚政府正力图使创意产业成为国民经济新的增长点，维持澳大利亚的繁荣与发展，并使澳大利亚在21世纪的国际竞争中处于领先地位，这些发展路径的启示作用不可谓不大。

（一）提供政策引导，创新管理方式

在澳大利亚发展文化创意产业的过程中也存在一些市场失灵问题，例如文化创意产

---

① The Australia Council for the Arts. The Corporate Plan 2020-2024 [R/OL]. https://australiacouncil.gov.au/about-us/corporate-plan-2021-2025/.

业市场规模狭小,不能达到规模效应;文化创意产业行业分割较为严重,缺少交流与合作等。针对这些问题,澳大利亚制定了文化创意产业国家发展战略并成立了战略领导小组,推动产业交流与合作、扩大生产与市场规模,有效地解决了信息不对称、产权不明晰的状况,很好地促进了澳大利亚创意产业的发展。文化创意产业作为一种新的产业形态,已难以适应传统产业的政策管理,它的健康发展离不开政策的扶持,也离不开科学有效的管理方式。

(二)加强创新教育

文化创意产业是建立在教育的高度发展基础之上的,它的发展依靠全民创造力的激发,创造性的教育与开发是文化创意产业可持续发展的深厚基础,是文化创意人才培养的源泉。

澳大利亚创意产业战略领导小组下设的技术与训练小组和昆士兰科技大学等都致力于培养创意产业人才,澳大利亚政府还投资开发在线课程帮助培训人才,这些在帮助文化创意产业解决人才问题方面起到了很好的成效。因此,加大对文化创意产业的教育培训力度,调整教育结构,是解决文化创意人才问题的关键。

(三)构建区域特色文化创意产业园

产业的地理集聚现象是文化创意产业发展中的重要特征。我国拥有众多的文化资源和遗产,国内许多地区都有自己历史传统深厚的特色产业,以及丰富多彩、别具特色的少数民族文化,文化创意产业在区域经济发展中大有可为。文化创意产业园区对于美化与活化区域环境、提供就业、吸引居民与观光、吸引高端人才等具有重要作用,它是产、学、研的联合协作,是文化创意产业进行研究、开发、技术训练、信息交流、生产制作的"集合体",同时还能促进区域经济发展,推动形成文化创意产业链,优化资源组合,发展集约经营,形成规模优势,提升研发生产能力和文化创意产业的整体实力。

本章小结

澳大利亚政府把推动创意产业的发展作为促进国民经济发展,提高本国的国际竞争力,增强国家软实力的重要举措。通过加大投资的力度与广度,提高企业自身能力,多渠道培养专业人才,鼓励本土文化创作以及支持文化出口等计划。澳大利亚政府正力图使创意产业成为国民经济新的增长点,维持澳大利亚的繁荣与发展,并使澳大利亚在21世纪的国际竞争中处于领先地位。

昆士兰创意产业文化创意产业园的"政、产、商、学、研一体化"的集聚模式,其最显著的特点是"对教育和研究的强调",其本质是一个以创意产业为核心,关注个人、鼓励创新与合作的城市发展模式，其表现特征是政府、教育和研发机构、商业组织和社区协力合作共同投入，力图营造这样一个创意环境：它既是学校和研究机构的所在地，又是创意企业的聚集区；既是文化产品的生产地，又是文化产品的消费区。同时，生态环境与人文环境舒适，生活设施便利，适宜居住。

 思考题

1. 如何理解澳大利亚政府的文化创意政策？
2. 澳大利亚文化创意产业的主体行业有哪些？
3. 根据所学知识，分析"昆士兰"模式创意的核心是什么。

参 考 文 献

[1] 阿诺德. 文化与无政府状态[M]. 韩敏中, 译. 北京: 生活·读书·新知三联书店, 2002.

[2] 威廉斯. 漫长的革命[M]. 倪伟, 译. 上海: 上海人民出版社, 2013.

[3] 霍金斯. 创意经济: 如何点石成金[M]. 洪庆福, 孙薇薇, 刘茂玲, 译. 上海: 上海三联书店, 2006.

[4] 泰勒. 原始文化[M]. 连树声, 译. 上海: 上海文艺出版社, 1992.

[5] 格兰特. 演艺的历史[M]. 黄跃华, 译. 太原: 希望出版社, 2005.

[6] 格林. 公关创造力[M]. 王树国, 张春铭, 叶红, 译. 北京: 北京大学出版社, 2008.

[7] 波特. 竞争优势[M]. 陈小悦, 译. 北京: 华夏出版社, 1997.

[8] 熊彼特. 经济发展理论[M]. 何畏, 易家详, 译. 北京: 商务印书馆, 1990.

[9] 霍尔. 无声的语言[M]. 刘建荣, 译. 上海: 上海人民出版社, 1991.

[10] 格尔茨. 文化的解释[M]. 韩莉, 译. 北京: 译林出版社, 1999.

[11] 哈特利. 创意产业读本[M]. 曹书乐, 包建女, 李慧, 译. 北京: 清华大学出版社, 2007.

[12] 马尔丹. 电影语言[M]. 何振淦, 译. 北京: 中国电影出版社, 1992.

[13] 安土敏. 日本超级市场探源[M]. 日本株式会社KASUMI海外事业部, 译. 北京: 中国人民大学出版社, 1992.

[14] 斯宾格勒. 西方的没落[M]. 吴琼, 译. 北京: 商务印书馆, 1991.

[15] 柏拉图. 柏拉图文艺对话集[M]. 朱光潜, 译. 北京: 人民文学出版社, 1963.

[16] 黄石, 项阳, 陈柏君, 等. 游戏创意基础[M]. 北京: 中国传媒大学出版社, 2018.

[17] 韩洁, 谭予涵, 谭霞, 等. 美国版权战略对我国文化产业发展的启示[J]. 重庆工商大学学报(社会科学版), 2009, 26(1): 104-108.

[18] 鲍宗豪. 网络文化概论[M]. 上海: 上海人民出版社, 2003.

[19] 马仁杰, 王荣科, 左雪梅. 管理学原理[M]. 北京: 人民邮电出版社, 2013.

[20] 顾乃忠. 历史决定论与中国现代化[M]. 南京: 江苏人民出版社, 1997.

[21] 陈放, 谢宏. 文化策划学[M]. 北京: 时事出版社, 2000.

[22] 陈放, 武力. 创意学[M]. 北京: 金城出版社, 2007.

[23] 陈圣来. 向世界讲好中国故事[M]. 上海: 上海社会科学院出版社, 2016.

[24] 陈京炜. 游戏心理学[M]. 北京：中国传媒大学出版社，2015.

[25] 钱穆. 文化学大义[M]. 台北：正中书局，1983.

[26] 钱穆. 中国文化史导论[M]. 北京：商务印书馆，1994.

[27] 郭梅君. 昆士兰模式：澳大利亚创意产业发展研究之一[J]. 文化产业研究，2013（1）：183-195.

[28] 覃彦玲. 广告学[M]. 成都：西南财经大学出版社，2009.

[29] 覃光广，冯利，陈朴. 文化学词典[M]. 北京：中央民族学院出版社，1988.

[30] 苏珊. 现代策划学[M]. 北京：中共中央党校出版社，2002.

[31] 苏东水. 产业经济学[M]. 北京：高等教育出版社，2000.

[32] 臧旭恒，徐向艺，杨蕙馨. 产业经济学[M]. 4版. 北京：经济科学出版社，2007.

[33] 胡惠林. 文化经济学[M]. 北京：清华大学出版社，2014.

[34] 王山. 韩国文化产业发展及运作对中国的启示[J]. 辽东学院学报（社会科学版），2013，15（2）：26-32.

[35] 王曦. 澳大利亚文化创意产业发展对我国的启示：以"昆士兰模式"为例[J]. 中央财经大学学报，2013（1）：71-77.

[36] 欧阳友权. 文化产业通论[M]. 长沙：湖南人民出版社，2006.

[37] 梁漱溟. 东西文化及其哲学[M]. 北京：商务印书馆，1999.

[38] 林凡军. 演艺产业生态学刍论[M]. 济南：山东人民出版社，2017.

[39] 刘绪义. 论中国网络文化产业发展的几个问题[J]. 北京理工大学学报（社会科学版），2005（1）：33-35.

[40] 杨荣刚. 现代广告策划[M]. 北京：机械工业出版社，1989.

[41] 杨新敏. 网络文学刍议[J]. 文学评论，2000（5）：87-95.

[42] 李贺林，曹振刚. 社会主义文化市场概论[M]. 北京：北京出版社，1998.

[43] 李海春. 日本内容产业现状及发展要因[J]. 现代传播（中国传媒大学学报），2007（1）：112-116.

[44] 李军. 文化创意产业投融资创新[M]. 北京：中国传媒大学出版社，2014.

[45] 易圣华. 新闻公关策划实战[M]. 北京：机械工业出版社，2009.

[46] 方明光. 文化市场营销学[M]. 上海：上海交通大学出版社，1996.

[47] 张鲁君. 文化创意与策划[M]. 福州：福建人民出版社，2014.

[48] 张帆. 游戏策划与设计[M]. 北京：清华大学出版社，2016.

[49] 张伟，周鲁柱. 我国文化产业投融资存在的问题及基本对策[J]. 现代传播（中国传媒大学学报），2006（4）：106-112.

[50] 张卫东，张生. 文化理论关键词[M]. 南京：江苏人民出版社，2006.

[51] 周荣国. 韩国、日本、澳大利亚发展文化产业的战略举措[J]. 当代世界，2009（5）：10-12.

[52] 唐向红，李冰．日本文化产业的国际竞争力及其前景[J]．现代日本经济，2012（4）：47-55．

[53] 吴粲．策划学[M]．北京：中国人民大学出版社，2005．

[54] 吴廷玉．文化创意策划学[M]．大连：大连理工大学出版社，2010．

[55] 吴咏梅．日本内容产业的现状分析及其国家政策[J]．中国文化产业评论，2006（4）：370-385．

[56] 向勇，权基永．韩国文化产业立国战略研究[J]．华中师范大学学报（人文社会科学版），2013，52（4）：107-112．

[57] 解学芳．论网络文化产业的特征[J]．学术论坛，2010，33（6）：164-167．

[58] 冯丙奇．视觉修辞理论的开创：巴特与都兰德广告视觉修辞研究初探[J]．北京理工大学学报（社会科学版），2003（12）：5-6．

[59] 严三九，王虎．文化产业创意与策划[M]．上海：复旦大学出版社，2008．

[60] EAGLETON T．The Idea of Culture[M]．Oxford：Blackwell Publishers，2000．

[61] SALEN K，ZIMMERMAN E．Rule of play：game design fundamentals[M]．Cambridge：The MIT Press，2003．

[62] WILLIAMS R．Marxism and Literature[M]．Oxford and New York：Oxford University Press，1977．

[63] HOWKINS J．The Creative Economy：How People Make Money From Ideas[M]．London：Penguin Books Limited，2002．

[64] CAVES R E．Creative Industries：Contracts between Art and Commerce[M]．Cambridge：Harvard University Press，2002．